"十四五"国家重点出版物出版规划项目

国家社科基金抗日战争研究专项工程项目"满铁资料整理与研究"（项目编号：17KZD001）成果

周颂伦 著

满铁附属地经营研究

满铁研究丛书

主 编 邵汉明
副主编 武向平

中国社会科学出版社

图书在版编目(CIP)数据

满铁附属地经营研究 / 周颂伦著. -- 北京：中国
社会科学出版社，2025. 8. -- (满铁研究丛书).
ISBN 978-7-5227-5273-0

Ⅰ. K265. 610. 6

中国国家版本馆 CIP 数据核字第 20250JF190 号

出 版 人	季为民
责任编辑	靳明伦
责任校对	禹 冰
责任印制	李寡寡

出 版	中国社会科学出版社
社 址	北京鼓楼西大街甲 158 号
邮 编	100720
网 址	http://www.csspw.cn
发 行 部	010-84083685
门 市 部	010-84029450
经 销	新华书店及其他书店

印刷装订	北京君升印刷有限公司
版 次	2025 年 8 月第 1 版
印 次	2025 年 8 月第 1 次印刷

开 本	710×1000 1/16
印 张	23.25
字 数	361 千字
定 价	118.00 元

总　序

南满洲铁道株式会社，简称"满铁"，一个名称上看似专营铁路业务的民营企业，在日本侵华史上是一个特殊的存在，它实际上是一个集殖民统治、经济掠夺、情报搜集等活动于一体的巨无霸企业，不仅在日本史上独一无二，在世界史上也是罕见的。

满铁在近代中日关系史上占有重要地位。它成立于日俄战争后的1906年，是根据日本特殊立法而设立的"国策会社"，首任总裁是曾经担任中国台湾民政长官的有着"殖民地经营家"之称的后藤新平。他主张"举王道之旗行霸道之术"，提出"文装的武备"的殖民主义统治政策。九一八事变前，满铁是近代日本推行大陆扩张政策的中枢机构；九一八事变后，满铁更是凭借其雄厚的实力以及在中国东北特殊的地位，积极地配合关东军侵略东北。可以说，九一八事变是关东军与满铁共同作用的结果。

此后，伴随着日本侵略范围的扩大，满铁经营的范围也迅速向中国华北、华东、华南地区扩张，几乎控制了中国东北、华北的主要经济命脉，广泛涉及铁路、水运、煤炭、钢铁、森林、农牧、金融、学校、医院、旅馆等各个领域。满铁垄断了中国东北铁路网，掠夺了中国东北及华北大量的国防能源和经济资源，将中国东北变成了日本工业原料供应地，是日本对华经济掠夺和经济侵略的中心组织。

满铁在中国东北盘踞40年，发展规模达40亿日元，从业人员近50万人，其直接统治的满铁附属地近500平方公里。从九一八事变到1945年日本战败投降，满铁几乎参与了日本全部侵华活动。它是日本对中国进行全面侵略的重要工具，是在华时间最长、侵害最大的侵略会社。

　　情报搜集是满铁的一项重要职能，满铁调查部直属专业调查人员有2500余人。数十年间，满铁对中国的地质、矿产、土地、森林、港湾、农业、海运等展开了全面调查，并形成了庞大的调查报告书，广泛涉及当时中国的政治、经济、军事、法律、历史、文化、教育、民族、宗教、地理、自然科学等各个领域。1945年日本战败投降后，满铁档案资料除了部分被焚烧以外，绝大部分留在了中国东北。这些满铁资料包括文书档案、往复电报、调查报告、指令、命令等，涉及日本侵华的各种机密文件。这些资料分散于十几家档案馆、图书馆及研究机构中，其中，吉林省社会科学院所藏满铁资料最为丰富。这些当年服务于日本侵华的资料，成为今日确证日本侵略行为的罪证，成为历史研究的珍贵的第一手资料。

　　吉林省社会科学院长期以来致力于满铁资料的整理与研究。20世纪50年代末，满铁研究作为经济学重大课题被纳入国家科学发展规划。其后历经曲折，直到改革开放后的1987年，八卷本1000万字的《满铁史资料》终于面世。20世纪90年代，吉林省社会科学院正式建立满铁资料馆，该馆收藏满铁资料总计3万余册，大幅图表近3000幅。2016年，在吉林省社会科学院和中国社会科学院近代史研究所的共同主导下，满铁研究中心成立了，这是国内首个满铁研究实体机构。此后，满铁研究中心在满铁资料抢救、整理、研究方面发挥了重要的推动作用。为便利学界研究，满铁研究中心出版了大量馆藏的满铁对华"调查"资料，其中，由时任院长邵汉明发起并亲任主编的《近代日本对华调查档案资料丛刊》迄今已陆续有六辑出版面世，多达490册。

　　吉林省社会科学院不仅是国内的满铁资料中心，也是满铁研究重镇。前辈解学诗是中国满铁研究的重要奠基人，他先后出版了《满铁与中国劳工》《评满铁调查部》《满铁与华北经济》，并主编了《满铁内密文书》（30卷）、《满洲交通史稿》（20卷）。在他的带领下，满铁研究的后起之秀纷纷崛起。近年来，武向平著《满铁与国联调查团研究》、李娜著《满铁对中国东北的文化侵略》、王玉芹著《日本对中国东北医疗卫生殖民统制研究》等陆续面世，进一步丰富了满铁研究。

　　此次，吉林省社会科学院集结了满铁研究的精兵强将，以本院研究骨干为主体，吸纳东北相关高校和研究机构的研究者参与，组成了强有力的项目团队。该丛书对满铁展开了系统研究，涵盖满铁活动的众多面相，内容包括满铁对附属地的统治、满铁与日本关东军、满铁与"满洲"扩张论，满铁对东北矿产资源林业资源的调查与掠夺、满铁对铁路煤矿的垄断经营，以及对满铁重要人物、战后满铁会的研究等。通过这些研究，丛书比较完整地描绘出满铁的基本面貌，揭示了满铁在日本向中国东北扩张中的急先锋作用，与日本军方的紧密关系及其在日本对华各类资源掠夺中的重要作用。

依托吉林省社会科学院得天独厚的满铁资料收藏，这些研究建立在丰富而扎实的史料基础上。大量的第一手史料的发掘与使用，使得这些著作体现出浓郁的原创性。这一系统性的研究，将满铁研究又推向了一个新的阶段，在满铁研究的学术史上必将留下浓重的一笔。

祝贺丛书的出版，期待有更多的优秀成果面世，将满铁研究推向新的高峰，将日本侵华史研究推向新的高峰。

王建朗

2025 年 6 月 6 日

目　　录

绪　论

经过中日甲午战争（日称"日清战争"）和日俄战争，以"国运"为赌本冒险获胜的日本，获得了对中国东北区域的战略制高点。巨大的战略优势如何兑现为现实利益？第一步是将朝鲜变为"保护国"乃至"附属国"；第二步是在中国东北（满洲）楔入立足点，并伺机在那里扶植一个与所谓"中国本土"相分离、相对立的傀儡国。满铁附属地就是日本在中国东北获取并不断扩大占地面积的侵略立足点。从档案文献资料看，从满铁附属地扩大而为伪满洲国，将日本、韩国、伪满洲国连接起来，建成一个跨海"东亚大雄邦"，是日本侵略计划的核心。这就是说，"满铁附属地"在这个侵略计划内的作用是至关重要的。

十年间的两次大战，军部是日本取胜的主导力量。将中国清朝和觊觎东北亚的沙俄两大障碍排除之后，日本的军阀势力和文官集团在如何利用战利品持续获利的问题上，形成了两种对立的路线，即：直接进行殖民统治的"官营方案"以及间接利用的"半官半民方案"。伊藤博文凭借其政治经验，认识到《朴茨茅斯条约》并非《马关条约》，日本在"满洲"的治理与在中国台湾的治理不同，尚未达到进行殖民统治的程度。日本外务省方面也支持伊藤博文等文官的意见。西园寺公望和若槻礼次郎在对"满洲"进行实地视察时发现，军政在"满洲"几乎已成为必然之势。为防止其进一步扩大，决定采纳谙熟殖民地事务的儿玉源太郎的意见，选用担任过儿玉源太郎的副手的后藤新平出任满铁总裁，并于1906年6月7日由明治天皇以第142号敕令的方式公布成立"南满洲铁道株式会社"，并由政府指令递信、大藏、外务三大臣联合向满铁设立委员会下达命令书。天皇敕令和三大臣命令书赋予"南满洲铁道株式会社"以日本政府方面的法律"正当性"。"半官半民"方案最终被接受。

南满洲铁道株式会社中"南满"这一名称的由来，与《朴茨茅斯条约》日俄两国关于中东路支线的谈判交接事宜密切相关。当时，俄国强烈反对日方接管从哈尔滨到旅顺口之间的全部铁路，认为"俄国政府不能放弃在日本军队占领以外的铁路"，鉴于俄方态度坚决，日本见好就收，同意只接管宽城子以南的铁路。铁路经营需要附属地，铁路附属地一旦获得，便产生了行政权的法律正当性问题。《朴茨茅斯条约》写明日本接收中东支线铁路，就说明日本只要接收铁路，便同时接收在附属地内治外法权在内的行政权。

以三国干涉还辽出力最甚为背景，1896 年 9 月 8 日，中俄签订了《华俄道胜银行合同》与《合办东省铁路公司合同章程》，以及 1898 年的《旅大租地条约》和清驻俄使臣许景澄在彼得堡与俄方签订的《东省铁路公司续订合同》。凡这些不平等条约，都成了俄国以及后来日本攫取我国权利的法理依据。其中特别须指出的是：1896 年的铁路合办合同第六款有云："凡该公司建造、经理、防护铁路所需之地；由于铁路附近开采沙土、石块、石灰等所需土地，若系官地，由中国政府给予，不纳地价；若系民地，按照时价，一次缴清，或按年向地主人纳税，由该公司自行筹钱付给。凡该公司之地段，一概不纳地税，由该公司一手经理。"条文中的"由中国政府给予"和"一手经理"等字样，本来仅属土地和材料等商业用项的说明，却被俄国扩大解释为派驻护路队和设立警察、司法机构的根据。这自然也为日本人所全盘照收，并成为治外法权和行政权的法律缘由。

一方面，鉴于原本中俄签订的《合办东省铁路公司合同章程》中对铁路用地没有明确的面积限制的条约漏洞，日本企图通过购买或强占的方式实现对铁路附属地的扩展。因此，日本在"满铁附属地"一词的翻译上费尽心机。在"railway settlements"（铁路居住区）、"railway areas"（铁路附件区域）、"railway zone"（铁路地带）三种翻译词语上，选择英语名词含义最广的"railway zone"（铁路地带），以扩大解释的方式，为扩展铁路附属地提供借口。

另一方面，日本曲解《合办东省铁路公司合同》第六款中"一手经理"内容，在翻译为英文时将其译为"complete and exclusive administration"（完全专属管理），在翻译为日文的过程中，将其译为"绝对的且排他性的行政权"。

满铁附属地是指大连至长春、奉天至安东（今丹东），以及与这两条干线相连接的营口、抚顺等支线的铁路用地，线路全长 1129.1 千米，线路两侧从 20 米到 400 米不等的沿线地带；沿线各地所拥有的大小不等的市街；附属地范围内的矿区、农场与林场。1908 年占地面积总计为 182.76 平方千米。

正如南满铁路株式会社对附属地的定位，"附属地的经营意图，是使附属地成为确保我国权利、扶植我国势力的基础""也是国内防线的第一线的基础"。日本意图在满铁附属地的名义下，向中国强索铁路线两侧若干距离内土地，建立起完全独立于中国行政系统和法律制度以外的具有殖民性质的特殊区域，成为侵略中国的基地和最前线。

1905 年 12 月 22 日，清政府在日本的压迫下签订了《会议东三省事宜正约》及《附约》，标志着日本从沙俄手中获取的铁路权益，也得到了清政府的认可。经营满铁的法权前提被处心积虑地搭建起来。经营分为四个步骤。其一，制造和借用各种理由，将附属地面积由 1908 年的 182.76 平方千米扩展到 1936 年的 524 平方千米。手段为：日俄战争前后时期通过军政强行购买的土地；从俄国接管的土地；附属地成立后又强行购买的土地；通过第三者先收购比邻土地再转卖满铁。凡这些土地根据用途和地理特征分为奉天（今辽宁省）、长春等"老城"附属地；大连、旅顺、营口等"口岸型"附属地；抚顺、鞍山等"资源型"附属地；铁岭、四平等"农业集散型"附属地。其二，在附属地开展产业经营，包括农业、工业、矿业、商业、金融业，相应地进行土木工程以及基础设施建设。其三，辅之以教育、文化统治，卫生设施（医院、卫生所）和防疫建设。同时为思想控制考虑，在附属地各地建设神社，推行佛教和基督教保护及宣传政策。其四，附属地内的军警统治，是根据上述治外法权攫取而获得所谓"正当性"的。从 1907 年至 1937 年，日本对满铁附属地的经营，充分暴露其已经将中国东北作为现时的势力范围及将来的一个"国家"的组成部分来对待的野心。随着经营手段的不断复杂化和细密化，日本无视正义并企图实现"东亚大雄邦"的侵略野心，也不断地暴露出来。

1932年3月1日，伪满洲国成立，溥仪于9日在"就职典礼"上宣布就职"执政"。同年9月15日，日驻"满"大使武藤信义与伪满洲国国务院总理郑孝胥在长春签订了《日满议定书》，规定：确认日本在中国东北的一切权力和利益，确认在"共同防卫"理由下关东军对"满洲"的实际统治。其《附约》具体确定："'满洲国'的国防、治安全部'委托'日本负责；铁路、水路和空路，由日本管理；关东局所需物资由'满洲国'供应；关东军任命该国官吏；日本可以开采所有矿产资源。"最主要的是，双方此后正式缔结条约和密约，均以"议定"为条约基础。《议定书》的基本精神要点在于：日本必控制伪满洲国一切主权；议定各项必成为此后条约的基本约定。在伪满洲国成立之前，附属地可类比国中之"国"。伪满洲国成立之后，必须将二十余年附属地经营的模式向全"满洲"蔓延，使中国东北全境都成为类似满铁附属地一般的大附属地，这才是在日本人内心早已将自己设定为东北之主人的阴谋。1937年中日战争全面爆发后，伪满洲国内居然有大片土地存在日本独享的治外法权和行政权，这必将成为在合并成立"东亚大雄邦"时的法律障碍。在新形势下，要实现"东亚大雄邦"计划，附属地治外法权和行政权一定会成为使日本自相矛盾之所在。其一，伪满洲国已非治外区域，治外法权说法已不适用该地区；其二，仍然保有附属地行政权，势必造成伪满洲国与附属地的双重性症状，这会大大有损于行政管理的有效性；其三，计划中的伪满洲国如仍保持满铁附属地行政权，会造成"合并"时的法理障碍。故而，"移让"附属地行政权已属必然。

从1935年起，日本开始推进附属地治外法权"撤废"和行政权向伪满洲国归并的一系列步骤。是年4月制定了"撤废"和归并的纲要；1936年6月日"满"之间缔结条约；1937年11月日"满"之间再签条约。先后这两个条约，均由伪满洲国政府外交大臣张燕卿、国务大臣张景惠信誓旦旦地保证，为实现日"满"间一心一德的合作和日"满"一体不可分，在"撤废"和归并后，伪满洲国将保障日本国利益不受损，滞"满"日本人在"满"的所有活动均不会遭遇不公平待遇。关东军要员和日驻"满"大使馆要员，出席了两次签约后的酒会，推杯换盏之间，日本的侵略图谋又获得了法律的"正当性"。一出左手交右手的闹剧，在周密设定的法理步骤步步推演中，终于在1937年12月落幕。

需要说明的是，"满铁""满铁附属地"这类词语均带有殖民性质，但为行文简洁，在使用时并没有加双引号。另外，"满洲"一词，仅作为历史地理名词使用，范围是今天的辽宁省、吉林省、黑龙江省、内蒙古东北部地区和旧热河省。

第一章

满铁附属地的行政权

自近代以降，中国国势衰微，内忧外患不绝，国门洞开，美英俄法日等列强纷至沓来，争相缔结不平等条约向中国索取利权，致使中国从独立国家逐步沦为半殖民地半封建国家，国权受损，饱受欺凌。原本为清政府"龙兴之地"的中国东北地区，在近代危机之中逐渐沦为帝国主义列强的势力范围。"满铁附属地"即是在中国东北遭受列强瓜分大背景下，被日本帝国主义据为自身势力范围的结果。其实质上是日本在中国领土上凭借南满洲铁道株式会社向中国强索铁路线两侧若干间距内的具有殖民地性质的特殊区域。日本在该区域内享有行政、司法、驻军、警察、课税等一系列特权，是独立于中国主权之外的国中之"国"。

"满铁附属地"的形成可追溯至日俄战争后，日本"继承"了沙皇俄国修筑的中东铁路——自长春以南至大连的铁路及铁路用地、旅大租借地，以及日俄战争时不顾清政府抗议私自修筑的军用轻便铁路安奉铁路及铁路用地。"满铁附属地"所谓的权利"继承"来源，一方面是日俄两国在排斥清政府的情况下私相授受的不平等非法特权，其主要依据中俄《合办东省铁路公司合同章程》、中俄《东省铁路南满洲支路合同》、日俄《朴茨茅斯条约》；另一方面是日本威逼清政府签订的《会议东三省事宜正约》及《附约》，承认其特权。

值得注意的是，根据《合办东省铁路公司合同章程》第六款之规定，"凡该公司建造、经理、防护铁路所需之地，又于铁路附近开采沙土、石块、石灰等项所需之地"被称为"铁路用地"或"铁路租用地"，根据第五款之规定，"凡该铁路及铁路所用之人，皆由中国政府设法保护""所有铁路地段命盗、词讼等事，由地方照约办理"。① 明确规定铁路用地的主权属于中国。而日本在获得南满铁路以后，将"铁路用地"改成"铁路附属地"。"附属"一词，原本乃附属于铁路经营所必需租用的土地，但日本的做法是在交通、车站、仓库用地之外，扩展包含商住、实业与文化等广泛意义上的用地。在"满铁附属地"内行使排他行政权，更是对条款的曲解和无中生有。这种非法行为必须予以清除。

第一节 日俄《朴茨茅斯条约》与中东铁路支线权益的"转让"

一 日俄战争与《朴茨茅斯条约》的签订

俄国对东方的扩张始于 16 世纪下半叶，自 1583 年伊凡四世派遣首批官员和军队抵达西伯利亚城开始，至 1649 年建立阿纳德尔堡为止，经过 66 年不断地拓殖，俄国完成了对广袤西伯利亚地区的占领，其帝国疆域扩展到远东地区。但由于地处高寒的西伯利亚地区自然条件恶劣，人烟稀少，运输困难，且缺乏粮食基地以及防卫力量，其战略地位长久以来是被忽视的。

1855 年俄国在克里米亚战争中的惨败使其被迫在欧洲方向转入战略守势，从而将扩张目光转向东方。19 世纪末 20 世纪初，俄国完成了由自由资本主义向垄断资本主义阶段的过渡，成为军事封建帝国主义国家，致力于资本的对外输出与海外市场的扩张。为谋求在远东和太平洋地区的称霸意图，其战略重心东移，地处远东地区核心位置的朝鲜半岛和中国东北遂成为俄国侵吞的对象。俄国把"远东政策"定为基本国策，企图以兵势压迫清政府与李氏朝鲜签订不平等条约，进而侵吞中朝两国领土，通过修筑中东铁路与投资设厂的经济渗透将远东地区揽入囊中。

---

① 步平、郭蕴深、张宗海等编：《东北国际约章汇释（1689—1919 年）》，黑龙江人民出版社 1987 年版，第 136 页。

1895 年中日甲午战争后，日本逼迫清政府签订了近代史上空前屈辱的《马关条约》，据此条约第一款，"中国认明朝鲜国确为完全无缺之独立自主"①；第二款，"中国将管理下开地方之权并将该地方所有堡垒、军器、工厂及一切属公物件，永远让与日本"②。割让台湾岛、辽东半岛、澎湖列岛以及上述岛屿中的所有附属岛屿给日本；第四款："中国约将库平银贰万万两交与日本，作为赔偿军费。"③ 并在《另约》中规定在军费赔款未交清前日军占领辽东半岛。

日本割占辽东半岛的行动，使得日本获得了在中国东北扩张势力的立足点。而其对朝鲜半岛和朝鲜海峡控制力度的加强则直接威胁到俄国海军进入太平洋的唯一通道，极大阻碍了俄国在远东地区的扩张。俄国遂联合德、法向日本施压，将辽东半岛归还中国。"在 1895 年以前，俄国满足于维持现状，因为没有一个别的强国进入它的安全地带——朝鲜、满洲以及邻近地区"，但是"中日战争和三国的联合干涉对远东历史产生了深远的影响，远东在世界政治中的地位变得十分突出"④，迫使俄国必须千方百计实现对中国东北地区的控制。

俄国以三国干涉还辽之功，于1896 年 6 月 3 日签订中俄《御敌互助援助条约》即《中俄密约》，遂形成了所谓"联俄制日"的背景。该条约在商定中俄建立对付日本的军事同盟事宜的"名义"下，"今俄国为将来转运俄兵御敌，并接济军火、粮食，以期妥速起见，中国位于中国黑龙江、吉林地方接造铁路"⑤，沙俄以"借地筑路"的方式取得了在中国东北修筑铁路的权利。

俄国为加速订立相关合同、勘定路线，早日在中国东北地区铺设铁路并和俄国横穿西伯利亚的远东铁路接轨，于 1896 年 9 月 8 日与清政府

① 王铁崖编著：《中外旧约章汇编》第 1 册，生活·读书·新知三联书店 1957 年版，第614 页。

② 王铁崖编著：《中外旧约章汇编》第 1 册，生活·读书·新知三联书店 1957 年版，第614 页。

③ 王铁崖编著：《中外旧约章汇编》第 1 册，生活·读书·新知三联书店 1957 年版，第615 页。

④ ［美］安德鲁·马洛泽莫夫：《俄国的远东政策 1881—1904 年》，商务印书馆编译组译，商务印书馆 1977 年版，第 75 页。

⑤ 王彦成、王亮：《清季外交史料》卷 121，书目文献出版社 1987 年版，第 5 页。

签订中俄《华俄道胜银行合同》与《合办东省铁路公司合同章程》，成立中东铁路公司，着手建造中东铁路。1898 年，俄国又迫使清朝政府签订《旅大租地条约》，租借旅顺、大连，并准许中东铁路支线通至大连、旅顺，将整个辽东半岛置于其控制之下。

1900 年 7 月，俄国趁中国遭遇义和团运动，造成社会秩序混乱之际，派遣大军南下借镇压义和团的名义，军事占领了中国东北，1903 年 7 月俄国修筑的中东铁路竣工通车，随着汽笛的鸣响与车轮的滚动，巨额资本与移民的涌入使得中国东北俨然沦为"黄色俄罗斯"。

俄国的"远东政策"与日本自明治维新后"不甘处岛国之境"宣誓"海外雄飞"，立足于用战争手段侵略和吞并中国、朝鲜等周边大陆国家推行的"大陆政策"产生难以调和的矛盾，致使两国关系日趋紧张，呈现尖锐对立的态势。

1904 年 2 月，日本为确保其在朝鲜和中国东北的地位，最终与俄国兵戎相见，爆发了帝国主义间的不义之战。历经一年半的鏖战，日本在付出巨大代价后攻占了位于辽东半岛南端的旅顺港，接着又取得了奉天会战与对马海战的胜利。然而，日本虽在局部战争和会战中不断取得胜利，整体战局却并未完全倒向日本，俄国在军事上的挫败仅是暂时将军队撤回后方，仍有能力通过西伯利亚铁路将军力源源不断地运往战场，战争最后胜负尚未知晓。

日本政府深知日军在海战和陆战中的胜利，并不能从根本上决定日俄战争的战果，为避免战争陷入持久战，便主动邀请美国总统西奥多·罗斯福出面居中调停。俄国沙皇尼古拉二世也意识到国内出现了可能招致颠覆国家体制的革命运动，为稳定国内政局也表示同意和谈。

1905 年 8 月，日俄两国决定在美国新罕布什州的朴茨茅斯召开和平会议，时任日本外相的小村寿太郎与俄国前外相维特分别作为全权代表出席。

日俄和谈实际上就是双方根据各自在战争中的胜与败，重新确立自己在中国东北地区的地位和利益。清政府曾一度想参加，但日俄无视清政府的存在，对其声明未予理睬。

自 1905 年 8 月 1 日至 9 月 5 日，日俄双方共计举行 17 次会谈，在谈判期间，全然不顾中国主权，擅自在关于中国东北地区的问题上达成妥协。1905 年 9 月 5 日，日俄两国签订《朴茨茅斯条约》，《正约》十五款，《附约》两款。其中，涉及中国主权的《正约》部分条款如下：

"第五条　俄国政府以中国政府之允许，将旅顺口、大连湾并其附近领土领水之租借权内一部分之一切权利及所让与者，转移与日本政府，俄国政府又将该租界疆域内所造有一切公共营造物及财产，均移让于日本政府。两缔约国互约，前条所定者，须商请中国政府允诺。

"第六条　俄国政府允将由长春（宽城子）至旅顺口之铁路及一切支路，并在该地方铁道内所附属之一切权利财产，以及在该处铁道内附属之一切煤矿，或为铁道利益起见所经营之一切煤矿，不受补偿，且以清国政府允许者均移让于日本政府。两缔约国互约，前条所定者，须商请中国政府允诺。

"第七条　日俄两国约在满洲地方，各自经营专以商工业为目的之铁道，决不经营以军事为目的之铁道。但辽东半岛租借权效力所及地域之铁道不在此限。

"第八条　日本政府及俄国政府，为图来往输运均臻便捷起见，妥订满洲接续铁道营业章程，务须从速另订别约。"[①]

涉及中国主权的《附约》部分条款如下：

"第一条　此条应附于《正约》第三条。日俄两国政府彼此商允，一候讲和条约施行后即将满洲地域内军队同时开始撤退；自讲和条约施行之日起，以十八个月为限，所有两国在满洲之军队除辽东半岛租借地外，一律撤退。两国占领阵地之前敌军队当先行撤退。

"两订约国可留置守备兵保护满洲各自之铁道线路，至守备兵人数，每一千米不过十五名之数，由此数内，日俄两国军司令官可因时酌减，以至少足用之数为率。"[②]

纵观整个谈判历程，日本政府在谈判之初设定了三条先决条件，以

---

① 步平、郭蕴深、张宗海等编：《东北国际约章汇释（1689—1919 年）》，黑龙江人民出版社 1987 年版，第 278—282 页。

② 「日露講和条約」、国立公文書館、『公文類聚・第二十九編・明治三十八年・第七巻・外事・国際・通商」、Ref. A01200226200（アジア歴史資料センター）。

训令的形式发给全权代表小村寿太郎。其中之一就是"使俄国将辽东半岛租借权和哈尔滨至旅顺间铁路让与日本"。谈判中，双方就辽东租借地的让与问题达成协议。但是日俄双方关于中东铁路支线权益的"转让"问题一度产生分歧。根据 1905 年 8 月 16 日，会谈期间日方提案原文所载为"哈尔滨、旅顺口间之铁路及其一切支线，并其附属之一切权利、特权、财产及属于该铁路或为其利益而经营之一切煤矿，均须不附带任何债务及负担而由俄国让与日本"，但是，俄方在让渡的区分点这一问题上坚持"俄国政府不能放弃现在日本军队占领区外之铁路""不能承认哈尔滨为两线的自然分界点""仅同意让与日本以现在日本军队占领区域的线路"。①

面对小村寿太郎认为日本应取得中东铁路全部支路，两国铁路分界线应为哈尔滨的要求，俄方全权代表维特坚决反对以哈尔滨为区分点，并提出两点理由：一为它不是商业中心，作为最终车站可能会面临一些困难；二为日本军队并未到达哈尔滨。日方代表见俄方态度坚决，为打破僵局遂提出将区分点改为"该铁路第二次通过松花江之地点作为区分点"的建议，俄方拒不让步，坚持以双方前线接触点公主岭为界。双方全权代表在折冲樽俎之后，最终商定，鉴于宽城子与吉林间尚未进行永久性铺轨，此对大局无关紧要，且长春为往公主岭以北第一个商业中心，可允诺将分割点改在宽城子。② 这样，宽城子即长春，一个中东铁路途中不知名的四等小站，以及一座默默无闻的小城镇，在《朴茨茅斯条约》签订后，一夜之间举世皆知，成为日俄两国铁路线的分割点，日本自此获取了中东铁路南段从宽城子至旅顺口的经营权。

此外，条约还规定：俄国以 50°N 为界，将库页岛的南半部及附近的一切岛屿割让与日本，俄国还承认日本在朝鲜享有政治、军事、经济上的特殊权益。

日俄战争之胜负未决之下，日俄双方出于各自利益考虑，决定议

① 苏崇民编：《满铁档案资料汇编》第 1 卷，社会科学文献出版社 2011 年版，第 48 页。
② 参见苏崇民编《满铁档案资料汇编》第 1 卷，社会科学文献出版社 2011 年版，第 49 页。

和。根据《朴茨茅斯条约》的内容可知，日本凭此媾和条约取得了俄国在辽东半岛的租借权、中东铁路南段和中国东北南部的采矿权。但在领土方面，日本只取得了人迹罕至的库页岛南部，也并未从俄国获取一厘赔款。

《朴茨茅斯条约》缔结后，日本在独占朝鲜半岛的同时，势力范围延伸至中国东北南部，攫取南满铁路经营权等各项特殊权益。由此日本在"主权线"无虞的基础上，勾勒出从中国台湾、澎湖列岛上溯至朝鲜、中国东北的广阔"利益线"。这样日本继甲午战争侵占中国台湾后，开始了以朝鲜半岛、中国东北为舞台的大陆经营。

日本政府鉴于《朴茨茅斯条约》中关于中国东北权益的让渡，均需经过清政府同意方为有效，因此急于逼迫清政府承认日本从俄国手中夺得的权益合法化，而且欲借此时机从中攫取新的特权。

二　《会议东三省事宜正约》及《附约》的签订与日本对铁路权益的攫取

1905 年 10 月 27 日，日本政府以阁议的形式通过《与清国缔结有关满洲事项之条约案》，"此次与俄媾和结果，满洲之一部已归属帝国之势力范围，故帝国必须维持并确立此种势力""万一清国不承认上述（俄国转让辽东半岛上旅、大租借地，以及东清铁路南半段之）绝对必要条件，我方将暂时中止交涉，并决心照目前情形占据辽东租借地及满洲铁路"，[1] 明确摆出以武力为后盾迫使清政府屈服的姿态。

1905 年 11 月，日本外务大臣小村寿太郎特意来华与清政府全权大臣庆亲王奕劻、外务部尚书瞿鸿機、直隶总督袁世凯于北京交涉"东三省善后事宜"，在长达五个星期的谈判中，小村寿太郎称"日本去岁所以与强邻开启战端，固不仅为日本之自卫而已，实亦在谋维持东亚全局安宁之目的"，"日本赌国家之存亡，不顾绝大之牺牲，独立以抗强邻，使东亚大局终获保全之事实，不得不要求清国有所认识"。[2] 强调，"旅

---

① 日本外務省編『日本外文文書　明治期第 38 卷第 1 冊』、東京、1958 年、第 105—107 頁。

② 池井優『増補日本外交史概況』、『慶應通信』、1983 年、第 96 頁。

大之租借与铁路之让与，系冒战争危险争取而得，对此贵国如欲附带条件，则断然不能同意""中国全权委员如断然维持原案①，日本全权委员亦断然不能同意，其结果岂非使日俄两国军队长驻满洲而撤退无期"。②

同年 12 月 22 日，清政府在日本的武力胁迫下签订《会议东三省事宜正约》及《附约》，《正约》三款、《附约》十二款及附属规定十六款，其中，有关"满洲"铁路的利权以《附约》及附属规定形式订立如下：

"《附约》第六款，中国政府允将由安东县至奉天省城所筑之行军铁路，仍由日本国政府接续经营，改为转运各国工商货物；自此路改良竣工之日起，以十五年为限。

"《附约》第七款，中日两国政府为图来往输运均臻兴旺便捷起见，有关南满洲铁路与中国各铁路接联营业章程，务须从速另订别约。

"《附约》第八款，中国政府允南满铁路所需各项材料，应豁免一切税捐、厘金。附属规定第一款：吉长铁路由中国自行筹款筑造，不敷之款允向日本国贷借，约以半数为度；其借款办法，届时仿照山海关内外铁路局向中英公司借款合同参酌商订，以 25 年为偿还完毕之期。又吉林地方之铁路敷设权中国政府不得让与他国亦不得与他国共同敷设铁路。

"附属规定第二款，由奉天省城至新民府日本所造行军轨道应由两国政府派员公平议价售与中国，另由中国改为自造铁路，其在辽河以东所需款项向日本公司贷借一半之数，分 18 年为借款还清之期；其借款办法届时仿照中国山海关内外铁路局向中英公司借款合同参酌商订。

"附属规定第三款，中国政府为保障南满铁路之利益，于该铁路尚未回收前，应允在该铁路附近不修筑与之平行之干线或妨害该铁路利益之支线。"③

日本凭此条约将南满纳入其势力范围。取得了南满铁路及安奉、吉长、新奉铁路的经营管理权及铁路沿线重要资源的开发权，以此为基础为全方位攫取中国东北的各种权益打开了方便之门。值得注意的是，根

---

① 指日俄议和条款中涉及中国之问题，如未经中国同意者一概不能承认之——笔者注。
② 日本外务省编『日本外交文书』、第 38 卷、第 1 册、第 183 頁。
③ 日本外务省编『日本外交文书』、第 38 卷、第 1 册、第 156—163 頁。

据《正约》第二款规定，俄国让渡于日本的铁路权利理应按照中俄之前订立的原约遵行。日本若在俄国铁路附属地之外，划定附属地和扩张附属地即是对《会议东三省事宜正约》的违约和对中国主权的进一步侵犯。

三 日本关于经营满洲方针的讨论

日俄战争后，日本出于防御俄国考虑企图对南满实行长期的军政统治。以陆军元帅山县有朋为首的陆军势力认为，日俄战争虽然以日本的胜利而告终，但俄国实力犹存，为防止俄国的南下在满洲实行军事统治是必要的。山县有朋在 1905 年 3 月 23 日奉天会战后向政府递呈的《政战两略论》中明言，"日本兵力已达极限，反观俄国兵力尚存，应尽快展开终战工作"[1]，而后在 1905 年 8 月起草的《战后经营意见书》中进一步指出："俄国未受沉重打击，复仇之战迫近，因此所陈述之事均应当做准备日俄再战的规划。"[2] 时任满洲军参谋的田中义一也在总结日俄战争经验教训的国防意见书《随感杂录》中认为，"俄国陷于战况不利与国内动乱的纷扰之中，在消除内乱之前断然没有继续战争的决心"，但"俄国应该会有卷土重来之时"。[3] 因此，在 1905 年 10 月日本于辽阳设置直属于大本营的关东总督府，管辖关东州内外的军政事务。

1905 年 12 月 22 日，《会议东三省事宜正约》签订后，依条约第二款规定"因中国政府声明，极盼日俄两国将驻扎东三省军队暨护兵队从速撤退"，"满洲地方平靖，外国人命产业中国均能保护周密，日本国亦可与俄国将护路兵同时撤退"。[4] 日本理应陆续撤兵，可日本陆军无视条款保留了关东总督府并肆意设置军政署管辖各地，日本军方的这一单方面行动，自然激起了多方势力的强烈不满。

日俄战争中惨遭兵燹之灾的中国政府，于 1906 年多次向日本公使发

---

① 大山梓编『山県有朋意見書』、東京、原書房、1966 年、第 273、277 頁。
② 大山梓编『山県有朋意見書』、東京、原書房、1966 年、第 277、290 頁。
③ 「田中私案」、北岡伸一『日本陸軍と大陸政策 1906－1918』、東京、東京大学出版会、1985 年、第 15 頁。
④ 王铁崖编著：《中外旧约章汇编》第 2 册，生活·读书·新知三联书店 1959 年版，第 340 页。

出照会，一方面，抗议日本对中国东北的军事管制政策，认为其"干预中国吏治""辽东总督名目亦与旅大原约不合""大碍中国主权，且有伤贵国名誉"①；另一方面，满洲问题成为列强间讨价还价时使用的筹码②，日俄战争的背后是美英等国对日本的支持，在英美等国原本的计划中"日本人是为我们而战"③，然而日本当局以"戒严条例"为借口在战后完全不准许外国人进入南满④。这一军事管制政策与长期觊觎中国东北的英美列强本欲弥补俄国战败所形成的空白，攫取中国利权的战略意图相去甚远，从而招致英美等国舆论的猛烈抨击，自1906年2月至4月英美两国相继照会日本政府，要求其尽快结束军管，实现机会均等，劝导道："就有关日军占领下之满洲地区不履行通商方面机会均等原则之报道，再次荣幸地促请日本帝国政府之严重注意。"⑤ 与此同时，日本国内对于军方的这一政策，反对之声也不绝于耳。

以时任韩国统监的伊藤博文、初登相位的西园寺公望以及政坛元老井上馨为代表的文官集团认为，在战后满洲的问题上过早地与英美摊牌甚为不妥，应采取"协调主义"方针。伊藤博文认为日本还没有强大到可以脱离英美认可的地步，无视中国在其东北省份的行政权"不仅清国北部，甚至导致清国二十一省民心皆反对日本"。如果还要与英美为敌，并受到国际舆论的谴责，一旦中国人民爆发反日斗争，日本必将腹背受敌，所以对满洲实行军管将是一项"自杀政策"⑥。伊藤博文在就任韩国统监前往汉城的四天前即1906年2月16日，邀请山县有朋、井上馨，首相西园寺公望、外相加藤高明以及大山岩（前满洲军总司令官）、儿玉源太郎（前满洲军总参谋长）于沧浪阁，试探陆军对于南满洲应采取的政策姿态。⑦

---

① 日本外务省编『日本外交文書』第39卷、第1册、昭和34年、第840页。
② 汤重南等编：《日本帝国的兴亡》（中卷），世界知识出版社2005年版，第353页。
③ ［苏］B. 阿瓦林：《帝国主义在满洲》，商务印书馆1980年版，第113页—114页。
④ ［苏］B. 阿瓦林：《帝国主义在满洲》，商务印书馆1980年版，第117页。
⑤ "1906年3月26日'就有关日本方面的商业独占问题'美国代理公使的口述记录"，苏崇民编《满铁档案资料汇编》第1卷，社会科学文献出版社2011年版，第89页。
⑥ ［日］井上清：《日本帝国主义的形成》，宿久高译，人民出版社1984年版，第256页。
⑦ 伊藤之雄『伊藤博文－近代日本を創った男』、東京、講談社、2009年、第507页。

出于谨慎考虑，西园寺公望于1906年4月与大藏省次官若槻礼次郎一行组织考察团视察满洲。西园寺公望一行发现日军"当时在各地设有很多军政署，军人担任知事一般的工作"，而在营口一地的军人因认为"他日复仇战定会在满洲爆发"，所以"军政署还截留了大量的海关关税用于修筑军港"。"此外军政署还发布了命令，规定须经由军政署裁断的事项，虽然在满洲日军仅保有一个师团，但却以此为背景实行着军政"①，从而日本在满洲实行军人政治的内幕。巡视期间，西园寺公望还会见了盛京将军赵尔巽，针对中国方面要求"新民军政署应先撤""开埠勿令军政官干预"等六项事宜，西园寺公望答道，"论其实日本实为自救起见"，但"此六事皆就在心中可以商量"②，其在详细考察了满洲之后，痛感有从满洲迅速撤兵的必要。

元老井上馨则更倾向于"国际协调"，为防止与美国在满洲发生正面对抗，意图以利权共享换取美国的支持。1905年，美国铁路大亨哈里曼访日提出"日美共同经营南满铁路方案"时，井上馨迅速同意了哈里曼的建议③，并促使日美两国于同年10月签订《满洲铁路的预备协定备忘录》。虽然该协定在外相小村寿太郎的强烈反对下没有生效，但从此次事件中无疑可以看出井上馨对于经营满洲的谨慎态度。

正因为国内政见的相左以及迫于英美的外交压力，日本无奈结束了对南满的军政，并于1906年4月致电英美两国，"关于满洲开放一事，最近贵公使根据贵国政府训令，曾一度以口头及书面向我国陈述，按帝国政府热望在满洲实行门户开放机会均等原则，乃系毋庸多议之事""故从6月1日起允许外国领事赴任，亦允许外国商人可于同日起进入同地区（奉天）及属于日军占领之满洲其他部分"。④ 于是围绕撤兵之

---

① 若槻礼次郎『明治大正昭和政界秘史－古風庵回顧録』、東京、講談社、1990年、第80頁。

② 北平故宫博物院编印：《清光绪朝中日交涉史料》（卷六九之卷七十，卅一至卅三年），五一〇三：盛京将军赵尔巽致军机处外务部电，光绪三十二年四月初九日到，收电档。

③ 小林道彦『日本の大陸1895－1914』、東京、南窓社、1996年、第75頁。

④ 1906年4月11日外务大臣致英国、美国驻日大使函送第32号"关于开放满洲问题"，日本外务省档案，MT616，第200—205页。转引自苏崇民编《满铁档案资料汇编》第1卷，社会科学文献出版社2011年版，第90页。

后，如何妥善处理满洲问题便提上了日本政界各方讨论的议程。

第二节　满铁的建立与满铁附属地的形成

一　满洲问题协商会议与满铁的建立

经过 1906 年 2 月"沧浪阁会议"及视察满洲之后，5 月 22 日在伊藤博文的主持下，集合了一干元老重臣①，召开了可谓军政界最高级别的"满洲问题协商会议"，商讨如何确立日本在满洲的政策。

会议伊始，作为韩国统监的伊藤博文首先发言认为："日本人在满洲的行动，如果引起各国的责难，这种责难势必立即使韩国人产生种种幻想。"而面对英美的压力"即使在近期不发生战争，从财政观点上加以观察，最低限度，日本也必须满足英美人的心理，获得他们的同情，否则任何人都将陷于困难的境地"②。主张将关东总督机关改为普通行政机构并逐步裁撤军政署，使"我们在满洲的所作所为符合国际条约，帝国多次声明的政策以及宜与实际的情况相通"③。首相西园寺公望也认为，"这次的《北京条约》如果在事实上不能履行，政府的威信就无法维持。更重要的是，如果因此而遭到外国的抨击，事态就严重了"④。

外相林董则认为领事馆职权应当缩小，"领事不是人民的保护者""领事的职责已如法律规定。没有保护任地以内一般人民的权限""是帝国工商业界的代表人"。⑤

寺内正毅坚持认为，即使日军撤兵，关东总督府为了陆军的利益也要保留，主张"用军事命令组织起来的东西把它改革为平时组织，任何

---

① 参加会议的人物有韩国统监伊藤博文、枢密院议长山县有朋、元帅大山严、井上馨、枢密院顾问松方正义、首相西园寺公望、陆军大臣寺内正毅、海军大臣斋藤实、大藏大臣阪谷芳郎、外务大臣林董、陆军大将桂太郎、海军大将山本权兵卫、参谋总长儿玉源太郎。

② "满洲问题协商会议"，日本外务省档案，MT14，mt112，42，第 1—20 页。转引自苏崇民编《满铁档案资料汇编》第 1 卷，社会科学文献出版社 2011 年版，第 100 页。

③ 日本外务省编『日本外交年表並重要文書』，1955 年 3 月 1 日、第 266 页。

④ 立命館大学编『西園寺公望伝』、東京、岩波書店、1993 年、第 47 页。

⑤ 伊藤博邦監修、平塚篤编『伊藤博文秘録』、東京、春秋社、1929 年、第 211 页。

时候都可以使其符合和平的状态"①。但文官集团极力"抑制陆军方面的不同意见，并确定了废除军政和开放满洲的方针"②。

为调和两派的分歧，参谋总长儿玉源太郎说道，"现在的焦点多与我的职责有关""军政署与领事馆不能并存是十分明确的""我认为军政署机关应该专属于军队，其他事情应该归领事馆掌管""关于铁路的问题，我本人是委员长，已经起草了一份大致可以定案的东西"③。"但从满洲经营的角度上看，将来必将发生很多问题，而且这些问题一旦报到国内，势必牵扯各省各个主管部门，处理后续实为烦琐。扶植日本势力这一南满洲港口不同于汉口或上海固不待言，满洲的主权应该委任于某一人，则上述事务便可汇总至一个部门，是否可以新成立一个官衙统领全局？"但伊藤博文批驳道："日本在满洲的权利只不过是根据条约从俄国承受的，即除了辽东半岛的租借地和铁路外别无他物。经营满洲这句话是战争期间我国人说出来的，现在不仅官吏，连商人也常谈起经营满洲。但满洲决非我国属地，而完全还是清国领土的一部分。"④

《朴茨茅斯条约》非《马关条约》，对满洲的基本政策是有别于日本在台湾的殖民统治的。伊藤博文老到的政治经验使其尚保持了必要理性，仅凭日俄间的条约，日本还不能对满洲实行殖民统治。只有在清政府承认的基础上达成与英美的妥协，实现同俄国的和平共处，日本才能把握住其通过日俄战争获取的权益。这些因素的牵制与日本政界各势力利益的纠葛，给予日后后藤新平在《满洲经营策梗概》中所阐述的"文装武备"思想以施展的舞台。

儿玉源太郎主张由日本政府直接经营铁路实行殖民统治的"官营方案"，遭到了外务省和大藏省的反对⑤。原案中"为防总督府与铁道厅日

---

① 伊藤博邦監修、平塚篤编『伊藤博文秘録』、東京、春秋社、1929 年、第 211 页。

② ［日］江口圭一：《日本帝国主义史研究：以侵华战争为中心》，周启乾、刘锦明译，世界知识出版社 2002 年版，第 10 页。

③ 伊藤博邦監修、平塚篤编『伊藤博文秘録』、東京、春秋社、1929 年、第 211 页。

④ 伊藤博邦監修、平塚篤编『伊藤博文秘録』、東京、春秋社、1929 年、第 212 页。

⑤ 苏崇民：《满铁史》，中华书局 1990 年版，第 14 页。

后权责冲突，铁道厅长应由都督兼任"① 的规定，引起了日本外务省政务局长山座圆次郎的批驳："该方案有违《日清善后条约》②，断然不能实施"③，大藏大臣阪谷芳郎也认为："对于满洲固然应以积极方针对待，但毕竟为中国领土且关东州又为租借地，故铁路煤矿之经营，不适于日本政府进行，以私设公司担任为宜。"④ 而大藏省次官若槻礼次郎则主张，"满洲经营既不应由政府一手包办，也不应委任于民间的竞争，建议一个会社，利用其半官半民的性质使政府的命令得以贯彻，最为重要的是铁路要划归其公司经营，满洲一切的经济利权也划归于它，绝不容许他人竞争，但现既已经存在的营业予以保留，如银行业务的正金银行，抢先一步经营本溪湖的大仓组允许其继续经营。这样筹划建立南满洲铁路公司的构想便成立了"⑤。

围绕南满洲铁路公司总裁的人选众说纷纭。军方力推时任关东都督的大岛义昌就任满铁总裁，而文官集团内部则主推原桂太郎内阁内务相兼农林相的清浦奎吾以及递信相大浦兼武两人。除此之外，"呼声较高者还有递信省次官仲小路廉、天健次郎、仙石贡、堀田正养子等人"⑥。

纵观满洲问题协商会议的过程可知，正是在日本陆军、外务省、统监府的互不妥协争议中，使"经营满洲"的决定权转移到谙熟殖民地事务的儿玉源太郎手中。儿玉源太郎因看中后藤新平殖民中国台湾时的经验与手腕，力排众议推举后藤新平就任满铁总裁。

"1906 年 6 月 7 日，明治天皇以 142 号敕令方式公布了南满洲铁路

①　鹤见祐辅『後藤新平』第 2 卷、後藤新平伯伝記編纂会、1937 年、第 651 頁。

②　《日清善后条约》即指 1905 年 11 月 17 日至 12 月 22 日中日双方于北京签订的《中日会议东三省事宜条约》。其中《正约》第二款规定，"日本国政府承允按照中俄两国所订借地及造路原约实力遵行，嗣后遇事随时与中国政府妥商厘定"。因此，日本政府经营南满铁路不能采取官营方式，只能采取民营方式。

③　宿利重一『児玉源太郎』、東京、国際日本協会、1942 年、第 760 頁。

④　鹤见祐辅『後藤新平』第 2 卷、後藤新平伯伝記編纂会、1937 年、第 678 頁。

⑤　若槻礼次郎『明治大正昭和政界秘史 - 古風庵回顧録』、東京、講談社、1990 年、第 89 頁。

⑥　蒲生隆宏、浦山保寿、長岡源次兵衛『満鉄王国』、大連、大陸出版協会、1927 年、第 52 頁。

公司设立的文件"①，同年 8 月 1 日，日本政府秘密向满铁设立委员会下达了递信、大藏、外务三大臣命令书。② 除会社经营事业的内容以外，"凡关于资本金额、政府与个人资本分担额等公之于世反为不利之事项，盖规定于另外颁发给公司的命令书中"③ 务使满铁这一国策会社"置于国家强有力的统制之下"④。敕令是以天皇名义公开发布的，而不能公之于世的秘密事项均载于命令书中，所以，更为重要的是命令书，它才是满铁一切经营活动必须遵循的根本大法。⑤

"三大臣命令书"第四条规定："该公司为铁路便利计，准予其经营如下关联业务。采矿、水运、发电、仓库、铁路附属地的土地和房产经营及政府许可的其他业务。"第五条规定："经政府许可，该公司可以在铁路以及关联业务用地内进行土木建设、兴建教育和卫生等必要设施。"第六条规定："经政府许可，该公司可以向铁路及关联业务用地内的居民征收手续费及其他相关必要的费用，以支付前面条款所需费用。"⑥

"三大臣命令书"的第四、第五条，为满铁在南满铁路、安奉铁路及其支线非法占用的中国土地设立铁路附属地提供依据，第六条则为满铁在附属地内拥有行政管辖权提供依据。满铁凭此在经营铁路之外，还获得了涉足采矿业、水运业、钢铁业、附属地城市规划及其公共事业的经营权，作为国策公司以行政机关和土地所有者的双重身份，代行日本政府在中国东北进行半殖民统治。

二 "文装武备论"与满铁附属地的建设

1906 年 11 月，后藤新平就任满铁首任总裁后，针对附属地的发展提出了以"文装武备论"为核心的发展理念。其实早在"满洲问题协商

---

① 郭铁桩、关捷、韩俊英：《日本殖民统治大连四十年史》，社会科学文献出版社 2008 年版，第 129 页。

② 三大臣分别为递信大臣山县伊三郎、大藏大臣阪谷芳郎、外务大臣林董。

③ 宿利重一『児玉源太郎』、東京、国際日本協会、1942 年、第 761 页。

④ 安藤彦太郎『満鉄 – 日本帝国主義と中国』、東京、御茶の水書房、1965 年、第 40 页。

⑤ 参见苏崇民《满铁史》，中华书局 1990 年版，第 17 页。

⑥ 苏崇民编：《满铁档案资料汇编》第 1 卷，社会科学文献出版社 2011 年版，第 129 页。

会议"之前，即 1906 年 1 月西园寺公望内阁成立伊始，便委任熟谙满洲事务的参谋次长儿玉源太郎为委员长组建了"满洲经营调查委员会"①，审议起草所谓"经营满洲"，特别是利用南满铁路和安奉铁路的计划和方案②。在儿玉源太郎的授意下，后藤新平开始对日军占领下的中国东北铁路和港口进行视察。后藤新平走访满洲后以儿玉源太郎的名义起草了名为《满洲经营策梗概》的规划方案。

后藤新平在《满洲经营策梗概》开宗明义地提出，"战后满洲经营的唯一要诀在于表面上经营铁路，背地里百般设施。其要诀租借地内之统治机关当与经营铁路之机关全然有别，经营铁路当假装与铁路以外的政治军事方面毫无瓜葛""铁路的经营机关当另立满洲铁道厅，受政府的直接管辖，承担运营铁路、线路守备、挖掘矿山、奖励移民、警备地方、改良农事、与清俄两国交涉、开展军事谍报搜集，平日兼任铁路队的技术教育的任务"。③

所谓"文装武备论"按后藤自己的解释称："简单来说，文装的武备就是用文事设施以备他人的侵略，一旦有事兼可有助于武断的行动""以王道之旗行霸道之实，这是本世纪殖民政策所不可避免的"④，而所谓"以王道之旗行霸道之术的'文装的武备'理论的核心无须赘言在于广义的经济发展"，"但在满洲不应仅仅局限于经济领域，如不在教育、卫生、学术建立广义且坚实的文化社会，真正的'文装的武备'便难以实现。也就是说我们的大陆政策必须贯彻于全满洲人民的生活，让民众心悦诚服于我们的经营，我们获得民众基础，他国定不敢窥测于我，大陆经营也将占据岿然不动之地位"。⑤

1907 年 4 月，满铁正式营业，其公司性质按照满铁内部资料记载，自我定义为"殖民特许公司，它的特殊职能就是要利用公司的自由灵活性、机宜隐蔽性和处事的变通性，对外要避开列强的猜疑妒忌，对内则

---

① 满洲经营调查委员会成员包括外务省次官珍田舍己、政务局长山座圆次郎、大藏省次官若槻礼次郎、主计局长荒井贤太郎、递信省次官仲小路廉、经理局长关宗喜。

② 参见苏崇民《满铁史》，中华书局 1990 年版，第 13 页。

③ 鹤见祐辅『後藤新平』第 2 卷、後藤新平の伝记编纂会、1937 年、第 651 页。

④ 解学诗：《隔世遗思——评满铁调查部》，人民出版社 2003 年版，第 36 页。

⑤ 鹤见祐辅『後藤新平』第 2 卷、後藤新平伯伝记编纂会、1937 年、第 816 页。

要躲避对政府事务具有否决权的议会的掣肘和干涉"①。

1907 年后藤新平正式就任满铁总裁，他在向日本政府提交的《满铁总裁就职情由书》中再次强调，"我国在满洲必然居于以主制客、以逸待劳的地位"，主张在 10 年内向中国东北移民 50 万人，试图取得日本对中国东北的主导权。满铁中心任务便是利用其拥有的各种特权，以政治、经济和文化的方式，在中国东北努力发展日本势力，使之变成日本的商品市场、投资场所、原料来源和殖民地。"自满铁会社接办之后，既有经营借用地，以遂其地方侵略之计划，先择满铁沿线十五重要地方，实行测量，从事建设内容，包括划分市街，区域以及铁道堤防。"②开始选择重要附属地进行实地测量并进行规划，逐渐形成所谓的满铁附属地。

满铁附属地是指大连至长春、奉天至安东，以及与这两条干线相连接的营口、抚顺、旅顺等铁路支线的铁路用地，线路全长 1129.1 千米，线路两侧从 20 米到 400 米不等的沿线地带；沿线各地所拥有的大小不等的市街；附属地范围内的矿区、农场与林场。1908 年占地面积总计为182.76 平方千米。

正如南满铁路株式会社对附属地的定位，"附属地的经营意图，是使附属地成为确保我国利权、扶植我国势力的基础"，"也是国内防线的第一线的基础"。③ 日本意图在满铁附属地名义下，向中国强索铁路线两侧若干间距内土地，建立起完全独立于中国行政系统和法律制度以外的具有殖民地性质的特殊区域，成为侵略中国的基地和最前线。

---

① 南満洲鉄道株式会社総裁室地方部残務整理委員会『満鉄附属地経営沿革全史』上卷、東京、龍渓書舎、1977 年。转引自越泽明《伪满洲国首都规划》，欧硕译，社会科学文献出版社 2011 年版，第 34 页。

② 魏承先编：《满铁事业的暴露》，中华书局 1932 年版，第 97 页。

③ 南満洲鉄道株式会社総裁室地方部残務整理委員会『満鉄附属地経営沿革全史』上卷、東京、龍渓書舎、1977 年、第 1311 頁。

第三节　铁路附属地的治外法权与行政权的由来

一　俄国对中东铁路附属地行政权与治外法权的攫取

1896 年 6 月 3 日，清政府在"联俄制日"的方略下与俄国签订《中俄密约》，希冀结盟俄国以之为靠山，以夷制夷，实则引虎自卫，开门揖盗。俄国凭此一举将势力经由西伯利亚大铁路延伸至中国东北，而清政府在丧失东北的大量权益后，仅获得了俄国在清政府受到日本侵略时出兵保护的空头承诺。

俄国援引该条约"今俄国为将来转运俄兵御敌，并接济军火、粮食，以期妥速起见，中国位于中国黑龙江、吉林地方接造铁路"①，以"借地筑路"的方式取得了在中国东北修筑铁路的权利。随即在同年 9 月 8 日，与清政府签订《合办东省铁路公司合同》，即中东铁路合同，将《中俄密约》进一步具体化。

合同前言及正文内容共 12 条，前言规定，清政府"以库平银 500 万两入股，与华俄道胜银行合伙开设生意"②，"路成开车之日，由公司呈缴中国政府库平银 500 万两"③，将中方投资一笔勾销。根据合同规定，中东铁路公司所有股票只准华、俄商民购买。但是，俄国为独揽经营大权，将股票发售地选择在华商无法认购的圣彼得堡挂牌出售，为数 500 万卢布的股票在短短 5 分钟内告罄，悉数转变为俄国在远东的支出户头，"俄国成为中东铁路公司唯一股东"④。

清政府委托华俄道胜银行下属的中东铁路公司按约承办建造东北境内的中东铁路，与俄境内拟建的西伯利亚大铁路赤塔和乌苏里江两端连接。1897 年 3 月，中东铁路公司正式成立，总部设在圣彼得堡，分公司

---

① 王彦成、王亮：《清季外交史料》卷 121，书目文献出版社 1987 年版，第 5 页。
② 步平、郭蕴深、张宗海等编：《东北国际约章汇释（1689—1919 年）》，黑龙江人民出版社 1987 年版，第 135 页。
③ 程维荣：《近代东北铁路附属地》，上海社会科学院出版社 2008 年版，第 12 页。
④ 程维荣：《近代东北铁路附属地》，上海社会科学院出版社 2008 年版，第 12 页。

设在北京东交民巷华俄道胜银行内。同年 8 月，干线工程正式开工。为管理中东铁路全部事宜，1902 年，俄国着手在哈尔滨修建中东铁路管理局大楼，以中东铁路管理局为核心全面管理俄国在中国东北的事务。

俄国在修建中东铁路过程中，依据《合办东省铁路公司合同》第六款："凡该公司建造、经理、防护铁路所需之地；由于铁路附近开采沙土、石块、石灰等项所需土地，若系官地，由中国政府给予，不纳地价。若系民地，按照时价，一次缴清，或按年向地主人纳税，由该公司自行筹款付给。凡该公司之地段，一概不纳地税，由该公司一手经理。准其建造各种房屋工程，并设立电线，自行经理，专为铁路之用。"① 俄国将这种铁路两侧土地称为"铁路用地"或"铁路租用地"。

此外，合同还有关于税收与治安等方面的规定侵犯了中国领土和主权，如合同给予俄方减免海关税特权优惠，有利于俄方商品进入中国东北市场；俄方故意曲解第六款中，"凡该公司之地段""由该公司一手经理"的条款，擅自派驻护路队和设立警察与司法机构。

《合办东省铁路公司合同章程》签订后不久，俄国在未征得清政府意见情况下，于同年 12 月 16 日，单方颁布沙皇谕旨批准的《合办东省铁路公司合同章程》。该章程共 30 款，其中规定，"中国政府承认设法担保中东铁路及其执事人员之安全，使之不受一切方面之攻击。为防卫铁路界内秩序起见，由公司委派警察人员担任警卫之职任，并由公司特定警察章程，通行全路遵照办理"②，"在铁路地区内，由公司任命警察负责维持秩序和治安，公司有权在中国境内享有经营一切工商企业和开采各种矿藏"③，由此，俄国攫取了包括警察护路在内的多种特权。并于 1897 年 5 月 22 日，由中东铁路公司成立护路队，任命沙俄上校盖伦格罗斯为护路军总司令。招募志愿哥萨克，编成若干骑兵连，组建总计 750 人的第一批护路队。

---

① 步平、郭蕴深、张宗海等编：《东北国际约章汇释（1689—1919 年）》，黑龙江人民出版社 1987 年版，第 136 页。

② 步平等：《东北国际约章汇释（1689—1919 年）》，黑龙江人民出版社 1987 年版，第 142 页。

③ 宓汝成：《中国近代铁路史资料 1863—1911》（第二册），中华书局 1963 年版，第 354—358 页。

《合办东省铁路公司合同章程》对中国主权的挑战，进一步扭曲共同修筑经营中东铁路的商业性质。

1898 年，中东铁路公司在经过长达一年多的勘测、选址和考察工作后，正式完成干线测量，干线路线确定为由满洲里入境，途经海拉尔、齐齐哈尔、哈尔滨、牡丹江、绥芬河，最终到达海参崴。俄国一举将西伯利亚铁路连接至滨海地区，其势力也随着铁路的延伸正式侵入中国东北。

二　旅大租借地及中东铁路支线行政权与治外法权的攫取

1896 年，俄国在与清政府缔结密约之时，便积极谋划在中东铁路某处修建一条俄制宽轨铁路直达中国东北南部，在黄海上建立理想的不冻港，实现俄国势力的南下进而染指华北。1897 年中东铁路成立后将支线的修筑提上日程。在调查后认定，位于辽东半岛的旅顺是最理想的不冻港，决定修建支线将此地作为支线终点。

1897 年 5 月，俄国派遣华俄道胜银行董事长乌赫托姆斯基访华，借答谢中国派员赴俄祝贺俄皇加冕的回访之机与李鸿章谈判，企图解决支线与港口问题。"由于清政府多数官员反对，乌赫托姆斯基空手而归。"①

1897 年 11 月，德国强占胶州湾。俄国趁人之危，借清政府邀请俄国出面干涉之机，强行将舰队开进旅顺口。强行逼迫清政府于 1898 年 3 月 27 日在北京与其签订《旅大租地条约》共九款。

其中，俄国根据《旅大租地条约》中第一款、第三款规定，"允将旅顺口、大连湾暨附近水面租与俄国"，"租地限期，自画此约之日始，定二十五年为限，然限满后，由两国相商展限亦可"②，强行租借了旅顺和大连，享有租界借内的行政权与治外法权。

根据第六款："两国政府相允，旅顺一口既专为武备之口，独准华、俄船只享用，而于各国兵、商船只，以为不开之口。至于大连湾，除口

---

① ［苏］鲍里斯·罗曼诺夫：《俄国在满洲》，陶文钊等译，商务印书馆 1980 年版，第105—106 页。

② 步平、郭蕴深、张宗海等编：《东北国际约章汇释（1689—1919 年)》，黑龙江人民出版社 1987 年版，第 152 页。

内一港亦照旅顺口之例，专为华、俄兵舰之用，其余地方作为通商口岸，各国商船任便可到。"①

根据第七款："俄国认在所租之地，而旅顺大连湾两口为尤要，备资自行盖造水、陆各军所需处所，建筑炮台，安置防兵，总设所需各法，藉以着实御侮。"② 在辽东半岛南端建立海军基地及建造各类军事设施，通过中东铁路与南满支线把这两个远离俄国本土的军港同俄国连接起来。

根据第八款："中国政府允以光绪二十二年所准中国东方铁路公司建造铁路之理，而今画此约日起，推及由该干路某一站起至大连湾，或酌量所需，亦以此理，推及由该干路至辽东半岛营口、鸭绿江中间沿海较便地方，筑一支路。"③ 获得从中东铁路干线某站为起点修筑一条经由长春、沈阳到大连、旅顺的中东支线权利，"中国政府与华俄银行所立合同内各例，宜于以上所续支路确切照行。其造路方向及经过处所，应由许大臣与东方铁路公司议商一切"。④ 俄国依此条款获得了修筑中东铁路支线的特权，且俄国在支线上享有中东铁路干线同等权力。

1898年3月28日，《旅大租地条约》墨迹未干，俄军3000余人便大肆在旅顺口登陆，迅速抢占各军事要塞，在旅顺建立军政合一的军政部，以租借之名对旅大地区实行占领。

此后，许景澄与驻俄公使杨儒在圣彼得堡与俄外交部继续谈判，于5月7日签订了《续订旅大租地条约》，共六款。进一步确定了俄国建筑及在租借地附近的独占权，两约的签订，使中国东北三省成为俄国的势力范围，使俄国在远东的战略地位大大加强。

1898年7月6日清政府驻俄使臣许景澄在圣彼得堡与俄方签订了

---

① 步平、郭蕴深、张宗海等编：《东北国际约章汇释（1689—1919年）》，黑龙江人民出版社1987年版，第153页。

② 步平、郭蕴深、张宗海等编：《东北国际约章汇释（1689—1919年）》，黑龙江人民出版社1987年版，第153页。

③ 步平、郭蕴深、张宗海等编：《东北国际约章汇释（1689—1919年）》，黑龙江人民出版社1987年版，第153页。

④ 步平、郭蕴深、张宗海等编：《东北国际约章汇释（1689—1919年）》，黑龙江人民出版社1987年版，第153页。

《东省铁路公司续订合同》共 7 款，具体规定修筑南部支线有关事宜，定名东清铁路南部支线，沙俄依约攫取了修筑中东铁路支线的特权。1898 年 8 月又签订了《中俄续订东省铁路支线合同》即中东铁路支线合同。此约使俄国进一步掠夺中东铁路支线沿线森林、矿山财富和内河、沿海航运的特权。

1899 年，俄国非法颁布《暂行关东州统治规则》，将旅大租借地改为"关东州"，实行军政合一的殖民统治。"自此俄国政策的三个侧面就紧密结合起来，旅顺将保护俄国通过南满铁路从经济上渗入富饶和人口稠密的南满，同时南满铁路将支持旅顺，为之提供给养；中东铁路把俄国远东部分同作为俄国力量根源的欧洲部分联系起来。中东铁路和南满铁路通过在旅顺的俄国人的力量，将圣彼得堡的政策为北京和整个远东所感觉。"①

1901 年，俄国发布侵犯中国司法权的《满洲司法条例》12 条，根据该条例的规定，中东铁路附属地内发生的诉讼案件，东、西、南线分别归海参崴、赤塔、旅顺地方俄国法庭审理，并且在沿线设置调解法官和检察官。因 1904 年的沙皇敕令，旅顺俄国地方法院迁至哈尔滨，中东铁路沿线的案件归该地方法院审理，并改称俄国边境地方法院②，享有在哈尔滨及中东铁路沿线等许多大小城镇的司法审判权，并且不受中国地方政府管辖。"俄帝国主义力图建立像租界一样的制度，以铁路督办代表的中东铁路公司是铁路租界地内的全权主人，而中国人被认为是外国客人，应完全服从主人的要求。"③

中东铁路公司总部所在地哈尔滨，是连接中东路干线与南满支线的枢纽。1902 年俄国政府颁布的"俄国市政管理条例"制定哈尔滨民政规则，强令当地中国人和他国侨民一体遵行，未几，该委员会拟就了哈尔滨"市政条例"，呈俄国财政部审批。④ 至此，俄国在这里已经设立

---

① ［美］马洛泽莫夫：《俄国的远东的政策（1881—1904）》，商务印书馆 1977 年版，第 123 页。

② 李述笑：《哈尔滨历史编年（1896—1949）》，内部发行，1986 年，第 22 页。

③ ［苏］B. 阿瓦林：《帝国主义在满洲》，北京对外贸易学院俄语教研室译，商务印书馆 1980 年版，第 145 页。

④ ［苏］尼鲁斯：《东省铁路沿革史》，哈尔滨出版社 1932 年版，第 611 页。

"护路军"司令部、执行铁路沿线警务的警察总局及受理路区俄国侨民民事、刑事案件的调解法庭,控制了当地的军、警、司法大权。

1903年7月,中东路全线通车后,中东铁路管理局颁布"铁路管理总则",列入民政管理条款,沙俄公开着手攫取路区行政权。11日,俄国照会列强,宣称外国在哈尔滨设置领事馆,"应经俄国同意"。

1903年11月,中东铁路管理局在哈尔滨召开俄国侨民代表会议,并组成"道路委员会",负责市政实施。次年11月,又设立地亩处,"凡租放地亩,征收税捐,开辟道路,规划户居等事悉属之"①,实际上窃取了哈尔滨的行政权。

1906年12月28日,沙俄公布了《中东铁路附属地民政组织大纲》十条。"第一条,规定中东铁路公司在铁路附属地设立民政处;第二条,规定在哈尔滨及铁路沿线地方,于必要时得由当地居民组织自治会,受铁路公司节制。尚未建立自治会地方,一切市政管理概归铁路公司经办。但警察权,无论该地建立自治会与否,都统归铁路公司掌管。第五条,规定自治会的组织和职权均由铁路公司决定。"② 规定在主管民政的副局长下设立民政、警务、地亩、交涉、学务、宗教、卫生等处。8月13日,又明文规定了总办和民政处的职权范围。举凡铁路路区的市政、警务、刑狱、侦探、俄中地方交涉、征税、土地区划和租借、林场经营、教育、宗教事务、卫生、新闻发行等事宜,都分别划归上述机构处理。

正如时任东三省总督徐世昌所言,"一切实权归俄掌握。其注意在据有该处全部之行政权,而借选举为名,以排斥中国所派官吏,得以为所欲为,是讵独干预我政治,攘夺我主权,直欲开割据领土之渐也"③,中国东北几近沦为"黄色俄罗斯"。

---

① 交通铁道部交通史编纂委员会编:《交通史路政编》,第17册第7章,交通铁道部交通史编纂委员会,1935年,142页。

② 李济棠编著:《中东铁路——沙俄侵华的工具》,黑龙江人民出版社1979年版,第77页。

③ 徐世昌:《纪东清铁路自治会》,载《东三省政略》卷三,《铁路交涉篇》,1911年铅印本。

三　日本对满铁附属地行政权的扩大

日俄战争后，日本通过与俄国签订《朴茨茅斯条约》，根据第六条规定："俄国政府允将由长春（宽城子）至旅顺口之铁路及一切支路，并在该地方铁道内所附属之一切权利财产，以及在该处铁道内附属之一切煤矿，或为铁道利益起见所经营之一切煤矿，不受补偿，且以清国政府允许者均移让于日本政府。两缔约国互约，前条所定者，须商请中国政府允诺。"① 获得经营南满铁路的权利，其后通过《会议东三省事宜正约》及《附约》，由清政府予以追认。

1906 年 6 月 7 日满铁成立后，日本将"铁路用地"或"铁路组用地"改为"铁路附属地"。"附属"一词，"原本乃附属于铁路经营所必需租用的土地。但日本的做法是歪曲解释原本经营铁路所必需租用土地的归属"。"铁路用地"或"铁路租用地"含义指为建造及经营铁路所必需而租用的土地。而"附属"一词则含义模糊，若称为"铁路附属地"则推理延伸为与铁路有关的用地，用地内一切行政权"附属于"铁路。若擅自扩大铁路用地的解释的话，除交通、车站、仓库用地外，乃至商住、实业与文化等广泛意义上的用地，均附属于铁路。满铁作为日本的国策会社，其铁路附属地内行政权则有扩大成属于日本的阴谋。

此外，日本一方面鉴于原本中俄签订的《合办东省铁路公司合同》中对铁路用地没有明确的面积限制的条约漏洞，企图通过购买或强占的方式实现对铁路附属地的扩展。因此，日本在"满铁附属地"一词的翻译上费尽心机。在"railway settlements"（铁路居住地区）、"railway areas"（铁路附件区域）、"railway zone"（铁路地带）三种翻译上，选择英语名词含义最广的"railway zone"（铁路地带），以扩大解释的方式为扩展铁路附属地提供借口。

另一方面，日本极力曲解《合办东省铁路公司合同》第六款："凡该公司之地段，一概不纳地税，由该公司一手经理。准其建造各种房屋

---

① 「日露講和条約」、国立公文書館、『公文類聚·第二十九編·明治三十八年·第七巻·外事·国際·通商」、Ref. A01200226200（アジア歴史資料センター）。

工程，并设立电线，自行经理，专为铁路之用"中的"该公司一手经理"内容，在翻译为英文的过程中，译为"complete and exclusive administration"（完全专属管理），在翻译为日文的过程中，译为"绝对的且排他的行政权"①。

实际情况是，铁路附属地的行政权属于满铁，司法权属于日本领事，护路权之行使属于关东厅及关东军司令部。②

满铁本社内部设有总务部、调查部、运输部、矿业部和地方部。其中负责附属地的城市管理机构当属地方部，主要负责各个满铁附属地的城市规划与建设事业。地方部起初下设有庶务课、卫生课。其中庶务课掌管"一、关于土地及建筑物的出租事项；二、关于附属地支配事项；三、关于附属地监管事项；四、关于附属地的教育事项；五、关于附属地的产业事项；六、关于地区的规划事项"③。

卫生课则负责"一、关于医院及药品事项；二、关于清洁及消毒事项"④。

地方部在各个附属地火车站附近设有地方事务所，对满铁附属地的城市进行直接管理。满铁《附属地居住者规约》规定："南满洲株式会社为了开发南满洲，增进公共利益，对其沿线附属地进行土木，教育，卫生建设，需要附属地内居住的居民及使用附属地内的建筑的人员，或建筑物所有者，承诺并遵守以下条款：首先必须遵守公司针对其设施所指定的，为了维护公共利益的诸般规定，同时也要尊重公共道德，不可以做出有害于公共利益的行为。公司所建造的各类建筑供大家共同利用，而关于公共事业的支出，则作为公费，由各自负担。但关于各类建筑的共同使用方法，公费的种类，分课赋税等相关规定则另行制定。如有违背本协议，或违反公司所

---

① 南满铁道株式会社编『满铁関係条約集』、南満洲鉄道庶務部調查課、1928 年、第734 页。
② 胡昆：《东北条约研究》，中华书局 1932 年版，第 69 页。
③ 南満洲鉄道株式会社『南満洲鉄道株式会社十年史』、満洲日日新聞社、1919 年、第80 页。
④ 南満洲鉄道株式会社『南満洲鉄道株式会社十年史』、満洲日日新聞社、1919 年、第80 页。

制定的诸规定，对公共的利益造成损害的情况发生，公司将强制要求其退离公司附属地，并不得存有异议。但在需要的情况下需求警察的干预。附属地内，旨在实现和亲协同，无论国籍都必须受到同样对等的待遇。"①

由此可见，在满铁附属地名义下，日本在中国东北建立起完全独立于中国行政系统和法律制度以外的帝国主义殖民制度的意图昭然若揭。满铁通过各种强行手段扩大用地区域面积，附属地的形成与扩大主要通过六种途径：

一是日俄战争期间实行军政通过强行购买，待满铁成立后转交满铁经营的土地。

二是日俄战争后依据《朴茨茅斯条约》从俄国手中接收的俄占铁路附属地。

三是满铁附属地形成后在原有基础上另行收买的土地。

四是利用日本人或中国人出面收买附属地毗邻土地后转卖给满铁的土地。

五是满铁同关东军、关东州民政署、四洮铁路局交换或同中国人交换的土地，还有从商埠局、中国商务总会、日本陆军、官有财产管理会等借用的土地。

六是开放码头市场，满铁接管日本居留民拥有的永久租用土地。

自1907年起，满铁以武力为后盾，巧取豪夺，在铁路沿线上建设了大量附属地城市，有辽阳、奉天、长春、大连、安东、铁岭、瓦房店、鞍山、抚顺、大石桥、营口、开原、四平、公主岭等，具体而言，满铁附属地是指铁路沿线宽度从20米到400米不等的沿线地带，其次是为建造及经营铁路所必需租用的土地，其规模已远超铁路本身，扩展至商住、实业、文教等多样用途，满铁将一系列用地变身为"铁路附属地"，意在扩大对租用土地的解释范围，目的在于既然满铁的经营与管理权归属于日本政府，其"附属地"则同样归属于日本政府，"铁路附属地的行政权属于满铁，司法权属于当地日本领事，护路权之行使则属

---

① 高橋嶺泉『満鉄地方行政史』、満蒙事情調査会、1927年、第738頁。

于关东厅及关东军司令部"①。满铁意图通过这一扩大解释，在原本租借来的铁路附属用地上，行使绝对排他性的行政权，以及警察、驻军特权。

满铁附属地的城市类型按照其发展特征可以概分为四类：

一是以奉天、长春为代表的东北老城，满铁附属地选择靠近老城区域并且依托于老城城市发展，在城市设计上既不受老城束缚，又考虑与老城联系。由于满铁附属地设立于城市近郊，介于老城区与清政府设立的商埠地之间，相互间隔构成了马赛克形状，故称为"马赛克型附属地"。

二是以大连、旅顺、营口为代表的新城，满铁附属地选择在沿袭原有俄国铁路附属地建设基础上进一步发展。由于均依海而建，作为贸易口岸实现与满铁的海陆运输连接，故称为"口岸型附属地"。

三是以抚顺、鞍山、安东为代表的资源型城市，均是伴随采矿与冶铁制铁业发展而出现的新兴城市，均不属于原中东铁路附属地，是满铁成立后购置的土地，单独规划建设。满铁在资源集中的区域建立附属地以开发掠夺资源为主，故称为"资源型附属地"。

四是以铁岭、公主岭、四平、开原为代表的农产品集散地。铁岭、公主岭、四平、开原在日俄战争前几近农村或荒原，是满铁新建的附属地，作为农产品集散地而逐渐发展起来。故称为"农业集散型附属地"。

从 1907 年满铁成立到 1936 年满铁附属地城市经营废止的 29 年间，"满铁的事业费用总额达 8.3392 亿日元，其中地方设施建设费用达 1.9348 亿日元，占总事业费的 23%"②，至 1936 年，满铁附属地扩大到 524.34 平方千米，其中包括许多大大小小的城镇、市街用地及矿，附属地中超过 1 平方千米的竟达 30 个之多，满铁垄断经营附属地内的交通、商贸、金融、工矿以及港口贸易等行业，形成了从行政上独立于中国管辖之外的"满铁王国"。

---

① 胡崑、丁宪勋：《东北条约研究》，中华书局 1932 年版，第 69 页。

② 越澤明『植民地満州の都市計画』、東京、アジア経済研究所、1978 年、第 17 頁。

满铁附属地的形成与扩张 （上）

满铁自 1907 年起，以武力为后盾，巧取豪夺，在铁路沿线上建设了大量附属地城市，有辽阳、奉天、长春、大连、安东、铁岭、瓦房店、鞍山、抚顺、大石桥、营口、开原、四平、公主岭等，具体而言，满铁附属地是指铁路沿线宽度从 20 米到 400 米不等的沿线地带，其次是为建造及经营铁路所必需租用的土地，其规模远超铁路本身，用途更是扩展至商住、实业、文教等多方面。

1907 年满铁创建伊始，其附属地的铁路线包括 "大连长春间 704.3 千米，奉天安东间 260.2 千米，旅顺线 50.8 千米，营口线 22.4 千米，烟台线 15.6 千米。抚顺线 52.9 千米以及甘井子、入船、吾妻、浑河、榆树台间的联络线，加在一起总延长为 1129.1 千米"[①]。铁路沿线地带包括纯铁路用地和市街地以及抚顺、鞍山等广大矿区等地方，1907 年满铁从日本政府手中接管过来的土地包括 "陆军经理部是 9561.7817 万平方米，野战铁道提理部为 4885.3436 万平方米，海军工作部及防备队为 20.5325 万平方米，安奉班为 503.2561 万平方米，合计 14970.9139 万平方米，实测的结果则决定以 1908 年 7 月末调查的 18276.3444 万平方米为 1907 年末的附属地面积"[②]。

其后，满铁将一系列用地变身为 "铁路附属地"，意在扩大对租用

---

① ［日］满史会编：《满洲开发四十年史》，东北沦陷十四年史辽宁编写组译，内部交流，1988 年，第 419 页。

② ［日］满史会编：《满洲开发四十年史》，东北沦陷十四年史辽宁编写组译，内部交流，1988 年，第 419 页。

土地的解释范围——既然满铁的经营与管理权归属于日本政府，其"附属地"则同样归属于日本政府，"铁路附属地的行政权属于满铁，司法权属于当地日本领事，护路权之行使则属于关东厅及关东军司令部"①。满铁意图通过这一扩大解释，在原本租借的铁路附属用地上行使绝对排他性的行政权，在中国东北建立起完全独立于中国行政系统和法律制度以外的日本殖民区域。

此后满铁通过交换、退还、借用、商租、收买、偿还等多种手段扩大附属地区域面积，"至1936年满铁附属地扩大至52434.2642万平方米"②。

至1936年满铁附属地占地面积百万平方米以上的土地列举如表2-1所示。

表2-1 　　　1936年满铁附属地占地面积百万平方米以上的土地

（单位：平方米）

地名	面积	地名	面积
大连	9292923	甘井子	1594045
瓦房店	2508224	得利寺	1847515
熊岳城	4472613	盖平	3331901
大石桥	3676211	海城	2438501
牛家屯	3833653	鞍山	18441137
辽阳	6481109	烟台	3283173
苏家屯	1664400	奉天	11729027
新台子	1156139	铁岭	6349640
开原	6634451	昌图	5651123
双庙子	3439759	虹牛哨	1176175
四平街	5476571	公主岭	8183579
陶家屯	1844181	大屯	1097322

---

① 胡崑、丁宪勋：《东北条约研究》，中华书局1932年版，第69页。

② ［日］满史会编：《满洲开发四十年史》，东北沦陷十四年史辽编写组译，内部出版，1988年，第419页。

续表

地名	面积	地名	面积
"新京"（长春）	6142219	本溪湖	1160201
凤凰城	2528154	安东	5369050
抚顺	68397059		

数据来源：［日］满史会编：《满洲开发四十年史》（下），东北沦陷十四年史辽宁编写组译，内部交流，1988 年，第 419—420 页。

第一节　奉天满铁附属地的形成与扩张

一　沈阳的历史沿革与中东铁路附属地的创建

近代以来沈阳作为东北地区的中心城市，南满铁路、安奉线、京奉线、奉海线均由此交叉，是东北第一交通枢纽。奉天附属地是古城之外最早形成的城市板块。奉天（沈阳）附属地的形成与发展经历了若干阶段，从最初俄国恶用《中俄密约》解释强行建立附属地到日俄战争后满铁附属地的建立与扩张，城市中心几经转变。满铁附属地建立后，开始在统一规划下进行城市建设，因此，附属地的城市建设呈现有条不紊的发展步骤，城市从北向南建设，逐步形成了有完善的市政设施的城市空间。在此期间，满铁通过强占、收买等方式由北向南，再向西不断扩张附属地区域。

鸦片战争以降，清政府面对列强的侵略羸弱不堪，国势衰微。沈阳因其在东北地区的中心位置相继被俄日两国觊觎。1891 年，俄国开始修建从莫斯科到符拉迪沃斯托克（海参崴）的西伯利亚铁路。为实现直线缩短里程并减少成本，沙俄谋划将此铁路穿越中国境内的满洲里和哈尔滨直达符拉迪沃斯托克，1896 年 6 月 3 日，沙俄以"共同防御日本"为诱饵与清政府缔结《中俄密约》，其中就第四款，"中国黑龙江，吉林，接造铁路，以达海参崴"，俄国获得了连接中国东北直达俄国境内海参崴的铁路建设权，同年 9 月，沙俄与清政府继而签订《合办东省铁路公司合同章程》。俄国凭此契约成立了中东铁路公司。俄国人将《中俄密约》的第六款①含混地解释为俄国在铁路沿线割取铁路用地，由俄人组织地方政权进行管理。这样，俄国在无视清政府抗议的情况下，在中东铁路沿线一定区域内建立起拥有行政、驻军、司法、采矿、贸易减免税等特权的铁路附属地。

1898年8月，中东铁路正式动工，俄国以哈尔滨为中心，分东、西、南部三线，由六处同时施工。1902年11月3日，俄国完成了从哈尔滨到旅顺的中东铁路支线的修筑工程，翌年7月14日，全线贯通开始运营，中东铁路全长2500多千米，恰如"T"字形分布在中国东北广大地区。1898年沙俄正式进入沈阳，划出城西郊共6平方千米的土地为铁路用地。其中，铁路用地1.2平方千米，市街用地为4.8平方千米。

1899年，沙俄以清水砖墙结构、木屋架砌筑了两层青砖的西郊火车站，名为"Mukden"（谋克顿站），此为奉天铁路附属地的肇始，谋克顿站，属于当时的四等小站，站内共有5条线路，站前是一片荒野，十分简陋。以铁路为其西、北两侧屏障，东侧延伸至西塔东侧，南到现今北二马路建立铁路附属用地。在西塔处建有俄罗斯风格的东正教堂、铁路大街及俄人公共墓地等公共设施。此外，沙俄在沈阳老城与火车站连系道路之地，原称为"十间房"处也展开修筑活动。值得注意的是，沙俄初始建设的铁路附属地并非修建站房、货场、堆放建筑材料等必需用地，而是利用铁路运营，在原建铁路堆料用地基础上肆意扩大形成的。

沙俄铁路附属地虽远离沈阳老城，但靠近当时清政府修建的京奉御路，即沈阳通往关内的陆路咽喉，扼要通衢之处，其战略位置极为重要。沈阳附属地虽然自中东铁路动工伊始便已开始修建，但是当时沙俄在中国东北经营的中心更侧重于大连和旅顺，因此，当时"城内几乎只有陋屋不知观瞻""小西边门内自小西门到边门外，只有沿途的小路上

---

① 《合办东省铁路公司合同章程》第六款：凡该公司建造、经理、防护铁路所需之地，又于铁路附近开采沙土、石块、石灰等项所需之地，若系官地，由中国政府给予，不纳地价；若系民地，按照时价，或一次缴清，或按年向地主纳租，由该公司自行筹款付给。凡该公司之地段，一概不纳地税，由该公司一手经理，准其建造各种房屋、工程，并设立电线自行经理，专为铁路之用。除开出矿苗处所另议办法外，凡该公司之进项，如转运搭客货物，所得票价，并电报进款等项，俱免纳一切税厘。

住有颓废的民家"①，沈阳附属地发展相对缓慢。

二　奉天附属地的形成与扩张

1905 年，日俄战争期间日本借发动奉天会战之机，将满洲军司令部迁入奉天设立军政署，无视中国主权开始实施军政。其间军政署在小西边门外设置了规模宏大的鱼菜市场。1906 年 6 月 1 日，日本在小西关设立日本总领事馆及总领事警察署结束军政统治。"在总领事馆的规划下，于 1906 年夏季开通了十间房的道路。以十间房路为主干，日本人开始在道路两侧修建民宅建，同年 7 月至 11 月，相继成立居留民会及公立中小学校、公立医院，翌年日本人在奉天居留地内成立商工会议所，形成了日本人在奉天最初的居留区域，居留民总计 2216 人。"② 由于当时奉天满铁附属地尚未建立，所以日本人主要居住在旧停车场附近及日本总领事馆辖下范围和小西关外十间房三大区域。日军在对沈阳实施军政期间，日军铁道兵"提理部"接管了原盛京站及铁路，并对"铁路用地"实施军管。

1907 年 4 月，日本在中国东北成立南满洲铁道株式会社，依据《朴茨茅斯条约》中第五条、第六条规定，"将大连至长春的以及旅顺间的铁路支线附属地用地所用权归日本无偿所有"，攫取经营南满铁路和其附属地的特权。满铁从日本政府处接收奉天附属地时面积约为 677 公顷，是仅次于辽阳附属地的第二大附属地。但由于撤销军政后中国人民的强烈反抗，满铁不得不将一部分非法占有的土地归还中国，使得附属地面积缩减为 603.42 公顷。具体面积如表 2-2 所示。

日本为图谋永久窃占中国领土，1907 年满铁接手沙俄占据的中东铁路附属地后，将满铁附属地作为确保日本利权、扶植日本势力的根基，全部采用高标准修筑殖民设施。为吸引日本移民，满足移民的近代生活需求，奉天附属地主要从提供道路、电力、煤气、上下水、照明等城市

① 南满洲铁道株式会社総裁室地方部残务整理委员会『満鉄附属地経営沿革全史』、東京、龍渓書舎、1977 年、第 602 頁。
② 南满洲铁道株式会社総裁室地方部残务整理委员会『満鉄附属地経営沿革全史』、東京、龍渓書舎、1977 年、第 603 頁。

服务入手开始建设。奉天附属地以其超前的规划理念与之呈现的独特的空间形态格局，开启了由满铁主导具有鲜明近代殖民地特征的市街规划建设。

表2－2 奉天满铁附属地面积

土地类别	面积（坪）
铁路用地	361323.60
城市用地	1434695
十间房土地（城市用地）	29383.08
预备商埠地	648960
合计	2474361.68

注：1 坪约合 3.3057 平方米，2474361.68 坪约合 603.42 公顷。

数据来源：南满洲铁道株式会社総裁室地方部残务整理委员会『満鉄附属地経営沿革全史』、東京、龍渓書舎、1977 年、第 606 頁。

（一）奉天附属地的道路规划

1907 年，满铁地方事务所成立后，非法管理"附属地"。沈阳的三个铁路车站：皇姑屯、盛京站、奉天站，均被日本把持，并以此实行对沈阳铁路运营的垄断。奉天附属地的建设首先是从道路规划建设开始的，"基本上设定为格子状的道路，在地形和其他条件允许的情况下，以火车站为中心设定主干道，在格子状街道的重要交会处设立广场，通过广场进而延伸道路"①。其市街发展可分为两个阶段，第一阶段为1906 年至 1918 年，第二阶段为 1919 年至 1931 年。

第一阶段的市街发展是从修建奉天火车站及修整站前道路开始的。

满铁进驻奉天后，考虑到奉天在安奉铁路及南满铁路的交汇处原俄国修建的车站已无法承载今后的运输量，满铁以安奉铁路与南满本线接轨为名兴建新站，投资 30 万日元巨资修筑奉天车站。选任日本著名建

---

① 満鉄会『満鉄四十年史』、東京、吉川弘文館、2008 年、第 39 頁。

筑设计师辰野金吾的两个学生太田毅、吉田宗太郎主持设计，因此车站整体设计上沿袭了典型的辰野风格，即日本近代建筑西洋化的建筑风格。

1910 年奉天火车站正式落成，占地 115 万平方米，地下 1 层、地上 2 层，中间有哥特式的半直圆形拱起，规模宏大。成为当时中国东北地区最为重要的客运中转车站。随着新站的建设，满铁附属地的道路规划也随之展开。

沙俄占据沈阳附属地时已经在谋克顿火车站前修建了几条土铺道路。生活区集中于火车站附近。1906 年，日本修建了平行于铁路的第一条大道——铁道大街，全长 1900 米。铁道大街成为火车站前最重要的运输道路。满铁以奉天车站为中心，先后修筑了三条放射形道路，即沈阳大街（千代田通）、昭德大街（浪速通）和南斜街（平安通）①，其中沈阳大街与铁道大街相互垂直，而昭德大街与南斜街、沈阳大街成 40 度布置，形成奉天附属地的交通主干（见图 2-1）。1912—1917 年，满铁"在此期间修筑了铁路大街方向平行的南北向干路，即协和大街、西四道街（春日町）、中央大街（加茂町、获町），又以沈阳大街为中心向北修建了与其平行的北一至北九马路，向南修筑了与其平行的南一至南五马路，从而构成了一个纵向、横向、斜向道路相连接的道路网格"②。

第二阶段的奉天附属地的街道建设主要集中在沈阳大街以南的区域以及部分南北走向的道路。从 1918 年到 1931 年，满铁又修建了与沈阳大街垂直交叉南北走向街道，即同泽街（稻叶町）、民权街（春日町）、民富街（葵町）、民族南街（弥生町）等数十条道路，基本完备了奉天附属地内道路系统。至 1931 年奉天附属地内共建成东西向和斜向道路 25 条，南北向道路 36 条。

奉天附属地经历两个阶段的道路规划，内部形成初具规模的城市空间。以火车站为起点，按功能需要划分为行政机关用地、住宅用地、商业用地、粮栈用地、工厂用地、公共娱乐用地等部分。

---

① 沈阳大街、昭德大街、南斜街分别为现今的中华路、中山路、民主路。——笔者注
② 参见吴鹏《近代沈阳满铁附属地城市空间与建筑特征研究》，硕士学位论文，沈阳建筑大学，2015 年。

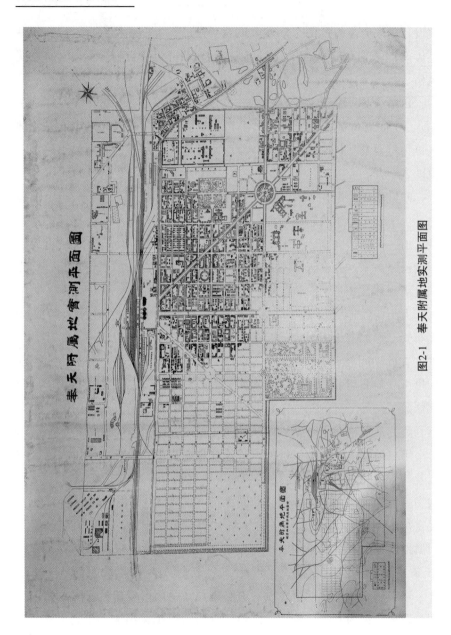

图2-1 奉天附属地实测平面图

（二）附属地内满铁会社机关

奉天附属地内的机构设置上，有奉天地方事务所、奉天站、奉天检车区、奉天保路区、奉天保安区、奉天营业所、满铁公所、兽疫研究所、奉天大和旅馆等直营机关。其中枢要机构分别为地方事务所、铁道事务所、奉天站、满铁公所与大和旅馆。

地方事务所：满铁设置管理奉天满铁附属地的机构，其在管理城市建设的同时，不断发展附属地用地。最初名为奉天出张所，"1907 年开设时的从业人员除书记田中得三郎外只有雇员一人"①。同年 10 月，大河平隆光就任首任所长，原田铁造任经理科主任。最初出张所位于货物交易处北侧的俄国民居内，1912 年，搬迁至奉天站前新建的共同事务所。1915 年，依据职务改革正式更名为地方事务所。为便于对附属地的一元化管理，自 1918 年，领事馆领事兼任所在地的地方事务所长（见表 2 -3）。其管辖范围以奉天为例，负责管理奉天、铁岭、开原、本溪湖四个地方区和奉天中学、奉天高等女学校、南满中学堂、奉天图书馆、铁岭、开原、本溪湖各医院等。地方事务所内设有庶务科、地方科、工务科、经理科，是奉天满铁附属地实际运营与发展扩张的核心机构。

铁道事务所：1910 年，满铁废除大连管理局，分别在大连、奉天、长春设置运输事务所。1921 年运输事务所改为铁道事务所，其下设置庶务、铁路、地方三课。

1909 年，满铁鉴于谋克顿站设施简陋难以应对日益增长的运输需求，投资 30 万日元，以安奉铁路与南满本线接轨为名，实现"南满"、安奉两路并站设想，着手兴建新站，1910 年 7 月 2 日奉天站竣工。"奉天站地下一层，地上二层，地下室面积达 1067 坪、第一层面积为 1870坪、第二层面积为 1642 坪。"② 奉天站是当时满铁五大车站之中最大的一座，1910 年 10 月 1 日，举行了车站搬迁仪式，奉天站的位置就此固定下来。

---

① 南満洲鉄道株式会社総裁室地方部残務整理委員会『満鉄附属地経営沿革全史』、東京、龍渓書舎、1977 年、第 659 頁。

② 南満洲鉄道株式会社総裁室地方部残務整理委員会『満鉄附属地経営沿革全史』、東京、龍渓書舎、1977 年、第 613 頁。

表 2 – 3　　　　　　奉天满铁附属地历代事务所长、主任一览
（包含出张所长、经理科主任）

1. 大河平隆光	11. （大岩峯吉）
2. 原田铁造	12. 平野正朝
3. 松本龙逸	13. 太田雅夫
4. 入江正太郎	14. 小仓铎二
5. 赤塚正助	15. 冈田卓雄
6. 岛崎好直	16. 荒木章
7. 竹中政一	17. 栗野俊一
8. 山西恒郎	18. 关屋悌藏
9. 井上信翁	19. 仓桥泰彦
10. （永尾龙造）	20. 土肥颙

注：括号内为次席或副所长。——笔者注

　　满铁公所：满铁在中国经营铁路等各项侵略事业，需要随时注意中国的政治动态和不断地同中国中央和地方政府打交道。因此，"满铁选定在东三省官宪集中的奉天城内，不依据帝国的外交形式而设置会社的交涉机构"①，即满铁公所，满铁公所成立后派遣工作人员前往东北各主要城市，或委托其出差，或派驻驻地，这些工作人员在负责与当地政府交涉的同时，还负责调查和收集中国中央政府的情报及其他各类情报。

　　大和旅馆：奉天附属地建设初期，曾在奉天站内设有站台旅馆，配有 12 间客房，其后经改造为 30 间客房，奉天作为工商业都市，现有的旅馆难以满足其发展前景，因此，满铁投资 180 万日元，于 1926 年 11 月建设奉天大和旅馆，1929 年 5 月竣工。奉天大和旅馆采用近代复兴式风格，其大堂阶梯两侧是一座欧式拱券廊柱，为五层楼高白色建筑，配有客房 71 间，是当时的满铁附属地及周边的最高建筑，也是沈阳最早的大型豪华宾馆。大和旅馆并非纯营业性质，而是带有半情报机关的色彩，其接待的主要对象是高级别的军政要员。

---

　　① 南满洲铁道株式会社総裁室地方部残务整理委员会『満鉄附属地経営沿革全史』、東京、龍渓書舎、1977 年、第 613 頁。

（三）公共设施与日本居留民团体

奉天附属地内除满铁直营的机构外，为吸引日本移民，满足其近代生活需求，奉天附属地内全部采用高标准修筑市政工程设施。建有诸多公共设施，如 1906 年 9 月，伴随关东都督府管制改革，日本在奉天附属地内设置警务署，同年 9 月 1 日设置邮政局；1907 年 7 月，满铁开始着手新停车场的建设；1908 年 6 月，奉天电灯营业所开业；于附属地内创立小学、中学；着手整备水道及公园等公共设施。此外，附属地内还设立有日本居留民的自建团体，如 1907 年 2 月，设立奉天附属地民会，以及其后设立的附属地町会及联合町会、奉天少年团、奉天联合防卫团。

（四）奉天附属地的扩张

随着日本势力在沈阳的强化与奉天附属地人口的增长，附属地的范围逐步突破其原有规划界限向各方向扩张。为扩大奉天附属地，从 1918 年 2 月起，满铁便同关东军经理部交涉，要求收买陆军日俄战争时侵占的十间房土地 29383 坪。除此之外，1917 年以后，满铁利用日本人出面收买毗邻附属地的中国土地不断扩张。自 1917 年 5 月至 1926 年，原口闻一出面收买奉天、浑河间铁路西侧工业用地，共 20747 坪。其后又委托富安辰次郎收买 8504 坪。

1922 年 9 月，满铁制订了收买奉天浑河间铁路东侧土地 286386 坪作为市街的规划，委托胜弘贞治郎收买。

1923 年 6 月，追加预算改为委托吉田亲教，收买面积又扩大到 405000 坪，该年收买 265430.70 坪；1924 年 7 月，又将收买计划增加 52380 坪；1925 年度收买了 123494.46 坪；1926 年度收买了 32399.46 坪；1926 年度收买 32399.46 坪。

满铁还鼓励一些中国不法商人参与其中，通过利用中国不法商人购买土地再转卖给满铁的形式，隐蔽扩张附属地面积。日本人原口闻一同中国人张舛五等人勾结，以兴埠公司名义从商埠局获得永租商埠地的许可。满铁以 40 万日元获取大片商埠地，价格低于当时市场价格一半之多。

除了铁路用地、市街用地、预备商埠地之外，满铁还将一些工业区作为自己蚕食的对象，如"1925 年 8 月，满铁制定收买沈阳浑河间铁路西侧工业用地（靠近浑河）计划"，"到 1936 年年末，奉天（沈阳）附属地总面积达到 11.72 平方千米"。[①]

第二节　长春满铁附属地的形成与扩张

一　长春的历史沿革与中东铁路附属地的创建

长春的城建历史相较奉天、辽阳短暂，清朝前期，长春地区是蒙古族辅国公扎萨克[②]的领地，隶属于郭尔罗斯前旗。1644 年，满清八旗入关，清朝统治者迁都北京，东北大部分人口迁往京畿地区。东北大地"沃野千里，有土无人"，清朝统治者为防止蒙古及汉人侵入"祖宗肇迹兴王之所"，在中国东北制定了封禁政策。

清朝统治者将长白山视为满族祭祖圣地，乾隆曾多次前往长白山祭祖，伊通河畔的驿站成为必经之路，至清嘉庆五年（1800 年）在此建治，"设治地点，原在长春堡较东偏数里，命名由此起。而建治之处，土人更名之曰，新立城云"[③]。因厅设于长春堡附近，故名"长春"。

设治之初的长春厅，东由穆什河起，西至巴彦济鲁克山止，约 230 里；南由伊通边门起，北到季家窝棚止，约 180 里。下设怀惠、沐德、抚安、恒裕四乡，后来又增设了农安乡。当时居住人口主要来自关内的垦荒流民，"到 1806 年已达 7000 余户"[④]，从中可知，当时的长春不过是一个边疆市镇。

1825 年，鉴于长春厅所在地位置偏南，改由新立城迁置到伊通河左岸、原址以北 30 里的宽城子。"宽城子"原指的是老城东西面宽大过南北距离。"当时辖境大体以饮马、雾开、伊通三河为界，划分为怀惠、沐德（后为德惠县）、抚安、恒裕四个大乡。"[⑤] 并没有形成城市的街

① 程维荣：《近代东北铁路附属地》，上海社会科学院出版社 2008 年版，第 99 页。
② 成吉思汗的后裔。
③ 于泾：《长春厅志·长春县志》，长春出版社 2002 年版，第 13 页。
④ 越泽明：《伪满洲国首都规划》，欧硕译，社会科学文献出版社 2011 年版，第 26 页。
⑤ 徐兆奎：《长春城市的形成与发展》，《经济地理》1983 年第 1 期。

坊。只在个别的地段有固定的集市或店铺。1865 年，当地居民为抵御马贼的侵袭，由当地商人自发出资挖壕筑城。修筑了砖木结构的边墙及六个城门，分别为东门"崇德"、南门"全安"、西门"聚宝"、北门"永兴"、西南门"永安"、西北门"乾佑"。1882 年，清政府在宽城子设"抚民通判"。1889 年长春厅升格为长春府，1907 年改吉林将军为行省，长春府隶属于吉林省。1912 年 3 月长春废府设县更名为"长春县"，1914 年，东北实行省、道、县三级管理制，长春县划属吉林省吉长道尹辖，下辖 6 镇 14 乡，1925 年民国政府分设长春市政公所。从长春早期的城建史可以看出，是先有城市后建城墙，形状极不规整遑论规划。

长春这座地方边陲的小城，之所以能够一跃成为东北重要的城市，缘于中东铁路的修建与日俄两国对中国东北的争夺。1896 年，俄国为在"满蒙"地区形成对日本的战略优势，沙皇政府决定于 1891 年修建从车里亚宾斯到海参崴的西伯利亚大铁路，并计划修建向东经赤塔穿过中国东北到达海参崴的"满洲线"，即中东铁路。1896 年沙俄依据《中俄密约》，签订中俄《合办东省铁路公司合同章程》，攫取中东铁路筑路权。1899 年，沙俄在长春兴建俄国人居住区，刻意地与中国居住的老城在空间上割裂开来，在老城以北约 10 千米的二道沟修筑火车站，以附近的城镇"宽城子"命名。长春城市的近代化由此发端。

中东铁路的特点在于，将铁路沿线两侧和以车站为中心的区域设定为铁路附属区域，沙俄援引中俄《合办东省铁路公司合同章程》第 6 条，中东铁路公司在区域内具有排他性的行政权，即附属地内沙俄拥有驻军、警察、税收和司法的一切特权及领事裁判权。

宽城子车站占地约 5 平方千米，呈规则的长方形。修筑有站房、兵营、员工住宅及铁道俱乐部。这一区域称为"长春中东铁道附属地"。宽城附属地的规划主要为三大区域，一是车站设施；二是附属地街区；三是商业和服务设施。当时俄国在宽城子附属地修建了两条道路，分别是秋林街与巴珊街。附属地内的产业以面粉制造业为主，俄国在此兴办了两座面粉厂，分别是 1903 年兴办的亚乔辛制粉厂和 1904 年的裕昌源面粉厂。其中，亚乔辛制粉厂是长春第一个使用机械生产面粉的近代工业建筑。是但此时的宽城子站不过是大连至哈尔滨南满支路上的四等小站，"其居住人口最多未超过三千人"①。

然而这座小站以及宽城子这座小城镇，由于日俄双方在《朴茨茅斯条约》签订时，在中东铁路支线权益的"转让"问题上的分歧，最终成为日俄两国铁路线的分割点，在《朴茨茅斯条约》签订后为世人所共知。

根据 1905 年 8 月 16 日，会谈期间日方提案原文所载"哈尔滨、旅顺口间之铁路及其一切支线，并其附属之一切权利、特权、财产及属于该铁路或为其利益而经营之一切煤矿，均须不附带任何债务及负担而由俄国让与日本"，但是，俄方在让渡的区分点这一问题上坚持"俄国政府不能放弃现在日本军队占领区外之铁路"，"不能承认哈尔滨为两线的自然分界点"，"仅同意让与日本以现在日本军队占领区域的线路"。②

1905 年日俄战争后，日俄两国缔结《朴茨茅斯条约》时就长春境内的中东铁路宽城子车站的归属并未界定，事后日俄双方经过数轮外交谈判达成协议。"日本同意按照其附属地评定地价的半额计 563930 卢布，把共有权转让给沙俄"③，用作新建火车站的部分补偿费用。

根据日俄两国签订的《联接铁路条约》第三条规定："日本可在宽城子俄国火车站与长春市街之间选址新建火车站。"④ 长春自此成为隶属于俄国中东铁路最南端和隶属于日本南满铁路最北端的终点站，地处日俄两国对峙的最前沿，其战略位置重要，遂成为满铁自行选址、规划与建设的重要铁路附属地。

1907 年 3 月，满铁任命佐藤安之助为满铁调查役，专门负责征购土地的交涉。起先以三井物产长春支部的名义探知地价情况，其后计划征地 10 万坪⑤，预算参考日本北海道同等土地的价格，定为 2.5 日元/坪。

---

① 于泾:《长春厅志·长春县志》，长春出版社 2002 年版，第 14 页。

② 苏崇民编:《满铁档案资料汇编》第 1 卷，社会科学文献出版社 2011 年版，第 48 页。

③ JACAR（アジア歴史資料センター）Ref. B03050392900、各国事情関係雑纂/支那ノ部/长春、第三卷（1-6-1-26_1_21_003）（外務省外交史料館）。

④ 孙彦平编校:《〈盛京时报〉长春资料选编（光绪卷）》，长春出版社 2005 年版，第 65 页。

⑤ 1 坪 =3.3 平方米。——笔者注。

满铁总裁后藤新平认为太少后增到 20 万坪，预算 50 万日元。但采纳陆军大臣寺内正毅的建议，计划通过长春附属地的逐渐渗透侵吞整个长春城区，最终确定征购与沙俄附属地大小相仿的 160 万坪（528 公顷），8 月 1 日，满铁为切断长春旧城区与宽城子车站之间的联系，使俄国势力孤悬一隅，着手在头道沟与二道沟之间修建了头道沟火车站。在现火车站的位置上征购长春停车场（包括候车楼、站台、道线、车辆停车库，统称停车场）用地。由于当时清政府已经计划在该地修建吉长铁路局总部，且距离沙俄附属地兵营较近，满铁难以强行收购，只能私下接触长春地方官员及地主逐个收购，至 1907 年 9 月完成了预定的征地任务。满铁以平均每坪 22 钱日元的价格，征收总面积为 1503448 坪，支付购地款330875 日元，总费用支出 45 万日元。同年 11 月 30 日，临时站台及站棚建成并正式通车，承办货运；12 月 1 日开始客运。

1913 年，满铁投资 32 万日元改建长春火车站。由满铁建筑课田菊治郎、平泽仪平主持设计，由坂塚工程局施工承建的钢筋混凝土结构的车站新候车室站房于 1914 年建成。这座火车站地面两层，总面积 2100 平方米，成为长春附属地标志性建筑。

二　长春满铁附属地的形成与扩张

长春火车站建成后，满铁围绕火车站圈定了附属地范围。1910 年 6 月满铁以 33 万余日元，收购 150 万坪土地，划定为长春附属地。[①]

当时，长春附属地不过一片荒芜的原野，根据长春警察官吏的统计，"1907 年 9 月时日本人口仅有 235 人，其中满铁社员 19 人、站员 59 人"[②]。满铁为了将其打造为与俄国中东铁路相抗衡的前沿重镇，首任总裁后藤新平亲自参与规划，满铁土木科的加藤与之吉和田边敏行主持。两人自 1907 年开始对头道沟展开实地测量，1908 年完成街区的规划和论证。这一方案的一期规划面积为 120 万坪，根据长春台地沟壑分布和

---

① JACAR（アジア歴史資料センター）Ref. B03050392900、各国事情関係雑纂/支那ノ部/長春、第三巻（1-6-1-26_1_21_003）（外務省外交史料館）。
② 南満洲鉄道株式会社総裁室地方部残務整理委員会『満鉄附属地経営沿革全史』、東京、龍渓書舎、1977 年、第 339 頁。

城市未来功能特点，提出极具实验性的计划。

（一）附属地的道路与区域规划

长春附属地的城市规划采用了当时日本国内尚未实行的分区制规划，是在日本城市规划理念下建设殖民地城市的典型代表。规划分为四个区域：中心广场东北为粮栈地区；东南为商业区；西南为铁路员工住宅和驻军区；西北为工业预留区，以此有效控制土地使用。其规划比例具体为"住宅用地占15%、公园用地占9%、商业用地占33%、公共设施及其他用地占12%、粮栈地区占31%"①。

鉴于长春地势平坦，且以车站为中心向两边长方形分布，长春附属地的道路规划为矩阵型，用四条斜向道路串联，并在连接处设置广场，在广场周围规划公共设施，即以火车站停车场为中心，修建站前中心大广场和东西两个副中心广场；以中心大广场为基点，建南北向的直街和建连接东西广场的东、西两条斜街，建垂直或平行的若干条街道，最终形成以车站为中心矩阵型棋盘街路规划。

长春附属地的道路规格分为6间、8间、10间、12间、5间、20间②共六个等级，当时日本国内的标准约为15间，但根据后藤新平总裁的意见，田边敏行和加藤与之吉将规划的一级路面宽度从15间约27.2米拓宽到20间约36.3米。主要街道规划为中央通（长春大街）与八岛通（北京大街）为一级道路，在东斜街和商埠马路尚未贯通时，进出火车站的货物均从中央通和八岛通直接进入老城西门。东斜街、西斜街等为2级道路15间。其道路结构凡8间以上的马路均采用碎石马路，实行人车分离，干线道路均为沥青马路，作为农产品集散与流通中心的粮栈区域则特意采用花岗岩铺装。

在广场的规划上，起初共有5个广场，分别为北广场（站前）、西广场、南广场（日本桥附近）、东广场（现南广场）、北角广场（现东广场），广场为圆形，中间设置绿化带，由广场圈串联道路（见图2-2）。

---

① 南满洲铁道株式会社総裁室地方部残务整理委员会『満鉄附属地経営沿革全史』、東京、龍渓書舎、1977年、第379頁。

② 1间约1.81米。

图2-2 长春附属地实测平面图

满铁在对长春附属地境内街道命名时，考虑避免长春当地居民对日本人侵略扩张的警惕猜测，临时采用长春当时传统的序号命名方式，随着日本势力不断扩大，殖民主义野心增强，1922 年公然用日本人姓氏命名取代原来的街路命名，附属地街名具体沿革如表 2-4 所示。

表 2-4　　　　　　　　长春附属地街名历史沿革

中文名称	日文名称	现今名称
南直街	中央通	长春大街
东斜街	日本桥通	胜利大街
西斜街	敷岛通	汉口大街
东横一街	日出町	长白路
东横二街	富士町	黑水路
东横三街	三笠町	黄河路
东横四街	吉野町	长江路
东横五街更	祝　町	珠江路
东横六街	室　町	天津路
西横一街	河泉町	辽宁路
西横二街	露月町	丹东路
西横三街	雨衣町	杭州路
西横四街	锦　町	四平路
西横六街	平安町	松江路
西横八街	千岛町	嫩江路

（二）长春附属地的机构布局与公共设施建设

长春附属地规划以东斜街为重点，布局金融商业文化娱乐设施。规划以西斜街为重点，布局铁路机构、驻军、教育等。以横一到横六条街区域为重点布局商业、服务、教育及宗教等。南直街重点布局警署、邮政、旅馆、新闻及服务等。

长春附属地的繁荣和发展始于横一街、横二街，此地处于铁路专用线附近，这一带的居民多为经营运输和餐饮的日本侨民，他们建筑的多数是临时土房，房舍内简陋低矮，结构落后。但借助铁路交通的区位优势，运输业与餐饮业得到快速发展。但这距离满铁期望通过经营市街继而实际控制长春的目标相去甚远。

1908 年，满铁附属地规划西斜街的定位格局是：中心广场至西广场段，建满铁行政核心机构和职工住宅。西广场至八岛町、白菊町段建军营、学校和公园。

西斜街路东第一座建筑是满铁支社，满铁支社后边是满铁消费组合，位于敷岛通与羽衣町间，是专门为满铁职工提供生活消费品的部门。

满铁消费组合南邻是满铁理事公馆，满铁理事宅第位于敷岛通与锦町（四平路）交会处路南，虽然楼体子只是两层，却是满铁长春附属地面积最大的别墅，同时也是长春附属地内层次最高的宅第。该建筑地上二层，地下一层。

满铁理事公馆建筑外墙面是水泥砂浆拉毛抹面，楼顶是四坡顶。院内大柳树环绕。满铁理事公馆南邻 1936 年 9 月竣工的满铁俱乐部，满铁俱乐部位于敷岛通与蓬莱町（浙江路）间，规划整体工程为两期，一期工程含大集会堂（铁路蛮横宫）总面积为 1728 平方米，地上两层，地下两层。其中：一层 1027 平方米，座位 726 个；二层 417 平方米，座位 438 个。满铁俱乐部是长春满铁社员文体活动和集会的地方。二期工程含俱乐部、武道场、体育馆、弓道场等。

长春附属地进入快速扩张是从三个广场和三条干路（南直街和东、西斜街）建成后开始的。

新规划穿越头道沟的铁路线路东西通行，与其平行的长春满铁附属地火车站坐北朝南。站前是半径 91 米的转盘式广场，站前广场始建于 1907 年，是规划拟建广场中最大的一个，曾先后被命名为中心广场、大广场或北广场。广场中心是种植花草树木的中心岛休闲广场。站前广场建成后一直起到停车、分流车辆和休闲等作用。清末以来也曾是长春人民集会的地方。规划以站前广场为中心，周围 5 条主要街路呈放射状穿越其他广场和街路。

站前广场的西面是 1910 年由横井谦介、平泽仪平设计的满铁长春地方事务所，是当时长春附属地的地方行政管理部门，也是地方财政和税务征收部门。作为满铁大连本社的办事处，负责满铁在长春的全方位经营。

站前广场的南面，西斜街与南直街间是由满铁地方部工事科设计，钱高组施工，1936 年竣工的满铁"新京"事务局，后改称满铁"新京"支社。建筑整体为钢混结构，门廊及入口上方墙面是竖向或横向突起装饰。满铁"新京"支社是日本关东军和伪满洲国政府间的联络机构。

长春附属地建设的一大特点在于系统性公共设施的建设，满铁为将长春附属地打造成日本控制中国东北地区的重要基地，吸引大量日本移民长期定居是必然之需。满铁首任总裁后藤新平曾直言："建设殖民地，首先要考虑修建的是学校。其次，是兴建寺庙，然后是医院，只有这样做才可以使移居过来的居民长居久安。"①

在教育方面，满铁建立有初等教育的长春寻常高等小学校、西广场寻常小学校、白菊寻常高等小学校、八岛寻常小学校等；中等教育的长春商业学校、长春中等女校等，形成较为系统的教育体系。在医疗方面，1907 年 6 月，满铁在长春附属地内设立满铁会社大连医院长春派出所，1912 年改成为长春医院。在宗教方面，长春附属地内日本神社，占地 2 公顷。1911 年 7 月，经日本关东厅批准，由民间日侨发起筹建，1916 年 11 月竣工，分为主殿和偏殿。长春神社供奉"天照大神""大国主命"和"明治天皇"②，是长春营建的第一个日本神社。

在旅馆方面，值得一提的是长春的第一座国际性旅馆——大和旅馆。当时，鉴于日俄战争后，日本财政困窘，欧美各国均对日本是否有能力经营南满铁路公开表示怀疑，坐待日本的失败。因此，日本为向欧美各国证实其规划经营殖民地的能力，亦作为满铁的涉外接待机构，满铁决定聘请日本建筑大师市田菊治担任总设计师，斥巨资 300 万日元修建欧美建筑思潮的国际性旅馆——长春大和旅馆，总裁后藤新平和副总

---

① 铁道青年会编『後藤伯の面影』、東京、铁道青年会本部、1929 年、第 58 頁。

② JACAR（アジア歴史資料センター）Ref. B03050392900、各国事情関係雑纂/支那ノ部/長春、第三卷（1–6–1–26_1_21_003）（外務省外交史料館）。

裁中村是公曾指示："要努力做好，不要模仿俄国，要采用欧美式的。"北楼于 1907 年动工，1909 年竣工，建筑面积不到 2000 平方米，北楼为二层，坐南朝北。南楼 1939 年竣工，楼高三层。南北两楼高低错落相连，建筑风格一致，内外装饰豪华考究。旅馆竣工后，特意邀请俄国建筑师来长考察，细心听取俄方的意见，投资 40 万日元改善防寒供暖设备。

长春大和旅馆建成时已有电力供应，自来水和排水，还有暖气供热。1925 年安装了煤气设备。大部分客房备有卫生间。北楼共有 24 套客房，备有餐厅、会议室和车库，达到国际一流标准，是作为满铁证明其殖民地建设能力的象征。

长春附属地的另一个特点是公园的建设，附属地内修建了西公园、东公园、日本桥公园共三个公园。东公园位于西斜街南端二水源地，利用原有森林规划，修建于 1910 年 4 月，占地 7904 坪；西公园位于东斜街与东横四街交会的西北方向，是利用自然地形和水系设计的公园，修建于 1915 年；日本桥公园位于附属地东北方向，修建于 1924 年。

此外，附属地内的水、电、瓦斯等公共设施进行超前规划设计。在饮用水方面，1910 年，满铁在附属地北界外洼地购地 792000 平方米，建第一水源，当时挖浅水井三眼，以后又相继在西公园及东大桥龙王庙附近洼地分别建第二及第三水源。通过管道用水泵将水源地的水送到西广场水塔。下水道分干线、支线及分线，用户将废水排入分线，分线进入支线，支线进入建在东斜街地下 9 米深的干线，干线进入头道沟，最后头道沟将废水排入伊通河。①

由此可见，满铁企图通过完善的公共设施与较为科学的城市规划实现日本对中国东北地区的逐渐渗透，在逐渐吸附日本移民的同时，也吸引了当地中国居民移居，实现附属地建设的可持续性，贯彻满铁"文装的武备"殖民政策。

---

① 顾万春等：《长春城市建设》，长春出版社 1997 年版，第 151 页。

第三节　辽阳满铁附属地的形成与扩张

辽阳历史悠久，是迄今东北最老的古城，其城建史可溯源至公元前284年至公元前279年，战国时期燕国遣秦开袭东胡，使"东胡却千余里"，又进击箕氏朝鲜，"取地二千里"，在辽河流域设置辽东郡，同时置襄平县，郡、县治地均在襄平城，即今日的辽阳城老区。由于其地处中原内陆连接辽东半岛古代交通线上的咽喉要地而被历代王朝视为军事重镇。秦至两汉时期时沿用燕国旧制，设辽东郡置首府于襄平。至唐朝，在历经灭高句丽和罗唐战争后，中原王朝为经略辽东于辽阳设置安东都护府。元朝时设辽阳行省，置首府于辽阳。明代时仍在此设辽东都指挥使司，管辖东北广大区域。除此之外，辽阳在历史上更是北方少数民族政权的腹地中心。契丹族之辽朝、女真族之金与后金均曾定都于辽阳，足可见辽阳在漫长的历史时期承载着东北地区政治文化中心的地位。直至1625年努尔哈赤迁都盛京（今辽宁省沈阳市）后，东北政治的中心才就此移位。

1894年，甲午战争期间，日军四次进犯辽阳，知州徐庆璋、练总徐珍等组织民团在吉洞峪一带进行四次辽阳保卫战。1898年，沙俄强迫清政府开放辽阳为商埠，攫取修筑东清铁路南满支路特权，在辽阳白塔西约500米处建火车站，1901年铁路建成通车。日俄战争后，沙俄将东清铁路南满支路转让给日本。

1907年4月，日本在中国东北成立南满洲铁道株式会社，依据《朴茨茅斯条约》中第五条、第六条规定，"将大连至长春的以及旅顺间的铁路支线附属地用地所用权归日本无偿所有"，攫取经营南满铁路和其附属地的特权。

日本政府从沙俄处接收附属地时面积约为548公顷，"日本将铁路南侧南北两片农田划为满铁附属地，以火车站为中心，东起西关外，沿西城垣至赵家林子以西。西至徐往子、小庄、北园东、南起大营以北，北至三道壕以南的南宽北狭的地面"① 划为满铁附属地。1907 年 9 月 28 日，满铁制定《附属地居住者规约》，树立地方经营的基础，同时于辽阳设立会社出张所。10 月 15 日，废止日本居留民会，只能将其移交辽阳出张所。1915 年改为辽阳地方事务所。

辽阳附属地内的机构设置，有辽阳地方事务所、辽阳站、烟台站、辽阳保线区等直营机关。

满铁利用种种借口侵占了辽阳西关以北的土地达 457 公顷，至 1935 年辽阳满铁附属地的总面积达 965.33 公顷，具体面积如表 2 – 5 所示②。

表 2 – 5　　　　　　　　　　　辽阳满铁附属地　　　　　　　　　（单位：坪）

地别	总面积	铁路用地	地方设施用地
辽阳	6841108.51	629108.82	6211999.69
首山	310503.46	60075.76	250427.70
张寨子	369604.15	112445.45	257158.70
烟台	1163830.88	159704.65	1004126.23
十里河	328061.00	54621.00	273440.00
沙河	328593.00	76830.00	251763.00
七台子	311549.83	54632.00	256917.80
合计	9653250.83	1147417.71	8505834.12

注：1 坪约合 3.3057 平方米，9653250.83 坪约合 965.33 公顷。

辽阳满铁附属地内的建筑反映了日本在中国东北地区的殖民控制与文化渗透，特别是满铁图书馆与辽塔旅馆的历史和功能。满铁图书馆作为表面上的文化设施，实质上是为日本侵略者提供情报支持的机构之一，它在推动日本文化教育的同时，也加强了对辽阳的政治、经济和交通的控制。这种双重作用使得满铁不仅能加强对中国东北地区的侵略，还能通过文化手段为日本化政策提供支持。

---

① 王玉琨：《辽阳满铁附属地和九·一八事变》，《城建档案》2001 年第 6 期。
② 南满洲铁道株式会社総裁室地方部残务整理委员会『満鉄附属地経営沿革全史』、東京、龍渓書舎、1977 年、第 523 頁。

辽塔旅馆则是另一个重要的文化与政治象征。它原为日本人开设，作为高级官员和商人聚集的地方，也承载着秘密军事与政治活动的功能。特别是 1931 年 9 月 17 日夜，关东军高级参谋们在这里召开会议，策划了九一八事变，标志着日本对中国东北的全面侵略开始。因此，辽塔旅馆不仅是一个普通的旅馆，更是一个历史转折点的见证地。

第三章

满铁附属地的形成与扩张 （下）

第一节　口岸型附属地——大连、营口、安东

　　大连、营口、安东（今丹东市）这三座城市均依海而建，自日俄战争时期最先由日本军队着手修建，并委托当地日侨管理，后移交满铁。其中大连自沙俄管辖时期，便已经开始进行大规模的城市规划建设，营口因其通商口岸的地位而在被满铁接管后颇受重视，安东作为安奉铁路的终点及连通朝鲜铁路的枢纽而实现快速发展。

　　一　大连满铁附属地的形成与扩张

　　（一）大连的历史沿革与俄国统治大连时期

　　19世纪70年代以前，大连一带称为青泥洼，由东青泥洼、西青泥洼、黑嘴子村等分散的小渔村所组成。洋务运动时期的清政府，为守卫京津筹建北洋海军，于1879年选址辽东半岛尖端的旅顺口，疏浚港口，修筑海防炮台，投以巨资在此建设旅顺口军港和船坞。依建城顺序而言，是先有旅顺，再有大连。大连的金州地区仅以旅顺军港的附属防卫性城镇存在（见图3-1）。旅顺口和大连湾，均是北方深水良港，地理位置优越。旅顺作为军港，大连作为商港分置于辽东半岛尖端。经过清政府历时十余年的建设，至1894年中日甲午战争爆发前，因军港而兴的旅顺已经发展成为有2万多人口的海港小城。

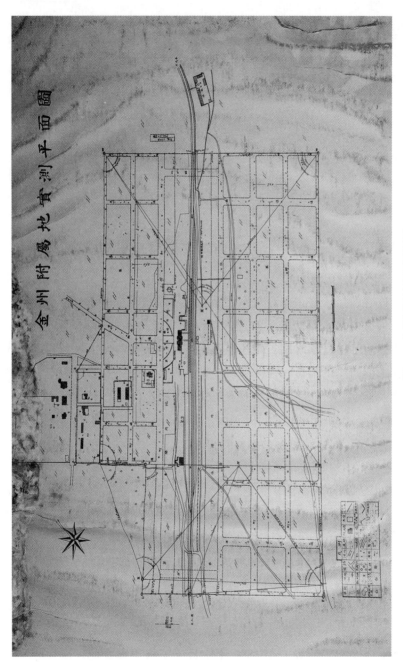

图3-1　金州附属地实测平面图

中日甲午战争期间，日军于 1894 年 11 月 7 日，占领大连湾，并于 11 月 22 日攻陷旅顺，血洗全城，制造了惨绝人寰的旅顺大屠杀，2 万多人罹难，幸存者仅 36 人。

1895 年 11 月 8 日，经过三国干涉还辽，清政府虽以 3000 万两白银赎回辽东半岛。但是，俄国以干涉还辽之功，于 1896 年 6 月 3 日诱使清政府"联俄制日"，签订中俄《御敌互助援助条约》即《中俄密约》。该条约在商定中俄建立对付日本的军事同盟事宜的名义下，"今俄国为将来转运俄兵御敌并接济军火、粮食，以期妥速起见，中国允于中国黑龙江、吉林地方接造铁路"，沙俄以"借地筑路"① 的方式取得了在中国东北修筑铁路的权利。

俄国为加速订立相关合同、勘定路线，早日在中国东北地区铺设铁路并和俄国横穿西伯利亚的远东铁路接轨，于 1896 年 9 月 8 日与清政府签订中俄《华俄道胜银行合同》与《合办东省铁路公司合同章程》，成立中东铁路公司，着手建造中东铁路。1897 年 12 月，俄国舰队借保护中国为幌子入侵旅顺口、大连湾，对辽东半岛实行军事封锁。1898 年，俄国迫使清廷签订《旅大租地条约》，租借旅顺、大连，并准许中东铁路支线通至大连、旅顺。将整个旅大地区置于控制之下。

俄国将旅大地区作为入侵中国和向太平洋扩张的基地，决定将旅顺建成军港城市，将大连建成远东首屈一指的自由港，中东铁路的出海口和新兴工业城市。1899 年，沙皇尼古拉二世发布关于建设自由港"达里尼"（今大连）的敕令，声明大连商港向一切国家的商船开放，大连正式开埠。同年 9 月 28 日，俄国政府通过了大连港和大连城市规划方案，致力于将大连建设成为远东地区的自由港和贸易城市。规划的城市用地大约有 6.5 平方千米，港口布置于城市东部青泥洼海岸，规划了 4 个突堤式码头，并有铁路与港口相连，形成了海运和陆运连为一体的优势。俄国人曾如此评价大连："达里尼港位于黄海中央，并居于大西伯利亚铁道的终点，具有世界商业活动中心点的资格。"②

---

① 王铁崖编：《中外旧约章汇编》第 1 册，生活·读书·新知三联书店 1957 年版，第 650 页。

② 鶴見祐輔『正伝後藤新平』、東京、藤原書店、2005 年、第 237 頁。

达里尼（大连）的规划采用当时盛行于欧洲的放射线、对角线和圆形广场的手法和功能分区。大连市区全部街道的形式，采用以大广场为起端，以这个广场为中心组成放射状道路的多中心放射状方式。广场的中心部分安排了寺院、博物馆、火车站等作为地区标志的大型公共建筑，"各广场以壮丽的外观装饰市街"①，以广场为中心向四面八方辐射大小市街，形如蛛网，利用林木茂盛的西青泥洼自然村落，建立一座大型公园和苗圃，并以此为分界线，以东为欧洲街区和行政区，以西为中国人居住区。欧罗巴区东临大连湾，南至南山麓，北隔铁路；位处整个市区的中心地带，地域开阔。其中背靠铁路的是商业区，市民区和商业区交错布置。行政市区与欧罗巴区相接，于大连湾香炉礁海岸以南，中东铁路火车站以北填海区相对独立，中国人居住区则位于西青泥洼村及西港子一带。三个功能区相比对，中国人居住区人口"仅占欧罗巴区四分之一左右，此时当地华人 10 倍于欧俄人口，这充分反映出民族差别和阶级对立"②，具有明显的殖民地城市特征。

1902 年 5 月 30 日，大连实行特别市制，下设市街区、老虎滩区和沙河口区，1903 年 7 月 14 日，沟通大连与中国东北腹地的中东铁路支线全线通车，大连港已成为远东地区重要的贸易港，"大连自 1899 年开始建设后，短短三年间便已经成长为人口达 4 万余人的都市"③。

（二）满铁的"大连中心主义"与城市规划

日俄战争期间，日本于 1904 年 5 月 6 日在金州城设置军政署，并于同月 30 日，占领大连市街区。1905 年 2 月 11 日，日本改"达里尼"为大连，取代俄国统治大连。关东局确定了"大连是日俄战后我国在满洲经营的根据地，为了将来发展成一个在世界上不感到羞耻的城市"④，于 4 月由军政署长官神尾光臣主持制定《大连专管地区设定规则》和《大连市街住宅建筑管理临时规则》。这是大连最初的城市规划法。

---

① 高野英悟『大連市史』、東京、大連市史刊行会、1972 年、第 147 頁。
② 李金林：《中国大连近代（1898—1945）城市形态与建筑》，《城建档案》2004 年第 2 期。
③ 水内俊雄「植民地都市大連の都市形成 1899 – 1945」、『人文地理』第 37 期、1985 年、第 58 頁。
④ 关东局『关东局施政三十年業績調查資料』、关东局、1937 年、586 頁。

其中，《大连专管地区设定规则》沿袭了俄国租借时期城市规划的地区划分，在此基础上分出军事区、日本人居住区和中国人居住区。军事区相当于欧罗巴区的东部。该规则的主旨是避免日本人和中国人的混居，反映了强烈的殖民地色彩。《大连市街住宅建筑管理临时规则》则将大连的住宅分成临时建筑和永久建筑，并分别规定了其建筑密度、构造等。凡临时建筑在当局发出拆除、改建的命令后，必须在 2 个月以内予以实行。永久建筑则限于瓦造、石造或钢筋混凝土造，并规定临一、二等街路的临街建筑檐高在 11 米以上。木造住宅只应允许作为临时建筑，显示出日本意图长久占领大连，将其打造成经营"大陆政策"根据地的野心。

1905 年日俄缔结《朴茨茅斯条约》后，根据第五条规定："俄国政府以中国政府之允许，将旅顺口、大连湾并其附近领土领水之租借权内一部分之一切权利及所让与者，转移与日本政府，俄国政府又将该租界疆域内所造有一切公共营造物及财产，均移让于日本政府。"[1] 日本获得了旅顺与大连的租借权。鉴于商港大连与军港旅顺均是日本的租借地，具有经济上与政治上的安全性。大连港是中国东北距离日本本土最近的大港口，是日本至中国东北连接欧亚铁路的最短途径海陆中转地，并且大连港港阔水深，冬季不结冰。鉴于此，满铁为了能够屹立于中国东北的旷野，于 1907 年 4 月将本社由东京迁往大连，满铁本社在此经营南满铁路的全部业务。

1906 年，日本政府废除军政署，在大连设立关东都督府，大连因此成为关东州的政治和经济中心，成为东北地区的重要港口发展起来。

1906 年 6 月，根据满洲经营调查委员会在《辽东租借地关税之件》的第七条决议，"降低本邦主要出口港与大连港及满洲铁路贸易的运价"[2] 所述，通过运价优势及一系列配套政策扶植大连港的繁荣，从当时"被夸耀拥有东洋第一设备，投入额高达 650 万日元大连医院

---

[1] 「日露講和条約」、国立公文書館、『公文類聚・第二十九編・明治三十八年・第七卷・外事・国際・通商」、Ref. A01200226200（アジア歴史資料センター）。

[2] 步平、郭蕴深、张宗海等编著：《东北国际约章汇释（1689—1919 年)》，黑龙江人民出版社 1987 年版，第 279 页。

的建设"① 便可窥见一斑。

1907 年 4 月 1 日,满铁开始营业之时,"从日本政府接收的铁路用地包括旅大租借地内外合计为 14961 公顷"②。满铁对大连的规划,早在军政统治时期,儿玉源太郎便授意后藤新平考察大连港口,后藤新平在草拟《满洲经营梗概》中极力主张大连中心主义。

在大连港码头经营方面,1907 年 4 月 1 日,满铁在运输部港务课下设置了大连栈桥事务所经营大连港业务。其后为解决接管码头初期,日本各大物产公司运输代理业务呈经营混乱纷杂状态,于同年 10 月,改大连栈桥事务所为大连埠头事务所,同时颁布《大连埠头船舶办理规定》和《大连埠头物办理规定》。全部收买负责码头装卸业务的运输代理店业务,改由满铁直接经营。1908 年 12 月 9 日,满铁颁布《分课规程》将大连埠头业务改由满铁总裁直属。其后,满铁于 1910 年在大连埠头事务所建立系制,设总务、货物、船舶、统计、煤炭等 16 个系,码头业务日益正规化,1919 年 8 月,大连埠头事务所改系制为课制,并扩充至 22 课,1927 年 11 月,撤销大连埠头事务所改设大连埠头,不断调整和完善大连港的机构。

在大连港建设方面,自初代总裁后藤新平起便决定对大连港的防波堤和码头进行续建、改造,致力于扩建大连港。相继出台了 1908 年的《大连筑港计划案》和 1928 年的《大连港扩张预定计划》。其基本出发点之一,是将大连港作为大豆等中国东北特产品的输出港;之二,倾销日本商品,将中国东北变为日本商品的第一大海外市场。至 1918 年,完成了环绕大连码头东、北、西三面的防波堤工程。"到 1930 年,大连湾的防波堤合计 3981 米,港口面积约有 985 万平方米,深度由 7 米以至 10 米半不等,轮船码头岸壁长约有 4941 米,可同时容纳海轮 37 艘并泊,可备民船 100 艘停泊。大连码头货栈 75 处,可容 50

---

① 八田晃夫『後藤新平　夢を追い求めた科学的政治家の生涯』、東京、2008 年、第 99 頁。

② 苏崇民:《满铁史》,中华书局 1990 年版,第 363 页。

万吨货物。"① 大连港发展成为中国东北地区第一大港。

在市区规划方面，1907 年满铁完成对大连城市规划之后，城市开始向西发展，1905 年军政署统治至 1907 年满铁负责城市建设期间，以卫生条件与生活习惯不同为借口，撤去了位于大连东部地区的中国人苦力贫民街，迁至西部小岗子地区，那里聚集了妓馆、寺庙、大豆制油工厂和商店街铺，形成了新的中国人街区。

满铁基本上继承了俄国统治时期的道路规划。仅在街区划分、广场功能上做出调整。一方面将俄国时期较大的街区细分，在区划街路上直线化；另一方面，取消广场上的教堂、博物馆等公共设施，广场仅发挥交通功能。

1908 年，满铁在远离小岗子的西部的沙河口地区，建设起大规模铁道车辆工厂，并在工厂区建设起附属社员宅及配套公共设施，形成相对独立的街区。

满铁初代总裁后藤新平亲自制定了大连的城市建设规划，效仿德国的城市特点在市中心设置公园，再由此修建放射线形大道。现今留存的满铁总部大楼、中山广场周围的大连民政署、横滨正金银行、大和旅馆等大型建筑，均是在其任期内建造的。

随着日本殖民统治的稳定，大量移民迁往旅大地区，1919 年大连人口突破 10 万人，1919 年 6 月，关东厅颁布了《市街扩张规划和地区区分》，涵盖人口增加趋势、市街土地面积、市街土地之欠缺、市街扩大计划、街路计划、大连周边公园计划、旅顺大连间道路等共计 11 项内容。此次规划运用了"地域用途制"，把城市分为四个功能区：住宅区、商业区、工场地区和混合地区，组成了大连市街的主要部分，并且认识到放射状道路网的局限性，将方格网作为道路网规划的基本形式，以适应机动车交通不断增长的新形势。"至 1920 年，大连人口达 21.3 万"，1930 年 3 月，在关东厅、满铁、关东军的参与下大连成立了都市计划委员会，"以建立百万人口的大连市为目标，稳步进行城市规划"②，"经

---

① 荆蕙兰、许明：《满铁的"大连中心主义"政策与营口港的衰落》，《历史教学》（下半月刊）2008 年第 8 期。

② 蒋耀辉：《大连开埠建市》，大连出版社 2013 年版，第 254 页。

过四年时间，完成了对于大连及周边土地、气象、人口、铁道、轨道、道路、交通、港湾、自来水管道、电气、煤气、市场、教育、公园、住宅、卫生、屠宰场、火葬场、墓地、经济、财政、工厂、矿山等全面的调查"①，城市规划的明晰使得大连的城市化进程逐步加快，人口增长迅速，大连遂成为日本移民中国东北的重要定居点。"1923年日本人占总人口的12.21%，1933年为13.84%，1938年为15.11%，1944年为13%。市区日本人比重更为惊人，这一比重1935年为36%；1939年为30%；1944年为25.47%。"②纵观近代大连的城市发展史可知，在"大连中心主义"的原则下，满铁通过参与制订历次城市中长期发展规划，大连城市化发展迅速，从小渔村发展为远东地区第一大港和中国东北重要的工业城市，但从人口比例上可知，大连无论是先进的城市规划理论还是恢宏的建筑物建设均是为移植日本人定居于此，以大连为基地，逐渐渗透至中国东北其他地区作准备，是日本海外殖民战略的产物。

二 营口满铁附属地的形成与扩张

（一）营口的历史沿革与铁路附属地的创建

营口地处辽东半岛中枢，渤海东岸，位于辽河入海口处，地理位置优越，其历史可追溯至三国时期，古称"辽口"。清朝初期曾安置巴尔虎蒙古人在此带游牧。1649年（顺治六年）清政府为"龙兴之地"不致荒芜，颁布垦荒谕旨鼓励关内移民垦荒辽东，移民在辽河南岸潮沟旁搭窝棚盖茅草房栖身，因窝棚形似营房，得名"营子"，又因此地位于辽河海口是退海之地，久经岁月形成多条潮沟，河水涨潮时淹没潮沟，出现"没沟"景象，故称"没沟营"，亦称"西营子"。

1858年第二次鸦片战争后，清政府与英、法列强签订《天津条约》，"增设牛庄、登州、台湾、潮州、琼州开埠为通商口岸"。然而，1861年，英国派驻中国牛庄领事馆的首任领事密迪乐乘坐军舰视察后发

---

① 蒋耀辉：《大连开埠建市》，大连出版社2013年版，第265页。
② 黄海燕：《近代大连地区的人口变迁与社会发展》，《辽宁师范大学学报》1996年第1期。

现，牛庄港口河道淤浅，大船难以出进。无法作为口岸开埠通商。反观与牛庄接壤的没沟营，水深河阔、码头依城，又紧邻海口，宜于开埠通商，这样，英国以"牛庄距海甚远停泊不便"为由，移地没沟营，没沟营代替牛庄成为东北首个开埠通商的口岸。1866年，清政府正式将此地命名为"没沟营口岸"，简称"营口"。

开埠前，营口仅是"地方狉獉，几同草昧"的一个小村落。开埠后，列强纷至沓来，染指中国东北。营口凭借其优越的地理位置成为进入东北内陆的门户，迅速崛起成为连通中国内陆与东北乃至太平洋与东北的货运集散中心，"驶达营口的外籍货船，从1862年的86艘快速增至1864年的274艘""1872年至1894年，经营口输出的大豆三品输出额累计达到8338万两，占此间东北输出总额的76.9%"。[1] 辽河航运更是盛极一时，时人言"据海关记载，营口港与世界通航的国家和地区有：美国、英国、德国、丹麦、荷兰、法国、挪威、普鲁士、瑞典和俄国等20多个"[2]。营口凭借港口贸易的繁盛带动了工商业、手工业以及金融产业的发展，一度博得"关外上海"的美誉。

营口港的繁盛，引起了日俄两国的觊觎。1898年，沙俄依据《东省铁路公司支路合同》中所规定的"为建造南满洲铁路需用料件、粮草运载便捷起见"，着手建设营口至大石桥间铁路支线（营口支线）附属地，即牛家屯铁路附属地。1900年8月，沙俄借出师剿灭义和团之名，派遣第五军大举南下占领营口。设立俄国营口民政厅，任命俄国驻营口领事安德烈·吉姆连科·奥斯特罗维霍夫为首任民政长官，无视中国主权，向营口市民公布《民政规则》十二条。宣布民政厅管理营口一切事务，内设警察、税收、裁判、卫生四部，开始对营口进行军政统治。清政府屈服于沙俄之淫威，被迫将奉锦山海关兵备道衙署、营口海防与知厅暂迁至锦州和田庄台。沙俄对营口的军事占领一直持续到1904年10月26日，才在英、日等国的强烈抗议与东北民众的顽强抵抗下宣布撤兵。

---

① 高洋：《近现代营口城市产业结构变迁问题研究——以1861年至1945年期间为例》，《昆明学院学报》2015年第5期。

② 高宝玉主编：《营口港史》，人民交通出版社1995年版，第50页。

沙俄强占营口期间，为适应东方经营基地，东铁路的选址特意避开营口市街，而在处于水陆交通要道的牛家屯设立火车站，并建立蒸馏水场，意图长期驻军。

1904 年 2 月 12 日，日俄战争爆发，清政府宣布"局外中立"，划辽河以东为交战区，辽河以西为中立区。"7 月 25 日，日军第六师团第四十五连队第三大队长堤真人少佐率军侵占营口。数日后，兴仓喜平少佐出任军政官，设立军政署开始对营口实施军政。"① 并设置兵站司令部与野战医院。

1905 年 7 月，日本以原营口电业局南北路为界建立交界地，划定交界地以东为新市街②，将包括青堆子、十间房在内达 19 万余坪的地域作为日本居留民地。交界地以西则称旧市街。日本为图谋长期占据营口，着手在新市街修建厅舍、兴办学校、同仁医院、成旭公园等公共设施。为保护日本居留民特权，营口军政署还设立宪兵队、警察署，以保护日本居留民之名欺压中国民众。

据史料记载，"日俄战争爆发前，营口居留日侨不过 30 户"③，其后大量日本人从日本移居营口。至 1905 年 6 月统计，日本人在营口开办的实业有 540 余家，从业人员达 6700 余人。

1905 年 3 月 12 日，在营日侨成立日本人会，设置正副会长各一名，评议员 19 人作为自治机关。随着日本对营口统治的深入，日商逐渐云集新市街。出名的有平本洋行、小卖市场、大赖洋行、国际运输株式会社、东亚烟草株式会社等，其中东亚烟草株式会社是日本在营口建的第一家工厂。

（二）营口满铁附属地的形成与扩张

所谓营口附属地是临接营口旧市街的东侧，包括牛家屯铁路附属地与营口新市街。日俄战争后，日本为控制营口的水运口岸权，在营口东

---

① 南満洲鉄道株式会社総裁室地方部残務整理委員会『満鉄附属地経営沿革全史』上卷、東京、龍渓書舎、1977 年、第 292 頁。

② 现今站前区永胜里以东，道岔子以西，站前区园林里以北至辽河岸附近一带——笔者注。

③ 南満洲鉄道株式会社総裁室地方部残務整理委員会『満鉄附属地経営沿革全史』上卷、東京、龍渓書舎、1977 年、第 293 頁。

部设立了新市街，以辽河南岸的护岸工程为开端，完成了牛家屯和旧市街相连接的城区建设。

1905 年，日本在营口新市街成立了牛庄居留民团役所。1907 年，他们将原俄国人留下的"中东铁路局牛庄分局"改建为居留民团役所办公楼。

1906 年满铁成立后，日军将牛家屯铁路附属地移交给满铁管辖。营口至大石桥间的铁路支线是当初修建中东铁路时，为需用料件、粮草运载便捷修建的临时铁路，不属于中东铁路的支线范围。根据《东省铁路公司支路合同》，全路竣工后，本应遵从清政府知照将支路拆除，然而满铁在获得牛家屯铁路附属地的管辖权后，不但拒绝拆除营口支线，反而借口称营口支线是南满铁路的支线，强迫中国政府予以承认。其后，满铁直接或间接参与新市街的建设，大兴土木，修铁路建码头，开工厂，设洋行、银行、邮局、医院、学校等。

1927 年 4 月，满铁本部的地方事务部扩充分支机构，在营口设立满铁地方事务所。营口的满铁地方事务所就设在牛庄居留民团役所楼内。地方事务所下设部门叫作"系"，共设有劝业、经理、地方、庶务 4 个系。同时还设有小学校、幼稚园、图书馆、公学堂等文教机构。营口的满铁地方事务所管辖范围，包括新市街，还有铁路用地以及其他土地。

满铁对营口码头的经营则因为"大连中心主义"，倾向于将营口打造成煤炭掠夺运输线中的专用港。首先将俄国人经营的营口牛家屯煤炭码头进行改扩建，将原简易码头加固改建维护使用。

1925 年 12 月，利用冬季封港之机，将煤炭货场扩展到码头前沿，便于煤炭运输。1928 年 7 月，将牛家屯煤炭码头改建成钢筋水泥混凝土永久性码头，并在货场建设高空铁路卸煤线和码头前沿运煤专线。至 1930 年，满铁先后在辽河沿岸修建了一号、二号、三号、生铁、煤炭等码头，修建仓库 6 座（1—5 号、8 号库），铁路专用线 4 条，形成了一座完整配套的水陆运输口岸体系。

满铁在码头修建完善的基础上，委托日本大阪铁工制造所等，建造煤炭专用船 2500 吨—7000 吨 5 艘，船名分别是"抚顺丸""甘井子丸"

"千山丸"等，自营航运业务。从此，营口满铁码头成为由抚顺经营口到达日本的一条完整的煤炭掠夺运输线中的重要环节。而营口港本身却在"大连中心主义"下，航运业务持续衰弱，失去了自由发展的可能。

三 安东满铁附属地的形成与扩张

（一）安东的历史沿革与安东早期城市的形成

安东位于朝鲜与中国东北交界的鸭绿江北岸，隔江相望的是朝鲜的新义州，地处连接朝鲜与中国东北的枢要位置，自古属兵家必争之地。自战国时期至三国时期一直隶属于辽东郡，西晋时属平州，南北朝期间战乱频繁，中原王朝曾一度失去对其的控制，其间被东北地区崛起的高句丽掌控，隶属于高句丽的庆州。至唐朝时，在历经灭高句丽和新罗与唐的战争后，中原王朝为经略辽东于辽阳设置安东都护府。辽朝时隶属于辽东指挥使司，元朝时属巡检司，明代隶属宣城卫暨镇江堡。安东因处于水陆要冲之地发挥着边境重镇的作用，该区域的古城镇达十余处。

清朝顺治元年（1644 年），清兵入关，清朝统治者迁都北京，东北大部分人口也迁往京畿地区。东北大地"沃野千里，有土无人"，清朝统治者为维护"祖宗肇迹兴王之所""龙兴重地"防止外藩蒙古入侵，并确保东北地区生产的人参、东珠等特产供皇室独享，决意把东北地区划为特殊地带，在边陆"结柳为边，以界内外"① 设置柳条边，并在东北实行所谓的"四禁之制"，安东地区也不例外。"安东昔属边外荒土，禁止住人，同治中，山东因捻匪之乱，人民避难东来者潜入于其中。"② 随着流民的大量涌入，光绪二年（1876 年），清政府在大东沟设立安东县，其县址"上至叆河，下至广土山，北至凤凰边门，南临海口"③。

---

① （清）阿桂等奉敕撰《钦定盛京通志》（一），卷十六，天章七，《四库全书》（第 501 册），史部，台北：台湾商务印书馆影印文渊阁本 1986 年版，第 293 页。

② 王公介编：《安东县志》，卷六，人事，台北：成文出版社有限公司 1974 年影印本。

③ 王树枏、吴延燮、金毓黻等纂：《奉天通志》，卷四十二，清高宗，沈阳古旧书店 1983 年版，第 915 页。

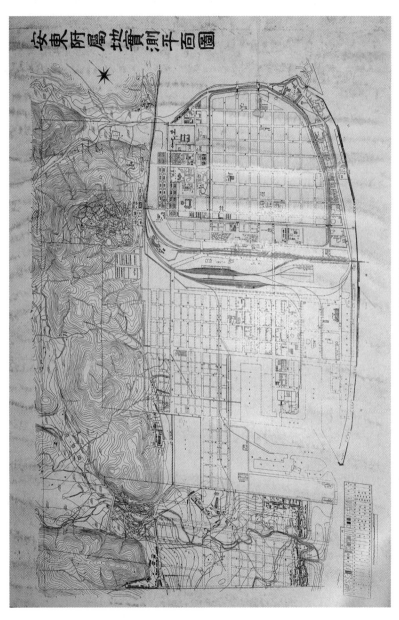

图3-2　安东附属地实测平面图

安东"地当中韩国界之中枢，凭山阻江，具建瓴之势，西北走辽河之广野，东北则入松江之内地，奉吉两边斯为筅篱"①，但此时安东经济较为落后，城市尚未形成规模，仅沙河镇附近建有大小数十家店铺，逐渐形成一条名为"聚宝街"的最早街道，其后与这条街道平行又形成一新街道，两条街道分别成为"前聚宝街"和"后聚宝街"。可以说，此时安东不过是中朝边境的一个荒僻的小县城。

1903 年，美国和日本便依据《续议通商行船条约》的规定，要求安东开埠通商，准许外国商人在此贸易。安东开埠后城市发展出现了新的气象，1906 年，前后聚宝街与中富街、兴隆街一带变为商埠区，富商大贾纷至沓来，安东形成了以前后聚宝街为主干的最早的商业街区，并沿鸭绿江岸发散发展形成扇形的城市格局。

安东开埠后，其丰富的森林资源引起了俄日两国的觊觎。沙俄率先侵入安东地区。1901 年，沙俄修筑东清铁路，在安东非法成立"鸭绿江森林公司"，大肆盗伐树木。1903 年成立"远东木材公司"专事掠夺鸭绿江流域森林。

日本则从 1898 年起，以农商省为首的各部门便暗中派遣大批间谍人员潜入中国关内进行经济调查。其中的代表人物小越平陆曾先后两次深入东北边疆实地调查，以亲身所见写成《满洲旅行记：白山黑水录》一书。小越平陆惊叹于东北资源之富饶，在书中写道："满洲东三省之地，为古营州之东境也。""其广袤六万三千余平方里，二倍半于日本。其田野则土壤肥沃、五谷丰熟；其营口互市贸易，于世上沛乎有余；其山岳则有长白山之险，兴安岭之大，磅礴于南北；其江河则有黑龙、松花、嫩、乌苏里、辽、鸭绿、图们，纵横于原野；其大窝集（即森林）被覆盖于长白山、小白山、东兴安岭、西兴安岭；其砂金丰富，且极纯良，殆为世界之冠。"②

小越平陆的踏查见闻先后刊登在《大阪朝日新闻》《东京朝日新闻》等日本重要报刊上，在日本社会助推了开发东北资源的舆论浪潮。其

---

① 徐义：《东三省纪略》，卷 7，边塞纪略，商务印书馆 1915 年版，第 367 页。

② 小越平陆『満洲旅行記：一名・白山黒水録』、善隣書院、1901 年、第 14 頁。

后，日本政府又派遣林业官西田又二和牟田五郎等人率领朝鲜守备队，秘密越境潜入鸭绿江两岸。历时四个月系统地勘探了鸭绿江流域的森林蓄积、分布，并对当地木材生产与加工企业的生产规模、木材市场、木材税的额度等诸多商业情况逐一调查。1902—1903 年，宫岛喜一郎深入地调查了鸭绿江流域森林，写出了《清韩两国森林视察复命书》，极力陈述鸭绿江右岸森林的开发应抓准时机，开发该地区森林对日本有诸多裨益，此文成为设立鸭绿江采木公司的理论依据。

1903 年，日本在朝鲜境内成立中日合办的义盛采木公司，在义州、惠山等地设置采伐所，越境过江盗伐我国安东境内鸭绿江右岸森林。1905 年日俄战争期间，日本一改以往的阴柔手段，借战争之机以军事占领的形式直接占据安东，出于军事运输考虑，临时修建了安东至奉天间的手压式军用轻便铁路——安奉线，随后成为连接朝鲜与中国东北的一大据点，逐渐发展为中朝两国关键的贸易中心。

日本陆军少佐大原武庆以军政官身份来安东，在旧市街设立"军政署"，作为日本的后勤补给地，来到安东的日本人日渐增多，由于住房不足，军政官开辟旧城区的潮沟街一带兴建房屋，由此形成了安东第一条日本街。日本人先在日市街形成大和町街道，又占领七道沟，创立市民公议会，进行经商和贸易。1905 年 12 月 22 日，日本强迫清政府签订《中日会议东三省事宜条约》规定，"中国政府允将由安东县至奉天生成所筑造之行军铁路仍由日本政府接续经营，改为转运各国工商货物"[1]，将安奉线军用铁路划归日本。另外，根据《中日会议东三省事宜条约》第十条规定："中国政府允许设一中日木植公司，在鸭绿江右岸采伐木植。至该地段广狭、年限多寡暨公司如何设立，并一切合办章程，应另订详细合同，总期中日股东利权均摊。"[2] 日本依约攫取了设立中日合办事业，采伐鸭绿江地区森林的特权。

1906 年，安东军政署以强制买卖的形式，侵吞安东的七道沟和六道沟 320 万坪土地，并将其中的 150 万坪土地划定为铁路附属地，由铁道

---

① 王铁崖：《中外旧约章汇编》第 2 册，生活·读书·新知三联书店 1962 年版，第 599 页。
② 步平、郭蕴深、张宗海等：《东北国际约章汇释（1689—1919 年）》，黑龙江人民出版社 1987 年版，第 290 页。

部监辖管理。1907 年，满铁成立后，该铁路附属地由满铁接管变为满铁附属地。1909 年，在满铁的推动下，日本与清政府签订《安奉铁路购地章程》，开始大规模强购土地。1910 年，"日本共购买了沙河镇至草苇河口的满铁地方部所辖土地 11 处，面积达 82 万 4000 余坪"①。

（二）安东满铁附属地的建立与扩张

安东位于朝鲜与中国东北交界的鸭绿江北岸，隔江相望的是朝鲜的新义州，地处连接朝鲜与中国东北的枢要位置。日俄战争前，安东不过是中朝边境的一个荒僻的小村落。

1910 年日韩合并后，安东作为中国东北与朝鲜半岛的连接点逐渐成为日本"满洲经营"的重要城市。安东满铁附属地的发展大致经过了两期规划。

"安东满铁附属地"的第一期规划，为 37 万坪的新市街规划用地。新市街建设委员会把制定防洪工程规划作为至关重要的一项专业规划。从 1906 年至 1929 年，按规划先后修成防水堤坝，全长 2445 米（从五道桥山起，沿七道沟两岸至江沿菜市排水泵站，再西折沿江岸路至铁路土堤为止），又将原五道桥至头道桥段 2000 米土堤改为钢筋混凝土防水墙。其间，在市街规划中，三经街、四经街、五经街、七经街、一纬路、二纬路等率先建成。到民国四年（1915 年），新市街已建成纵横井然的市街，其中住宅占地 55.1 万平方米，商地 319.4 万平方米，住户 3240 户，7239 人。到民国十四年（1925 年），按规划形成的以市街为中心的商业区，店铺、银行、各种会社及官衙等鳞次栉比，江岸、六道沟一带已成为工业区，镇江山麓一带为住宅区。至此，附属地第一期规划的市街大体实施，并初具规模。这个规划是以近代产业都市为目标，着眼于长远设想，主要根据邻近都邑的交通状况及地方产业情况，综合中日两街特点形成相互依存的繁荣局面。

"安东满铁附属地"的第二期规划，与新市街、旧市街相对，西部与安东官有地相接，南临鸭绿江，北到镇江山，面积为 150 万余坪。由日本满铁会社组织实施，在完成安奉线宽轨改造和鸭绿江大铁桥工程的

---

① 解学诗:《满铁档案资料汇编》，第十三卷，社会科学文献出版社 2011 年版，第 60 页。

同时，按规划位置建成火车站。这就是以火车站为中心建成矩形街路网为原则，道路的构造为柏油或碎石式，10 米宽以上的道路两边修人行道。特别把重点放在同中国人街道的连接上。这就是丹东站前一带经纬街路的矩形网式结构的由来。至 1922 年，原满铁附属地规划大部分得以实施，并对工业街以西地带，进行了扩充性规划。随着附属地的总体规划的逐步实施，基础设施的规划和建设随之进行。新市街江堤、道路、电力、消防、上水、煤气、下水等工程以及绿化等各专业规划在总体规划的指导下，逐步制定和实施。

安东附属地规划中最重要的一个方面是防洪规划。除新市街部分防洪堤的规划和建设外，六道沟防洪堤也于民国十六年（1927 年）开始规划建设，1932 年 1 月全部竣工。

满铁将安东视为侵略中国的桥头堡，1923 年后，在安东陆续成立"满铁地方事务所""安东商工会议所"，在铁路沿线大肆侵占土地进行城市规划，兴建工厂、开办商店，但客观上，安奉铁路在日本控制下带动了安东地区的经济繁荣，使得安东附属地的人口逐年增加。"1909 年总人口约为 1.4 万人，1910 年之后增长较快，到 1922 年安东地区人口达到 9.9 万人，1930 年人口增至 16.3 万人。"① 1923 年，为适应附属地的发展，将原居留民经营的地区全部划归满铁统一经营，"面积达 499.789 万平方米"②；至 1936 年，"安东铁路附属地面积达到 838.6212 万平方米，其中附属地面积 335.9717 万平方米，移管地面积 502.6495 万平方米"③。日本之所以大力发展安东满铁附属地，除了其丰富的林业资源外，还考虑到其连接中朝的独特战略地位。

1906 年，《明治三十九年日本帝国陆军作战计划》中就将中国东北与朝鲜半岛之间的铁路连接问题作为重点来考量，按田中义一《随感杂录》中的记载，"只有在向战场集中投送兵力方面占据优势，才是对俄作战的要谛"，"相对于日本战后致力于扩充兵力，整备集中兵力的交通

---

① 吴景平、陈雁：《近代中国的经济与社会》，上海古籍出版社 2002 年版，第 221 页。
② 程维荣：《近代东北铁路附属地》，上海社会科学院出版社 2008 年版，第 95 页。
③ ［日］满史会编：《满洲开发四十年史》，东北沦陷十四年史辽宁编写组译，内部交流，1988 年，第 431 页。

机关应该当作重要问题来考虑"。①

1907 年 4 月发布的《帝国国防方针》基本上采用了田中义一的观点，规定，"陆军应该先将所需兵力迅速集合于同一地点，已达到占领先机的作战目的"，"有必要在满韩建立新的交通线，并在韩国北关方面构筑防御阵地"。②

1910 年日韩合并后，安东作为中国东北与朝鲜半岛的连接点逐渐成为日本"满洲经营"的重要城市。1911 年，在朝鲜铁道局的督办下，连接朝鲜与中国东北的陆上枢纽鸭绿江大桥竣工，而也就在同年 11 月，以后藤新平后继人身份执掌满铁的中村是公在其任内完成了对安奉线的工程改筑。③ 难掩喜悦之情的寺内正毅就此事发表的祝词中说道："在安奉铁道工事完成的开通仪式上，本总督得以列席参加不甚欣幸，这一工程不仅作为交通枢纽提供着集散物资、旅客往来之便，更是对文化的传播与和平的维持予以裨益，特别是处于欧亚大陆的枢纽位置的安奉线与鸭绿江大桥依次开通，更加紧密了日清两国。"④ 另外，"日本经营满洲的中心目的是完成日本的东洋政策，而完成东洋政策的首要前提，日俄提携实属必要"⑤。随着日本版图和中俄两国疆界的接壤，扩大在华利益的同时保持与俄国交好成为日本政界各方的共同诉求。

1931 年，九一八事变爆发，日本关东军正式以武力侵吞中国东北，满铁附属地失去了其侵略基地的作用。伪满洲国成立后，为统一中国东北的行政粉饰伪满洲国的独立性，日本决定撤销附属地的行政权，并在 1937 年将附属地的行政权及附属地内各种设施及职员等原封不动地移交给伪满洲国。安东附属地也在此时被交还给伪满洲国。铁路附属地所控

---

① 「田中義一関係文書」、「随感雑録」、北岡伸一『日本陸軍と大陸政策 1906 – 1918』、東京、東京大学出版会、1985 年、第 35 頁。

② 「帝国軍ノ用兵綱領第一項」、「日本帝国ノ国防方針第五項」、転引自北岡伸一『日本陸軍と大陸政策 1906 – 1918』、東京、東京大学出版会、1985 年、第 35 頁。

③ 安奉线的改筑：1904 年日俄战争期间由野战铁道提理部铺设连接安东至奉天的轻便铁道，其后成为满铁的一条支线，1911 年 11 月 1 日受日本政府命令由满铁施工将其由 762 毫米的窄轨改筑为 1432 毫米的标准轨，从而实现与朝鲜铁道的连接。

④ 「明治四十四年十一月一日，寺内総督祝词」、大陸出版協会《満鉄王国》、大陸出版協会、1927 年、第 163 頁。

⑤ 东亚同文会编：《对华回忆录》，胡春华译，商务印书馆 1959 年版，第 323 页。

制的地区及资源依旧被日本牢牢掌握。安东本为偏远边陲小城，城市发展缓慢，在满铁的经营下却得到迅速发展，成为辽宁地区人口众多的大型城市。客观上来说满铁促进了安东城市的发展，但实质上也沦为日本侵略中国的重要后勤补给站和资源集散地，安东附属地的资源也就此被消耗一空，给后来的城市发展造成不可逆的损失。

1931 年，日军占领安东市区。安东市区规划实施几乎处于停滞状态，仅 1932 年 5 月按规划建了镇江桥，1933 年在大沙河岸边新建水源井和泵站，在元宝山腰建配水池；1934 年，增设了 2 号、3 号水源井。1934 年 3 月，伪满洲国成立后，安东省公署设立。日本帝国主义开始在原附属地规划的基础上考虑更大规划的城市建设规划，《安东都邑计划》于 1937 年应运而生。

1937 年 12 月 1 日，伪满洲国国务院总理大臣赦令第 404 号宣布，设置安东市。安东公署为了适应市制区域的需要，对已确定区域进行了地形图测绘，着手制定全面规划的修改方案，将东坎子到三道沟浪头安子山麓作为规划区域。1938 年 11 月 30 日，伪满洲国内务局等部门在"新京"（今长春市）召开的都市规划会上确定了安东市 30 年规划，即《安东都邑计划》。该规划以 1936 年年末人口 19.5 万为基数，30 年后，人口增加 23.5 万，合计人口可达 43 万；市街规划面积为 49.4 平方千米，平均每人为 115 平方米，都市规划区域面积为 137 平方千米。

《安东都邑计划》是安东有史以来第一个城市总体规划，第一次形成从东坎子到浪头沿江带状城市雏形。规划上选择的城市建设用地，布局是合理的。重工业区放在城市下游，符合安东气候、水流等自然条件。这个规划虽然包括了旧市区、沙河镇等原中国人居住的地区，但在城市设施上，对旧市街，特别是七道沟、八道沟、九道沟山区居民聚居的地区并没有改善条件的规划和措施，只着重发展日本人居住的沿江平地新市街等区段，致使城市中基础设施水平的差距越来越大，形成了设施完整、条件优越的日本人居住区和设施奇缺、条件极差的中国人居住区两种截然不同的城市建设局面。

值得警醒的是，在安东城市发展的背后是满铁对安东地区的疯狂掠夺、当地自然资源的惊人流失。以安东地区最为重要的产业林业资源为例，日本通过缔结《中日会议东三省事宜条约》，进而于 1908 年 5 月 14 日，同清政府订立《鸭绿江采木公司章程》，渐进地将侵权行为合法化。1908 年 9 月 9 日，鸭绿江采木公司正式成立，鸭绿江采木公司虽为中日合办，但实质是以攫取中国东北森林资源为主要目的的殖民开发企业，"实利则全归日人，不平之甚，寖假而成垄断之势，害莫加焉"[1]。鸭绿江采木公司自 1908 年成立后每年平均伐木 50 万立方米。从 1914 年开始到 1922 年，"鸭绿江材"的出产量始终处于总体递增的趋势，即使在 1923 年起出产量稍有下降，但依然处于较高的水平。至 1929 年，鸭绿江采木公司通过直接经营或收购、投资等手段，到达安东的木材筏数为 96800 台，38258913 连，另有电柱 780075 根，枕木 18139 根，阔叶方材 1452 根。[2] 其所采伐的森林资源，"折合材积为近 2000 万立方米，消耗森林资源为 6000 万立方米以上"[3]。而满铁在整个林业开采过程中，占有重要地位。

安东的木材通过满铁销往中国各地，森林财富源源流入日本。日本政府利用满铁和鸭绿江采木公司对中国东北森林资源进行疯狂掠夺，不仅摧残了中国民族林业，更深刻地破坏了东北的生态环境，恶劣影响延续至今。

第二节　矿区型附属地——鞍山、抚顺、本溪

日俄战争后，伴随采矿与冶铁制铁业发展而出现的新兴城市有鞍山、抚顺和本溪。这三座城市均不属于原中东铁路附属地，是满铁成立后购置土地规划建设。

一　鞍山满铁附属地的形成与扩张

（一）鞍山的历史沿革

鞍山地处辽东半岛中部，在辽宁省南部与辽东半岛的连接带位置。

---

① 张宗文编：《东北地理大纲》，中华人地舆图学社 1933 年版，第 101 页。
② 安东商工会议所：《鸭绿江の木材と满洲に於ける木材事情》，1930 年 12 月，辽宁省档案馆，日资 11512，第 33 页。
③ 陶炎：《东北林业发展史》，东北林业出版社 1985 年版，第 143 页。

自战国秦汉之际，隶属辽东郡。其建置依代相续，明代时，隶属辽东都指挥使司辽中卫、海州卫、广宁卫、盖州卫。清代时，隶属于奉天府辽阳州、海城县、锦州府镇安县和盖平县、奉天行省东边道，至民国初年在行政上大部分分属辽阳县管辖。鞍山境域原为一些古城堡和村屯，未形成城市聚落，鞍山附属地形成于置市之前，其形成源于日本攫取鞍山地区的铁矿利权，是1931年九一八事变以前，中国东北地区唯一的新兴城市，具有明显的工矿城市发展特点。

鞍山境内矿产资源丰富，矿区的富矿与贫矿总埋藏量达40多亿吨，矿石种类多达35种，其中储量最丰富的有铁、菱镁矿、滑石、玉石、石灰石、花岗岩等。其中，储量铁矿石最高，居中国之首。铁矿呈层状，较为集中，各矿区呈马蹄形分布。1906年，满铁成立后，铁矿资源储量丰富的鞍山便成为日本垂涎的目标。

（二）鞍山附属地的形成与扩张

1909年8月，满铁地质调查课课长木户忠太郎及课员加藤直三，奉命前往汤岗子勘探引用水脉之际，发现该地区西南方的丘陵处存有大量黑色石块，经询问当地居民得知该丘陵名曰"铁石山"，进而预测该地区山中富含丰富铁矿，通过勘探相继确认东鞍山、西鞍山、大孤山、樱桃园、王家堡子、关门山、小岭子等各铁矿山，进而又发现白家堡子、一担山、新关门、弓长岭等铁矿山，并发现了大石桥菱镁矿、烟台黏土矿等资源，发现鞍山地区是开矿建厂冶炼钢铁的宝地。

满铁通过非法勘探活动掌握了鞍山地区铁矿资源储量的总体情况后，计划建设一座制铁所，掠夺鞍山地区丰富的铁矿资源。满铁首先于1909年10月27日，奉天公所所长佐藤安之助利用中日合办的清和公司，打着"中外合办"的幌子来到东鞍山、西鞍山假借采取石材的名义，意图收买矿山，攫取铁矿开采权。满铁的收买活动"基本达成协议，达到有了地方官的命令书，就可以签订契约的活动"[1]的阶段，但最终在当地村民的抵制之下归于失败。

---

[1] 《满铁史资料》第4卷，第3分册，第942页。

图3-3 鞍山市街及制铁所用地实测平面图

碍于直接出面容易引起当地村民及地方官的抵制，满铁委托日本商人市原源次郎承办收买活动，市原先后对清政府上至度支部尚书载泽、农工商部矿山局局长诚漳，下至东三省盐运使熊希龄、东三省官银号总办打点行贿，并在满铁与日本伊集院公使的允诺与支持下，于1911年1月向清政府农工商部递交申请获取铁矿开采权。几经活动，得到清政府方面非正式的通知称："中国官宪对此案的预先调查已全部结束，最近即将转部呈许可。"①

1911年10月10日，武昌起义爆发，革命之势席卷全国，清政府自顾不暇，市原源次郎同清政府的铁矿开采权交涉陷入停滞。待翌年清帝逊位，袁世凯上台后，官界亲日势力日趋得势，满铁总裁中村雄次郎提出掠夺鞍山地区钢铁资源的计划，遂联合日本驻华公使重新活动展开交涉，向时任东三省巡抚使的张锡銮提出，"此次南满洲铁道会社发现在辽阳、海城间铁路沿线附近各处藏有铁矿。如果中方同意，最好交给满铁开采这些铁矿；如果办不到，能够同意满铁和中国的资本家合办开采这些铁矿，对双方也会有很大好处"②。

1914年3月，中国政府农商部矿政司将全国分为八区设立矿务监督署，作为矿政司的派出机构，其中东三省矿业归属第二矿务监督署管辖。同年7月，满铁正式向第二矿务监督署提交申请，并附以《中日合办辽阳海城间之铁矿合同》，组建中日合办振兴铁矿有限公司，规定，"矿区以辽阳、海城间之铁石山、鞍山站、鞍山站之对面山、大孤山、关门山、樱桃园、王家堡子七处为限"，"公司设总理一人，支配人一人""总理以中华民国人充之"，"公司开采营业，自开办之日起，以六十年为限"。③ 但12月5日，农商部以"铁矿关系重要，拟作食盐、煤油之例，作为国家专营。嗣后矿商请领铁矿执照，一律不准发给"④ 一

---

① 《满铁史资料》第4卷，第3分册，第947页。

② 1913年2月5日，《满铁总裁中村是公致奉天总领事落合谦太郎函》，日本外务省档案交卷，MT279.175.23.第22页。

③ 1913年2月5日，《满铁总裁中村是公致奉天总领事落合谦太郎函》，日本外务省档案交卷，MT279.175.23.第99—105页。

④ 1914年12月15日，《第二矿务监督署公告》，日本外务省档案交卷，MT279.175.23.第203—204页。

度回绝了满铁的申请。

1915年5月25日，日本趁第一次世界大战期间欧美各国无暇东顾之机，逼迫袁世凯签订丧权辱国的《民四条约》，条约附文中的《关于南满洲开矿事项之换文》规定："日本国臣民在南满洲所开各矿，除业已探勘或开采各矿区外，速行调查选定，中国政府即准其探勘或开采，但在矿业条例确定以前，应仿照现行办法办理。"[1] 满铁按此条约再次将鞍山铁矿开采一事提上议程。

1916年4月17日，农商部给振兴公司的鞍山八矿区颁发矿照，同年7月，满铁奉天公所所长镰田弥助同汉奸于冲汉、泰日宣经过一番策划，在奉天组建了中日合办振兴铁矿有限公司总局，在千山设采矿总局，两年后总局迁至鞍山。资本14万日元，名义上由中日投资各半，实则由满铁全额出资以借贷形式提供给于冲汉和镰田弥助。可以说振兴公司自创立伊始，其资金、经营及人事完全由满铁掌握。

1917年振兴公司获得了大孤山、樱桃园、东鞍山、西鞍山、王家堡子、对面山、关门山、小岭子、铁石山9个矿区的开采权。其总面积达14578亩。1921年又获得白家堡子、一担山、新关门山3个矿区的开采权。

满铁在攫取开采权后，随即展开对矿区土地的收买工作。满铁进行土地收买的工作方式有二：其一，根据《合办东省铁路公司合同章程》的第二条、第三条获得商租权；其二，根据中东铁路建设契约作为铁路用地收买。鞍山附属地的建设特殊之处在于无现有铁路可资利用。如若采用以铁路用地的方式收买，则必须由振兴公司通过奉天日本总领事正式向中方交涉署正式提交申请，在得到许可后方可收买。但等待中方当局审批的过程日久，必然引起鞍山当地居民的注意抵制收买活动。

因此，满铁秘而不宣不经由中日双方的外务部门，选择直接同奉天当地官员交涉，以工厂用地的形式完成收买活动。

1916年6月3日，满铁本社责成奉天公所收买矿区土地。9日，奉

---

① 王铁崖编：《中外旧约章汇编》第2册，生活·读书·新知三联书店1957年版，第1103—1104页。

天公所便利用振兴公司向奉天巡阅使和财政厅提出收购官有地和收买民有地的申请。[1]

　　申请要项如下，"一、许可满铁为设立工厂收买必要土地；二、许可收买活动采取特别手续"。可以说，满铁在鞍山附属地的收买活动仅是依据奉天当地官员的许可为依据，并无中日两国的条约依据，其法理依据极其薄弱。满铁却在其后将工厂用地视作铁路附属地，擅自实施包括行政权在内的各项特权，中方政府虽"屡经交涉，毫无结果，遂成悬案"[2]。其后，满铁又利用汉奸于冲汉及其弟于文汉、于凌汉相继同奉天当局签订矿区租借契约，至1921年8月27日，攫取了鞍山地区共计12个矿区的开采权。（见表3-1）

表3-1　　　　　　　　　　满铁鞍山附属地面积[3]

类型	面积（平方米）
鞍山满铁附属地总面积	20652616.228
地方部用地	16223498.815
铁道部用地	703605.78
社宅用地	93774.08
产业部用地	3631737.553
市街地	—
出租用地	13683.784
道路用地	1360.424
学校用地	233206
医院用地	49166
昭和制钢所出租地	9161.652
工厂用地	6800.011

---

[1]　1916年9月6日，《振兴公司致奉天巡阅使及财政厅函》，吉林省社科院存抄件。

[2]　鞍山市人民政府地方志办公室：《鞍山市志》综合卷，沈阳出版社1990年版，第31—32页。

[3]　南满洲铁道株式会社総裁室地方部残务整理委员会『満鉄附属地経営沿革全史』、東京、龍渓書舎、1977年、第430頁。

类型	面积（平方米）
水源地用地	1409.246
排水管道用地	926939
输电线用地	25456

（三）满铁鞍山制铁所的建设

1914年7月28日，巴尔干半岛的枪声使同盟国与协约国两大军事集团长达数十年的敌对态势最终演变成第一次世界大战。随着第一次世界大战的爆发，国际钢铁价格连年暴涨。1915年11月，满铁社长中村是公适时向日本政府提出在鞍山设立大型制铁所的建议，次年11月，投资高达2000万日元、计划年产100万吨铣铁、80万吨钢材的大型制铁所计划得到批准。

鞍山制铁所选址在立山站与鞍山站间的铁路线南侧，紧邻主要矿区。满铁首先在划定南满铁路以西的八家子、柳西屯、立山屯约7.5平方千米的地区建立鞍山制铁所的办公楼及工厂。1917年4月3日，满铁举行"地镇祭"，动工修建高炉，1918年5月15日，正式成立"鞍山制铁所"，八田郁太郎任鞍山制铁所所长。次年3月，炼焦厂开始生产自制焦炭，4月29日，内容积为525立方米的一号高炉点火，标志鞍山制铁所正式投产。

鞍山制铁所成立后与此相配套，满铁在鞍山地区修建了大批建筑。这些建筑的种类多样，涵盖生产、生活、医疗、交通运输、军事等领域，为满铁掠夺鞍山地区的铁矿资源发挥了重要作用。

鞍山附属地的市街规划较为特殊，以往满铁附属地的建设均是在继承沙俄中东铁路附属地的基础上营建的，然而鞍山附属地在成立之前，整个鞍山地区还未形成真正意义上的城市聚落。一方面，无沙俄的建筑可资继承；另一方面，该附属地的建设可谓平地起高楼，无须考虑同旧城区的连接问题，因此，鞍山附属地可以说是满铁自建附属地的最佳样本。

1917年，随着制铁所的建厂，日本大批工程技术及管理人员从国内来到鞍山。为解决大批员工及相关人员的生活问题，满铁开始在南满铁路的东西两侧开始进行市街建设。在鞍山制铁所年生产铣铁百万吨的总体计划下，设定日本员工8300人、中国员工20000人，相关物资供给从业人员日本人4000户、中国人5000户①的人口规模，着手市街建设。

第一阶段的市街发展是从修建火车站及修整站前道路开始的。

第二阶段的市街发展是从将铁路东侧划分为文化区和风景区开始的。

主要有"井井寮"、"台町"建筑群、昭和制钢所迎宾馆、对炉山单身社员宿舍等。如位于铁东区五一路的井井寮是当时日本职员的宿舍，建成于1920年，外形似俄式建筑，采用了简化的欧洲古典巴洛克风格。据《昭和制钢所二十年志》记载，该宿舍是由"东京建筑会社"建造。

作为日本高级管理人员居住区的"台町"建筑群位于今天的铁东区东风街、迎宾街和铁东十二道街一带，建于1919年，占地面积达24万平方米。"台町"依山而建，以山顶为中心向山下延伸，犹如一个扇形。在"台町"地区建了8条路，纵向5条，横向3条，在规划上完全效仿欧洲街道的布局。可以说，"台町"是日本帝国主义掠夺鞍山地区资源、奴役中国人民的铁证。为了充分享受掠夺鞍山的成果，日本帝国主义还特意在"台町"地区修建了一座高级俱乐部，用于各种娱乐活动，这就是位于今日铁东区迎宾街21号的昭和制钢所迎宾馆。这座建筑修建于20世纪30年代，砖混结构，内部装饰在当时来说非常豪华。该建筑地面二层，地下一层，建筑内为地板地，木质楼梯扶手，建筑面积2350平方米。建成后专属昭和制钢所经理办公及住宿，还作为高级俱乐部来使用，由会社直接经营。它可用作住宿、会餐和集会等，并有种种娱乐设备。在日伪时期，无数次娱乐活动在这里举行。日本帝国主义者在这里开怀畅饮的背后，是中国人民无尽的血泪。

满铁为保障有充沛的精力掠夺鞍山的资源，还修建了具有当时一流

---

① 南满洲铁道株式会社総裁室地方部残務整理委員会『満鉄附属地経営沿革全史』、東京、龍渓書舎、1977年、第442頁。

水平的医疗设施——昭和制钢所大病院。昭和制钢所大病院位于今天的鞍钢集团总医院院内，于1940年开工建设，1942年10月建成开诊。整个建筑是日本人仿德国柏林陆军医院设计，建筑外部装饰白色外墙漆，是当时号称"东亚三最"的雄伟建筑之一。整个建筑面积较大，东西长159米，南北宽67—88米，建筑面积27014平方米，地面上4层，局部5层，每层高3.3—3.4米、地下1层（高2.8米）。建筑内部的设施十分先进，功能十分完善，全楼共有五部电梯供各科使用，每层端点入口处案卷有卷闸式防火门，建筑内部还设有洗漱间、卫生间、浴池间、餐厅及附属医护人员办公室。医院工作人员，特别是医务人员几乎全部为日本人，建院初期设病床300张。该院专门收治昭和制钢所中的日本人及其家属。

昭和制钢所大病院不仅不对中国工人开放，在当时鞍山的铁矿和钢铁工厂中，日本帝国主义者还采取"要矿不要人"的残暴政策，中国工人的工作环境十分恶劣，安全设施和劳动保护设施极度缺乏，各种事故频发。1929年10月24日，大孤山矿发生了鞍山铁矿建矿以来最为严重的一起恶性事故，造成36人当场死亡，17人重伤，15人轻伤。事故发生后，满铁不仅没有抢救伤员，反而极力隐瞒、掩盖事故的真相。与此同时，在当时鞍山的钢铁工厂中，中国工人在阴暗、潮湿、多粉尘的环境中从事超负荷的劳动，由此导致的后果就是中国工人患职业病的现象十分严重，很多年轻的中国工人被矽肺病、风湿病等职业病以及伤寒、霍乱等传染病夺去了生命。

1917年满铁制订的"附属市街计划"中，将"镇守山"列入市街计划，计划在"镇守山"东坡建神社一座。1919年春季，满铁鞍山制铁所在"镇守山"开始造林。1924年1月，日本人在"镇守山"东坡建"天照大神"神社，随后将此山易名为"神社山"。此后，神社不断扩建。1932年，神社的日本僧人在神社增建石柱门一座，在神社山北坡建铁柱门一座，门内铸铜马像一个。这个时期，日本人在中国被占领地区建有大量供奉"天照大神"的日本神社。从1919年开始，日本人在"神社山"不间断地植树造林，漫山遍植刺槐和油松，到日本投降时总面积为37公顷，并修环山路1800米。

1923年5月，满铁成立鞍山地方区事务所，其后于1925年改设鞍山地方事务所，以汤岗子、千山、鞍山、立山4处铁路附属地为管辖区。1933年4月，鞍山制钢所并入昭和制钢所，鞍山从单纯以冶铁为主的地区发展为钢铁联合企业，逐渐形成一大重工业集团，成为附属地内的工业重镇。

二　抚顺满铁附属地的形成与扩张

（一）抚顺的历史沿革与铁路附属地的创建

抚顺同鞍山一样是资源型城市，如果说鞍山是因铁崛起，抚顺则因煤隆兴。抚顺的煤业开采有着近千年的悠久历史。抚顺地处辽宁东部山区，属长白山系龙岗山脉，地势较高。抚顺市区位于浑河河谷冲积平原上，呈东西走向，南北为山地，浑河自东南方向贯城而过，将市区分割成南北两部分。冲积平原下贮藏着丰富的煤炭资源，煤田形状狭长，东起东州河、西至古城子河，全长约18千米。煤层平均厚度为50米，其中最厚处的西露天煤层厚达140米，世所罕见。

抚顺煤田的开发最早可追溯至汉代，自汉至明的千百年来，国人已用土法开采将煤炭用于日常生活取暖烧饭。及至1384年，明朝在高尔山下兴建抚顺城，明成祖朱棣谕赐"抚绥边疆，顺导夷民"，"抚顺"一名由此得来。1644年满清入关后，抚顺因地处清永陵与福陵之间，被划为"龙兴之地"一度封禁，从17世纪中叶以来被封禁停采二百余年。

1840年鸦片战争以降，列强纷至沓来染指中华。面对外国资本对中国矿产资源的肆意开采，1896年，清政府为防止外国资本的开采行为切断清朝的"龙脉"，着手制定《奉天矿务章程》，明确规定："无碍三陵（昭陵、福陵、永陵）龙脉者，方准开采，有碍者一概封禁。"1900年庚子国难后，清政府为筹集4.5亿量赔款，逐渐放开民间资本的限制，在清政府"提挈工商"的政策下，民间资本遂将目光投向利润颇丰的采矿冶金产业上。抚顺也因其近郊千金寨矿业的发展而勃兴。随着采煤业的日益兴起，1908年6月，抚顺设县隶属奉天府，管辖地为今抚顺市、抚顺县一带，县治所在地为抚顺城。

千金寨南迄千山台麓，北接大官屯，东临杨柏河，西靠露天矿，东西长 5 里，南北宽 4 里。原本是抚顺西南郊的一个村落，随着抚顺西部煤田的开发而发展成市镇，被称为"旧市街"。1901 年，奉天商人王承尧以报效银一万两的条件，向清政府提出集资开采抚顺煤床的《千金寨煤矿开采申请书》，获得光绪亲批"着照所请该部知道"，于同年 12 月 9 日正式获得开采许可，王承尧以十万两资本，在千金寨村兴办起抚顺第一家矿产公司——华兴利公司，次年产煤 10 万斤。其后又有中国商人以中俄合股等形式成立抚顺煤矿公司，在煤田南翼浅部采煤。

1904 年日俄战争爆发后，俄国因急需煤炭，出兵强行占领华兴公司的矿区肆意开采，并且在矿区内铺设铁路运输煤炭以充军用。日俄战争后，日方占领抚顺城，挟战胜余威不顾中国民众的抗议与清政府的再三交涉，1905 年 5 月 1 日，日军在抚顺成立抚顺采炭所，认定原本俄国霸占的抚顺煤矿为战利品强行进行接管。1907 年日本公使林权助照复清朝外交部"俄国历来为东省铁路的利益而开采的煤矿，不管它的名义如何，都应该归属日本"[①]。

1906 年，在千金寨居住的 11 名日本人，擅自发起成立日本人会，次年改称侨民会，共 181 名会员，在日本军事占领抚顺期间，在关东都督府的监督下处理地方事务，1907 年 9 月满铁成立后，关东都督府废止侨民会，满铁颁布《满铁附属地居住者公约》，规定沈抚铁路以东（不包括抚安）至抚顺附属地所有地方行政事务，统由抚顺炭矿总务科管辖。抚顺"第一采炭班"改属满铁，称为"满铁抚顺炭坑"，日本工学博士松田武一郎应聘就任"抚顺炭坑"首任炭坑长。1911 年 5 月，东三省当局同日本领事及满铁代表签订《抚顺、烟台煤矿细则》。1918 年，抚顺炭坑改称"满铁抚顺炭矿"。

1905 年 3 月，日本占领千金寨煤矿后，借机以武力为后盾谋求扩大占领，责成日本商人滨中贵良、西村隼二购买千金寨村的耕地。同年 10 月，日军驻辽阳司令部派专人，妄图以每亩 7 元的价格强行征购千金寨

---

① 程维荣：《近代东北铁路附属地》，上海社会科学院出版社 2008 年版，第 111 页。

的千亩良田，但在当地民众的抵制之下一时未能得逞。

1907 年，满铁经营千金寨矿坑后，从日本国内抽调大批采煤技术人员携妻带子来到这里，各行投机者、艺妓、浪人、冒险家、商人等也接踵而至，到 1907 年，来千金寨的日本居民已达 825 户 5669 人。在此形势下，1908 年，满铁抚顺炭矿总务科编制了千金寨建设规划，强行征购千金寨铁路线以北、千金寨村以西的农田 1000 余亩，作为炭坑附属设施和市街用地，开辟专供日本人居住的"新市街"，至 1919 年"新市街"面积扩张至 1298 亩。"新市街"以千金寨火车站为中心，将东部规划为炭矿职员住宅，将西部规划为一般居民住房租赁地，相较原先千金寨的"旧市街"的密集杂乱，"新市街"整齐划一呈矩形分布。东西 7 条街，由东起名为"富士见町""朝日町""敷岛町""大和町""高沙町""明不町""弥生町"；南北 12 条街，组成以南北向道路为主的道路网系统，总长达 21.174 千米。

"抚顺煤矿作为军需产业的支柱对昭和制钢所具有决定意义。"[1] 满铁以"纵观满洲之未来，应以崭新的近代产业城市为目标，树立统合日中两街之市街建设规划，以奠定附属地发展之基础"为原则，意图将千金寨的"新市街"打造成资源型附属地的典范。整个"新市街"附属地的建筑，如图书馆、俱乐部、邮电局、学校与医院均采用欧式风格，富丽堂皇。为满足日籍职员及日本侨民的生活之需，为"新市街"营建暖气、自来水、电灯、煤气等公共设施。分别于 1907 年修建锅炉房向"新市街"供应暖气；1908 年 4 月，在永安桥南岸修建水源地；1909 年 10 月，由抚顺炭矿化学工业所向"新市街"供应煤气；11 月，在大山坑北面修建发电所向"新市街"供应电力；1915 年，抚顺县政府正式从抚顺城迁至千金寨。时人谓："在南满路占用地中为最大之一埠，故日侨人口亦居全东北人数百分之十五，为第一位焉。市内有繁华之市面，广阔之街道，巨大的建筑物及相当规模之商店，以上海日侨区域之虹口比之，殆有小巫之别焉。"[2] 相对于千金寨日人街，千金寨中国人聚

---

[1] 解学诗：《伪满洲国史新编》，人民出版社 1995 年版，第 321 页。

[2] 何西亚：《东北视察记》，现代书局 1932 年版，第 11 页。

居区也在煤炭开采的过程中发展起来。

千金寨随着"日人街"和"新市街"的扩大和人口的增加，商饮服务业也随之发展起来。1915年，抚顺县将治所由抚顺城迁移至千金寨。1918年，抚顺县商会迁至千金寨，抚顺城内的商饮服务业户也开始向千金寨转移，千金寨的商饮业户大量增加，大小门市、手工作坊布满街头，工商企业1182户，千金寨发展成为辽东地区一个商业重镇。在满铁附属地体制主导下，抚顺逐步形成了以千金寨为早期行政与经济发展核心、以南部沿古城子—杨柏堡—老虎台—万达屋—新屯—龙凤—搭连一线为主要采煤与矿工居住带的带状工业—居住布局。这一空间结构体现了资源开发导向下殖民城市规划的典型特征。自1908年，满铁营建千金寨新市街，随着1935年千金寨迁移工程的完成，千金寨市街与新市街长期并存，其新市街的规划呈现强烈的满铁附属地规划特征。相比之下，华人聚居区则呈自然发展态势，两者在空间尺度、公共设施、规划完善性上存在天壤之别，堪称满铁掠夺之下城市的畸形发展。

然而，随着千金寨地区的快速发展，其作为城市中心与资源开发区重叠的问题逐渐显现。该区域地处抚顺西部煤田，煤层埋藏浅、厚度大，具备显著的露天开采条件，既可降低采掘成本，又有利于提高产量与安全作业。南侧毗邻已开发的古城子露天掘区域，为实现资源开发的系统化与规模化，满铁自1919年起着手制定《大露天掘计划》，意图将抚顺建设为日本在东亚的重要煤炭供应基地。计划于1921年在永安台建设抚顺火车站新址，1922年将千金寨火车站搬迁至新址，将露天矿区逐步扩大。满铁为实施"大露天开采计划"，强制将当时千金寨的居民迁移至永安台地区。

（二）抚顺附属地的形成与扩张

1920年，南满洲铁道株式会社提出《大露天掘计划》，明确将抚顺作为实施露天煤矿开采的重点区域，标志着该地煤炭开采方式由坑道开采逐步向大规模露天开采转型。1921年秋，满铁组织有关工程技术人员进行了现场调查与勘察，1922年2月完成了设计方案，同年4月，审定了这一方案。可以说，抚顺附属地迁至永安台的城市形态以火车站为中心，站前为城市的商业中心，站后为工业用地。分区合理、主次干道分明。可以说，抚顺的城市规划带有明显的近代功能主义规划特征。

当时的永安台地区是指今新抚区的南北台、站前、西公园、东公园及福民街道东部地区。在规划新市街发展用地时，首先选定了抚顺火车站的位置，将新市街的中心地选择在现今抚顺南站的位置，以此为轴心向外辐射。火车站周边区域为铁路用地，以火车站为界，铁路南北分为两个地段。铁路北段为粮栈集中地区，为承载马车运载，该区域采用石板路面。铁路南段为商业区和居住区，西南角为中国人居住地。站前地区以抚顺站广场为中心，向南设一条主干线，为中央大街。以此为轴心，两侧对称各设一条主干斜路，西斜路为前进大街（今解放路），东斜路为永安大街（今民主路）。东西横向设十条市街道路，南北纵向设十六条市街道路，主次干线均为柏油路面，道路宽阔。

火车站东部的丘陵地区则作为日侨和炭矿职员住宅用地，该地区修建有三个公园，分别为中心广场东侧的东公园、西侧的西公园及丘陵下方的南公园。此外，还特别建了11.52平方千米的"风纪区"满足日侨及炭矿职员之需。1924年7月1日抚顺火车站举行了开站仪式（见表3-2）。

表3-2　　　　　　　　　　　　　永安台新市街用地

区域	面积（平方米）	比例（%）
住宅	859590	26
商业	624780	18
混合	161170	5
公共	293107	9
公园	652000	18
风纪	51894	2
铁路	298300	7
粮栈	160140	5
特别	333219	10

数据来源：抚顺市都邑计划，抚顺市城市建设档案馆，编号 C-1-2-62（2403-1）。

满铁在积极营建规划永安台新市街的同时，为了赶走千金寨的居民，在千金寨地层下加大火药量放炮崩煤，掠夺性开采煤炭，只采不填致使矿区地面下陷。1932年伪满洲国成立后，1935年5月，伪抚顺县公署假借民意召开县搬迁大会，决定县街千金寨居民一律搬迁，至1937年千金寨陆续迁完。这样，在满铁的电镐轰鸣、机车穿梭中千金寨变成了露天煤矿。

1908—1936年，满铁抚顺附属地扩占地域沿抚铁铁路（今榆树台）以东（不包括抚安）至抚顺，总长达52.9千米，总面积达68.397平方千米。

（三）满铁对抚顺矿产资源的掠夺

日本自日俄战争后攫取了抚顺煤田的开采权，满铁成立后，对抚顺煤田进行大规模工业化开采，抚顺煤矿及其附属企业作为其重要财源成为其经营的支柱业务，仅次于铁路运输。

1905年5月，日军在抚顺成立"抚顺采炭所"隶属大本营，利用俄国与中方经营的旧矿开采煤矿以充军用。同年9月，"抚顺采炭所"划归"野战铁道提理部"，并将中国商人王承尧兴办华兴利公司的千金寨矿、抚顺煤矿公司的杨柏堡矿、老虎台矿组成"采煤第一班"，进行军事占领下的非法开采。

1907年，满铁成立抚顺煤矿后，垄断了抚顺地区的全部煤炭资源和油页岩资源，并经营一批附属企业（见表3－3）。

表3－3　　　　　　1908—1931年满铁抚顺煤矿收买土地表

年度	面积（平方米）	备注（面积：平方米）
1908	962381	
1910	12112	
1911	12247	
1912	1030823	
1913	35689	
1914	375517	
1915	349155	
1916	251608	

年度	面积（平方米）	备注（面积：平方米）
1917	1107527	
1918	1856478	
1919	1531677	
1920	3686754	
1921	1493726	
1922	1622635	
1923	356365	
1924	379129	
1925	354144	
1926	342462	
1927	550433	其中秘密收买面积76323
1928	339126	其中秘密收买面积180783
1929	590024	其中秘密收买面积577698
1930	347357	其中秘密收买面积324534
1931	73057	其中秘密收买面积55457

数据来源：抚顺市地方志办公室：《抚顺市志》，第一卷，辽宁人民出版社1993年版，第172页。

随着抚顺煤矿与附属地面积的与日俱增，日本移民大量迁入该附属地，从1907年的825户5069人至1931年增至19697人，增长近4倍。

三　本溪满铁附属地的形成与扩张

（一）本溪湖的历史沿革

本溪湖煤铁公司创建于1905年12月，它是日本帝国主义侵入中国东北后，所建立的第一个大型的工矿企业，比"满铁"的创立还要早一年。本溪湖优质煤铁，在日本帝国主义对东北的经济侵略中占据重要地位。因此，直到1945年日本战败投降，日本帝国主义把持控制本溪湖煤铁公司共40年。

本溪湖地下蕴藏着丰富的优质煤层、铁矿石和其他各种矿物质。本溪湖煤铁公司正是基于其优质煤炭和富铁矿石建立而来。本溪煤田具有悠久的发展历史，距今约千余年。辽金统治以前，当地居民便发现了本溪的煤田，并进行了开采。从嘉庆至道光初年，以本溪为中心，开始采掘附近庙儿沟、牛心台、火连寨和八盘岭的铁矿石来炼铁，本溪就逐渐成为辽南铁器制造的主要供应地。由于铁器制造业的发展，煤矿也随之出现了繁荣昌盛的景象。不久，由于帝国主义列强加大了对中国的侵略，大量的洋铁源源不断从国外进入中国，本溪的冶铁业受到了很大的冲击，于是本溪的采煤业开始日渐衰落。

（二）本溪湖附属地的形成

据《本溪煤矿沿革》记载："日俄战争时，本溪湖曾划入战线之内，日人筑安奉线军用铁道，并将本溪湖煤矿占据开采。"1904 年，曾在中日甲午战争中任日本陆军军需供应商的大仓喜八朗，冒着日俄战争的硝烟，派人沿安奉铁路进行资源调查，发现本溪湖煤矿和庙儿沟铁矿[①]，认为很有工业开采价值。日俄战争结束后，1905 年 10 月，大仓财阀又派人到本溪湖进一步勘察煤铁资源，并绘制了矿区简图。11 月，大仓财阀向驻辽阳的日本殖民侵略机构——关东总督府提出开采本溪湖煤田的申请。12 月 18 日，日本关东总督府以采煤供应军用为条件，批准了大仓财阀在本溪建矿采煤的申请。至此，大仓财阀正式侵占了本溪湖煤田，将煤田命名为"本溪湖大仓煤矿"。在日本军政当局的支持下，大仓财阀从日本订购机械设备，兴建矿山。1906 年 1 月，大仓煤矿举行开井仪式，时有中国工人 110 人，日本工人 30 余人，当年采煤 300 吨。从建矿起，至 1911 年中日正式合办止，大仓财阀非法侵占本溪湖煤矿达 15 年之久，共开出 3 口斜井。由于采用机械通风、排水和供电照明，煤矿的原煤产量逐年上升，至 1910 年，年产量达 5.8 万吨。5 年掠夺开采煤炭累计达 12.13 万吨。

日本资本家在中国领土上开矿办厂不向中国政府申请，而由殖民当局批准，强行开采，粗暴践踏了中国主权，引起本溪人民的极大愤慨。在舆论压力下，清政府强迫指令奉天省政府与日本进行外交交涉。1906

---

① 今本钢南芬露天矿。——笔者注

年9月，周朝霖奉命来溪，奉天将军赵尔巽令辽阳交涉局照会日辽东领事，禁止日人开采本溪煤矿。1908年（光绪三十四年）5月，大仓喜八朗去奉天会见东三省总督徐世昌和奉天巡抚唐绍仪，协议办理此事。后来，奉天矿政局孙海寰在调查汇报中建议与大仓合办，得到允许，但日商不答应。过了一段时间，清政府又多次派员协商均无效。直到宣统元年（1909年），"矿师邝荣光奉命到本溪湖勘察煤矿储藏量时再经磋商，清日合办初见眉目"。同年，奉天总督锡良再派矿师邝荣光评估本溪湖煤矿，其财产共值银45万余两，这与大仓原来的开价相差悬殊。再三磋商后，作价100万元，中国以作价35万元，实出银65万元，才实现相与合办。

1910年5月，中日双方在《中日合办本溪湖煤矿合同》上正式签字。合同订立15款，期限定为30年、中、日双方政府批准立案，名为"本溪湖中日商办煤矿有限公司"。6月，清政府批准了该合同，派巢凤岗为公司首任中方总办，大仓财阀派岛岗亮太郎为首任日方总办。1911年1月1日，正式举行合办仪式，开始营业。至此，中国方面前后用了5年时间，才从名义上争回了本溪湖煤矿的一半矿权。当时由中国同盟会主办的《民呼日报》曾载文疾呼："今者与日合办，则（主权）已失其半矣，然此强权之下，奈何奈何。"

1907年8月，满铁成立本溪湖地方事务所，将本溪境内的本溪湖、歪头山、连山头、桥头等火车站及铁路附属区域共1.1万平方千米划为附属地，并且强行在本溪湖、连山头等地派驻铁路守备队，随着附属地的建立，日本人相继涌入，从1910年的190户413人发展至1931年的3561人。

第三节　农产品集散地型附属地——铁岭、公主岭、四平、开原

铁岭、公主岭、四平、开原在日俄战争前几近农村或荒原，是满铁新建的附属地，作为农产品的集散地而逐渐发展起来。为了在中国东北

建立更为坚实的农业基础，满铁从设立如大豆、小麦等大宗农产品的集散地，设立农事试验场改良农产品品质、购置新式农具进行规模化耕作等多方面入手，将铁路附属地作为掠夺中国农业资源的基地。

一 铁岭满铁附属地的形成与扩张

日本对"满铁附属地"进行了长期规划。1929 年，铁岭"满铁附属地"规划面积约为 20.76 平方千米，南北长约 4.4 千米，东西长约 4.7 千米，略成方形。1932 年出版的铁岭地图上，铁岭"满铁附属地"规划的大致范围是：北面沿南马路，其东北角在南马路与文化街交汇处，稍向西南沿文化街至原规划局北侧公路附近，稍转向西北经实验中学一带越过京哈铁路直至柴河灌渠，稍转向东北沿灌渠经头台子村东至化工机械厂以西灌渠西侧，再稍转向东南至老货运站，过铁路与南马路相接。这一范围大致是：北以南马路为界，东以文化街为界，南以后八里庄北侧为界，西以柴河灌渠西侧为界的区域，为"满铁附属地"。在"附属地"内行使行政、司法、征税权利，设军警机构，驱逐中国公民，只许日本人居住。所有行政权均归属日本驻铁岭领事馆，中国人无权过问。

在此区域内，又规划了街区，基本上都是方块或南北略长的长方块。这从老火车站前向东到天宝之间南北向的站北街、光荣街、工人街、新华街，北至南马路范围内的街道布局，以及南马路至青年路与新华街至文化街之间的街道布局，都可以看出当初日本人规划的痕迹。只不过，他们只建成很一小部分，由于日本的战败，满铁对铁岭附属地的扩张戛然而止，那里仍为大片农田和苗圃。"附属地"内所建的多为日式黑色带脊平房，也有几座二层楼，如日本领事馆、日本商品陈列馆、寻常高等小学、电业局。中央通（今人民路）的松花料理店（酒吧类餐馆），是唯一的三层楼饭店。

满铁强行将西大街到南马路一带划为日本的"居留民地"。"居留民"的含义是"侨民"。就是说西大街至南马路是日本"侨民"的侨居地，而南面的"满铁附属地"的日本人如同在日本国内一样，不是侨民。言外之意，"满铁附属地"就是日本国。日本人与中国人在所谓

"居留民地"区域可以杂居，也可以互相通商。

"满铁附属地"和日本"居留民地"内的街区均用日语命名，南北为町（繁华的市街），东西为通（一般街道）。如今天的繁荣街西段（原西大街）叫元町，光荣街叫宫岛町，文化公园西侧叫花园町，公园至南马路的工人街叫松岛町，南马路到西大街的工人街叫敷岛町，站北街叫桥立町，人民路叫中央通，人民路以北与南马路之间有5条东西向街，分别叫北一条通（面对铁路天桥那一条）、北二条通（邮局北侧，今通达路）、北三条通（春园北侧路西）、北四条通（十四小南侧）、北五条通（今南马路就）。现在人民路以北工人街以西的胡同格局，仍然是原五条通的格局，没有变化。

二　公主岭满铁附属地的形成与扩张

1899年，沙俄开始在公主岭一带修筑中东铁路，1901年在此设驿，史称"三站"，后改为"公主陵"站，将公主陵的河北和铁北地区列为附属地，禁止中国人在附属地居住。1903年，建立了东西两个兵营，驻有高加索骑兵，规划了百余栋住宅，修造剧场、教堂、面包厂等。将新市街向北发展。在这个势力的范围内，沙俄拥有行政、司法、驻军等特权，不受清政府的约束。到1906年，沙俄在公主岭"附属地"面积达656万平方米。当时，沙俄曾计划把公主岭建成哈尔滨、辽阳式的城市，使之成为军事重镇和特产集散地，但由于日俄战争的爆发，建设中断。

日俄战争后，1906年日本侵略军接受了沙俄侵占的公主陵的铁路和附属地，并改名为公主岭，将其作为殖民地和军事要塞加以经营。1908年，日本满铁株式会社开始制订公主岭市街规划。规划承袭了沙俄的计划，重点扩建沙俄遗留下来的东西两个兵营，新建了南大营和北大营，在四郊建筑了大型飞机场、军事仓库、坦克学校、高射炮部队、坦克兵团、陆军营、骑兵联队和警备司令部。1934年定为"军都"。

沙俄在公主岭铁北和河北共筑路5条。在铁北，有东头道街、东二道街、东三道街和农研路；在河北，有大马路，总长1500延长米。

1907年4月1日，关东督都府在公主岭站前设立地方事务所，行使

"政府"职权,擅自进行城市建设。在铁北修筑与铁路线并行的3条街路。

1908年10月30日,日本同俄国签订《铁路移交议定书》,满铁以日方代表陆军少将菊地爱三、炮兵中佐木下宇三郎、铁道工程师堀三之助3人名字,分别命名为菊地町、木下町、堀町;在河北修建南北走向、东西走向街路各7条,均采用日本街名。南北走向称鲛岛通、落会通等,东西走向称新町、荣町、敷富町等。

满铁把铁北规划为军事、官邸、公署区,让军队的军官、附属地官署官吏住在铁北;把河北规划为商业区。1908年,在清政府和其他国家的强烈抗议下,日本废除了附属地的军事管制,大批日本侨民涌入河北,地方事务所为日侨建房、经商等提供宽松条件,鼓励他们把附属地作为掠夺中国物资资源的市场。

从1932年起,公主岭成为伪满洲国奉天省怀德县的县城。据1935年统计,当时附属地人口为13389人,河南区为15588人,共计28977人,1939年,公主岭的范围包括铁北和河北两区,即铁路沿线两侧,城区面积6.56平方千米。其功能分区如下。

住宅区:位于西北方,即现在的铁北西部生活居住区。

商业区:位于火车站东南,即鲛岛通(今迎宾路)一带。

粮栈工业混合区:位于东三条(今东四路)以东及市场町(今东头道街)五丁目(岭东派出所)以北一带。虽然制订了扩大粮栈区域和新开辟工业场区的规划,但由于后来沈海、古海二线的火车通车,使公主岭的粮栈减少,故1934年起缩小成粮栈工场混合区。

工厂区:由于市场萧条,没有建设工厂,而是改成了住宅区。

由于沿袭沙俄制订的规划,商业与住宅居于铁道南北,形成不规则的市街,路网密且无主干道,影响整体发展。

三 四平满铁附属地的形成与扩张

四平是大豆产地,地处买卖城、八面城、郑家屯的要路,作为货物集散中心地而发展起来。1902年,沙俄在火车站前开辟了一马路、二马路、三马路街基,市面上小商小贩、小作坊逐渐增加,陈家馆子、吴家馆子、广和栈旅店等均在本年开业。1903 年（光绪二十九年），中东铁路全线通车，四平街站正式售票。1907 年（光绪三十三年），据《满铁统计》记载：本年末四平街满铁附属地居住人口共 62 户 658 人。次年日本人在"满铁附属地"开辟中央通（今英雄大街东段）街基，在火车站周围逐渐形成了街区的雏形，此时四平街"满铁附属地"面积为 5.3 平方千米，这是四平的第一块街区（见图 3－4）。

四平火车站原本是只有几十家农户的小屯子，它所处的地理位置是当时昌图府和科尔沁左翼各旗粮食、牲畜等产品的集散中心，鉴于此，中东铁路在此设站，而且民国年间平齐线、四梅线铁路修筑时，均在这里与中东铁路接轨，于是四平街成为四通八达的交通枢纽，无论在交通上还是在战略上，都占有重要的位置。随着各行各业的兴起，四平街的城市范围以铁道为轴向两侧扩展，除主要商业街的兴建外，还兴建了许多市政设施，如 1927 年兴建横跨铁路、连接道里和道东的昭平桥等。

道东原本是一面城、黄家屯等几个自然屯，1921 年，经梨树县公署知事尹寿松开辟为新市场，由"四平街新市场办事处"兼管行政。翌年设四平街村。1922 年，梨树县第二区从八盘碾子迁至道东，道东便成为区级政府所在地，这是四平的第二块街区。

新市场街区加上"附属地"的面积，此时四平街的总面积达到 6.79 平方千米。1931 年九一八事变后，由日本军方策划、导演，于 10 月 15 日成立"四平街市政公所"作为伪政权主掌道东的行政机构。1932 年道东、道里总面积约 9.99 平方千米。1933 年，伪满洲国认为该地"商业人口未臻繁盛，不易设市政公所"，便取消了市制，仍归梨树县管辖。继之，成立梨树县四平街联村办事处，1936 年改称四平街公所。

四平的北站为四洮铁路局驻地，此前称四郑铁路工程局，创建于1916 年（民国五年），隶属交通部东北交通委员会。北站未专设行政机关，户籍、民事、建筑、公安均由四洮铁路局直接管理，不受满铁四平街地方事务所和梨树县第二区辖治。1931 年九一八事变后，四洮铁路经营权被"满铁"吞并，行政管理权自 1932 年由满铁四平街地方事务所取代。这是四平的第三块街区。

图3-4 四平街附属地实测平面图

1937 年 7 月 1 日，伪满洲国国务院设四平街市。同年 12 月 1 日，日本宣布"治外法权"撤销，将"满铁附属地"行政权所谓"移让"当地"政府"，原满铁四平街地方事务所变为伪四平街市公署。

四　开原满铁附属地的形成与扩张

开原附属地始于沙皇俄国以租借地名义，霸占了辽东半岛和在我国东北修筑"东清铁路"（中东铁路）的特权，并按铁路的需要，划了一定数量的"附属地"给俄国。按条约规定，在距开原（今之老城）南二十里处，设"附属地"叫作"开原驿"，就是现在的开原镇。

当时这里只是一片旷野，附近有小孙家台、许家台和石家台三个小村落，居住着 209 户人家。每当夏季，杂草繁茂，葛藤丛生，到 1901 年东清铁路南线（长春到大连）开始通车，在开原只修了一个简易火车站（现在的货物处）。

1905 年 3 月，日俄战争期间，开原为日军秋山支队所占据。日本第四军兵站本部便设在小孙家台，为了军事上的需要，又设置了火车站司令部，开始只通军用车。11 月，野战铁道提理部开始经营一般铁路事务。

1906 年 2 月，日本把一切军政事务交给驻屯军，由辽东军步兵第五十五联队二大队接管。同年，日本仿效英国的东印度公司，设立了"满洲铁道株式会社"，简称"满铁"。1907 年 4 月，满铁接收了这里的土地、建筑物，并开始了附属地建设。日本侵略者为了巩固其统治和加紧对东北的掠夺，于 1909 年制订了市街建设计划，鼓励中国人和日本人来居住，中国人移住于附属地者，随之增加。满铁又进一步致力于诸般设备。此后，官衙和机关单位也逐渐增加了。在此以前，大宗运输，多靠水路。附近地方能通舟楫的河流，唯有辽河，较大的码头当数铁岭和通江口。距开原较近的英守屯有一小码头，因交通不便，出入货物有限，所以铁岭就成为附近地区货物集散和贸易的中心。

这时，铁路运输取代了辽河的水运，一向由铁岭集散的大豆、高粱等特产物便转向开原。因为开原比铁岭距其原产地的东部山区——当时称为开原背后地的西丰、西安（辽源）、东丰、海龙、辉南、柳河等县较近，运输等各种费用比较低廉，所以开原作为特产物市场急剧地发展起来，商人云集，店铺林立，人口往来与日俱增。随着市街的发展，"附属地"面积也逐渐扩大。至 1909 年占地面积是 6.09 平方千米，1925 年增为 6.63 平方千米。

日本侵略者为了加强对"附属地"的统治，在"附属地"内设立了地方事务所、守备队、警察署和八个分驻所、银行和贸易所等各种机构，分别掌管行政、司法、金融、贸易等各种权力。他们还负责收集"附属地"外的政治、军事、经济等情报。如果说"满铁"是日本帝国主义侵略中国的先锋，"附属地"就是其侵略中国的前沿阵地。"附属地"的发展、扩大，就说明日本对我国侵略的深入和掠夺的加剧。

五　熊岳城满铁附属地的形成与扩张

熊岳城，位于渤海辽东湾东岸，营口地区南端，为副县级镇。历史悠久、文化底蕴深厚。汉代在今熊岳温泉建平郭城（土城），为平郭县治所。辽代时，城址移至今熊岳城，属卢州辖县，始建土城。

1904 年 4 月，满铁在熊岳城附属地内建立苗圃，主要以培育铁路沿线种植用的树苗为主，还从事一些小规模的果树、蔬菜、花卉及普通作物的培育种植。当时苗圃内只有一座小屋、一个马厩和一个农具室。1912 年时开始扩建，增加牧草、水稻、桑等的试作培育。

1913 年 4 月，公主岭产业试验场设立，熊岳城苗圃改称为"南满洲铁道株式会社产业试验场熊岳城分场"。此时的熊岳城产业试验场占地面积进一步增加，新建各类建筑、设施，下设园艺科、种艺科、养蚕科、林产科、庶务系，开设果树、蔬菜、水稻、畑作物、养蚕、树苗养成等，其后进行花卉、药草、水果、蔬菜罐头制造、野蚕、造林的试验。

1918 年 1 月 15 日，根据满铁会社分掌规定改称为"农事试验场熊岳城分场"。1928 年 10 月，其建筑物及设施规模进一步扩展。此时，公主岭农事试验场本场将病理昆虫科迁至熊岳城分场，研究苹果病虫害防治，1938 年 4 月又迁回公主岭，归伪满洲管辖。

满铁附属地的产业

东北地域辽阔，土地肥沃，自然资源十分丰富。19 世纪前人烟稀少，大部分地区被森林覆盖。俄日两国对中国东北地区垂涎已久，清末，沙俄、日本、美国、英国等列强就开始侵略中国东北，尤其是俄日两国，二者对中国东北地区垂涎已久并展开激烈争夺。随着俄日势力的不断渗入，中国东北地区资源遭到肆意掠夺，以铁路附属地为中心的侵略势力对东北地区的掠夺表现得尤为突出。

第一节　农业

一　农业概况

东北地区拥有肥沃的黑土，非常适合农业的发展，大豆等农作物在近代国际市场上一直享有盛名。由于东北地区人口有限，耕种技术落后等原因，19 世纪以前东北农业的发展缓慢，但富饶的农业资源依然成为俄、日争夺的一个焦点。"两国深知，一旦夺取东北，并在其传统农业的基础上加以开发，就能让这块广袤的土地源源不断地为农业并不发达的俄国或者农产品短缺的日本提供粮食与其他农产品。"[1] 日本有人也宣称："间尝思之，'满洲'之经营为日俄战争之结果，我国致力于此，乃当然之天职。虽然，无形之战争，较之有形之战争尤烈。前于此之'满洲'

---

① 程维荣：《近代东北铁路附属地》，上海社会科学院出版社 2008 年版，第 196 页。

无论矣，后于此之'满洲'，固东亚一大商战场也""我政府不有良因，何来佳果，我国民于此当知所先务矣"。[1]

农业是产业的根基，各种经济事业都是建立在农业基础之上。满铁建立之初便将发展中国东北的农业事务，视为开发满蒙地区的首要任务，另外中国东北的农业问题也是满铁会社展开营业的基础。[2] 因此，在满铁会社的任务和经营需求的双重推动下，中国东北的农业有了一定发展。

伪满洲国时期中国东北可耕地面积为22000万公顷，并且高达54%的可耕地并未进行耕种。尽管只有46%的已耕田地（约1亿公顷），也比日本国内耕地总面积（约6666.67万公顷）还要多出2666.67万公顷。相较于日本国内耕地的集约化经营，中国东北地区的耕田更多的是一种粗犷性经营，发展相对落后，相应的也有更多的上升空间。[3]

中国东北的农业户数占总户数的85.2%，农业人口占总人口的84.7%，同时期，日本的农业人口占总人口的48.4%，由以上可以看出，相对于日本，农业是伪满洲国产业的重心。从贸易的角度来看，1937年伪满洲国的输出总贸易额为6.45亿日元，其中仅中国东北特产"三豆"（大豆、豆饼和豆油）就占到了3.34亿日元，超过总农产品输出额的七成。特别是大豆输出是伪满洲国国际贸易中最重要的输出产品。能够看出，伪满的农业无疑占有重要的位置，且耕地有着进一步开发利用的空间。农业的开发，为日本侵略者的经济发展提供了大量原料。这些原料除了供给伪满及日本国内工业生产用外，还被作为重要的国际贸易商品输出至他国。

中国东北的经济开发始于农业，关内移民进入东北后，努力开垦荒地，辛勤劳作，扩大了土地耕作面积，并且带来了中原地区先进的农业生产技术，这是促使东北农业生产力进步的一个重要因素。[4] 关内移民和开发的历史主要有以下三个特点。一是从移动方向来看，主要是从南

① 冈田雄一郎：《满洲调查记》，富士英译，1895年，第89、90、103页。

② 满铁会编『南满州铁道株式会社第四次十年史』、东京、竜溪书舍、1986年、第445页。

③ 南满洲铁道株式会社総裁室地方部残务整理委员会『满铁附属地经营沿革全史』、东京、龍溪书舍、1977年、第1062页。

④ 范立君：《近代东北移民与社会变迁（1860—1931）》，博士学位论文，浙江大学，2005年。

向北推进。二是从移民时间来看，移民最早从明朝开始，到清朝汉人移民的人数最多。三是从移民地域来看，移民与开发主要沿着辽河、鸭绿江展开。例如，辽东辽西地区，河川作为交通要道和灌溉设施，很早就有关内汉族人民移居此地，该地人口相较于其他的地区较为稠密。随着粮食产量的不断提高，已经远远高于基本的日常消费，东北开始出现普遍的农产品商业交易现象，交易的范围也由关外逐渐延伸到关内。商业资本的不断注入，使东北地区的商业逐渐发展起来。以小规模农产品交易为主的东北商业贸易发展相对缓慢。随着近代铁路和港口开始修建，东北的农产品贸易获得迅猛发展，但近代东北的农产品商品化过程带有明显的政治色彩。

东北当地的游牧民族（主要为满族、朝鲜族、蒙古族），农业知识储备相对薄弱，农耕技术落后。清代以来，关内战火和饥荒不断，迫使许多关内地区的汉族人民涌入东北地区。随着日本不断侵占中国东北的领土，来自日本的移民也不断增多，到1932年伪满洲国建立后，又制订向北满地区移民的计划。至九一八事变前，满铁附属地的日本移民更是达到附属地总人口的35%—40%。[①]

虽然中国东北地区为温带季风气候，但南北差异较大，辽东半岛受海洋的影响相对温和，越往北，大陆性气候越明显。冬季气温极低，春季温度上升迅速，温度的快速回升有利于农作物的生长，并且东北地区夏季较长，比较适合农业生产。东北地区虽处于干燥地带，但总的来看，东北地区的年降水量约为日本内陆降水量的三分之二，基本能够满足农作物的生长需求。从土地条件来看，东北的农业地带主要分为两类，一是嫩江、松花江、辽河流域的冲积平原，二是大兴安岭东侧的干燥草原地带。前者是种植大豆、高粱等农作物较为理想的地区。

满铁会社成立后，对农业的调查、奖励、实验、造林、养苗、农作物、家畜等多方面加以调整，伪满洲国成立后，除了承接满铁会社的农业政策外，进一步加大对农业领域的投入力度，近代中国东北的农业获得了一定发展。

---

① 曲晓范：《近代东北城市的历史变迁》，东北师范大学出版社2001年版，第103页。

二 农产品

东北地区的农作物多达四十余种，受自然条件等因素的影响，这些农作物的生产分布都有着相对明确的区划。满铁会社建立后，为加强对东北农业的控制，日本利用满铁等国策会社控制的公主岭农事试验场等农业科研机构，谋求农业技术改良，进一步提高农作物的产量，以便从农业上掠夺更多利益。

关于东北农产品种类概况。大豆、小米、高粱、玉米、小麦五类农产品占到总农产品的近80%的比重，其中大豆更是"满洲"最重要的特产，并且"满洲"的大豆，在国际贸易中也有着较好的声誉。从生产地域来看，大豆主要集中在吉林、滨江、龙江、松花江、嫩江平原和南满等地。高粱以奉天、吉林两省为中心。小米主要分布在热河省（位于现今的河北省、内蒙古自治区和辽宁省交界处）以外的农耕地区。玉米集中在奉天、安东两省。小麦主要种植地区为滨江、三江、龙江所谓小麦地带。棉花主要分布在辽河以南的南"满洲"和以洮南为中心的"满洲"的中部各县。果树多种植在鞍山以南的铁路沿线以及关东州内。

满铁会社建立之初，"满洲"地区的经济作物种植并不发达，对此满铁会社采取奖励种植栽培的方式增加经济作物的种植面积。到1936年，伪满洲国主要种植的经济作物为洋麻、亚麻、米花等，1937年又采取奖励措施，鼓励扩大种植苜蓿、燕麦、大麦等经济作物（见表4-1至表4-4）。

表4-1　　　　　　　　满铁附属地普通作物产量　　　（单位：千克）

种类	1921 年	1926 年	1930 年	1935 年
大豆	1462370	1394886	1355391	1285163
小豆	64430	96076	48853	29862
菜豆	97313	128974	27140	8752
绿豆	926	3218	2451	3095
豌豆	12064	6949	14354	13122
高粱	3027070	2282995	2531753	269628

续表

种类	1921 年	1926 年	1930 年	1935 年
小米	733316	1157544	1030869	621862
玉米	324330	335644	377151	78826
大麦	11336	2099	695	28092
小麦	37064	15260	3652	33104
水稻	—	100095	653953	1211160
陆稻	29006	39218	82222	165386
黍	21218	31625	21556	60449
稗	52352	54753	43122	52576
蒿麦	7715	36065	1206	10788
燕麦	74	—		
马铃薯	388781	309612	—	—
甘蔗	58789	104063		
其他	—	—	—	39058
总计	6328154	6099076	6194368	3910923

数据来源：南満洲鉄道株式会社総裁室地方部残務整理委員会『満鉄附属地経営沿革全史』、東京、龍渓書舎、1977 年、第 1065 頁。

表 4 - 2　　　　　**满铁附属地经济作物产量**　　　（单位：千克）

种类	1921 年	1926 年	1930 年	1935 年
棉花	1380	81688	2951	25062
烟草	12023	29930	142977	25671
甜菜	1363684	412069	—	9611
花生	7549	1300	86686	43388
芝麻	3510	380	1207	6418
青麻	1121	5089	4123	—
大麻	—	3057	150	—
瓜子	241	12	—	1800
桑	—	76875	348967	29709

续表

种类	1921 年	1926 年	1930 年	1935 年
牧草	36626	19328	208818	970355
甜菜根	666994	134299	—	—
总计	2093128	764027	795879	1112014

表4-3 　　　　　　　　　　**主要农作物种植面积** 　　　　（单位：千亩）

种类	1932 年	1933 年	1934 年	1935 年	1936 年	1937 年	1938 年
大豆	4144	3878	3273	3249	3415	3591	3783
其他豆类	374	300	321	329	366	396	408
高粱	2709	2661	2706	2764	2905	2046	3372
小米	2271	2156	2169	2394	2502	2613	3144
玉米	1112	979	1122	1235	1294	1419	1611
小麦	1488	1495	826	979	1085	1216	1143
水稻	67	62	101	120	173	221	255
陆稻	106	105	102	114	114	105	996
其他谷物	1211	1124	1273	1161	962	1037	1111
总计	13482	12760	11893	12345	12816	12644	15823

表4-4 　　　　　　　　　　**主要农作物年产量** 　　　　（单位：千克）

种类	1932 年	1933 年	1934 年	1935 年	1936 年	1937 年	1938 年
大豆	4288	4601	3599	3822	4175	4173	4380
其他豆类	456	304	279	272	329	317	354
高粱	3757	4021	3588	3842	3980	4078	4565
小米	2634	3184	2093	2970	3037	3185	3499
玉米	1686	1578	1609	1801	2099	2127	3402
小麦	1134	651	863	934	882	1079	953
水稻	111	166	198	284	437	524	662
陆稻	137	143	117	137	136	143	125

续表

种类	1932 年	1933 年	1934 年	1935 年	1936 年	1937 年	1938 年
其他谷物	1561	1803	1299	1245	1020	1040	1089
总计	15764	16451	13645	15307	16095	16666	19029

数据来源：南满洲铁道株式会社総裁室地方部残務整理委員会『满铁附属地经营沿革全史』、東京、龍渓書舍、1977 年、第 1065—1066 頁。

三　农业设施及补助

(一) 农事机关

满铁会社建立之初，为开发满蒙地区的农业，设立了各种农事设施。[1] 1913 年 4 月初，满铁地方科设置产业系并招聘专业人员负责产业系相关工作，着手对农业相关工作采取奖励措施，并计划建立产业试验场。1914 年 5 月，满铁会社在地方科的基础上设立地方部，集中管理产业试验场。1918 年，产业试验场改称农事试验场。1919 年，地方科产业系升格为地方部劝业科，主要负责农业以及商工事务，劝业科由地方部管辖。1922 年，从劝业科分出农务、商工两科，两科改由兴业部管辖。[2] 1925 年 10 月，满铁在奉天设立兽疫研究所，该研究所也归兴业部管辖。1930 年 6 月，兴业部改称殖产部，1931 年 8 月又废除殖产部，农务科重新归入地方部管辖。1936 年 10 月，农务科从地方部中脱离出来，新设产业部农林科。工作内容主要有以下四个方面：第一，调查输出海外大宗农产品如大豆、大麦等，并设法改良其品质；第二，比较研究中国与欧洲农业经济及耕种方法的异同，改良稻种，开辟稻田；第三，培育重要的谷类及工业所需要的植物，如亚麻、蓖麻等；第四，购置新式农具及机器等加以试验与改进，使其适应本地耕种之用，并研究消灭病虫害办法。[3]

农林科是满铁会社农业设施的中心机关，目的在于促进农业各项事

---

① 满鉄会编『南満州鉄道株式会社第四次十年史』、東京、龍渓書舍、1986 年、第 450 頁。

② 苏崇民：《满铁史》，中华书局 1990 年版，第 295 页。

③ 程维荣：《近代东北铁路附属地》，上海社会科学院出版社 2008 年版，第 196 页。

业的发展，管理各种农业设施机关。[1] 农林科的主要工作包括为农事试验场、苗圃、种猪场、种羊场、兽疫研究所等地方性农业设施机关以及一般性补助机关配置相应的农事人员，并辅助配合满铁附属地内外的各项农业事务。

为了更多地掠夺东北农业资源、获取农产品，强化日本在中国东北的统治，满铁对一些农业项目展开资助，主要包括：

农牧林事业领域。满铁为开发掠夺东北农牧林业，对相关农业企业、牧场、林场等给予资助，如购买股份、担保贷款与债务。其中出资额较大的有中亚劝业公司、中日合办采木公司。其后方针有所改变，对于以上经营者仅给予技术的或补助金方式的援助。

农业用品领域。1914 年以后，满铁对于附属地内外日本农民所需用品，如机械、农具、肥料、种畜、树苗等，除由该社酌量供给或无偿分配外，对其运输费，仅收半额。

优良品种领域。满铁经过试验，将有利于东北农牧林业发展的优良品种，分发给日本农户以资普及，或者由满铁设立原种圃、采种田、种畜场加以培育。每年分发给农户推广种植，包括黄豆、水稻、绵羊、猪及果树等优良品种。所发品种依照需要情况，分为无偿、减价、租借及与他物交换等方法。

水田事业领域。满铁经调查认为东北的水田种植比其他农业有更大利益。开发东北水田与日本国内的粮食供应问题也有密切关系。满铁因而对日本农民经营水田者除给予技术援助，还直接或间接提供经济补助。1918 年以后，除东洋拓殖会社专供土地经营者资金外，满铁还专门设立株式会社，从事对水田经营者的放贷。[2]

1936 年，关于农业各机关及设施的总经费为 2582913 日元，而总计费用为 5218222 日元，其中用地费 2611842 日元，建筑费 1515810 日元，

---

[1] 满铁会编『南満洲鉄道株式会社第三次十年史』、東京、龍渓書舎、1976 年、第 2293 页。

[2] 程维荣：《近代东北铁路附属地》，上海社会科学院出版社 2008 年版，第 197 页。

工作物费 218778 日元，机器费 250769 日元，林木费 621024 日元。①

（二）农事试验

满铁始终以扶持农业生产为其产业事业的中心工作，具体从日本国内招聘农业方面专家对东北农业情况展开相关调查，通过进行农业试验的方式选育优良农作物品种，或从国外引入良种，努力在各地区普及合适的农业品种。② 满铁会社试图在"满洲"建立农业试验场，以便更大程度上开发满蒙地区的农业，但"满洲"地区农业研究和基础相对薄弱，在"满洲"普遍建立农事试验场难度较大，因此满铁决定在公主岭设置农事试验场本部，在熊岳城与押木营子设置分部，在辽阳设置棉花实验场作为"满洲"农业开发的试验研究机构。③ 除此之外，又在凤凰城、钱家店、洮南、海伦、敦化、海龙六地设置农作物试验场进行地方性试验及农业调查。

1. 公主岭农事试验场本部

满铁会社建立之初，便将满蒙开发的首要任务设定为改良和增殖"满洲"地区的农牧业。1908 年后，满铁会社多次委托农牧林业等各方面专家对"满洲"以及蒙古地区进行调查研究，征询专家对产业开发的相关意见。最终决定在满铁沿线重要地区设立产业试验场。1913 年成立公主岭产业试验场，并将本部选定在公主岭附属地内，之所以选择公主岭，是因为该地是东北中部的粮食中心。④ 公主岭农事试验场占地面积30 公顷，试验场内设置种艺科、农业化学科、畜产科、病理昆虫科及总务系，之后又在熊岳城设置农事试验场分场。满铁会社通过农事试验场展开主要农作物的改良增产试验工作。1918 年，产业试验场改称农事试验场；1928 年将病理昆虫科移交熊岳城分场管理；1935 年增设农业经营科；1938 年，在"日满一体化"口号的宣传下，满铁将公主岭农事

---

① 数据来源：南满洲铁道株式会社総裁室地方部残务整理委员会『满铁附属地经营沿革全史』、东京、龍溪书舎、1977 年、第 1070 页。

② 满史会编『满洲开発四十年史刊行会』、东京、满州开発四十年史刊行会、1965 年、第 129 页。

③ 满铁会编『南满洲铁道株式会社第四次十年史』、东京、龍溪书舎、1986 年、第 454 页。

④ ［日］满史会：《满洲开发四十年史》上卷，东北沦陷十四年史辽宁编写组译，内部出版，1988 年，第 128 页。

试验场管理权移交伪满洲国管理，成为所谓的"国立研究机关"。公主岭农事试验场作为主体试验场，在哈尔滨、锦州、克山、熊岳城等地设有分场。到 1936 年，公主岭累计经费达到 4636321 日元，其中用地费1145130 日元，建筑费 645552 日元，机器费 123683 日元，制作物费99999 日元。以下对公主岭农事试验场各科的情况进行介绍。

（1）种艺科

该科主要对一般农作物及经济作物进行改良。[①] 主要包括大豆、小米、小麦、甜菜等农作物。

改良大豆。大豆是"满洲"地区最重要的农产品，种植总面积达到400 万顷，年产量达到 400 万吨，[②] 是维系地方经济和"满洲"地区经济的重要农作物。1913 年农事试验场建立之初就着手大豆的改良，经过四次试验后，最终选育出优良大豆品种黄宝珠。该大豆品种相较于最初的品种颗粒饱满、色泽好、产量高，并且有着较高的含油率。改良后的大豆品种被迅速投入生产当中，以长春为中心，北至哈尔滨，南到开原开始种植黄宝珠大豆，之后又不断进行推广种植，大豆产量得到进一步提高。但黄宝珠大豆属于中熟型品种，并不适用于所有满洲地区种植，例如北满地区更加适合早熟型大豆品种，在此情况下，农事试验场根据各地情况的不同尝试着培育适合各地耕种条件的大豆品种。"满洲"地区种植大豆过程中，最大的问题在于虫害的防治，农事试验场在改良大豆品种追求产量的同时，也在着手培育虫害较少的大豆品种。

改良小米。小米作为"满洲"三大农特产之一，种植面积达到 200万公顷，年产量达 280 万吨。农事试验场对小米品种进行了反复改良，最终选育出优良品种大白，该品种小米产量更高，口味更好，得到一般农户的青睐，选育成功后不久就被推广种植，满铁附属地沿线种植的小米多是该品种。

改良小麦。"满洲"地区种植小麦的总面积约 1000 万公顷，年产量

①　参见南満洲鉄道株式会社庶務部調査課編『南満洲鉄道株式会社第二次十年史』、大連、南満洲鉄道株式会社、1928 年、第 1226 頁。

②　许道夫：《中国近代农业生产及贸易统计资料》，上海人民出版社 1983 年版，第 806—808 页。

约 100 万吨，因气候的原因"满洲"地区的小麦多种植于北满地区。随着对小麦和小麦粉的需求量逐年增加，公主岭农事试验场努力改良小麦品种增加产量，除此之外，使其适合南满地区的气候条件，最终选育出优良品种"改良三号小麦"，有效地提高了"满洲"地区小麦产量。

改良甜菜。伪满洲国对于砂糖的需求量为 18 万吨，且需求量不断提高。最初，伪满洲国的砂糖多是由中国台湾、爪哇地区供应，"满洲"地区自身种植的甜菜产糖量有限。农事试验场着手对甜菜品种进行改良，选育出适合"满洲"地区种植的甜菜品种，努力增加产糖量，减少砂糖输入量。最终选育出的甜菜品种含糖量高，产量好，并且可以很好地抵抗褐斑病的侵害，该品种与欧美各国优良甜菜品种相比毫不逊色。

改良洋麻。"满洲"地区包装特产用的麻袋，一年需要 5000 万张，过去制作麻袋所使用的品种多是从印度等地进口的黄麻，制作出的麻袋质量也并不理想。为了改变"满洲"制麻工业上的落后，农事试验场决定改良纤维，替代进口黄麻品种。最终通过反复的改良实验，选育出适合南满地区种植的洋麻品种，该品种兼具产量更高、纤维光泽好、纤维伸缩性强等优点。

（2）农艺化学科

对于农业经营来说，土壤因素是决定农业发展的重要因素。[①] 公主岭农事试验场建立之初就着手"满洲"土壤条件的调查研究工作，具体的工作内容包括判定土壤性质、土壤生产力、土壤水分，改良优化土壤等。在肥料的利用上，设定肥料利用的标准，提高肥料利用率。在灌溉土壤的用水上也设定相关标准，防止土壤出现多次污染情况。除此之外，还对农作物加工品、农畜加工品的品质进行调查鉴定。

（3）畜产科

农事试验场建立之初就设立畜产科，[②] 畜产科最初的主要用地及办公建筑是在沙俄的满洲机械工厂上建立而成。该科设立之初就着手改良

---

① 参见南满洲铁道株式会社庶务部调查课编『南満洲鉄道株式会社第二次十年史』、大連、南満州鉄道株式会社、1928 年、第 814 頁。

② 满铁会编『南満洲鉄道株式会社第三次十年史』、東京、龍渓書舎、1976 年、第 2299—2301 頁。

蒙古羊的试验，之后又开展饲料作物栽培试验以及改良"满洲"猪试验。1919 年，畜产科重新修建试验场房，并更换工作场地。之后逐步新增羊舍、牛舍、鸡舍等试验场。改良后的蒙古羊，毛质更好，基本达到试验预期，到 1932 年，改良蒙古羊试验终止。畜产科在改良蒙古马、蒙古牛、"满洲"猪等方面也取得了不错的成果。另外还对饲料作物进行改良，培育出适合"满洲"地区种植的牧草。1936 年在押木营子的名义下，开设试验牧场，重新开展试验工作。

（4）农业经营科

过去满铁各农事试验机关多是独立进行试验活动，缺少统一的各生产部门试验研究成果，导致实际运行效率低下。[1] 伪满洲国成立后将百万日本人移民北满定位为国策，实行适合移民农业经营的措施是伪满洲国的当务之急。为达成以上试验研究目的，满铁会社新设农业经营科。

开展农业经营试验。该试验的目的在于配合百万日本人移民计划过程中出现的农业经营。最初在盖平、辽阳、虻牛哨、拉法四地各选取一户农家进行经营试验，但该时期试验选取地区更偏向于南满地区，并且适合进行试验的农家较少，农场开设后多年，农场的组织设备并未有根本性改变。另外，移民北满的拓务省集团移民逐渐摆脱了共同经营阶段，开始以个体农户经营为主。为此，公主岭农事试验场与"满洲"拓殖公社联合，展开相关农业经营试验，并选定合适的农户进行试验。[2]

开展满鲜人农家经济调查。通过对满鲜人农家的农业经营情况以及发展趋向进行调查，为移往"满洲"的日本人在开展农业经营时提供参考资料。调查对象主要分为满人农家和朝鲜族农家。满人农家包括复县、盖平、奉天、梨树、怀德、额穆、五常、珠河、大赉、锦县十个调查所，朝鲜族农家包括额穆、海龙两个调查所。关于满人农家调查与部落实态调查同步进行，一个部落中选取三家农户连年进行调查。朝鲜人

---

[1]　満鉄会編『南満洲鉄道株式会社第三次十年史』、東京、龍渓書舎、1976 年、第 2308 頁。

[2]　満鉄会編『南満洲鉄道株式会社第四次十年史』、東京、龍渓書舎、1986 年、第 447 頁。

农户采用听取记录的调查方式，每个调查所选取两家农户，同样连年进行调查。调查的主要内容有满鲜人农家经济实际情况、主要农产品的生产费等情况，为移民"满洲"开展农业经营的日本人提供参考资料。

开展满洲农业地理调查。该调查的目的在于明确"满洲"农业的地域性特征，考察适合"满洲"的农业经营形态。地理调查主要采用实际调查和文献考究两种方法。1936 年对奉天、梨树、海龙等地进行调查，1937 年对怀德、额穆、五常、大赉、锦县等地部落进行实地调查，调查以北满地区为重点，并且连年持续进行调查。依托调查文献为基础，对各地的实际情况进行综合分析，探明"满洲"各地地域性特征。除此之外，对于"满洲"蔬菜价格、"满洲"主要农产品的价值和地价进行相关调查。

2. 农事试验场熊岳城分场

1909 年 4 月，满铁会社在熊岳城附属地内修建了值班室、马厩、农具室，为南满铁道沿线培育树苗，并在附近小规模种植果树、蔬菜、花卉及普通农作物，该地被称为熊岳城苗圃，即为农事试验场熊岳城分场的前身，这是日本侵略者在中国东北进行农业试验研究的开始。[①] 1913 年 4 月，公主岭产业试验场建立，熊岳城苗圃改成产业试验场熊岳城分场。该分场设置园艺、种艺、养蚕、林产四科进行试验。1918 年，产业试验场改称农事试验场，1928 年，由于东北南部果树病虫害严重，急需整治，将本来属于公主岭农事试验场的病理昆虫科移交熊岳城分场管理。以下是关于农事试验场熊岳城分场各科的试验成果。[②]

（1）园艺科

果树。东北的果树主要以栽培苹果树、梨树为主，还有少部分桃、杏、葡萄等。[③] 由于气候因素，果树种植在东北地区并不普遍，果树栽种总面积以及产量都非常有限。为了改变东北地区果树种植落后的现状，熊岳城试验场分场承担了果树种子栽培、果实蔬菜储存保藏、品种

---

① 山本晴彦『満洲の農業試験研究史』、東京、農林統計、2013 年、第 31 頁。
② 参见南满洲铁道株式会社庶务部调查课编『南満洲鉄道株式会社第二次十年史』、大连、南満洲鉄道株式会社、1928 年、第 831—840 頁。
③ 山本晴彦『満洲の農業試験研究史』、東京、農林統計、2013 年、第 88 頁。

改良等基础试验。经过反复的果树改良试验和果园推广种植，到 1926 年前后，东北地区优良果树苗已经达到 150 万株，尤其是苹果品种的改良，获得了明显提高。除此之外，对南满的葡萄、北满的李子等进行了改良，并获得了显著成果。除了品种改良外，熊岳城试验场分场还进行了科学管理模式、果树病虫害防治、果树施肥管理（有机肥、无机肥与无肥料的比较试验）、果树经济收益、科学贮藏等试验。除了在平原地区开展试验外，日本人还在丘陵进行果树试验，集中进行栽培、耕种及施肥等方面的改良。① 经过品种改良、科学管理等方式，苹果逐渐成为东北地区的重要特产。

蔬菜。1909 年满铁会社建立之初在中国东北设立苗圃，开始试种各种蔬菜。1913 年熊岳城试验场分场建立后，就开展各种蔬菜试验，进行规范的管理种植科研工作，实验内容包括蔬菜品种筛选试验、品种试验、栽培试验等，为南满地区的蔬菜种植筛选合适的品种以及栽培方法提供指导方针。之后，熊岳城分场设立园艺科，蔬菜研究占重要比重。农事试验场在蔬菜试验过程中还充分考虑了东北地区的气候因素对蔬菜种植的影响。农事试验场在东北地区的蔬菜种植试验内容主要包括引入新的蔬菜品种、改良蔬菜品种、蔬菜生产加工、栽培种植试验和蔬菜存储管理等。涉及的蔬菜种类繁多，包括白菜、土豆、葱、甘薯、萝卜、胡萝卜、茄子、豇豆、南瓜等。到 1936 年前后，海城县、盖平县等地由于蔬菜产量和品质提升，已经成为整个东北地区最为重要的蔬菜供应基地。

除此之外，园艺科在花卉培育及水果蔬菜储藏加工上也取得了不错的成果。由于气候原因，花卉种植在东北地区并不普遍。农事试验场熊岳城分场结合南满气候条件，培育出适合东北地区种植的优良花卉品种。水果蔬菜储藏和加工工作也逐渐得到园艺科的重视。②

（2）种艺科

水稻。19 世纪 70 年代，移居中国东北的部分朝鲜族农民开始栽

---

① 满田隆一监修『满洲农业研究三十年』、长春、建国印书馆、1944 年、第 99—107 页。

② 参见南满洲铁道株式会社庶务部调查课编『南满洲铁道株式会社第二次十年史』、大连、南满洲铁道株式会社、1928 年、第 834 页。

培水稻，这是东北地区最早记载的种植水稻的历史。[①] 稻作农业虽较早传入中国东北地区，但是由于耕作方法和水稻品种等方面存在问题，水稻种植在东北地区最初开展得并不顺利。1913 年，农事试验场熊岳城分场开始着手水稻品种、耕作方法的改良。[②] 最终选育出"大原""万年"等优良水稻品种，该类水稻品种的产量更高，在东北广大地区得到推广。为了促使东北水稻增产，农事试验场还致力于改良耕作方法，除了引进日本国内的插秧法外，还推行灌水直播法、干田直播法指导日本农户种植水稻。同时，对于耕作方式的播种期、移植期、肥料、播种量、灌溉及需水量等情况进行试验，并取得一定成果。[③]

棉花。东北地区最初种植的棉花品种为"粗绒棉"，成熟期早，但是纤维较短，品质相对不高。满铁建立后，开始大力在东北地区推广种植陆地棉品种（"细绒棉"）。1918 年开始熊岳城分场着手对陆地棉进行试验改良，经过反复试验研究，最终选育出 King's113 - 4、"辽阳 1 号"、"关农 1 号"等优良棉种。通过棉种、耕作方式等的改良，日本在中国东北地区的棉花种植取得了显著的成效。

（3）养蚕科

东北地区的养蚕业最早以家庭饲养方式出现，养蚕业并未得到特别重视。1914 年，农事试验场经过系统的调查研究发现，南满地区的环境条件极有利于养蚕业的发展，养蚕业比较适合作为东北农户的副业进行经营。1919 年，农事试验场对东北地区过去蚕桑种植情况、养蚕及织丝方法、选择蚕种等相关情况进行调查试验，试图提高蚕桑技术，开展优化种蚕检验及增殖试验的调查工作。1926 年，满铁斥资百万成立"满洲"蚕丝株式会社，大规模展开养蚕织丝工作，以此为契机，关东州内以及满铁沿线各地出现大量养蚕组合。1927 年以后，满铁会社对于养蚕的政策急转直下，东北地区的蚕丝业也随之出现衰落状况。在此期间，熊岳城分场通过对东北养蚕业进行广泛的调查研究，在桑树、蚕丝技术

---

① 金额：《近代东北地区水田农业发展史研究》，中国社会科学出版社 2007 年版，第 115 页。

② 満田隆一監修『満洲農業研究三十年』、長春、建国印書館、1944 年、第 16 頁。

③ 山本晴彦『満洲の農業試験研究史』、東京、農林統計、2013 年、第 79 頁。

等方面取得了不错的成果，为东北地区养蚕业的重新振兴准备条件。①

（4）病理昆虫科

日本人相当重视农作物病虫害防治工作，为了提高农作物的产量与质量，1913 年，公主岭产业试验场建立之初，就设立病理昆虫科。1928 年由于东北南部果树病虫害严重，急需进行整治，病虫害科研工作从公主岭农事试验场转移到熊岳城试验场分场，除继续开展公主岭农事试验场的科研工作外，还增加了果树、烟草、花生等病害防治相关研究工作。东北地区最大的病虫害为高粱黑穗病、小米黑穗病等，一度给东北农作物造成重大损失。1917 年，公主岭农事试验场开始东北病虫害防治工作，次年制定病害科研方案，对小麦的黑穗病、烟草的红星病、花生的褐斑病、蓖麻的立枯病、苹果的褐色斑点病等进行防治。除此之外，还进行蘑菇、食用菌、松茸等的人工增殖工作。②

农事试验的目的在于选育出适合地方气候、风土的优良种苗和种畜，达到增殖改良的目的。通过一系列的农事试验，成功选育出大量优秀农产品，主要包括大豆、小米、水稻、果树、烟草和其他经济作物。主要优秀种畜包括绵羊、猪、马匹、牛、鸡等。农事试验场将选育出的大豆、水稻等优良品种分发给一般农户，又设置种畜场，将选育出的种马、种牛、种猪、种羊等优良种畜进行繁殖，扩大养殖范围。

除了农事机关与农事试验外，满铁在优良种棉与种畜的育成、植树造林、兽疫研究所、气象观测、农业调查、农业资助、农业教育等方面也展开了大规模工作，并且取得了一定的成效。

植树造林的树苗育成。满铁会社在建立之初，为了提高满铁沿线附属地内水源涵养和防沙能力，计划在市街、道路、公园、住宅区等地展开大规模植树造林行动。植树造林行动也是地方设施建设的重要工作。1908 年，满铁率先在大连设置苗圃，之后又逐年在满铁沿线主要地区设置苗圃。1913 年开始，为了满足抚顺煤矿使用木材的需求，在抚顺煤矿

---

① 满铁会编『南满洲铁道株式会社第三次十年史』、东京、龙溪书舍、1976 年、第 2322 页。

② 参见满铁会编『南满洲铁道株式会社第三次十年史』、东京、龙溪书舍、1976 年、第 2324—2325 页。

用地内实行植树造林计划，之后陆续在该地增设四个苗圃。同时，实行奖励种植的方式，鼓励植树造林，为满铁附属地内日满人免费发放树苗，并提供一定的补助奖金，并在技术上给予一定的援助。到 1936 年，满铁沿线的苗圃数量达到 17 个，总面积约 1956 亩，满铁会社直接种植管理的种苗约 4500 万棵，会社以外约种植 5400 万棵。

兽疫研究所。满铁会社为了更好地在满蒙地区展开畜产试验，首先需要做好满蒙地区的兽疫防治工作，于是在 1913 年着手策划设立兽疫研究所。1915 年满铁在奉天设立兽疫研究所，内置病理科、病毒科、细菌科和总务系，研究所内约 70 名工作人员。兽医研究所的主要工作包括对家畜传染病与疾病展开调查，并研制应对病毒的血清、预防疫苗、诊疗液等。伪满洲国建立后，血清等预防药物需求量大增，兽疫研究工作的重要性进一步提高。研究内容有关于兽疫的预防方法和药品以促进畜牧业的健全。①

农业调查。满铁会社自创立以来，关于农事的相关问题展开了大量的农事调查，并且将调查情报整理成册，为农牧林业改良增殖计划提供参考数据，或者为一般企业提供参考。1919 年之后，满铁在农业、畜产、林业等领域展开大规模资助工作，资助的农业部分主要包括机械化农业经营、水田事业和对一般企业经营者的资助等。畜产部分包括对种植牧草、肉品及羊毛交易、家畜卫生的资助。林业部分包括奖励造林，硬木利用等的资助。在农耕地的借贷、农业用品运费等问题上也给予一定的优惠。②

农业教育。满铁会社开设公主岭农业学校和熊岳城农业实习所尽可能提高日本人和“满洲”人的农业教育。1913 年公主岭农业学校建立，后改名为公主岭农业实习所，主要招收日本人和满族子弟入学。到 1936 年，共培养出学生 133 人。另外，受关东军的委托培养研究生 56 名。主要教授学生农业相关知识技能，并培养学生坚韧不拔的品质。熊岳城农业实习所建立于 1928 年，培养出许多满铁沿线农业的开拓者和农业移

① 祈仍奚：《满铁问题》，文海出版社 1987 年版，第 197—217 页。

② 参见南滿洲鉄道株式会社庶務部調查課編『南滿洲鉄道株式会社第二次十年史』、大連、南滿洲鉄道株式会社、1928 年、第 861 頁。

民指导者。伪满洲国建立后，该所为"满洲"的开发培养出许多优秀的农业技术人员。[①]

近代日本在东北地区实行农事试验工作，一定程度上有利于加速东北农业近代化，但毋庸置疑的是，日本侵略者的这些工作，根本目的在于进一步掠夺东北农业资源。

第二节　工业与矿业

一　工业状况

（一）发展趋势

随着满铁会社的建立及日本企业的迅速壮大，附属地的工业也开始畸形发展起来。根据关东都督府第四统计书的报告，满铁会社建立前，"满洲"地区的工业水平较为落后，最初只有营口、安东两地炼瓦手工工场。第一次世界大战爆发后，满洲地区的工业迎来了快速发展时期，在化学工业、制糖、防止、食品加工、造纸、炼油等行业都获得较快发展。伪满洲国建立后，金属机械、器具工业等行业也得以发展。[②]

纺织工业。满铁对铁路附属地内纺织业的投资从毛纺织业开始。1918 年 12 月，以中日合办的名义设立了满蒙毛织株式会社，满铁为第二大股东（大部属于东洋括殖）。次年 2 月，该会社在奉天开设临时事务所。第一次世界大战结束后，日本企业纷纷向中国发展，中国东北成为日本棉纺织业倾销市场。1921 年，日本在中国东北建立"满洲"织布株式会社，采取机器织布取代手工工场。之后尽管受到关内提高关税以及经济大萧条等因素的影响，附属地纺织工业依然保持发展态势。到1930 年，满铁会社拥有 27 个织布工厂，年产值约 500 万日元。伪满洲国建立后，纺织工业生产的各项条件都获得极大的好转，到 1935 年，

---

① 参见南満洲鉄道株式会社総裁室地方部残務整理委員会『満鉄附属地経営沿革全史』、東京、龍渓書舎、1977 年、第 1138 頁。

② 参见南満洲鉄道株式会社総裁室地方部残務整理委員会『満鉄附属地経営沿革全史』、東京、龍渓書舎、1977 年、第 1139 頁。

工厂数量增加到 41 个，年产值约 1160 万日元，纺织工业成为仅次于化学工业的主要工业。[①]

金属、机械器具工业。满洲地区的钢铁业主要集中在附属地内。1914 年以第一次世界大战为契机，本溪湖制铁所率先建立。1919 年满铁会社又建立了鞍山制铁所，满铁的钢铁业开始迅速发展起来，相应地在机械器具工业也获得较快发展。伪满洲国建立后，钢铁需求量猛增，钢铁生产环境稳定，钢铁业发展迅速，金属工业与机械器具工业逐渐成为伪满洲国重要工业之一。

食品加工业。1909 年，满铁建立面粉厂，以长春、铁岭附属地内的小麦为原料。到 1923 年，面粉行业发展到一个高峰，之后进入了停滞阶段。1930 年后由于进口面粉的大量增加，"满洲"地区的面粉行业受到了严重影响，进入低谷期，1934 年逐渐恢复发展势头。1917 年建立奉天制糖厂，但最终难以为继经营，1927 年一度关闭制糖厂。1924 年又建立东亚烟草会社营口工厂，由于烟草行业的巨额税收，满铁会社也一直努力保障烟草行业的健全发展。随着中国东北地区日本人数量不断增加，味增、酱油、清酒等行业也获得了快速发展，特别是日本清酒的酿造，逐渐超过中国白酒的生产值。

（二）附属地工业的繁荣

满铁附属地内工业快速发展，在"满洲"工业界的地位也越来越重要。从工业构成来看，关东州工业以化学工业为主，附属地内工业主要由化学工业、金属、机械、器具工业构成，伪满洲国主要以食品工业、纺织工业为主。从工业产值来看，附属地与关东州的产值差距越来越小，在"满洲"工业中占据重要位置。从投资额和工业产额来看，"满洲"地区日本人工业主要集中在满铁附属地和关东州地区。

在满铁会社经营附属地近 30 年间，附属地内的工业获得了长足稳定的发展，并且在"满洲"工业界占据着重要位置。附属地工业的发展对于"满洲"地区的日本人工业活动也有着显著贡献。纵观满铁附属地工业发展历史，其根本原因主要有以下四点。

---

① 程维荣：《近代东北铁路附属地》，上海社会科学院出版社 2008 年版，第 233 页。

第一，与伪满洲国治安状况相比，满铁附属地内的治安条件更好，为工业发展创造了良好的社会环境。

第二，以更加低廉、更加容易的方式获取工厂用地。"满洲"地区71%的工业投资来自日本资本，"满洲"工业发展与日本资本密切相关。根据《中日民四条约》，日本企业有在"满洲"地区工厂选址的权力。

第三，地方设施更加完备。满铁会社直接负责附属地内的电气业务，并且以更加低廉的费用满足附属地内工业用电。除此之外，用水、道路整洁、工业原料、制品、运输等设施也十分健全，医院与学校也保障了附属地内工业的快速发展。

第四，低税收。附属地的征税权转交伪满洲国前，满铁会社对附属地内工业采取的公费制度，与其他地区相比工厂课税较低。

除以上原因外，满铁会社还直接经营机械工业、火药等工厂，并且在投资、租金等方面极力扶持附属地工业，促进了附属地工业的快速发展。

(三) 满铁的工业扶持

在满铁会社经营时期，"满洲"地区的工业确实获得了较快的发展，与满铁会社或直接或间接的扶持开发有着密切关系。满铁建立之初，日本企业在"满洲"地区的基础较为薄弱，对于"满洲"的经营条件不甚了解，资本积累与吸引投资上十分有限，难以顺利地扩大附属地工业。在此背景下，满铁会社不仅获得了日本政府的许可，直接经营电器、瓦斯、钢铁等工业，同时设立中央试验所，为日本在"满洲"的军事行动提供试验场所和物资材料。在补助金的交付、低利资金的融资、债务问题、承兑股票等方面，满铁会社给予附属地企业各项援助扶持，给予各工厂企业必要的监督指导，并为企业经营者提供相应的参考资料。1913年，满铁会社在地方部地方科设置产业系，集中负责"满洲"地区产业开发的事务。1917年受第一次世界大战的影响，"满洲"各行业迎来了良好的发展机遇，满铁会社设立劝业系，并将产业系并入劝业系中，下设农业和商工两科。1932年3月，伪满洲国成立后，伪满与日本的经济关系日益紧密，产业开发迅速、资源利用便利化等十分有利于工业的发展。在此条件下，"满洲"地区工业的发展逐渐减轻了对满铁会社的依赖。满铁会社的扶持方法主要包括：一是发放补助金；二是工厂或机器贷出；三是承兑股票；四是资金贷款与债务保障（见表4-5）。[①]

表4-5　　　　　　　　　　1937年投资会社一览

会社名称	创立时间	主要事业	会社总金额（日元）	满铁投资额（日元）
满洲纺织株式会社	1923年3月	棉丝纺织	5000000	1250000
满蒙毛织株式会社	1918年12月	毛纺织制造	5500000	142000
昭和制钢所	1929年7月	制铁厂	10000000	10000000
日满镁合金株式会社	1933年1月	氧化镁制造	7000000	3500000
满洲轻金属制造株式会社	1936年11月	铝产品制造	25000000	14000000
同和汽车工业株式会社	1934年3月	汽车制造	6200000	2900000
满洲化学工业株式会社	1933年5月	硫酸制造	2500000	12925000
满洲苏打股份有限公司	1936年5月	苏打制造	8000000	2000000
东洋硫酸工业株式会社	1926年12月	硫酸制造	5000000	1500000
满洲大豆工业株式会社	1934年7月	大豆油制造	1500000	800000
大连油脂工业株式会社	1916年12月	硬化油制造	500000	340000
日本精蜡株式会社	1929年2月	大豆油制造	3000000	14000
满洲石油株式会社	1934年2月	精蜡制造	2000000	2000000
昌光硝子株式会社	1925年4月	石油精造	5000000	1200000
南满洲硝子株式会社	1928年11月	板硝子制造	3000000	50000
南满矿业株式会社	1932年4月	矿业制造	3000000	419900
抚顺水泥株式会社	1934年7月	水泥制造	600000	2500000
满洲制粉株式会社	1906年12月	麦粉制造	2500000	30000
南满洲制糖株式会社	1916年12月	砂糖制造	5750000	259500
东亚烟草株式会社	1906年11月	烟草制造	10000000	7500
大连工业株式会社	1918年4月	家具制造	500000	254000

---

① 参见南满洲铁道株式会社総裁室地方部残务整理委员会『満铁附属地経営沿革全史』、東京、龍渓書舎、1977年、第1149頁。

会社名称	创立时间	主要事业	会社总金额（日元）	满铁投资额（日元）
满洲电气公司	1934 年 11 月	电气制造	90000000	59139100
南满洲瓦斯株式会社	1915 年 7 月	瓦斯制造	10000000	5000000
满洲盐业株式会社	1936 年 4 月	制盐业	5000000	1000000

数据来源：参见南满洲铁道株式会社総裁室地方部残务整理委员会『满铁附属地经营沿革全史』、東京、龍渓書舎、1977 年、第 1159 頁。

二　矿业状况

（一）"满洲"矿业历史发展状况

日俄战争前，中国东北地区矿物资源丰富，但长久以来东北地区仅在农业方面缓慢发展，丰富的矿产资源并未得到开发，主要原因在于，清朝历代为政者对东北地区实行封禁政策，将满洲视为龙脉或风水禁地，这种思维严重阻碍了东北矿产资源的有效利用。[1] 近代由于俄日两国势力对东北的侵略，通过一系列不平等条约获得了东北地区铁路铺设权与矿业开采权，开始着手对中国东北地区矿业资源进行开发。1896年，清政府与俄国签订密约，俄国取得了黑龙江、吉林以及长白山地区的矿业开采权，之后又获得了吉林、珲春、松花江上游等地金矿的调查与开采权。1902 年取得黑龙江省内金矿、铁矿、煤炭等矿产开采权。另外，根据铁路沿线煤矿条约规定，沙俄将铁路沿线的煤炭也纳入开采范围。到日俄战争前后，俄国几乎取得了"满洲"各地的矿业权，并展开对各大矿山的开发。

日本继承俄国在"满洲"的矿业权。日本取得日俄战争的胜利，日本与俄国签订《朴茨茅斯条约》，除了获得辽宁半岛旅顺和大连的租借权外，条约第五条、第六条以及日本与清政府签订的"满洲"善后条约的第一条，将俄国在"满洲"的部分权益移交日本，其中包括关东州内矿山开采权；抚顺、烟台及其他地区的煤田采掘权；关东州外铁路沿线

---

① 参见南满洲铁道株式会社総裁室地方部残务整理委员会『满铁附属地经营沿革全史』、東京、龍渓書舎、1977 年、第 1161 頁。

矿山采掘权。另外，日本在"满洲"中立地带的矿山采掘权益也得到清政府的部分承认。

1906年日本在"满洲"地区建立满铁会社展开对东北的经营。日本在继承了俄国在"满洲"产业的权益后，为了减少与中国东北地方间的纠纷，又对获得的抚顺、烟台两地矿产权益进行了详细规定。1915年，日本向中国的北洋政府提出所谓"二十一条"，其附属文件中，日本获得了奉天省内牛心台、田什付沟、杉松冈、铁厂与暖地塘的煤炭，鞍山的铁矿，吉林省内的煤炭、铁矿，夹皮沟的金矿等开采权。

满铁首先设立满铁地址调查所，就"满洲"地区的矿产物分布及相关经济价值进行调查，并将调查结果向社会公布介绍，旨在促进"满洲"的产业开发。其中南"满洲"的金属矿物包括金、银、铁、铜、铅、硫化铁等，非金属矿物有煤炭、白云石、石灰石、黏土、滑石、石棉、方解石等。"满洲"会社直接经营管理一些矿山，对于其他矿山也采取间接管理、扶持等方式以加快"满洲"矿业的开采。日本在"满洲"地区的矿业主要包括鞍山铁矿、弓张岭铁矿、抚顺煤田、烟台煤田、瓦房店煤田、蛟河煤田、老头沟煤田、新邱煤田、大石桥菱苦土矿、复州五湖嘴耐火黏土等。除此之外，还有一些满铁会社直接经营或者间接经营的矿区，主要包括吉林省桦甸县夹皮沟金矿、汉河砂金、安奉线沿线的盘岭铜矿、本溪湖煤田、西安煤田、熊岳城萤石、烟台耐火黏土等。伪满洲国建立后，矿业能够顺利运行开展，与满铁的调查和经营有着密不可分的关系。

伪满洲国建立后，日本在"满洲"矿业方面的各项活动得到更加稳固的保障，最大限度地确保了日本在"满洲"产业开发的各项权益。伪满洲国在实业部下分设矿物司，为了更好地开发"满洲"的石油、金矿、煤炭等重要矿产物资，又专门设立满洲石油会社、满洲掘金会社、满洲煤矿会社、满洲矿业开发会社等特殊会社。

（二）主要矿物概况

以下对九一八事变前，"满洲"地区的主要矿产物相关情况进行概述。

金矿。"满洲"特别是北满地区的金矿在历史上素有名气。清末东北团练首领韩登举，便是依托"满洲"夹皮沟金矿为资本，逐渐组成一支私人军事力量。总的来看，九一八事变前"满洲"地区的金矿开采技术条件相对落后，发展速度较慢。伪满洲国成立后，为了开发北满与间岛地区的金矿，1933 年设立"满洲"采金株式会社，采用先进的化学采金方法采金，并为日本采金业提供资金与交易上的支持。

铁矿。日俄战争前，俄国便着手本溪湖庙儿沟铁矿的开采，1911 年本溪湖煤铁公司正式成立。1919 年，鞍山制铁所成立，伪满洲国建立后，1933 年又设立昭和制钢所。满铁会社通过这些钢铁所对"满洲"地区的铁矿展开大规模的开发。到 1935 年，鞍山制铁厂产铁量达到303700 吨，本溪湖煤铁公司产铁量达 151100 吨。[1]

煤炭。东北煤炭资源，20 世纪 40 年代统计埋藏量达 200 亿吨以上。随着对"满洲"地区开发的不断深入，"满洲"的煤炭需求量也逐年增加。[2] 根据 1901 年至 1907 年中东铁路沿线各煤矿合同，俄国获得了中东铁路两边各 30 里以内的煤矿开采权，在吉林省内参与宽城子附近石薛岭、陶家屯、一面坡及乌吉密等煤矿的开采，并在黑龙江省内经营扎话语尔煤矿；在中东铁路支线则将抚顺煤矿作为中俄合办。尾明山、五湖嘴两煤矿，亦以中俄合办方式开采。中日条约确认了满铁对抚顺、烟台两煤矿的经营权，同时决定铁路沿线其他矿山的采掘，由中日合办经营，于是建立起煤铁公司，之后日本获得鞍山铁矿事业（见表 4 – 6）。[3]

表 4 – 6　　　　　　九一八事变前"满洲"年度煤炭需求量　　（单位：千吨）

年度	1912 年	1916 年	1921 年	1926 年	1927 年	1928 年	1929 年	1930 年
需求量	1258	1879	2932	5119	5770	6394	7489	6830

数据来源：参见南满洲铁道株式会社総裁室地方部残务整理委员会『满鉄附属地经营沿革全史』、東京、龍溪書舍、1977 年、第 1175—1176 頁。

---

① 参见南满洲铁道株式会社総裁室地方部残务整理委员会『满鉄附属地经营沿革全史』、東京、龍溪書舍、1977 年、第 1174 頁。
② 程维荣：《近代东北铁路附属地》，上海社会科学院出版社 2008 年版，第 204 页。
③ 施良：《东北的矿业》，东方书局 1946 年版，第 2—3 页。

这些煤炭需求大部分是由抚顺煤矿供应，伪满洲国成立后，为了加强对"满洲"煤炭业的统制开发，又特别设立"满洲"煤矿会社，与满铁会社共同展开对"满洲"煤炭开发，并对煤炭的供应与价格情况进行调控。九一八事变后，日本在"满洲"地区的重工业发展迅速，煤炭的需求大幅增加，其中抚顺煤炭的供应量占据着重要位置。

菱苦土矿。1913 年，"满洲"的菱苦土矿被发现，作为重要的耐火性轻金属原料，受到了满铁会社的重视。到 1921 年，日本已经在东北地区取得了 13 个菱苦土矿区的开采权，之后又收购了一些矿区。1918 年后，满铁会社将东北地区的菱苦土矿交由南满矿业会社负责经营。开采出的菱苦土矿作为耐火性矿物质不仅供应日本国内使用，还远销欧美各国，是日本国际贸易中的重要轻金属货物。到 1934 年，东北地区菱苦土矿的开采量达 64270 吨（见表 4 - 7）。

表 4 - 7　　　　　　　　**菱苦土原矿年度开采量**　　　　　　（单位：千吨）

年度	1926 年	1927 年	1928 年	1929 年	1930 年	1931 年	1932 年	1933 年	1934 年
开采量	10000	21000	25450	31685	29040	36085	55286	58960	64270

数据来源：参见南满洲鉄道株式会社総裁室地方部残务整理委员会『满铁附属地经营沿革全史』、東京、龍渓書舍、1977 年、第 1176 頁。

滑石。日本国内并不出产滑石，国内造纸业、纺织业对滑石的需求常常由从国外进口满足。东北地区海城、大石桥附近藏有大量滑石矿，因此成为日本觊觎的对象。但由于东北矿务局大岭滑石公司的存在，日本开采东北地区滑石并不具有主导性优势，多是采取与中国企业合营的方式进行小规模开采。九一八事变后，满铁会社事业部将小矿业者合并，成立"满洲"滑石会社，对大岭滑石产地进行集中开采（见表 4 - 8）。

表4-8   **滑石年产出量**   （单位：吨）

年度	1921 年	1922 年	1923 年	1925 年	1926 年	1927 年
采出量	10728	12787	13890	31516	34906	23000
年度	1928 年	1929 年	1930 年	1931 年	1932 年	
采出量	35000	40000	25726	42890	44316	

数据来源：参见南满洲铁道株式会社総裁室地方部残務整理委員会『満鉄附屬地経営沿革全史』、東京、龍渓書舎、1977 年、第 1176 頁。

三　矿业扶持

为了更好地开发中国及其东北地区的矿产资源，满铁会社从国策的立场对日本在东北地区的矿业开发活动进行扶持和奖励。伪"满洲"建立后，满铁会社作为日本在"满洲"扩张的中心机构，依然承担着扶持矿业开发的重任。九一八事变前，满铁会社为扶持矿业开发，主要工作为维持日本人在"满洲"的矿业权及矿业扩张行动，伪满建立后，满铁会社主要通过补助指导的方式扶持"满洲"的矿业。[①]

（一）扶持概况

满铁会社通过对矿山的价值、人力、投资等条件进行调查分析，从国家的立场衡量矿山的扶持价值，为"满洲"地区矿业的开展提供调查援助、探矿援助，并为探矿、经营等提供必要的资金支持。1925—1935 年，满铁会社累计向 47 座矿山进行扶持，资助总额约 86 万日元。九一八事变前，由于东北地区中国官商的排斥，满铁会社对于矿业的开发扶持并未取得预期效果，但在维持日本人矿区的经营，在矿产地的调查等方面收到成效。伪满洲国建立后，发布新的矿业法承认外国人在"满洲"的矿业权，为日本人在"满洲"矿业开发保驾护航，满铁会社也从国策会社的立场出发持续对矿业开发进行扶持（见表 4-9）。

---

① 参见南满洲铁道株式会社総裁室地方部残務整理委員会『満鉄附属地経営沿革全史』、東京、龍渓書舎、1977 年、第 1181 頁。

表 4 - 9　　　　　　　满铁会社矿业年度资助额　　　　　（单位：日元）

年度	1925 年	1926 年	1927 年	1928 年	1929 年	1930 年
金额	5260	8712	33621	117645	307914	192509
年度	1931 年	1932 年	1933 年	1934 年	1935 年	总计
金额	81863	35079	26358	49499	719	859179

（二）　地质研究所的活动

满铁会社除对于日本人在"满洲"矿业开发活动进行资助外，还设立地质研究所，对"满洲"的地质矿产情况进行调查研究，将调查研究的相关成果运用到"满洲"资源实际开发中。1907 年，满铁会社在兴业部内设立地质科，最初主要负责抚顺煤田的地质调查工作，之后将调查研究的范围扩展至"满洲"各地的地质构造、矿业等情况，对"满洲"各地矿业的经济价值进行分析。[①]

地质研究所的工作内容主要分为两部分，一为矿物资源探查及地质图绘制，二为矿产调查。矿物资源探查，即通过系统地调查地质状况与地质构造，发掘新的矿产物。矿产调查是为了了解矿产地的总体矿业价值，对矿产地附近的地质，矿床的保存状况、品质、埋藏量，矿区附近的交通运输状况等条件进行调查，并为矿业经营做好相应准备。具体又分为金矿与砂金地调查，铁矿与硫化矿调查，燃料矿物与窑业矿物调查，其他有用矿物调查。地质调查所对"满洲"900 余处金矿或砂金地进行了调查。1909 年，满铁会社发现鞍山与弓张岭一带的铁矿，地质调查所随之对该地区附近的外庙光沟、歪头山以及其他 300 多座铁矿山和450 余座硫化矿展开调查，为之后鞍山制铁厂与本溪湖制铁厂的建立提供了重要帮助。关于燃料矿物与窑业原料矿物的调查，包括抚顺、烟台、本溪湖、松杉岗、田师付沟、密山、赤峰等附近 550 余座煤田中的油母页岩，耐火性矿物质的调查。除此之外，还存在一些对特定工业原

---

① 南满洲铁道编『南满洲铁道株式会社十年史』、大连、满洲日々新聞社、1919 年、第904 頁。

料矿物进行的专门调查，包括大石桥附近的菱苦土矿，安奉线沿线与关东州内的石版印刷石，甘井子地区的石灰岩等的调查，主要为了探明"满洲"地区其他有用矿物的存储情况。

满铁会社建立后，日本企业在东北地区迅速壮大，附属地的工业也开始畸形发展起来。主要体现在矿工业种类增多、规模扩大等方面。第一次世界大战爆发后，"满洲"地区的工业迎来了快速发展时期，在化学工业、制糖、防止、食品加工、造纸、炼油等行业都获得较快发展。伪满洲国建立后，金属机械、器具工业等行业也迎来快速发展阶段。①

第三节　商业、金融业

19 世纪初，中国关内农民移入东北地区，虽然以农业生产为主，但也带动了东北地区的商业发展。最初的商业多是以杂货商的形式出现，之后钱庄、酒馆、粮栈、油坊等也有所发展。1864 年营口开港使东北开始卷入世界资本主义市场，加速了东北商业的发展。1898 年，清政府与俄国签订《旅大租借条约》，沙俄从中国取得旅顺和大连的租借权，东北地区的商业也获得发展的机会，大豆、豆饼、豆油的生产量快速增加，成为东北在国际贸易中的重要产品。日俄战争后，日本在东北地区的势力范围不断扩张，南满铁路的修建与满铁会社的成立等逐渐成为左右东北商业发展的重要因素，这一时期东北经济状况也发生了显著变化。伪满洲国建立后，治安相对稳定，在满日本人数激增，修建铁路，改革币制及度量衡，统制整备邮政电信等因素影响下，"满洲"地区商业快速发展。

1932 年 3 月伪满洲国与日本的日满经济共同委员会合作，加强伪满与日本经济联系。到 1934 年关东州与满铁附属地地区企业数量（总社）

---

① 参见南满洲铁道株式会社総裁室地方部残務整理委员会『满铁附属地经营沿革全史』、東京、龍渓書舍、1977 年、第 1139 頁。

达到 800 家，商业交易资金约 9.3 亿日元。①

一　"满洲"地区进出口货物

（一）输出货物

1864 年营口开港以来，"满洲"的商品主要通过大连、营口、安东三港口进行输出贸易。到 1907 年，三港口输出总额仅为 2400 万日元，其中营口港的输出额为 1800 万日元，大连港输出额仅为 380 万日元，安东港为 240 万日元。能够看出，营口港占到南满输出总额的 75% 左右，占据南满输出贸易的绝对比重。但随着铁路的修建、海陆交通运输的改善等因素的影响，大连的输出额显著增加，并逐渐超过营口。第一次世界大战爆发后，"满洲"商品输出贸易显著增加，到 1917 年南"满洲"输出总额达到 1.6 亿日元，大连港的输出额已经达到营口港的 5 倍。1919 年后"满洲"地区经济发展并不稳定，输出贸易始终维持在 2.2 亿—2.6 亿日元。到 1927 年，输出贸易突破 4 亿日元，1931 年更是达到最高的 4.7 亿日元。此后，由于日本挑起侵略中国的战争以及第二次世界大战的全面爆发，"满洲"地区特产物的输出锐减，输出贸易受到严重影响，与之相对的建筑材料的输入需求以及居民衣食住方面的进口显著增加。1933 年后，"满洲"在国际贸易中由出超地位转为入超地位。满铁会社与伪满通过一系列措施试图扭转"满洲"在贸易中的不利地位，到 1936 年，输出额回升到 3.4 亿日元。

主要输出品。东北地区的农业有着悠久的历史，输出商品也主要以农场产品为主，其中东北农产品大豆、豆饼、豆油在国际市场上享有盛名，"三豆"占到东北输出总额的 50%—60%。大豆贸易占据着近代"满洲"贸易的重要地位，对于"满洲"地区的经济发展有着重要影响。"满洲"地区的输出品除"三豆"外，矿产、林产、畜产等产品也占据一定比重，其中最重要的输出产品为煤炭和生铁。

大豆及其加工品。到 1936 年年底，东北地区大豆的种植面积达到

---

①　参见南满洲铁道株式会社総裁室地方部残务整理委员会『满铁附属地经营沿革全史』、東京、龍渓書舎、1977 年、第 1189 頁。

400万顷，80%产出的大豆用于出口，500万吨的大豆年产量更是占到世界大豆总产量的70%左右。中日甲午战争后，"满洲"出口日本的大豆急速增加，尤其日本对豆饼的需求量显著增加。到1936年，伪满洲国向日本出口大豆63万吨，占到大豆总出口量的36%，而出口日本的豆饼达到70万吨，占到总出口量的80%以上。① 大豆和豆油主要销往欧美市场，日俄战争后，三井物产公司将"满洲"大豆与豆油销往欧美市场，但之后由于第一次世界大战的爆发，出口欧洲市场并不顺利。日本开始将"满洲"大豆转向出口美国，1916年出口美国的豆油就达到3万吨。第一次世界大战结束后，欧洲对大豆及其加工品需求量增加，美国市场相对缩小，到1936年，出口欧洲的大豆约100万吨，占总出口额的56%，豆油约4.5万吨，占总出口额的67%。②

粮食作物（高粱、玉米、小米）。"满洲"地区除了输出大豆及其加工品外，还将高粱、玉米、小米等粮食作物输入中国关内。过去高粱、玉米、小米是"满洲"地区居民的主要粮食作物，也是提供家畜饲料和酿酒原料的重要农作物，一直受到重视。这些农产品多运往中国关内，1908—1918年，东北向关内的高粱输入量累计达17.7万吨，玉米约5万吨。之后输入量不断增加，1918—1928年，"满洲"向关内输出的高粱超过40万吨，玉米约6万吨。1929年，向关内输出的高粱、玉米呈下降趋势，与此相反，对日本的粮食输出量大增，到1936年，输往关内的高粱锐减到2万吨，玉米约1万吨，而输出日本的高粱达到8.5万吨，玉米3000吨。东北地区小米最主要的输出地为朝鲜，1908—1918年，"满洲"向朝鲜输出的小米总量为3万吨，1918—1928年，向朝鲜输出的小米猛增到26万吨，之后输出量锐减，1929—1935年，"满洲"向朝鲜输出小米的总量仅为2万吨。③

---

① 参见南满洲铁道株式会社総裁室地方部残务整理委员会『満鉄附属地経営沿革全史』、東京、龍渓書舎、1977年、第1190頁。

② 参见南满洲铁道株式会社総裁室地方部残务整理委员会『満鉄附属地経営沿革全史』、東京、龍渓書舎、1977年、第1191頁。

③ 参见南满洲铁道株式会社総裁室地方部残务整理委员会『満鉄附属地経営沿革全史』、東京、龍渓書舎、1977年、第1191—1192頁。

工业原料。"满洲"输出的工业原料中，最主要的是煤炭和生铁原料。[①] 1908 年，"满洲"输出中国香港、上海与日本国内的煤炭约 2 万吨，之后输出量逐年增加，其中最主要的输送地区为关内和日本国内。九一八事变后，输送关内的煤炭量锐减，到 1935 年，输入关内的煤炭量为 30 万吨，而向日本的输出量已经达到 298 万吨。最初"满洲"生铁多要从国外输入，日俄战争后，"满洲"地区钢铁业发展迅速，生铁产量大增，到 1935 年产量约 60 万吨，其中 75% 来自鞍山，25% 出自本溪湖。"满洲"生产的生铁大部分用于输出，本身能够消耗的生铁量仅占生产量的 10% 左右，生铁的输出地主要为日本和关内。九一八事变后，伪满洲国的建立以及日本军需工业对生铁需求量增加，而输出关内的生铁锐减，到 1935 年输出日本的生铁量达到 49 万吨，占到总输出量的 94%，输出关内的生铁量仅为 2.4 万吨，占总输出量的 5.6%。"满洲"输出的工业原料中，煤炭和生铁占据着重要的地位，在日本侵略"满洲"经济打造所谓"日满经济一体化"过程中也扮演着重要的角色。

总的来看，近代"满洲"输出贸易虽然多有波折，但大体上对外贸易的规模不断扩大，并时常处于出超地位。"到 1933 年，由于'九·一八'事变与伪满洲国的建立，伪满政权极力促进所谓的'日满一体化'，使得东北地区的对外贸易更加朝着对日贸易方向集中。随着列强的经济利益争夺日趋白热化，伪满洲国逐渐步入统制贸易之途。"[②] "满洲"在国际贸易中由出超地位转为入超地位。

（二）输入货物

1908 年，"满洲"输入贸易额为 6030.9 万日元，之后输入贸易额不断上升，1911 年输入贸易额超过 1 亿日元，1919 年超过 2 亿日元。伪满洲国建立后，建筑材料等输入需求大量增加，到 1936 年输入额增加到 44351.8 万日元，与 1908 年相比，输入贸易额增长了 7.35 倍（见表 4 - 10）。

---

① 参见满铁会编『南满洲铁道株式会社第三次十年史』、東京、龍渓書舍、1976 年、第 1967—2017 頁。

② 付丽颖：《伪满洲国初期的对外贸易》，《外国问题研究》2011 年第 4 期。

表 4 - 10　　　　　　　　"满洲"及南满三港输入额年表　　　（单位：千日元）

年度	"满洲"总输入额	大连	安东	营口
	金额	金额	金额	金额
1908 年	60309	20854	3655	28450
1912 年	106193	36025	5872	34505
1917 年	156562	83396	30533	25074
1922 年	188452	94537	37591	43206
1927 年	262337	146389	42626	49036
1932 年	192992	252975	14864	14711
1935 年	387275	297676	48516	16137

数据来源：参见南满洲铁道株式会社総裁室地方部残務整理委員会『満鐵附屬地經營沿革全史』、東京、龍渓書舎、1977 年、第 1203—1204 頁。

输入路线。日俄战争后，"满洲"的输入货物需求量不断增加，输入货物的路线基本上是经由大连、营口、安东即南满三港口。1908 年三港进口贸易额为 5295.9 日元，"满洲"进口贸易总额 6030.9 万日元，途经三港的输入贸易额占到总贸易额的 88%，并且该比例呈继续增加趋势。到 1935 年，南满三港的输入贸易额达到 36232.9 万日元。比 1908 年增长了 5.9 倍，而"满洲"的输入贸易总额为 38727.5 万日元，三港输入贸易额占到 94%。[①]

南满三港中，营口港由于开港较早，最初有着一定优势。1911 年以后，大连港逐渐超过营口港居于绝对的中心地位。九一八事变后，"满洲"与关内的贸易联系遭到重创，营口港随之急速衰落，而大连港发展势头迅猛，到 1935 年，南满三港中，大连港输入贸易额 29767.6 万日元，占"满洲"总输入贸易额的 77%，在南满三港中占 82.2%，安东港占 13.4%，营口港仅占 4.5%。

输入。第一次世界大战前，"满洲"最主要的输入地区为关内、日本、俄国。1914—1916 年，"满洲"在关内的输入额为 5000 万日

----

① 参见南满洲铁道株式会社総裁室地方部残務整理委員会『満鉄附属地経営沿革全史』、東京、龍渓書舎、1977 年、第 1119 頁。

元，占"满洲"中输入额的40%，日本输入额4000万日元，占34%，俄国进口额2400万日元，占18%，三地区进口额占"满洲"总输入额的90%以上。第一次世界大战爆发后，俄国国内发生巨大变化，"满洲"在俄国的输入规模急剧下降，在日本的输入量显著增加，而在中国关内输入贸易依然维持在40%左右，"满洲"在关内和日本两地输入额占总输入贸易的90%以上。九一八事变后，"满洲"在关内的输入规模急剧缩小。伪满洲国建立后，"满洲"与日本的关系日益密切，"满洲"在日本输入贸易额不断增加。到1936年，在日本的输入额达到34271万日元，占"满洲"总输入额的77.3%，从中也能看出，"满洲"日渐成为日本独占的市场。最初，"满洲"输入贸易国为关内、日本、俄国，随着第一次世界大战的爆发，俄国在远东地区的影响力剧减。九一八事变后，日本加快对中国东北的侵略，中国关内逐渐被逼退出"满洲"的贸易市场。伪满洲国建立后，推行所谓的"日满一体化"政策，"满洲"日渐成为日本的独占市场，"满洲"的输入市场受到日本的控制。

二 商业设施

（一）输入行业公会

为了加快日本对"满洲"地区的经济控制，进一步扩大"满洲"与日本间的商品输入贸易，在满铁会社主导下，逐渐在"满洲"各地成立输入行业公会。此类组织的出现与当时日本国内经济环境的变化、满铁社员消费组合的设立以及在满日本人商业会议所的建议等因素也有着密切的关系。为了加强对"满洲"输出的控制，进而增加日本商品在"满洲"的输出量，1928年大连、营口、鞍山、辽阳、奉天、抚顺、铁岭、长春、吉林、哈尔滨、安东等地的输入行业公会成立"满洲"输出行会联合会，之后规模不断扩大，到1936年"满洲"输入行会联合会已经包括17个输出行业公会与2个商业公会。为了促进进口行业公会的输入采购，为输入行业公会提供相应的保障，1935年，"满洲"输入行会联合会建议成立独立的"满洲"输入株式会社。

基于铁路附属地的便利条件，整个东北的商业中心开始向附属地转移。附属地以各种优惠政策吸引华商，低价出租土地房屋，以扩大中国市街的繁荣。附属地及租借地内华商所组织的商务会（在租借地内的称华商公议会），有长春、公主岭、开原、范家屯、四平、双庙子、昌图、奉天、海城、熊岳城、草河口、文东等处，满铁也给予资助，以实现资本渗透并加以操纵的目的。1913 年 1 月，满铁颁布附属地商务会通则，将附属地中国企业置于其控制下。① 九一八事变后，日本加快了对"满洲"经济的控制，尝试在"满洲"各地建立输出行业公会，但由于资金等问题的出现，无法继续增设进口行业公会。1936 年，在"满洲"输入行会联合会与满铁会社的援助下，齐齐哈尔商业公会与锦州商业公会成立。与输入行业工会相比，商业公会难以享受到满铁会社、大藏省提供的资金援助。②

（二）商业会议所

日本经济势力在东北地区快速增长与日本政治势力对外扩张线路虽略有不同，但大致相似。伴随着伪满政权的建立，以满铁附属地及关东州为中心的日本经济势力进一步扩大，逐渐侵占伪满洲国的各个角落。在此基础上，东北地区的日本人商业会议所与日本经济势力的消长相一致，因此可以将东北各地日本商所视为日本人经济侵略扩张的"里程标"。

近代东北地区商工会议所前身主要为实业会或实业协会，各商业会议自称是以"增进实业家相互之福利，敦促各方之结交"③ 为宗旨而设立实业团体，并集中出现在日俄战争后。日俄战争后，"渡满"日本人数量激增，与之相应地，从事各行业的商工业者数量也大量增加。居住在同一城市中的日本商工业者决定在东北各地设立商业会议所。1908 年日本人最先在奉天设立商业会议所，此后在日本势力较强、日本人比较集中的一些中国商业城市先后设立了日本商业会议所。但主要集中在东

---

① 程维荣：《近代东北铁路附属地》，上海社会科学院出版社 2008 年版，第 224 页。

② 参见南满洲铁道株式会社总裁室地方部残务整理委员会『满铁附属地经营沿革全史』、东京、龍溪書舍、1977 年、第 1218 頁。

③ 大连实业会『大連實業会解散顛末報告書』、大連、大連實業会残務整理所、1915 年、第 3 頁。

北地区，安东、大连、奉天、哈尔滨、齐齐哈尔、营口等地都设有日本商业会议所，到抗日战争爆发前夕，东北地区的商业会议所数量达到24个之多。① 这些商业会议所的前身、母体机构多为日本居留民团、实业协会等。如大连日本商业会议所便是在1906年成立的大连实业协会基础上设立的。在外日本商业会议所，尤其是东北地区的日本商所是典型的日本商业资本扩张和对华军事侵略的产物，在近代日本侵略东北的过程中，商业会议所在资本扩张、军事侵略方面始终扮演着重要的角色。附属地商业会议所建立及扩张主要有以下三个时期：日俄战争结束后、第一次世界大战爆发后以及伪满洲国建立三个时期。

法律上的性质。日本国内的商工会议所会员机制采用"法德式"强制加入的形式。因此，日本国内商工会议所是公法性的社团法人，带有公共组织的法律性质。东北地区各日本商工会议所依据的是民法或者领事馆法令设立，在成员构成上并未采取强制加入的形式，但作为民间性经济团体始终受到政府的监督和控制。根据日本《民法》第六十七条，"私法人的业务受主务官厅的监督"，日本《民法》八十二条"解散及清算属于法庭的监督范围"，并要求商所平时的会议、决议等内容向主务官厅（驻东北全权大使）进行及时报告。② 依领事馆令设立的商业会议所相较于依民法成立的商业会议所，受到更加严密的监督。若商业会议所的决议、议员或役员违反了相关规定，领事馆官员有权对相关人员进行处分。东北日本商业会议所与日本国内商业会议所，与外领事馆以及国内大企业保持密切联系，并明确规定东北日本商所受领事馆及在外机构的监督和指挥，有着明显的"半官半民"的性质。通过商业会议所形成了一个在外商业会议所→在外领事馆→全国商业会议所联合会→农商务省的网络体制，向日本方面提供必要的物质、情报支持，以确保日本对东北的殖民垄断地位。

近代东北日本商所以表达工商业者共同利益要求、维护工商业者利

---

① 参见王力《政府情报与近代日本对华经济扩张》，中国人民大学出版社2013年版，第107页。

② 参见南满洲铁道株式会社产业部编『満洲国に於ける商工団体の法制的地位』、大连、南満洲鉄道、1937年、第10—14頁。

益为宗旨，大量商所的设立在斡旋贸易纠纷和调节日本工商业者利益上起到了一定的积极作用。但作为综合性经济团体，其活动范围远远超出了经济领域的范畴，涉及整个国民经济，在国家的政治、法律、外交、军事、生活、文化、传统等各个领域表现得相当活跃。除了积极搜集中国情报外，在抵制日货、关税修订、九一八事变、"华北事变"等重大事件发生前后，均进行广泛的情报调查，还通过向关东厅建议请愿的方式，敦促日本政府在东北地区积极推行扩张政策。

三 金融业

从 1910 年到 1930 年，日本在附属地的工业投资增长近 100 倍。[①]其中金融资本的快速发展起到重要作用。1906 年 9 月，日本政府赋予横滨正金银行以银券发行权，其银券被称为钞票。1913 年又发行金券，在附属地流通。1917 年 11 月，日本决定由朝鲜银行发行金券，同时继承正金银行的金融事务，朝鲜银行迅速成为日本在东北的金融中心。金券被称为金票，不仅在附属地，而且在东北各地流通。此外，正隆银行、东洋拓殖会社、东省实业会社、伪满洲农工银行（后为殖产银行）、伪满洲昼夜金融会社等相继在奉天成立。

横滨正金银行。从日俄战争结束到第一次世界大战爆发，旺盛的资金需要催促各地银行业的扩张，在此背景下，横滨正金银行、朝鲜银行等日系产业银行陆续开展殖民地金融政策。[②]早在 1900 年设立横滨正金银行营口支店，就已开始专门负责日本与东北间的汇兑，扩大在东北地区的贸易规模。第一次世界大战后，由于银价跌落等原因的影响，东北地区正金银行支店的特权逐渐移交朝鲜银行。横滨正金银行、朝鲜银行等日系产业银行的建立满足了日本在东北地区旺盛的资金、高利贷的需要。

朝鲜银行，1909 年创设，由日本特颁法令组成，为朝鲜中央银行，兼营其他货币业务。总行设于汉城（今首尔），其支店在朝鲜境内有 11 处，在日本国内有 3 处。其金票为日本银行钞票。1913 年扩张到东北，

---

① 程维荣：《近代东北铁路附属地》，上海社会科学院出版社 2008 年版，第 245 页。
② 高嶋雅明『日露戦後期「満州」（中国東北部）における日系地場銀行の分析』、『広島経済大学』、2007 年第 10 期、第 27 頁。

设支行于奉天、大连、营口、开原、长春、哈尔滨等处。至 1918 年年末，其支店分布于东北境内有 18 处，后缩减为 13 处，另有天津、青岛、上海各一处，以朝鲜及东北为主要营业区域。朝鲜银行除发行纸币外，贷款、汇兑等业务也相当发达。

东洋拓殖株式会社，创设于 1908 年，为日本官商合资金融机构。总社初设汉城，后移至东京，目的在于开发朝鲜金融业务，发行债券。1917 年起在大连、奉天等有支店，后又在哈尔滨设支店。在金融方面，东洋拓殖株式会社资金为 1000 万日元。其中奉天支社经营范围很广，从农林牧业到粮食加工，应有尽有，而以房屋建筑为主，每年都要耗资八九百万元用在购置建筑用地上，房屋建好后再出租或出卖。

伪满中央银行成立后，以伪币收兑原来东北流通的各种通货，并采用银本位制将伪满金融纳入日元领域。按伪满政府公布的货币法，强行收缴旧币，代以伪币。其他各种特殊货币如"过炉银""镕平银"等，由发行机关自行清理。这种强行统一货币的过程，实际上是一场强权金融掠夺。1935 年 11 月，日本内阁作出特别决议，要求日伪双方都要加强伪汇管理，准备停止发行正金、鲜银的钞票。同时，日本与伪满又发表声明，强行以伪币统一东北货币。[1]

在第一次世界大战后，日本帝国主义资本快速发展和扩张，各大金融银行的建立及业务扩展对于日本国家的贸易金融机关与殖民地金融机关起着重要作用，是日本国家的贸易金融机关与对外扩张的"尖兵"[2]。

---

[1]　程维荣：《近代东北铁路附属地》，上海社会科学院出版社 2008 年版，第 247 页。

[2]　菊池道男『日本資本主義の帝国主義的発展と横浜正金銀行』、『中央学院大学論叢』、［通号 19（2）商経］、第 139 頁。

第五章

满铁附属地的土木工程

满铁附属地是作为日本政府控制整个中国东北的基地而存在的，随着满铁附属地面积的不断扩大，日本政府已经在事实上控制了中国东北的交通网，为日本对中国东北的资源掠夺和实行有效统治提供了便利条件。满铁附属地的土木工程是为日本政府的侵略政策服务的，在这一大的原则下，满铁附属地开展了声势浩大的土木工程建设计划。满铁附属地的土木工程是以附属地的市街计划为中心，包括市街建设中的道路、上下水道、护岸、桥梁以及堤防等设施。附属地土木工程建设的宗旨美其名曰是为了附属地居民的生活安定，改善居住民生存环境的卫生状态，增进居住民福祉、以便早日达成"王道乐土"的理想状态；但实质上是为了更好地控制中国东北的铁路运输，为侵略中国东北提供便利条件。

南满洲铁道株式会社为了完成附属地土木工程建设，一方面组建专门的机构对满铁附属地进行实地调查，以达到附属地土木工程建设能够得以完善的目的；另一方面在实地调查研究的基础上，对附属地的各项土木工程建设和各地的土木工程建设费用做出了合理的安排，如表5-1、表5-2所示，以便使附属地的土木工程建设能够早日完成。在满铁的统一规划和投资下，满铁附属地的土木工程扩展开来。

表 5－1　　　　　　　　　满铁附属地总体投资额分配表

用途	投资额（日元）	用途	投资额（日元）
水源用地	853214	堤防用地	446986
道路用地	5347006	下水道	6950483
堤防	946972	水道	9490362
道路	8470128	护岸	262871
桥梁	494024	合计	33262046

数据来源：南满洲铁道株式会社総裁室地方部残务整理委员会『满鉄附属地经营沿革全史』上卷、東京、龍渓書舎、1977 年、第 192 頁。

表 5－2　市街主要投资事业费主要地别分配情况表（1937 年 11 月末）

主要地名	附属地面积（平方米）	现住人口（人）	投资实业费（日元）
瓦房店	2508224	7234	2454045
大石桥	2676211	7241	3090563
营口	1506910	7342	2665135
鞍山	18441173	42677	12637241
辽阳	6481109	9970	7007437
沈阳	11729027	93530	38249875
铁岭	6349640	4695	5887297
开原	6634451	20233	9806716
四平街	5476571	21064	72034423
公主岭	8783579	13774	6046970
长春	6142219	65203	22908838
本溪湖	1160207	3848	1737754
安东	10366946	77264	10503845
抚顺	68397059	111169	9935816

数据来源：南满洲铁道株式会社総裁室地方部残务整理委员会『满鉄附属地经营沿革全史』上卷、東京、龍渓書舎、1977 年、第 197 頁。

第一节　市街规划

为了让满铁附属地真正成为日本控制整个东北的基地，在 1907 年年初，满铁即已初步选定了南满铁路沿线上的瓦房店、盖平、熊岳、大石、海城、辽阳、奉天、铁岭、长春九个重要车站和关东州所在地大连作为首期的市街建设城市（以后又增加了公主岭、四平街、开原、鞍山、抚顺、本溪），并就此制订出具体的市街规划。

南满洲铁道株式会社建立之前，市街建设方面除去大连街有散落的俄罗斯式街道建设之外，其余地方的市街建设还没有起步，像辽阳、公主岭等地更是以村落的形式存在，市街计划更是无从谈起。南满洲铁道株式会社建立之初，就将市街规划列入城市建设的早期规划之中，根据时任满铁土木课课长加藤与之吉回忆说："市街规划是一个城市的根本，决定着一个城市的发展程度，制订计划之前应先进行详细的实地调查，实地调查是能够制定出适合城市发展所需要的街区的基础。以日本东京为例，明治二十二年市区改正时，作为明治维新未竟事业的都市规划是必要的、紧迫的，由于未能更好地遵从'鉴于现在服务未来'的百年大计原则。东京的市区规划就存在着诸多不妥之处。鉴于东京市街规划存在的问题，在南满洲铁道刚刚成立之初就直接进行实地测量后才进行市街计划的制订。"① 鉴于俄罗斯设计规划的哈尔滨、大连的市街计划是根据放射性的近代市街计划学说设计的，加之附属地的地势大多平坦，以车站为中心大多呈长方形的矩形形状，因此决定附属地的市街规划以矩形街区为宜，排除了此前俄罗斯设计的放射性设计而采用了矩形设计。

通过实地考察后，到1922 年，附属地的市街计划大体上已经完成，按照市街计划，道路面积占城市的百分比大体上如下：铁岭为 11%、鞍山为13.2%、瓦房店为 28.5%、安东为 28.5%、奉天为 26.6%，总体

---

① 南满洲铁道株式会社総裁室地方部残务整理委员会『満鉄附属地経営沿革全史』上卷、東京、龍渓書舎、1977 年、第 193 頁。

上在20%左右，平均为23%。这一比例是加藤与之吉在参考了国外的道路与街区占比之后结合附属地的实际情况设定的，此前欧美的街道与城市面积的比例在25%—50%，加藤与之吉认为，附属地的道路面积合理的比例应该为10%—30%。

以大连市的街区规划为例，俄国原有的街区规划将市区划分为欧洲街、中国街、行政区三大地区，这与俄国自身的城市街区规划是一致的，其间还设置了中央公园与东公园。俄国原有道路设计从山脉向码头方向由远及近，以中央广场为中心，在通往城市中心的各条道路中修筑了大小7个广场，此类设计类似于巴黎等欧洲城市的蜘蛛网型的城市规划。从俄国的原有城市规划图来看，大连市的城区规划人口在50万左右，道路规划中主干道的路宽为36米，辅路的宽度为25米，但在俄国占领期间修筑的路面宽度大为缩水，主干路的宽度仅为8.5米，剩余的筑路面积作为进街商店的临时用地。

因为日俄战争的破坏，1906年日本占领大连后，开始了对大连市区的重建。按照附属地市街规划，打破了俄国原有市区规划，将大连市的街区重新分类，主要分为住宅用地、商业用地、工业用地、混合用地、粮栈用地等类型。例如在沙河口，满铁将公司地址选在了大连市北部四里一角的高粱盘上，总面积为1851236平方米，用于建造铁道工厂和职员的生活设施；满铁在大连市区的设施则位于大连市北公园、新兴浦游园、电气游园、大连医院为界的矩形方块内，建设学校、医院等涉及社员福祉的各种生活设施。

从整体上看，满铁附属地的市街规划各有其特点，附属地主要城市的市街规划中土地的用途都清晰、明确，从附属地商业用地和粮栈用地等指定性用地的规划来看，是完全针对中国东北地理特征所设计的，这一设计从实用性上来说则是出于方便对该地区出产产品的运输。因此，满铁附属地的市街规划从设计伊始，就充满了浓厚的实用主义倾向，带有明显的殖民主义烙印。具体表现为以下三个特点。

首先，满铁附属地市街规划的总体指导思想是方便殖民侵略这一主要目标。满铁附属地市街规划从建设之初就是使日本人能够在中国东北安心生活、更好地吸引日本人主动向中国东北移民。因此，附属地在进行市街规划的设计时，就把将城市建设成为东亚地区城市最高标准作为目标。在满铁附属地城市初步建设之后，除了实现日本最初吸引日本国内移民的想法之外，还起到吸引国际资金和资源向中国东北流动的效果，这为日本对中国东北资源的掠夺提供了更加便利的条件。更为重要的是，良好的城市建设，对中国人来说是一种麻痹和笼络人心的手段，对日本在中国的侵略活动起到了保护作用。

其次，满铁附属地的建设是以南满、安奉铁路为中心展开的，铁路辐射效果明显。从满铁附属地的市街规划来看，其设计的中心点最终都集中在火车站和铁路这一点上，呈扇形结构分布，在住宅区、商业区、粮栈、工厂、公共娱乐、行政机关等设计上主要以矩形结构为主，各街区的大致比例为"住宅地15%、商业地33%、粮栈31%、公共游览及娱乐地9%、公共设施（包括日本驻军）12%"[1]。从总体上来看，街区的主要职能都是为车站提供配套服务，住宅区的建设是为满铁社员提供住宿。工厂主要是出于向铁路供应机械零配件和便于商品加工的考虑，粮栈则是为了满足中国东北粮食的运输和储备便利。

最后，军警设施完善，并在附属地城市规划中占有突出地位。满铁附属地在获得了行政权和"暂时"的驻军权后，在附属地的市街规划中将军事设施的建设放在突出的位置，以便日本在附属地内实施军警统治，以达到在附属地内部建立起完全独立于中国的司法、警察体制。军事设施的建设为日本此后的一系列侵略行动奠定了基础，成为日本在中国东北的主要军事据点。

第二节　道路规划

道路是城市的血脉，满铁附属地的市街建设也是以道路作为起点的。其道路的总体布局大体采用两种形式，一种是平行直角相交加中心

---

① 南満洲鉄道株式会社総裁室地方部残務整理委員会『満鉄附属地経営沿革全史』、東京、龍渓書舎、1977 年、第 379 頁。

广场，以公主岭、辽阳、大石桥附属地道路布局为代表，这种布局与中国传统城市系统大致相同，全部为纵横向棋盘式道路，只是增加了广场，因此看起来十分规整。满铁的另一种城区道路布局是基本仿照沙俄在大连、哈尔滨早期规划过程中采用的欧洲模式，即干路以圆形广场、中央大马路加放射形道路为主，支路以平行直角交叉道路为主的布局，这种布局在满铁附属地的规划格局中占主导地位，以奉天、长春、鞍山附属地为代表。

开工最早的是奉天附属地。早在满铁建立之前的 1906 年，占领沈阳的日军"满洲军政府"和日本居留民会为开辟日本人生活区，即修建了与火车站呈垂直角度、从老货场到小西边门的十间房大街（全长 1900 米，因 1907 年在该路中间铺设了马车铁道，故又称"马车铁道"。1957 年后定名为市府大路）[①]。

满铁成立后在奉天附属地进行的第一项道路工程是补修在俄国占领时期，1902 年初步建成的与火车站前广场平行的第一条南北向马路——铁道大街（今沈阳南站前胜利大街），随后，奉天附属地于 1910 年修筑了站前广场前通向老城区的三条放射形主干大街之一的沈阳大街（1919 年 1 月改为千代田通，1957 年定为中华路，全长 1400 米，宽 36 米，初建时为块石路，1927 年改修成沥青路面），由于这条大街后来与商埠地十一纬路衔接，进而连通大西关马路，因此成为沟通奉天满铁附属地、商埠地和古城区的一条东西向最重要干线。1912 年和 1914 年修筑了由站前广场通向老城区的另外两条干线，即东北走向、宽 27 米的昭德大街（1919 年改名浪速通，1946 年改为中山路），东南方走向、宽 22 米的南斜街（1919 年名平安通，今民主路）。在修建三条伸向老城的干路同时，还修建了与之交叉、同火车站和铁路大街方向平行的中央大街（今南京街，1912 年建成）、协和大街（今和平大街，建于 1917 年，因该路为满铁附属地的东界，后被习称为国际马路）、西四道街（后改为春日町，即今太原街）三条南北向的干路以及中央广场（今中山广场）

---

① 越智喜市『奉天付属地都市の発展景域』、『満鉄教育研究所発行研究要報 10』、1937 年。

和平安广场（和平广场）。由此构成了一个纵向、横向、斜向道路相互连接的道路网络。[①] 在这个大网络中间，又修建了北一至北九等多条连通商业区、住宅区的支线马路，至 1917 年，沈阳大街（中华路）以北地区的支线马路已全部建成。1918 年后，奉天满铁附属地主要修建的是沈阳大街以南的干、支线马路，具体是：民权街（今太原街南段）、同泽街（当时名为稻叶街）、民族南街（当时名为弥生街）、民富街（当时名为葵街），到 1931 年，奉天（沈阳）满铁附属地共建成东西向道路25 条，南北向道路 36 条。

满铁长春附属地与沙俄长春附属地在一个城市中并存，所以满铁在长春要另修火车站，为此，满铁在动工修筑长春附属地道路前，先行修建了长春头道沟火车站站房及停车场。这项工程动工于 1907 年 8 月 31日，同年 11 月末完工。接着，满铁从附属地土地总量中划出 250 万平方米土地作为市街用地，由满铁长春经理主任田边敏行、土木主任加藤与之吉、建设事务所所长鹤见镇根据满铁市街设计通例和长春城市特点主持更为详细的道路规划设计，上述三人因此成为长春满铁附属地的实际规划者。长春附属地市政道路建设的全面铺开是在 1908 年，这一年主要修建了站前广场、垂直于站前广场的中央大街（后改为中央通，即今人民大街胜利公园以北段）和站前广场至东广场之间铁道南侧粮栈地带的日出町（今长白路）、富士町（黑水路）的路基和部分地段的碎石（下面铺三合土，上铺细石块）路面的铺设。至翌年 7 月已铺完路面16000 平方米。

此外，1908 年还架设了准备穿越头道沟的东五条等街道上的两座桥梁（日本桥、长农桥）。[②] 这是近代长春出现的第一批新式马路和石头、混凝土桥梁。1909 年修建火车站至老城区的斜向道东斜街（今胜利大街）、东五条街、火车站广场前至水源地的西斜街（后更名为敷岛通，今汉口路）以及中央大街东侧商业区的三笠町（黄河路）、吉野町（长

---

① 沈阳市人民政府地方志编纂办公室编：《沈阳市志·城建志》，沈阳出版社 1994 年版，第 138—139 页。

② 满铁地方部长春地方事务所：《地方沿革史资料》。原件收藏于辽宁省档案馆，编号为地理资料 627 号。

江路）、祝町（珠江路）、东五条街等。

到 1927 年，满铁各附属地的街路建设总里程为 395478 延长米。与东北城市的传统老城区道路相比，满铁马路除了路面标准高，还有一个特点就是重视路旁景观设计，普遍植树并设置路灯。其中长春附属地马路植树是 1913 年出现的，同年 4 月，满铁长春经理部根据主任田边敏行建议，首次在附属地的主要干路两侧栽植杨树 7000 棵[①]，这也是近代长春有组织、有规模的街道绿化之始。

第三节　设施建设

满铁附属地在道路建设的同时，其余附属设施的建设也随之展开，城市上下水、公园建设、电力设施建设等工程亦同步展开。这些工程的建设主要是以提高满铁员工的生活需要，便于更好地服务于满铁会社而建设的。随着附属地设施的不断完善，满铁员工满意度的加深，无形中吸引了众多日本民众向中国东北移民。当然，这些工程的建设，在客观上来说也促进了中国东北城市化的进程。

一　上、下水工程

满铁建立之前，东北地区城市中只有大连和哈尔滨等城市的局部地带进行了自来水塔及管道和简易的下水管线的敷设，如下水道采用的是合流制，污水在无处理的情况下排入河道或海中。为使新建马路更好地发挥其使用功能，保持市区环境卫生，1907 年满铁在第一批马路施工的同时，就已经着手进行街路下水道工程的设计与施工。最初的下水道为木板明渠、砖砌明渠，几年后改为木板有盖暗渠、砖砌暗渠、水泥管道暗渠。至 1913 年，长春满铁附属地已有各种结构的排水渠和排水管道近 3700 延长米。到 1920 年，奉天附属地的下水管线达到 7000 米。[②] 至

---

① 《长春日租界栽种树木》，《盛京时报》1913 年 4 月 18 日。

② 前揭《满铁附属地经营沿革全史》第十一部、第 388 页，第一部、第 22 页，第二部、第 179 页，第六部、第 778—780 页。

1930 年，长春、奉天、鞍山等城市的满铁附属地街路下水道管网都已基本建成。

满铁附属地上水设施的出现略晚于下水道建设，各城的首期自来水工程相继动工于 1907—1913 年。在此之前，各附属地也同老城区一样，居民直接饮用不经过任何处理的人工井水或者河水，这种饮水方式极不卫生，在城市中时常引发传染病。为改变这一状况，满铁于 1907 年 6 月 24 日首先在营口建设自来水工程。至 1909 年 5 月 10 日营口首期工程完工后，日供水能力即达 2270 立方米。

从 1910 年起，满铁在各附属地连续动工修建十几个自来水工程。其中长春附属地选择预定建设公园的二道沟河畔和西公园两处作为水源地，建设了四座大型抽水井，在附属地西广场建设了大型提水塔，至 1913 年第一期工程完成，日供水量为 2700 吨。奉天附属地的自来水建设开工于 1912 年，取水井设在千代田公园（今中山公园）内，1914 年完工，日供水 7000 立方米，供给人口为 5 万。到 1913 年年末，所有满铁市街均已完成了首期自来水工程建设，50% 以上的附属地居民用上了自来水。

二 公园建设

满铁市街的市政建设部分地吸收了当时世界著名的城市学专家霍华德的"田园城市"理论，十分重视公园的建设。其中综合性的动植物公园建设以 1910 年奉天附属地占地 4.2 万平方米的春日公园（今已不存，位置在今沈阳铁路局和原沈阳军区后勤部址）为起点，至 1926 年，仅奉天附属地就建成综合性公园 3 个，总占地面积为 30 万平方米，其中面积最大的公园为 1926 年建成的千代田公园，该公园面积为 20 万平方米。长春附属地的第一个公园为 1910 年建设的占地 14500 平方米的东公园，接着在 1915 年 4 月，修建了面积达 341004 平方米的长春西公园（今胜利公园），1924 年满铁长春经理部又修建了占地 20400 平方米的长春附属地的第三个公园——日本桥公园。长春附属地三个公园的面积约占当时长春附属地市街总面积的 30%。此间，满铁所建公园比较有名的还有安东的镇江山公园（以樱花满园闻名于东北）、大石桥的盘龙山公园。

三 电力、煤气业的开发

1906 年 11 月组建的营口水道电气株式会社是满铁附属地中出现的第一个电力公司。随后，满铁在安东、奉天、抚顺、长春等附属地陆续成立了电力公司，到 1912 年，满铁在大连附属地的发电能力已达 4875 千瓦，该市在东北率先实现了市区公共电车运输。第一次世界大战期间，满铁附属地的电力工业急剧扩容，到 1922 年年初，奉天—抚顺间建成东北第一条长途输电线路，送电容量为 3000 千瓦。同年长春发电能力为 3250 瓦、安东为 8500 千瓦，到 1922 年年末，所有的满铁附属地都已实现了电力供应。与市民生活息息相关的煤气业也是从大连开始的，1908 年 12 月 15 日满铁大连煤气所成立，两年后的 1910 年 3 月 10 日，正式对外输送煤气，此为近代东北民用煤气生产之始。1920 年后，满铁陆续在抚顺、鞍山（1920 年）、奉天（1922 年）、长春（1925 年）、安东（1923 年）附属地兴建煤气厂，其中奉天的日生产能力为 30 万立方米，这一煤气供应能力在当时全国大城市中处于领先水平。

第四节 城市建筑

满铁市街空间建设的主要内容是各种公用、民用建筑的兴建。1907 年满铁建立时，日本人在南满地区总共占据 4981 栋、708416 平方米的建筑物。这些建筑物绝大部分是从俄国人手中接管的，分别属于满铁、关东都督府民政部、日本陆军三个殖民机构，其中满铁拥有 4110 栋、535082 平方米建筑。[①] 尽管有如此众多的房产，而满铁认为还不能满足其全力"经营满洲市街"的实际需要，因此满铁建立后，立即投入巨资在附属地内掀起一场大规模的土木建筑施工活动。到 1935 年，满铁在

---

① 南满洲铁道株式会社编：《南满洲铁道株式会社十年史》，满洲日日新闻社 1919 年版，第 742 页。

不到 30 年的时间里共投资兴建各种建筑物 17599 栋、3979392 平方米。这些建筑主要包括以下五类：

第一类是火车站舍和满铁行政办公建筑。满铁投资建设的第一个高等级火车站是奉天车站（今沈阳站），该站楼由满铁建筑课设计师太田毅设计，占地 1273 平方米，建筑面积 1785 平方米，1910 年 7 月 2 日建成。满铁建设的第二座大型车站建筑是长春站，该站主体建筑物为两座楼，一是车站主楼，二是主楼对面的满铁长春事务所办公楼（现为沈铁长春分局办公楼），设计者为满铁建筑课长市田菊次郎，满铁建设的最大的一座办公建筑是位于大连东公园町（今鲁迅路）的满铁总部大楼，该楼是在原俄国人学校的基础上改建而成的建筑群，为钢筋混凝土结构，共五层，外部为文艺复兴式，总面积为 1.83 万平方米。另一座有名的办公建筑物是满铁长春地方部大楼，它坐落于长春站前广场，为拜占庭式样。

第二类是满铁直接经营、为铁路提供配套服务的旅馆、医院、邮局等公用设施。为了吸引和满足日本人和西方人所需的高标准生活服务要求，1907 年 8 月 1 日满铁首先在大连试行开设了内外布局完全仿照西方模式的"大和旅馆"。由于效益好，当年满铁即决定将这种旅店模式向各附属地推广。1908 年 3 月 22 日，旅顺大和旅馆建成开业；1910 年 2 月 1 日，投资 26 万日元、3000 平方米的欧洲新艺术运动式建筑长春大和旅馆（今长春春谊宾馆，设计者为市田菊次郎）开业，这是近代长春出现的第一座西式旅馆；是年 10 月 1 日，奉天大和旅馆竣工；10 月 15 日，抚顺大和旅馆建成；1914 年，更具现代化豪华标准、总面积为 1.13 万平方米的大连大和旅馆建成。1926 年奉天附属地易地新建大和旅馆，该馆于 1929 年 5 月建成，为欧洲文艺复兴式建筑（设计者为横井谦介）。除开办欧式大和旅馆外，满铁还用贷款的方式扶持建立日本式旅馆，如奉天的沈阳馆（1913 年）、辽阳的辽塔旅馆（1915 年）、营口的清林旅馆（1919 年）、鞍山的近江屋旅馆（1921 年）、开原的二叶旅馆（1922 年）、铁岭松花旅馆（1922 年）、四平街的植半旅馆（1923 年）、长春名古屋旅馆和悦来栈、吉林名古屋旅馆（1924 年）、安东的辽东旅馆（1924 年）、本溪湖的三吉旅馆

（1924 年），以及汤岗子温泉旅馆①。满铁的医院建筑也是最先在大连出现，随即在各地建设分院。奉天满铁医院始建于 1908 年，1909 年与南满医学堂（后升格为满洲医科大学）同时在今中山广场南侧建成，因一次建成的同类建筑物多，所以这一带就成为沈阳的医院建筑区。到 1925 年，每个满铁附属地市街至少有一家正规的近代化医院，其医院总数达到 16 个，较大的医院有长春医院（在今南京街 22 号址）、奉天医院、辽阳医院、铁岭医院、营口医院、安东医院、鞍山医院等，上述医院均为各所在城市最先出现的近代化医院。满铁从 1907 年开始在各附属地建设近代邮政建筑、开办邮政业务。其中近代化较高的是 1909 年 3 月 30 日落成的长春中央通邮便局、1911 年开业的奉天十间房邮便局、1915 年落成的奉天邮便局等。上述旅馆、医院和邮政建筑绝大部分为砖混结构，外观模仿欧洲古典式、巴洛克式风格，造型美观、坚固实用，成为市街中的一道夺目亮丽的风景线。

满铁附属地的第二类建筑为住宅。具体分为两种，一种是满铁、关东厅投资兴建的会社职工和驻军家属住宅，另一种为附属地出租土地，由入居附属地内的中、日商人个人出资建设住宅。到 1917 年 3 月，满铁共投资 1000 万元建成住宅 3656 单元、81629 平方米。到 1920 年，满铁仅在大连一地就完成了 2115 栋、544882 平方米的住宅建设。

第三类是文化、教育设施。为了满足附属地内日侨在文化上的需要，并借此扩大日本的文化侵略，满铁在各附属地内投巨资修建各种文化教育设施。文化设施主要是图书馆、博物馆。满铁所建的图书馆总共超过 20 个，其中规模较大的是大连图书馆（建成于 1907 年，面积为 2760 平方米，藏书 20 万册）、奉天图书馆（建筑面积 1150 平方米）、长春图书馆。博物馆中影响较大的是大连满洲资源馆（创办于 1925 年）。满铁附属地学校始建于 1906 年，最初称侨民会经营学校，从 1907 年起，改为日本人小学校、中学校。至 1931 年，满铁各附属地共建有专门招收日本学生的小学 22 所、中学 4 所、高等女学 4 所、实业学校 6 所。大

---

① 南满洲铁道式会社编：《南满洲铁道株式会社三十年略史》，原书房 1975 年版，第 161—163 页。

批量的文化及教育部门的设立，使各满铁附属地普遍出现了教育街区。

第四类是工商业建筑。附属地的近代化市政建设、便捷的铁路交通、廉价的地租，为满铁在附属地发展近代工商业创造了条件，于是满铁在 1910 年前后，陆续在一些主要市街投资兴建工商业基础设施。1915 年以前，满铁附属地所建工业设施主要是根据东北各地的自然资源特点而建设的榨油业、制粉业、缫丝和棉纺织业、火柴业厂房，以及为上述工业提供动力的电力工业。

由于有满铁的贷款保证，同时还有低价的铁路、煤、电优惠，这些企业发展极快，其规模相当庞大，有的占据几个街区。至 1931 年，附属地工矿企业数达到 473 家，年缴资本金为 12067 万日元[①]，其规模已经是 1910 年的 10 倍。到 1934 年年末，满铁工厂总数已达 1244 家，总投资额为 2.3 亿日元。

第五类为宗教建筑。建立以后，作为日本侵略东北的一部分，1906 年后日本各宗教组织纷纷入踞满铁附属地。至九一八事变前，包括净土真宗大谷派、净土真宗本愿寺派、曹洞宗、日莲宗、古义真言宗、天台宗、临济宗、新义真宗智山派、日本山妙法寺派等十几个日本宗教派别共在满铁附属地城市建立了 67 个宗教机构。其中大连一地就设了 11 个佛教机构。这些佛教建筑规模宏伟、占地面积广阔，均属附属地内的标志性建筑。

第五节　桥梁及堤防

在市街建设过程中，伴随着道路以及排水沟的建设，桥梁的架设就随之出现。早期的桥梁建设为木质结构，随着木质桥梁的毁坏，将附属地内的所属桥梁逐步改造，到附属地后期，木质的桥梁已经很少见到。

---

① 《1907—1931 年关东州及各满铁附属地各业种公司数及投入资本演变表》，《满洲开发四十年史》，谦光社 1964—1965 年版，第 760—784 页。

表5-3　　　　　堤防及护岸长度、桥梁个数及投资额年度表

年度（年）	堤防			护岸				桥梁		
	长度（米）	事业费（日元）	经费（日元）	长度（米）		事业费（日元）	经费（日元）	数量（座）	事业费（日元）	经费（日元）
				护岸	水堤					
1907	5770	—	—	—	—	—	—	1	1340	1270
1908	5770	—	—	—	—	—	—	1	21052	194
1909	6298	—	—	—	—	—	—	2	49960	991
1910	6298	—	—	364	109	13504	—	6	65730	247
1911	6298	—	—	669	109	99125	—	6	107272	949
1912	7551	1219	—	669	109	102071	88	7	139794	—
1913	10723	1219	31	669	109	113124	366	9	176782	5427
1914	10723	1219	18	669	109	114141	132	14	205469	3358
1915	10723	1219	—	669	109	114841	67	14	207574	3038
1916	10743	1566	300	669	129	116942	542	17	194657	8780
1917	10743	2133	10191	669	129	116411	427	19	178699	18313
1918	11105	10451	377	669	139	161388	1337	21	207391	12079
1919	11105	10903	41332	1371	422	167940	1387	29	218530	25066
1920	11105	11264	750	1371	422	239313	1500	32	332845	18416
1921	11105	86671	877	1710	486	260501	1892	35	378291	23579
1922	11105	90266	261	2466	735	317790	4739	40	467472	48661
1923	11105	86956	2749	2875	763	327384	6421	44	479931	14621
1924	11339	87934	35543	2875	878	331713	2674	47	462830	28456
1925	15867	99739	9329	5235	1049	368424	551	68	476388	23391
1926	16002	120660	1758	5434	1049	256550	3664	71	488761	3355
1927	16006	234070	3328	5795	1087	178013	890	164	467676	7806
1928	18129	286010	41919	6294	1087	253071	2944	80	387998	7101
1929	16571	442280	5486	7228	1087	281566	1477	81	394094	7584
1930	16570	560535	1140	8230	1087	305411	1236	82	407525	5739
1931	21885	728212	856	8375	1094	308557	1850	75	424565	5557
1932	36935	890943	2750	8848	1094	308817	678	78	437337	5389

续表

年度(年)	堤防			护岸				桥梁		
	长度(米)	事业费(日元)	经费(日元)	长度(米)		事业费(日元)	经费(日元)	数量(座)	事业费(日元)	经费(日元)
				护岸	水堤					
1933	36891	901901	4369	8546	1094	317624	3771	78	476421	4887
1934	36935	913415	30509	8728	1094	320568	30451	77	494780	8912
1935	36935	941753	28618	8611	1094	326696	5067	76	510927	7219
1936	36835	946973	2316	8611	1094	262871	435	81	494042	5216
1937	36935	947211	6517	8611	1094	262871	1643	81	498206	2692

数据来源：南满洲铁道株式会社総裁室地方部残务整理委员会『满铁附属地经营沿革全史』上卷、東京、龍渓書舎、1977年、第232—234頁。

从表5-3可以直观地了解附属地的桥梁和堤防的建设情况，随着附属地面积的扩大，满铁事业的扩展，桥梁和堤防、护岸的建设也随之增加，投入的经费也随之增长，这也从侧面见证了日本一步步吞噬我国领土之一斑。

上述满铁的大规模土木工程建设也在客观上推动我国东北城市的发展，满铁附属地在空间结构上迅速实现了城市化和早期现代化。满铁附属地空间结构的城市化对近代东北南部地区城市的发展具有深远的影响，表现有三。

第一，进一步推动了东北中南部铁路城市在外在规模上的扩大。在1905年以前的东北中南部城市中，除了奉天、大连、长春三城或因曾经作为后金政权的都城，或是基于区域和口岸经济中心地位以及中东铁路特级、一级车站的设立，其城市规模相对较大外，其他城市包括新兴的铁路沿线城市和辽河沿岸城市的总体规模普遍较小，一般都在2—5平方千米。由于满铁附属地的城市化，就使原属于东北中南部一些城市的外围农村地带演化为城市新区，城市的版图因此大大外延了，从而更加凸显出各自的近代城市形象。

第二，伴随着铁路附属地城市的近代化建筑的开发与建设，使东北中南部城市先后不同程度地受到西方先进的物质文明的影响，相应地提高了这些城市的发展水平。建筑作为一种物质文化载体，对它的移植和引进实际上体现的是文化的传播和吸纳。必须承认，附属地的建筑及其辅助设施是日本殖民侵略的产物，然而就其设计和营造技术而言则完全吸收的是西方文化（诸如文艺复兴式、新古典主义、巴洛克式等），因此它改变了东北城市传统的低矮、陈旧的建筑轮廓，为东北城市重塑了一个带有明显西方文化特征的城市建筑风格，从而大大增强了城市的吸引力和凝聚力。

第三，东北各城市满铁附属地近代化设施的建设，使附属地逐渐取代传统老城区成为城市中最具发展活力的中心地带，这对于一向满足于老城区生活的中国官民来说，无疑是一种强烈的视觉冲击。于是，各城市地方政府和绅商民众纷纷仿效附属地的市政建设和管理经验，开发新城区，改造老城区，一场波及整个东北的城市近代化运动就此掀起。①

---

① 曲晓范：《清末民初东北城市近代化运动与区域城市变迁》，《东北师大学报》2001 年第 4 期。

第六章

满铁附属地的教育与文化渗透

第一节　满铁附属地的教育方针政策

一　九一八事变前满铁附属地教育方针

1905 年日俄战争结束后，日俄两国签订《朴茨茅斯条约》，通过这一条约日本获得俄国在中国的部分路权，即中东铁路东清路的南满洲支线的所有权，自然也继承了铁道附属地制度，便形成了所谓的满铁附属地。具体而言，满铁附属地是指大连至长春、沈阳至丹东两条铁路及连接的支线两侧区域。日本获得实际控制权之后，附属地的直接经营权交由南满洲铁道株式会社管理，附属地的区域也不断扩大，后来 "扩展为 500 余平方千米，纵横南满大地，包括长春、四平、沈阳、辽阳、鞍山、营口、抚顺、本溪、丹东等许多大中城市以及乡镇、矿区等。1937 年满铁附属地总人口约 56 万，中国人、日本人分别占 61% 和 39%" [①]。

日本自侵占中国东北之后，所施行的政策中，将对东北民众进行奴化教育作为其侵略的重要一环。满铁附属地虽是狭长地带，但是日本侵略者并没有放弃对这一块地域的文化殖民。"在日本殖民势力侵入满铁附属地 32 年间，日本宗教建筑物及对中国学生进行奴化教育、对日本

[①]　关捷主编：《近代中日关系丛书之三：日本对华侵略与殖民统治（上册）》，社会科学文献出版社 2006 年版，第 541 页。

学生进行系统教育的学校先后建立起来。同时，为满铁服务的图书馆也先后建立起来"①，可以说这一段时期内，已经形成了完整的日本侵略下的教育体系。

本书所涉及的教育体系，是以满铁正式营业之后附属地的教育为初始，实际上在满铁营业之前，日本人在"关东州"和南满铁路沿线的城市矿区已经设立了8所学校。1904年5月日本在安东（今丹东）设置军政署之后，"便直接经营教育机构或者是劝清朝政府聘用日本教师担任教员"②。其中，1906年10月由辽阳日本基督教育青年会创办的私立辽阳小学校，在满铁成立后，划归满铁经营，1907年4月创办的抚顺千金寨小学校，在同年12月17日由满铁接管，改称抚顺寻常高等小学校。③这可以视为满铁附属地教育的初始。1906年日本外务大臣、大藏大臣、递信大臣在《有关管理和成立会社事宜的命令书》中规定："满铁必须经政府批准并在铁路及附属事业用地内进行设置有关教育、土木、卫生等必要设施。"④这份文件中明确满铁附属地的教育被纳入满铁的管辖范围之中，将其教育管辖权与经营权一并纳入满铁权限范围内。

1937年12月，日本与伪满洲国签订的《关于在满洲之治外法权之撤废及南满洲铁道附属地行政权之移交（伪）满洲国与日本国间条约》规定："在（伪）满洲国领域内日本国或其臣民依照日本国法令开设、经营或管理学校其他教育设施并日本国政府执行关于日本国臣民教育之行政，日本国政府得为令开设、经营或管理前项学校其他教育设施起见，在'满洲国'领域内依照本国法令设立为公法人之学校组合及学校组合联合会，'满洲国'政府应承认该学校组合及学校组合联合会之成立。"⑤同时，日本以敕令第695号发布《在满学校组合令》，正式成立

①　齐红深编著：《日本侵华图志第22卷文化侵略与奴化教育》，山东画报出版社2015年版，第73页。

②　南满洲铁道株式会社总裁室地方部残务整理委员会『满铁附属地经营沿革全史』上卷、東京、龍溪書舎、1977年、第299页。

③　以上参考了辽宁省教育史志编纂委员会编《辽宁教育史志　第一辑（总第十四辑）》，辽宁省教育史志编纂委员会1994年版，第83页。

④　南满洲铁道株式会社总裁室地方部残务整理委员会『满铁附属地经营沿革全史』上卷、東京、龍溪書舎、1977年、第317页。

⑤　卢鸿德主编：《日本侵略东北教育史》，辽宁人民出版社1995年版，第89页。

"在满"学校组合。学校组合设于伪满各省及"新京特别市"（今长春）。① 1938 年 1 月，伪满洲国公布《关于普通学校、公学校及书堂依新学制改编事项》，将伪满洲国统治区内的教育纳入了新的奴化教育体系之中，至此，满铁附属地内的教育体系正式终结，其教育权限和教育体系一起并入了日本控制下的中国东北地区的教育体系之中。

"教育"一词通常的理解是，培养新生一代准备从事社会生活的整个过程，主要是指学校对儿童、少年、青年进行培养的过程；用道理说服人使照着（规则、指示或要求等）做。教育的宗旨是要完成教育的目标，要把被教育者培养成教育方针制定者设定的目标。所以在分析和总结满铁附属地教育方针政策时，更多着墨于教育掌权者制定政策时的初衷和结果。满铁附属地教育政策经历两个阶段，即 1907 年至 1931 年九一八事变，九一八事变之后至 1938 年年初。

1906 年 8 月 22 日，后藤新平②担任满铁总裁，与山县有朋、西园寺公望等商讨"满铁"总裁的就职情由书时，谈到殖民地教育时，认为应持慎重态度，他说："殖民地之教育事业方针，要谨慎对待，切忌过急发展教育，犹如财政提前独立，民心如祸起萧墙，有关对教育的调节我与儿玉前总督在台湾从政之时倍加注意……防范英国殖民经营印度以来的教育事业的疏忽，引起民心祸乱四起，无法收场，我们要反思自省。"③ 从陈述中可以看出日本方面注意到教育的重要性和重要意义，但是在满铁附属地具体采取怎样的教育政策、教育方针，其态度比较模糊，但是最为根本的乃为要通过教育让中国人的反日情绪淡化甚至完全顺从日本的统治。

1908 年 5 月，在满铁附属地，满铁借向瓦房店、大石桥、辽阳、奉天、昌图、公主岭、长春和抚顺等地小学校"下赐"《教育敕语》抄本

① 卢鸿德主编：《日本侵略东北教育史》，辽宁人民出版社 1995 年版，第 89 页。
② 后藤新平（1857—1929），日本官僚、政治家、殖民地经营家，满铁的实际开创者。1906 年任南满铁道株式会社总裁，强调在中国东北要进行"生物学的开发"事业调查是必不可少的环节，满铁创立之后，他非常重视对中国东北各类资源、地理环境、人口风俗等的调查，提倡新旧大陆对抗论。
③ 南満洲鉄道株式会社総裁室地方部残務整理委員会『満鉄附属地経営沿革全史』上卷、東京、龍渓書舎、1977 年、第 320 頁。

之机，以训谕第 1 号形式发出通告，正式宣布附属地教育的根本方针。在这份通告中，要求"各地小学校，所有在其位者都要善体圣意，勤于研磨熏陶。并在学校举行典礼或其他适当时机奉读敕语，并加以诚恳诲教，以使学生夙夜铭记心中"①。1909 年 5 月，满铁以日本伏见宫亲王捐款制作的校旗分发给各小学校和公学堂，同时附上《总裁致辞》，对附属地教育精神作进一步说明："教育的根本，圣旨所示，与日月同辉。既鼓励忠君爱国的意气，又培养自强向上的情操，从而奠定大国国民的根基，这是我对学校教育的殷切期望。"② 在这里强调的是善体圣意，这则是日本殖民教育、强推皇国教育的本质所在，是日本教育与文化的渗透。

1910 年 7 月 1 日，关东都督府③发布了第 1 号布告《关于教育告谕学校教职员及学生》，这是日本殖民统治当局施行殖民地教育的具有指导意义的纲领性文件。其中关于对中国人教育的目的写道："对语言不同，风俗习惯各异子弟施行教育，欲取得实效，虽属至难之事，却系文化普及与完善人道之良图，应耐心、诚恳，努力取得长远之效果。"④ 关于这里所说的对中国人进行的"文化普及与完善人道"的教育，岛田道弥在他所著的《满洲教育史》[文教社（大连）1935 年] 的一段话可作为注脚：学校教育"不能按我国民教育的根本方针行事……它的第一目的是从人道上对别人的孩子进行教育的，也就是把他们作为人类社会的

---

① 南満洲鉄道株式会社総裁室地方部残務整理委員会『満鉄附属地経営沿革全史』上卷、東京、龍渓書舍、1977 年、第 318—319 頁。
② 南満洲鉄道株式会社総裁室地方部残務整理委員会『満鉄附属地経営沿革全史』上卷、東京、龍渓書舍、1977 年、第 318—319 頁。
③ 关东都督府：日本管辖关东州和南满铁路附近地区的殖民机构。日俄战争后，日本霸占辽东半岛，于 1905 年 10 月在辽阳建立"关东总督府"，统辖在东北的日军机关。1906 年 8 月 1 日，将关东总督府改称关东都督府，迁至旅顺。天皇以 196 号敕令颁布"关东都督府官制"，设关东都督府，规定都督的权限为统辖日本"在满之兵力"，"保护"南满铁道，并监督南满铁道的业务。都督由陆军大将（上将）或中将担任，首任都督是大岛义昌，都督府内设民政部和陆军部。1919 年 4 月 12 日撤销。其陆军部改为关东军司令部，统一指挥日本在中国东北的军队，实际上独揽军政大权；民政部改为关东厅。参考钱其琛主编，编委会常务组编《世界外交大辞典》，世界知识出版社 2005 年版，第 723 页。
④ 参考卢鸿德主编《日本侵略东北教育史》，辽宁人民出版社 1995 年版，第 109 页。

一个成员，对他们进行不可缺的道德教育"①。从这一针对中国人的教育方针上可以看出，"共存共荣"下的中日教育是有很大差别的，普及日语一方面是建立共存的基础，力图以日语为桥梁使中国人同化于日本；另一方面是为日本人的侵略活动扫除语言障碍，培养出能同侵略者进行语言、思想沟通的奴仆。

1913 年，满铁副总裁国泽新兵卫提出"要根据周围的情况和学生们的处境，采取相应的措施"的办学方针，这就是其后特别是 20 世纪 20 年代后逐步加以具体化的"适地主义""乡土化"教育，也就是"采取适应满洲的教育方针"② 的具体表述。1915 年 11 月，日本大正天皇即位纪念日制定并在《满铁社报》号外公布《满铁附属地小学校儿童训练要目》，被认为"从此奠定了附属地教育方针的基础"，这份训练要目明确提出了对中国东北日本人教育的目标是："第一，深刻领会庄严的我国国体的渊源，努力培养国民道德。第二，锻炼身心，培养刚健的气质。第三，了解帝国所处的地位，培养随土而安的思想，生活朴素，勤劳不懈。第四，同胞之间团结友爱，共同努力发扬国威。第五，维护日本国民的品格，赢得外人的信赖。"③ 这份训练要目的制定，可以说是由单纯的以日本人为中心的教育拓展到整个日本控制的中国东北地区，为了适应日本的占领而制定的教育方针。这也深刻影响着日本在满铁附属地推行殖民教育的主旨。

众所周知，1915 年 5 月，日本迫使中国政府接受了卖国的"二十一条"，其中内容包括延长租借旅大及南满铁路期限为 99 年，承认日本在中国东三省及内蒙古东部的特权等。1918 年 3 月，日本众议院通过了对中国进行教育侵略的《中国人教育设施建议案》④ 及附加希望条件，申

---

① 关于本段内容在多篇论著及博士论文中都有出现，本文主要参考卢鸿德主编《日本侵略东北教育史》，辽宁人民出版社 1995 年版，第 109 页。

② 齐红深主编：《日本对华教育侵略：对日本侵华教育的研究与批判》，昆仑出版社 2005 年版，第 32 页。

③ 南满洲铁道株式会社总裁室地方部残务整理委员会『满铁附属地经营沿革全史』上卷、東京、龍溪書舎、1977 年、第 324—325 頁。

④ "支那"人教育ノ施設ニ関スル建議ノ件 2020 年 8 月 10 日，https://www. digital. archives. go. jp、国立公文书馆、https：//www. jacar. archives. go. jp/aj/meta/Met-Search. cgi。

明 "助长中国人之教育，融合两国人民之思想，敦进喜邻之谊，确保东洋之和平，政府当视之为急务"。所谓 "希望条件" 是："于留学之中国学生，当予以便利；在中国关内设置日本人经营之高等学校；在中国关内普及日本语之设施。" 1922 年，提出《满洲大学之建议案》，宣称 "日本大陆政策，当移最高文化于满洲，无论何人，均所公认"，决定在 "奉天设立大学，除为文化之中心外，可为各种调查之机关"。[①] 通过以上的建议案可以得知，日本在中国东北推行教育政策时，是在所谓 "保全中国" 的前提下，迅速普及日语，设立高等学校的目的一方面是聚拢对日本统治的认可，另一方面是了解东北各种情报。从后来统计的具体数据可知，日本设立的高等学校中，中国人所占比例远远低于日本人。为了进一步适应日本对中国东北的统治，更加适合对中国东北地区的开发等事项，日本长期保持了适度发展初等学校、保留私塾，控制普通中学发展，重点适量发展中等职业学校的格局。发展职业教育是为了更好地对中国东北地区资源进行掠夺和开发，职业教育尤其是以农业、矿业与商业为主。在满铁附属地因受日本国内财政不景气影响，现有的 5 所中国人的职业学校在 1927 年全部改成招收日本学生的实习所和实业学校。

1914—1918 年的第一次世界大战期间，日本趁第一次世界大战帝国主义列强无暇东顾之际，加速对中国尤其是东北利权的侵夺，在五四运动之后，日本侵略中国的行径不仅受到列强的抵制、国际上的谴责，更受到中国人民的强烈反对。在中国东北，1922 年开始的回收南满教育权运动，取消 "二十一条" 和收回旅大租借地的斗争日益高涨，面对中国人民反对日本侵略的怒潮和出于与英美等帝国主义国家抗衡，日本不断调整对华文化侵略政策。1919 年可以看作满铁在中国推行教育的一大转折时期。满铁的地方部长中川健藏在校长会议上指出 "要为满蒙的奋斗所必需的是青年的教育"，学务科长保保隆一强调了要以满蒙为中心的教育，在其训示中指出，"殖民地之事情于附属地而言就是发展经济与

---

① 辽宁省教育史志编纂委员会编：《辽宁教育史志：中国东北教育史国际学术讨论会专辑（总第九辑)》，辽宁省教育史志编纂委员会 1993 年版，第 67 页。

调和人口，然而如何增殖人口，使本土人欣然移住此地，需要采用积极的对策……如何培养将来能够活跃在这片广阔土地上的日本国民，必须加强日本人的教育""我们要思考的是从小学时代开始，儿童犹如一张白纸"，强调要充分认识到小学教育的重要性，针对附属地中国人的教育问题，强调其根本方针是"共存共荣"，为了实现这一目标，就需要满铁经营机关加强日语教育与教科书的管理，在附属地外的中国地方，探索采用同"中国教育机构协同经营"的方式，并由满铁支付部分补偿金，[①] 保保隆一强调了以"满蒙为中心"教育体系的重要作用。

1923 年，在日本第 46 次帝国会议上，日本政府根据众议院建议提出《对华文化事业特别会计法》，其内容主要有："第一条，因促进对华文化事业设置特别会计，以其岁入充其岁出。第二条，下列之证券归属于本会计：一、依据明治三十四年中国及各国最终议定书第六条之规定，由中国政府受领之四厘利中国债券。二、依据关于解决山东悬案条约第六条及第二十五条，并山东悬案细目协定第十九条之规定，所有由中国政府交付之国库证券中，除去应行交付制造盐业者之部分。三、依据关于解决山东悬案条约第十五条及第十八条，并山东悬案铁道细目协定第四条之规定，所有由中国政府交付之国库证券中，除去归属于赔偿金特别会计之部分。……第五条，本会计以关于左列事业之各费为其岁出：一、关于促进在中国举办之教育、学艺、卫生、救恤及其他文化事业。二、对于居住帝国之中国人民举办与前项同种之事业。三、在帝国举办关于中国学术研究之事业。……第七条，本会计之岁出额，除寄附金之外，每年度不得超过三百万元。"[②] 根据以上内容，日本选择有针对性地对中国教育、艺术等方面进行援助，而这种援助"其构想与其说是为了中国不如说是以日本本国的意图为中心，该文化事业在'九·一八'事变和中日战争后，逐渐沦为日本对中国文化侵略的一个工具"[③]。对华

---

① 南满洲铁道株式会社总裁室地方部残务整理委员会『满铁附属地经营沿革全史』上卷、东京、龍溪书舍、1977 年、第 326—328 頁。

② 具体内容参见《民国外债档案史料》（十二），第 552—553 页。王古鲁编：《最近日人研究中国学术之一斑》（第一册），南京日本研究会 1936 年版，第 248 页。

③ 转引自〔日〕大里浩秋、孙安石编著《近现代中日留学生史研究新动态》，上海人民出版社 2014 年版，第 91 页。

文化事业特别会计法的设立和出台，在一定程度上促进了中国尤其是东北的教育，但不可否认这是日本采取缓进怀柔政策以蒙蔽世人的一种教育文化渗透的手段。

20 世纪 20 年代，中国国内局势因军阀混战、西方国家的干涉而使政局走向错综复杂、扑朔迷离，但中华民族的普遍觉醒和革命势力的日益壮大促进了统一步伐。日本面对中国国内乱局，币原喜重郎提出对华"协调外交"思想，但在币原外交体系下，并非所有人都认同协调外交体制。日本政治体制之内，军部势力对政治话语权的攫取日益增强，在这一时期日本进一步强化对东北的控制，在教育上，主张因地制宜结合实际就地办学培养人才，并要求移居中国东北的日本人努力适应中国东北的水土、气候以及人文环境，从精神与思想上认可中国东北。对日本控制区内的地区尤其是满铁附属地的区域内，设置数量极少的由中国人设立的小学，但是必须经殖民当局批准，必须按照殖民当局制定的教育方针和办学宗旨办学，稍有违反，便予以取缔。1925 年，满铁理事松冈洋右针对一些日本人要求停办公学堂的议论说：不要有"鸡孵鹜卵"的思想，"要具有建立'东北亚洲帝国大厦'的崇高理想"。这表明，满铁附属地的教育"移植"也好，"适地"也好，"乡土化"也好，不管怎样调整，只不过是速度快慢、手段隐显的策略变化，而其为侵略东北、建立东北的殖民帝国服务，却是始终如一不变的。①

二　九一八事变后满铁附属地教育方针

九一八事变后，东北逐步沦为日本的殖民地，为更好地培植亲日势力、同化或削弱中国人的抗日情绪，这一时期殖民主义教育进一步强化，对在东北尤其是满铁附属地的日本人加强所谓的"乡土教育"也就被附着了新的内容。大连第二中学校校长丸山英一提出的《乡土教育意见》具有一定的代表性。其内容为："一、教学上：1. 地理科（1）大量精讲满蒙的人文地志；（2）进一步精讲满蒙与日本之间的文化、产

---

① 齐红深等主编：《日本对华教育侵略：对日本侵华教育的研究与批判》，昆仑出版社 2005 年版，第 33 页。

业、交通及国防等关系。2. 历史科（1）进一步精讲满蒙地方的历史沿革；（2）精讲日本为满蒙所做出的努力与牺牲。3. 理科、动植物、矿物、化学等教材要进一步努力从满蒙取材。4. 把《满蒙概况》作为正式学科，在高年级教授。5. 进一步提倡中国语的教授。6. 设立'满蒙参考室'之类的设施。二、体育上：1. 致力于卫生思想的培养和训练，以及身体的锻炼。2. 进一步谋求体育的普及化。3. 进一步鼓励武道。4. 熟练地掌握手枪、步枪、机关枪的射击技术。5. 鼓励器械体操、骑马、骑自行车运动。三、训育上：1. 培养开拓者的精神与气魄（1）积极、进取的精神；（3）克己、忍耐、坚韧持久的精神。2. 培养国际精神（相互保存、和衷协和）。3. 培养自立、独立精神。4. 养成勤劳精神和加强劳动锻炼。5. 进一步鼓励到满蒙各地远足和修学旅行。"① 上述意见则是明确了皇民教育的理念，这同日本本土的军国主义思想是一致的。满铁经营者认为在殖民地长大的学生缺少对国家的了解，国家意识淡薄，所以在实际教育之中，要时时关注和灌输忠君爱国、自强进取的精神，使他们能够长时期适应在中国东北的生活和完成教育。

对中国学生则是肆无忌惮地推行奴化教育政策，日本学者君岛和彦在《殖民地治的结构》一文中这样写道："包括太平洋战争期间占领的地区在内，日本在所有的殖民地均实施了皇民化政策。皇民化政策的特征，就是完全无视当地的历史和文化，将其纳入日本的版图并强制推行日本化，不仅进行经济方面的掠夺，而且推行拥戴天皇、抹杀民族性的皇民化政策。这就是日本殖民统治的特征。"② 奴化教育的具体特征就是对生活在中国东北的中国人尤其是满铁附属地内的中国人，都不允许称为中国人，只能用"满洲人"或者是"满人"等字样代替，1932 年 12 月，大连市中等学校校长联盟发表《有关改善满洲教育的建议》，在完善教育内容项内提出："对中国人的教育，特别要注意结合生活实际，进行职业性和实务性的教育。"这一时期，殖民地统治当局关于教育方

---

① 卢鸿德主编：《日本侵略东北教育史》，辽宁人民出版社 1995 年版，第 100—101 页。

② 君岛和彦：《殖民地统治的结构》，载［日］浅田乔二编《帝国日本和亚洲》，吉川弘文馆 1994 年版，第 107 页。转引自李娜著《满铁对中国东北的文化侵略》，社会科学文献出版社 2015 年版，第 179 页。

针目的的表述，1933 年《关东厅要览》（关东长官官房调查课编）："日本对中国人进行教育的目的，其一是，因为满洲是日中两国人混居和生活地区，通过教育提高其文化水平，促使从日中两国的地位及历史上认识两国互相亲善，共存共荣的重大意义，从而为亚洲永久和平作出贡献，要使两国国民亲善共荣，只有依靠两国在文化上的融溶一体作基础的教育的力量。"1934 年《关东州的教育设施》（关东厅学务课编）为"完善教育方针，养成（伪）满洲国人正确理解日本的观念"和通过学习日语"了解日本文化"。1938 年《关东局要览》（关东长官官房文书课编）为："对满人子弟的教育方针是培养善良的州民，同时要求他们对我日本帝国及日本人有正确的理解。"①

从上述教育方针中可以看出日本人统治中国东北区域施行的教育政策，是典型的奴化政策。这些政策中，体现了日本人在教育体系中的优越性，更体现了对东北殖民地的绝对控制权。近代日本在明治维新后迅速完成了近代化的转型，从大正向昭和时代转换的过程中，日本加剧了对外侵略扩张的步伐。到九一八事变之后，日本政府更加强化对中国东北的文化渗透与统治，这种文化政策其实质"不过是些军国主义与不断向外扩张侵略结合在一起的，根本不能代表日本优秀文化"，把灌输这种具有明显侵略性质的文化作为对中国人民教育的目的"可想而知在麻醉、毒害精神方面的价值"②。

三 满铁附属地的教育规程

日本获得满铁附属地之后，为了确保其教育的有效性及所谓的"合法性"，确立了诸多教育法规和教育模式，强化推行奴化教育体系，不断完善教育机构的设置、教育制度的修订及教育内容的改变，其最终目的是完善日本的殖民统治体系。1908 年 2 月，满铁根据日本《小学校令》和文部省有关规定，制定了《南满洲铁道附属地小学校规则》

---

① 辽宁省教育史志编纂委员会编：《辽宁教育史志：中国东北教育史国际学术讨论会专辑（总第九辑）》，辽宁省教育史志编纂委员会 1993 年版，第 69 页。
② 辽宁省教育史志编纂委员会编：《辽宁教育史志：中国东北教育史国际学术讨论会专辑（总第九辑）》，辽宁省教育史志编纂委员会 1993 年版，第 69 页。

(1921 年、1928 年、1929 年修订)，并经关东都督府以府令第 91 号予以认可。但为适应地方情况，作了某些调整、补充。如："1. 经满铁总裁认可，可以中国语课代替英语课。2. 根据当地气候条件，暑假规定为 7 月中旬至 8 月下旬，寒假为 12 月 26 日至翌年 1 月 6 日。3. 虽不实行义务教育制度，但儿童满 6 岁时，即作为适龄儿童适时入学。4. 对附属地外的居民征收一定的教育事业委托费，但对居住于小学校设置公费赋课区域内的学生不收学费。5. 根据只有旅顺有中学校、高等女学校各 1 所，满铁设立的大连工业学校也只收部分高等小学校毕业生的情况，可专为毕业于小学校高等科的学生设立补习科。"① 小学教育是最为基础的教育，也是受众面最广的教育，所以加强小学校的教育有利于日本进一步推行殖民教育、奴化教育的关键所在，所以在小学教育法令之中，这些条款的设定看似更有利于学生的学习，实际上则是为了更加强化对殖民地学校教育的管控。此外，《南满洲铁道株式会社中学校规则》也是以日本的《中学校令》为基准，和《关东都督府中学校规则》大体相同。但是《中学校令》规定"设置废止""教学科目""教科书""编成及设备""学费"等各项内容需要得到文部大臣的认可，而《南满洲铁道株式会社中学校规则》只需得到社长的认可即可。②

满铁附属地存续的 30 年间，日本政府制定和颁布了诸多教育法令和法规，有专门针对小学的、中学的、大学的，还有专门针对侨居"海外"的侨民团体开办的教育学校，并颁布了相应的法律法规。1906 年 7 月 31 日颁布《关于关东都督府设置之敕令》，其中"第一条规定关东州，置关东都督府。第二条规定关东都督府置关东都督，都督管辖关东州，兼掌保护监督南满洲铁道线路，并监督南满洲铁道株式会社之业务。第四条规定都督统率部下军队，承外务大臣之监督，统理一切政务"③。在法律上确定了关东都督府有管理满铁附属地的教育行政等权利，所以关东都督府颁布的许多有关教育的法令、法规，

---

① 卢鸿德主编：《日本侵略东北教育史》，辽宁人民出版社 1995 年版，第 516 页。
② 满铁地方部地方课、《南满洲铁道株式会社经营教育设施要览》、1917 年、第 71 页。转引自谢忠宇《满铁附属地学校教育研究》，博士学位论文，东北师范大学，2009 年，第 29 页。
③ 郭富纯主编：《旅顺日俄监狱实录》，吉林人民出版社 2003 年版，第 10 页。

于满铁附属地而言是通用的。现根据《满铁附属地经营沿革全史》
（上卷）和《日本侵略东北教育史》（第156—169页）两部著作的相
关内容，梳理满铁附属地存续期间主要的教育法规，主要法律法规如
表6-1所示。

表6-1　　　　　　　**满铁附属地存续期间主要教育法规梳理**

法规名称	文号	公布、修订时间
关东州小学校官制	敕令49	1907年3月20日
南满洲铁道附属地小学校规则	社则21	1908年2月6日，1921—1929年3次修订
关于附属地小学校学生及毕业生的转、入学问题	文部省告示	1909年3月
南满洲铁道附属地实业补习学校规则	满铁社则	1910年4月，1922年—1931年6次修订
附属地公学堂规则	社则14	1914年3月
满铁附属地公学堂规则	社则1	1914年3月31日
附属地公学堂高等预科规程	社则2	1918年4月，1923年废止
关东州及南满洲铁道附属地在外指定学校规程	厅令16	1919年制定，1923年修订
关东州及南满洲铁道附属地在外指定学校规程	厅令52	1923年10月1日制定，1929年第一次修订
关东州满铁附属地青年训练所规程	厅令33	1927年6月制定
关东州及满铁附属地在外指定学校规则的教员资格的指定	厅告示145	1929年7月制定
关于在朝鲜，中国台湾、关东州及南满铁道附属地授予学位一事	敕令268	1931年11月5日
关于在关东州及南满铁道附属地青年学校一事	敕令91	1935年4月24日
关东州及南满铁道附属地青年学校规则	局令35	1935年4月27日
关于附属地外日本小学校经营委托协定书	满铁总裁、驻满大使	1936年3月31日

第二节　满铁附属地的各种教育体系

一　学校的学制

日本明治维新之后，确立的文明开化政策，使日本学生的受教育程度和普及度迅速提高，到甲午中日战争之前日本的近代学制基本完成。日本在其控制的殖民地区域内实施的教育制度，也基本上是按照日本国内的教育制度设定的。满铁附属地内设置的学校主要有面向日本人和中国人两类，日本人各级学校分为幼儿园、小学校、中学校、高等女学校、专门学校及大学、职业学校等，中国人各级学校分为公学堂、南满中学堂、职业学校等。

1909 年 3 月 23 日，满铁制定《附属地幼儿运动场规则》，规定在"有条件的小学校内设幼儿运动场，招收满 3 岁至 6 岁入学前的幼儿"[①]。1922 年 4 月 1 日，满铁施行"社则"第 22 号即满铁幼稚园规则，规定"将幼儿运动场改为幼稚园，幼儿园设置园长一名，幼儿园乃小学校附属设施"等内容。[②]

针对日本人的教育，小学校分为寻常小学校和高等小学校，在满铁附属地并没有针对日本人施行义务教育制度，一是受教育经费所限，二是满铁附属地狭长区域，不宜施行集中划片教育。附属地内的中学校、高等女学校都要经过关东长官的批准后才能成立，根据南满铁道株式会社中学校规则，规定学习时间为 5 年，高等女学校的学习时间为 3—5年。在满铁附属地内设置高等教育设施按照《专门学校令》《高等学校令》《大学令》办理。"日本为培养在南满铁路工作的医师，1911 年在奉天建立了南满医学堂，日人河西健次为堂长。1922 年改为满洲医科大学，学制为 7 年。1926 年增设 4 年制医学专门部，专招中国学生，并许

---

① 卢鸿德主编：《日本侵略东北教育史》，辽宁人民出版社 1995 年版，第 186 页。

② 大石茜「満洲」における幼児教育の展開——満鉄経営幼稚園の事例から、『幼児教育史研究』2007 年第 12 号、第 20 页。

可中国女生入学。"① 1922 年，南满洲工业学校改为南满洲工业专门学校，学制定为 3 年，1923 年成立满洲教育专门学校。针对日本人的职业学校可以分为实业学校及附设职业教育部、农业工业商业实习所等形式。实业学校依据《实业学校令》分甲、乙两种，学习年限 3—5 年。此外还有实业补习学校。"满铁于 1910 年 3 月制定《南满洲铁道附属地实业补习学校规则》（1931 年 9 月修订），学习年限为 2 年。"② 此外还有实科女学校、家政女学校、工业实务学校、青年训练所、青年学校等。在满铁附属地还设置了师范学校，其中比较有名的有旅顺师范学堂小学校教员养成部。1920 年 6 月，旅顺师范学堂设小学校教员养成部，设本科，学习年限为 1 年，招收中学校毕业生或同等学力者入学；研究科学习年限为 1 年，招收日本本国师范学校毕业者入学。

满铁附属地设置中国人教育的专门学校的时间要相对较晚，1909 年 6 月 15 日"在盖平设立了第一所公学堂，7 月 10 日开学。建校当时有学生 31 人（男），堂长为日人，教员 4 人，中国教员 2 人以嘱托名义聘任。该校规定：公学堂的办学目的是教育满铁附属地清人子弟，其宗旨是：'施之以德育，授之以实学，兼使之学习日语，从而培养有用的良民'。学制定为 4—6 年。在课程设置上，参考清政府《奏定学堂章程》（清光绪二十九年十一月颁布），并增加了一门日本语课"③。1917 年 4 月设立南满中学堂，并颁布相应规则。1916 年 4 月满铁制定《满铁附属地公学堂补习科规程》，规定修业年限为 2 年。

在满铁附属地内设置的中日学校的学制是有差异的，其基本的原则是重视日本人自身的教育，轻视中国人的教育，尤其是中等教育和高等教育。针对日本人的教育已经形成了完整的教育体系，但是针对中国人的中等教育却只有一所南满中学堂。这一问题的出发点是，中国人受教育程度越高，对日本的统治越不利。满铁也没有设立专门针对中国人的高等教育学校，中国人只能进入日本人开设的高等学校学习。1937 年 11 月满洲医科大学有班级数 17 个，学生人数总数为 780 人，中国学生

---

① 李娜：《满铁对中国东北的文化侵略》，社会科学文献出版社 2015 年版，第 111 页。
② 卢鸿德主编：《日本侵略东北教育史》，辽宁人民出版社 1995 年版，第 188 页。
③ 卢鸿德主编：《日本侵略东北教育史》，辽宁人民出版社 1995 年版，第 535 页。

占41.03%，但是大都为预科或者是附属预科（41人全部是中国人），288人的本科生中只有30人是中国人①，从以上数据便可看出满铁附属地内教育的不均衡性。针对中国人的教育，主要重视初等教育及职业教育。满铁附属地内的中国人公学堂教育的年限为6—7年，这大体上是等同于日本小学校的教育年限。

二　学校的师资与教科书

1908年关东都督府颁布了满铁附属地适用的《小学校令实行规则》，第五章职员第二节"学校长及教员的职务与服务"规定："学校校长及教员要深刻领会教育敕语的精神实质，遵纪守法，忠诚于其职务。"② 这一条是对教职员工职责的规定，更是日本《教育敕语》在满铁附属地的一个缩影。1890年，日本明治天皇发布的《教育敕语》中："朕惟我皇祖皇宗，肇国宏远，树德深厚，我臣民克忠克孝，亿兆一心，世济厥美。此我国体之精华，而教育之渊源亦实存此。尔臣民，孝于父母，友于兄弟，夫妇相和，朋友相信，恭俭持己，博爱及众，修学习业，以启发智能，成就德器，进广公益开世务，常重国究，遵国法，一旦缓急，则义勇奉公，以扶翼天壤无穷之皇运。如是，不独为朕之忠良臣民，亦足以显彰尔祖先之遗风矣。""斯道也，实我皇祖皇宗之遗训，而子孙臣民所宜俱遵守，通之古今不谬，施之中外不悖。朕与尔臣民俱拳拳服膺，庶几咸一其德。"③

《教育敕语》对教育的高度重视，推行教育立国，《教育敕语》推崇的"亿兆一心"和"上下一体"。这一点在1908年的《小学校令实行规则》中有很好的体现。另外1913年4月日本政府设立了教员讲习所。教员讲习所分为甲科和乙科，其中"甲科主要是培养针对日本人的教育，乙科是培养针对中国人的教育的"，修业年限为一年，并规定了甲科的学习科目有中国语、中国概况、日语教法等，乙科学

① 卢鸿德主编：《日本侵略东北教育史》，辽宁人民出版社1995年版，第590页。
② 卢鸿德主编：《日本侵略东北教育史》，辽宁人民出版社1995年版，第288页。
③ 官報、1890年10月31日、见http：//dl. ndl. go. jp/info：ndljp/pid/2945456/2。

习的科目主要有日语、教育学、体操等。① 1915 年 4 月，教员讲习所改名为教育研究所，扩大了原来讲习所的范畴，将对"满蒙"地方的调查纳入其职责范围内，并负责编纂相关书籍。出刊的相关书籍主要有《满洲植物目录》（1930 年）、《研究要报》1—6 辑（每年四期）、《满洲学校园植物要览》（1920 年）、《声音练习中国语读本》（1922 年）等。教育研究所还公布了《教育研究所讲习规程》，涵盖了"主要包括小学教育部讲习和中国人教育部讲习；小学教育部讲习是对满铁小学校教员进行必要事项的讲习，中国人教育部讲习是对满铁中国人教育教员进行必要事项的讲习。小学校教育部讲习科目是日本语教授法、小学校国语读本研究、古典汉语、教育、伦理、理科实验及手工图画。但讲习科目根据情况可以酌情改变。中国人教育部讲习科目是中国语、中国文、中国概况及日语教授法"②。1920 年满铁修改了《教育研究所讲习规程》，公布了《教育研究所教育从事员养成规程》，关于任用资格，根据 1923 年 10 月，关东厅令《关东州及附属地在外指定学校指定规则》规定："讲授小学校课程的在外指定学校的训导必须持有小学校正教员证书；准教员必须持有小学校准教员证书；学校长必须持有小学校本科正教员证书。除此之外，关东长官认为必要时还可指定某些人充任上述职务，讲授中学校、高等女学校课程的在外指定学校的教谕、助教谕必须持有中学教员证书或高等女学校教员证书。但在讲授高等女学校课程的在外指定学校里，担任二年级以下的课程可以持有小学校本科正教员证书者或关东长官指定的讲授小学课程的在外指定学校的训导充任。"讲授实业学校课程的在外指定学校的教谕、助教，必须具备下列条件之一："1. 有学位者；2. 官、公立大学毕业并可获得学士学位者；3. 文部省指定可充任实业学校教员者；4. 持有实业学校教员证书者。在前二项规定之外，在加设中国语、俄语或其他特殊学科的中学校、高等女学校或实业学校课程的在外指定学校里，可由关东长官指定某些人充任教谕、助教担

---

① 南满洲鉄道株式会社総裁室地方部残務整理委員会『満鉄附属地経営沿革全史』上卷、東京、龍渓書舎、1977 年、第 603—604 頁。

② 满铁地方部地方課、《南満洲鉄道株式會社経営教育設施要覽》、1917 年、第 150 頁。

任上述职务。"①

1924 年，设立了教育专门学校，其主要职责是培养教育研究所教员，教育研究所的课程主要有以下科目（见表6–2、表6–3）。②

表6–2　　　　　　　　　　**教育研究所共同科目课程**

共同科目	教学时数	主要内容
教育心理及教育实习	4	教育思潮、殖民教育事情等
地理及历史	4	满洲及东亚地理、东洋历史
理科	5	满洲特殊的理科教材
中国语	12	
"满洲"概况	1	满洲民族风俗及一般事情
体操	3	
音乐	1	
合计	30	

表6–3　　　　　　　　　　**教育研究所选择科目课程**

选择科目	地理及历史	理科	国语	数学	音乐	图画与手工
教学时数	6	6	6	6	6	6

根据统计，教员讲习所的研修人数按年度统计如表6–4所示。

表6–4　　　　　　　　　　**教员讲习所研修人数统计**

年度	日本人	伪满洲国人	合计
1913 年	10	6	16
1914 年	8	4	12

①　以上内容参见卢鸿德主编《日本侵略东北教育史》，辽宁人民出版社 1995 年版，第292 页。

②　南满洲铁道株式会社总裁室地方部残务整理委员会『満鉄附属地経営沿革全史』上卷、東京、龍渓書舎、1977 年、第607—608 頁。

续表

年度	日本人	伪满洲国人	合计
1915 年	43	—	43
1916 年	30	—	30
1917 年	35	—	35
1918 年	27	—	27
1919 年	19	—	19
1920 年	63	—	63
1921 年	48	—	48
1922 年	40	4	44
1923 年	14	—	14
1924 年	7	—	7
1925 年	30	—	30
1926 年	—		
1927 年	—		
1928 年	26	—	26
1929 年	17	—	17
1930 年	20	—	20
1931 年	7	—	7
1932 年	2	—	2

数据来源：南満洲鉄道株式会社総裁室地方部残務整理委員会『満鉄附属地経営沿革全史』上巻、東京、龍渓書舎、1977 年、第 609—610 頁。

教科书作为教育的重要载体，日本在侵略中国东北的时期内，十分重视教科书的编纂工作。日本文部省审定的教科书，成为日本殖民统治东北时期的教材。为了适应东北的实际情况，也编纂了一些适合中国东北地区的教材。

1913 年 7 月，满铁设立私立教育研究会，并规定了研究的主要内容，针对中国人设定两个组别，第一组包括长春公学堂、长春日语学堂、开原公学堂、铁岭日语学堂，第二组是辽阳、盖平、熊岳城、瓦房店等各公学堂等。1914 年，关东都督府设教科书编辑委员会，决定由修身、汉文两科着手，开始编纂公学堂用教科书。1917 年，满铁地方部、教育研究所召开教科书编纂协议会，确定了编纂书目，着手编纂在满日本人初等学校儿童用补充教科书。为了适应日本人在中国东北的教育即"满洲适应主义"，1920 年 4 月开始着手"编辑《满洲补充教科书寻常五年用地理算术部》《满洲理科教科书寻常四年及五年用》，1921 年 10 月也完成了《满洲补充教科书寻常六年用、历史、地理、算术部》的编纂工作"①。1922 年 1 月南满洲教育会教科书编辑部正式隶属于南满洲教育会，负责编辑并发行日本人用的补充教科书的编纂工作。

根据南满洲铁道株式会社总裁室、地方部残务整理委员会编纂的《满铁附属地经营沿革全史》上卷（第 625—626 页）的统计，可以发现，和日本国定教科书并用的教材主要有修身、国语、算术、地理、历史、唱歌、体操，而理科、家事及中国语不适用日本国定教科书，只使用由南满洲教育会教科书编辑部编纂的补充教材。

中国人学校使用的教材，在日本刚刚侵占满铁附属地时，为了减少中国民众的反抗情绪，殖民当局尽量选用中国清政府或者是中华民国出版的教材，只是强化了日语教育。例如公学堂初等科教科用书如表 6 - 5 所示，这些由上海商务印书馆出版的教科书里面含有大量的反日、揭露日本人侵略活动的内容，由是满铁在地方科下设置了编辑系，后教科书的编纂工作由"南满洲教育会"承担。

表6 - 5 公学堂初等科教课用书情况表

	第一学年		第二学年		第三学年		第四学年	
	书名	出版单位	书名	出版单位	书名	出版单位	书名	出版单位
修身	新修身一、二	上海商务印书馆	同上三、四	上海商务印书馆	同上五、六	上海商务印书馆	同上七、八	上海商务印书馆

① 南満洲鉄道株式会社総裁室地方部残務整理委員会『満鉄附属地経営沿革全史』上卷、東京、龍渓書舎、1977 年、第 622—623 頁。

续表

	第一学年		第二学年		第三学年		第四学年	
	书名	出版单位	书名	出版单位	书名	出版单位	书名	出版单位
中国语	新国文一、二	上海商务印书馆	同上三、四	同上	同上五、六	同上	同上七、八	同上
日本语	日本语读本	大连大阪屋号书店	同上三、四	同上	同上五、六	同上	同上七、八	同上
算术	新算术	上海商务印书馆	同上	同上	同上	同上	同上	同上
手工			口授		同上		同上	
图画			口授		同上		同上	
唱歌					口授		同上	
体操					口授		同上	
裁缝及手工					口授		同上	
农业					口授		同上	
商业					口授		同上	

数据来源：南满洲铁道株式会社総裁室地方部残務整理委員会『満鉄附属地経営沿革全史』上巻、東京、龍渓書舍、1977 年、第 620—621 頁。

　　1922 年之后，满铁陆续编出公学堂用教科书，但是满铁所用教材十分混乱，并没有形成完整的统一的教材体系。直到 1929 年，满铁附属地的公学堂都已使用了南满洲教育会教科书编辑部新编的日语、算术、理科、图画、唱歌等教材。1931 年九一八事变之后，中国东北成为日本的殖民地，日本统治者将教材中凡是不利于日本统治、揭露日本残暴罪行的内容一并删除，1932 年 4 月，满铁附属地公学校修改了初级用修身、中国语、地理、历史等教科书，后对涉及中国历史的教科书进行大肆修订，在教科书中充斥着日本军国主义思想，鼓吹日本占领有理的思想，尽可能排除掉一切具有反对日本统治的内容，强化日本殖民统治。

第三节 满铁附属地的各类型教育

日俄战争之后签订的《朴茨茅斯条约》，其中"第四条：日、俄两国彼此约定，凡中国在满洲为发达商务工业起见，所有一切办法，列国视为当然者，不得阻碍。第五条：俄国政府以中国政府之允许，将旅顺口、大连湾并其附近领土、领水之租借权内一部分之一切权利及所让与者，转移与日本政府，俄国政府又将该租界疆域内所造有一切公共营造物及财产，均移让于日本政府。两缔约国互约前条所定者，须商请清国政府允诺，日本政府允将居住前开各地内之俄国臣民之财产权，当完全尊重。第六条：俄国政府允将由长春（宽城子）至旅顺口之铁路及一处支路，并在该地方铁道内所附属之一切权利财产，以及在该处铁道内附属之一切煤矿，或为铁道利益起见所经营之一切煤矿，不受补偿，且以清政府允许者均移让于日本政府"①。1905 年 12 月 22 日，清政府代表庆亲王奕劻等人被迫于1905 年 12 月 22 日与日本代表签订了《中日东三省事宜条约》，包括《正约》三款、《附约》十二款及附属规定十六款。其中关于满洲权利的转移有如下规定：关于承认《朴茨茅斯条约》中，俄国让与日本的权益方面，包括下列条文："《正约》第一款：中国将俄国按照日俄和约第五款及第六款允让日本之一切，概行允诺。《正约》第二款：日本承允按照中俄两国所订借地及造路原约实力遵行，嗣后遇事随时与中国妥商厘定。"② 这是日本从条约上顺利攫取了中国东北南部的利权，其中也包含有教育权。但是在满铁附属地内施行的教育，因附属地的合法性在国际上备受质疑，所以日本采取了委托给股份公司满铁进行经营的私立教育机构。

---

① 复旦大学历史系中国近代史教研组：《中国近代对外关系史资料选辑（1840—1949）》上卷第二分册，上海人民出版社 1977 年版，第 198 页。

② 薛子奇、刘淑梅、李延龄：《近代日本"满蒙政策"演变史》，吉林人民出版社 2001年版，第 38 页。

一　小学教育

满铁是日本侵略中国东北的一个重要机构。1906 年 1 月，日本政府设立了"满洲经营调查委员会"，研究"经营满洲"的方略。6 月 7 日，以敕令第 142 号公布了《南满洲铁道株式会社设立之件》①，全文内容共22 条，规定股票"限于日清两国政府及日清两国人持有"（第二条），而日本"政府得以满洲之铁路及其附属财产和煤矿充其出资"（第三条）；规定会社设总裁、副总裁各一人，理事四人以上，均由政府任命（第八条、第九条）。这些规定实际上使满铁对附属地的经营权与行政权管理有了合法性。同年 8 月 1 日以秘铁第 14 号文件向设立委员下达了递信、大藏、外务三大臣命令书。② 而"不能公之于世的秘密事项均载于命令书中，所以，更为重要的是命令书，它才是满铁一切经营活动必须遵循的根本大法"③。在这份命令书中第三条："该社在沿线主要车站，须设置为旅客之食宿及贮藏货物所必需之各种设备。在线路到达港湾地点，须修建在水陆运输之联络上必要之设备。第四条："该社为铁路之利益，得经营下列附属事业：矿业，特别是开采抚顺及烟台之煤矿；水运业；电气业；主要铁路货物之委托贩卖业；仓库业；于铁路附属地经营土地及房产；其他经政府许可之营业。"第五条明确规定，"该社经政府认可，在铁路附属事业用地内，进行土木、教育、卫生必要设施的建设"。这份命令书将满铁附属地的教育都纳入了满铁的经营范围。满铁附属地内的学校，满铁成立初期采取了直营、补助金、委托经营等方式。满铁直营小学校始于瓦房店寻常高等小学校、大石桥寻常高等小学校、辽阳寻常高等小学校。而对辽阳语学传习所、吉林中日语学校、安东中日语恳亲学堂、奉天外国语学校是以补助金的方式进行经营。营口寻常高等小学校、奉天公立小学校、铁岭小学校等是满铁把附属地的小

---

① 《明治三十九年·勅令第百四十二号·南满洲铁道株式会社ニ関スル件》、国立论文书馆、2018 年 8 月 20 日、https：//www. digital. archives. go. jp/das/image/F0000000000000020777。

② 《南满洲铁道株式会社関係法令》、2018 年 8 月 20 日、国立論文書館、https：//www. digital. archives. go. jp/das/image/M0000000000005073675。

③ 苏崇民：《满铁史》，中华书局 1990 年版，第 17 页。

学教育委托给居留民团，并支付委托费用。

1908 年 2 月，满铁颁布了《南满洲铁道附属地小学校规则》[①]（社则第 21 号），开始了正式的满铁附属地日本人教育。规定凡"此以后在东北的日本人教育分为关东州和'州外'两个体系"。虽然分成两个体系，但是由于都在日本的统治之下，所以没有明显的差别。满铁的小学规则也不得不以《关东州小学校规则》为基准。《规则》第一条规定："小学校作为内地人（指日本人）儿童教育场所，应以留意儿童的身体发育，授之以道德教育和国民教育之基础及生活上必须之普通知识技能为宗旨。对在东北的日本人子弟教育，也是全面依据文部省的'国定教科书'精神，彻底普及日本国内的教育内容，以同母国保持一体为要旨。"[②] 附属地中国人的初等教育，开始于 1909 年 6 月，"即殖民当局在日本人小学校教育创建基本就绪之后，于盖平为中国人办了第一所小学校。附属地中国人的初等学校名称开始叫公学堂"[③]，之后在各地设置的公学堂逐年增加。当时设立盖平公学堂，招生 31 人，参照清政府《奏定学堂章程》定学制为 4—5 年，每周 30 课时中有 6 课时是日语。

1915 年 11 月 10 日，满铁制定了《满铁附属地小学校儿童训练要目》五条要目，具体如下："第一，深刻领会我国国体的尊严渊源，努力于培养国民道德。第二，炼身心，培养刚健的气质。第三，了解帝国所处的地位，培养随土而安的思想，生活朴素，勤劳不懈。第四，同胞之间团结友爱，共同努力发扬国威。第五，维护日本国民的品格，赢得

---

① 满铁地方部地方课编纂的《南满洲铁道株式会社经营教育设施要览》（1917 年度，第71 页）上《南满洲铁道附属地小学校规则》部分内容如下：第一章总则　第一条、小学校的要旨及种类依照小学校令第一条及第二条第一项、第二项规定。第二条、小学校名称在寻常小学校、高等小学校及寻常高等小学校前加地名。第三条、小学校的成立、废除及儿童通学区域由总裁决定。第七条、各教学科目的目的及程度，小学校使用的假名及其字体、字音、拼写、汉字，各学年的课程、每周课时数、教授细目及课程的修了、毕业都依照明治三十三年文部省令第十四号至第二十四号之规定。第三十九条、由于特殊情况，把教育事务委托给附属地外的小学校时，出张所所长须经总裁认可。

② 王希亮：《东北沦陷区殖民教育史》，黑龙江人民出版社 2008 年版，第 18 页。

③ 武强：《日本侵华时期殖民教育政策》，辽宁教育出版社 1994 年版，第 78 页。

外人的信赖。"① 在这种情况之下，"日本在中国东北大力开办学校，1909 年，满铁附属地公学校学生人数仅为 31 人，到 1920 年，附属地盖平、长春、瓦房店、熊岳城、开原、四平街、公主岭、奉天、抚顺、松树 10 所公学校的学生人数就已达 1400 人"②。满铁附属地内小学校共 47 所，其概况见表 6 – 6。

表 6 – 6　　　　　　　　　　满铁附属地内小学校概况

学校名	所在地	设立年月	学级数	职员总数	儿童总数
瓦房店寻常高等小学校	瓦房店	1907. 9	14	16	401
熊岳城寻常高等小学校	熊岳城	1914. 4	4	6	112
盖平寻常小学校	盖平	1937. 4	4	3	49
大石桥寻常高等小学校	大石桥	1907. 6	14	17	447
海城寻常高等小学校	海城	1914. 4	7	10	169
营口寻常高等小学校	营口	1906. 5	16	20	633
鞍山富士寻常高等小学校	鞍山	1919. 3	22	38	957
鞍山大宫寻常小学校	鞍山	1937. 11	22	25	1037
鞍山曙寻常小学校	鞍山	1934. 1	10	11	369
辽阳寻常高等小学校	辽阳	1906. 9	15	17	651
烟台寻常小学校	烟台炭坑	1937. 4	3	5	40
苏家屯寻常高等小学校	苏家屯	1932. 3	14	18	494
奉天（沈阳，下同）高等小学校	奉天	1935. 12	16	24	676
奉天春日寻常小学校	奉天	1908. 4	24	31	1201
奉天千代田寻常高等小学校	奉天	1927. 3	16	25	583
奉天弥生寻常小学校	奉天	1922. 7	35	42	1643
奉天加茂寻常小学校	奉天	1930. 4	24	27	1029
奉天平安寻常小学校	奉天	1934. 1	28	34	1284

---

① 伊豆井敬治『南満州鉄道附属地にかける学校と図書館并会社公共施設の発展』、南満州鉄道株式会社、1939 年、第 855 頁。

② 齐红深：《日本侵华教育史》，转引自李娜《满铁对中国东北的文化侵略》，社会科学文献出版社 2015 年版，第 176 页。

续表

学校名	所在地	设立年月	学级数	职员总数	儿童总数
奉天高千穗寻常小学校	奉天	1935.1	26	30	1181
奉天葵寻常小学校	奉天	1937.1	24	30	1032
奉天敷岛寻常小学校	奉天	1906.10	16	19	636
奉天城东寻常小学校	奉天	1937.4	6	8	264
铁岭寻常高等小学校	铁岭	1907.4	14	17	482
开原寻常高等小学校	开原	1914.4	11	15	330
昌图寻常高等小学校	昌图	1908.5	4	5	69
泉头寻常小学校	泉头	1936.11	3	3	30
四平街寻常高等小学校	四平街	1914.4	23	28	826
公主岭寻常高等小学校	公主岭	1907.11	16	19	633
范家屯寻常小学校	范家屯	1935.4	3	4	66
"新京"（长春，下同）室町寻常高等小学校	"新京"	1908.5	25	31	1082
"新京"西广场寻常小学校	"新京"	1925.11	26	31	1232
"新京"白菊寻常小学校	"新京"	1934.12	24	29	1153
"新京"八岛寻常小学校	"新京"	1935.1	25	28	1031
"新京"樱木寻常小学校	"新京"	1936.1	20	26	1014
"新京"三笠寻常小学校	"新京"	1936.1	18	21	676
"新京"顺天寻常小学校	"新京"	1937.1	17	21	730
本溪湖寻常高等小学校	本溪湖	1912.4	14	17	542
桥头寻常小学校	桥头	1912.4	5	6	104
连山关寻常高等小学校	连山关	1914.11	4	6	125
鸡冠山寻常高等小学校	鸡冠山	1912.4	4	5	124
凤凰城寻常小学校	凤凰城	1936.4	3	4	79
安东大和寻常小学校	安东	1906.10	30	35	1481
安东朝日寻常高等小学校	安东	1923.1	19	27	876
抚顺东公园寻常小学校	抚顺	1907.11	13	15	587
抚顺永安寻常高等小学校	抚顺	1920.6	24	30	1010

续表

学校名	所在地	设立年月	学级数	职员总数	儿童总数
抚顺新屯寻常小学校	抚顺	1928.10	9	11	315
抚顺东七条寻常高等小学校	抚顺	1932.11	24	27	130

数据来源：南满洲铁道株式会社総裁室地方部残务整理委员会『满铁附属地経营沿革全史』上卷、東京、龍渓書舎、1977 年、第 404—406 頁整理。

针对日本人的教育，满铁曾提出了要以"满蒙为中心"的教育体系和理念，借此以强化生活在中国东北的日本人的教育，将东北视为今后生活工作的地方，但是生活在日本国土之外的日本人，尤其是生活在中国东北的日本人，其本源和初衷并非想在这里生活，多数是在日本国内的生活发生了变故才迁居于此，这对他们而言，东北并不是故乡，所以来到中国东北的日本人依然保持着在日本的风俗习惯，心中的日本情结依旧。此外，根据《关东厅国势调查记述篇》的记载，在中国东北居住10 年以上的日本人占在东北居住日本人比例的 18.6%，居住 15 年以上者只有 16.5%。虽然如此，但是满铁学务科科长保保隆一在 1920 年 3月召开的附属地小学校长会议上，明确强调了"满蒙为中心"的教育思想。

在针对日本人的教育中，还将中国语教育与体育教育作为主要课程，强化中国语的教育也是贯彻"满蒙为中心"教育的一个主要方式方法，满铁教育研究所在其发表的《关于改善中国语教授问题》报告中，提到中国语的必要性："在我日本民族的发展上，满蒙是具有极为重要的意义，这是人人皆知的事情。正因为这样，满铁才在这方面投资兴建了许多开发满蒙资源的设施。然而，这必须一方面靠有大量的日本人来此地，并永远居住此地；另一方面，要与当地人和睦相处，共同合作，方能达到这一目的。如果承认这一点，那么做一个殖民者的日本人去熟悉并会讲当地中国人的语言，就是一个至关重要的事情了。就一般常识来说，外国殖民者掌握当地人的语言，对殖民地经营来说是至关重要的这一道理，从列强过去的做法中可以得到证明。……在小学校所学的科目中强制增加中国语的学习，不管怎么说从幼年时代开始学习外语也是重要的，能够提升教授的效果。"① 此外，在这份报告中还列举了每周的学习课时和学习方法，根据 1925 年 3 月 27 日《在高等小学校设置中国语为必修科》（地方学第 907）的通知，批准设置中国语为满铁附属地小学校必修科，具体规定如下："一、高等小学校的外语课以中国语为主，按必修科授课。二、授课时数，各年级都是男生 4 课时以内，女生 2 课时。三、课程以日常浅近的会话与简单的文字、文章的阅读和听写为主，要使学生能够达到运用自如的程度。"②

针对中国人的教育，主要是 1914 年 3 月颁布经过修改的《南满洲铁道附属地公学堂规则》，在这份规则中，将学制改为初等科 4 年，高等科 3 年，设置日语是必修科目。此后由于中国国内形势的变化，反对日本提出的"二十一条"，日本在满铁附属地推行的教育也进行部分修订。众所周知，1922 年结束的华盛顿会议上签订的《九国公约》中明确了尊重中国主权与独立暨领土与行政之完整，在这种背景之下，1923 年 4 月，颁布了第三次修改的《南满洲铁道株式会社公学堂规则》，"设预科（在高等科里）和补习科，学习期间皆为 1 年。补习科招收高等科毕业者或同等程度者入学"③。在新修改的公学堂规则中，将一直沿用的"支那人"改成了"中国人"，虽然只是称谓上的变化，但这是反映中国东北国权收回运动的成效，也是日本强调民族融合政策的具体体现，这种融合也是日本扩大在中国东北教育权利的具体体现。

满铁附属地公学堂设置了初等科和高等科，据统计，在初等科基础上增设高等科的学校只有长春公学堂和辽阳公学堂。满铁设置高等科的目的是进行"国际教育、精英教育"，采取了允许满铁附属地外学生入学的方针。满铁的教育政策和中国人经济能力的提高，使得中国人子女接

---

① 南满洲铁道株式会社総裁室地方部残务整理委员会『満铁附属地経営沿革全史』上卷、東京、龍渓書舍、1977 年、第 381 頁。

② 南满洲铁道株式会社総裁室地方部残务整理委员会『満铁附属地経営沿革全史』上卷、東京、龍渓書舍、1977 年、第 384—385 頁。

③ 卢鸿德主编：《日本侵略东北教育史》，辽宁人民出版社 1995 年版，第 192 页。

受教育的机会增加。据《满铁经营学事统计表》可知，满铁附属地公学堂毕业学生的去向，进入日本学校的比例有6—7成，1925年毕业人数为407人，进入日本学校的为280人，进入中方学校者4人。①

日本对中国东北的教育正是在九一八事变后，随着伪满洲国的成立，殖民地奴化教育急剧升温，祸及东北全境。1932年6月，满铁附属地教育当局召开伪满洲国教育学校校长会议。会议做出了恢复学科名称和内容的决议，还提出了扩大日语教学的建议。同年4月至1933年4月，各地公学校使用了修改的初级用修身、伪满洲国国语、高级用修身、地理、历史等教科书。

二　中等教育

满铁附属地内的小学校设置比较普遍，针对日本人的小学教育尤多，由于满铁附属地的小学校经过5—6年的教育，这些学生需要进一步学习，急需满铁附属地设置中学校接纳。根据南满洲铁道株式会社总裁室、地方部残务整理委员会1939年编纂的《满铁附属地经营沿革全史》② 数据，1907年，满铁附属地有小学校5所，教职员14人，仅仅有262名在校学生，仅有32名学生毕业。到1914年，有小学14所，在学小学儿童3099人，到了1919年，满铁附属地小学校学生达到7685人，毕业生人数也猛增至1136人。数量巨大的小学毕业生，如何进行继续教育，这也是非常困难的事情。

日本在中国东北设立的最早的中学校是关东都督府中学校（后改为旅顺中学校、日本男子中学），创校于1909年5月7日，满铁附属地的小学生毕业后，仅有少量学生升入这所中学，满铁附属地的小学毕业生进入关东都督府中学校，由于附属地距离关东都督府中学校都比较远，入学学生需要住宿，并需高额宿舍费。虽然此后日本还设立了关东都督府高等女学校、旅顺第二中学和旅顺高等学校（1940年创办日本高级中学），但是距

---

① 《满铁经营民事统计表》，1931年度第92页，转引自谢忠宇《满铁附属地学校教育研究》，博士学位论文，东北师范大学，2009年。

② 南满洲铁道株式会社総裁室地方部残务整理委员会『满铁附属地经营沿革全史』上卷、東京、龍溪书舍、1977年、第400頁。

离附属地都比较远。鉴于此，1917 年，满铁附属地的部分家长提出设立中学校的请求。1919 年 2 月，设置奉天中学堂，1920 年 2 月设置奉天高等女学校，同年 9 月设置长春商业学校，正式开始满铁附属地内的中等教育。"最初设立的奉天高等女学校是五年制，1922 年设立的抚顺高等女学校是三年制"①，但是 1934 年 4 月在鞍山设立女学校时，基本上按照四年制设立。此外，附属地内设置的中学校教育，也是将中国人与日本人分开的，针对中国人的中等教育，始于 1917 年设立的南满中学堂。到 1937 年年末，南满中学堂的教师、年级设置及学生数量见表 6 - 7。

表 6 - 7　　　　　　南满中学堂教师、年级、学生数量情况

年度	教师数量	年级数（含本科、预科和日语专修科）	学生数（含本科、预科、日语专修科）	毕业人数（含本科和日语专修科）
1917	10	4	57	
1918	18	7	104	10
1919	19	7	114	14
1920	25	7	122	18
1921	22	7	109	18
1922	20	7	150	21
1923	21	7	173	17
1924	21	7	237	25
1925	23	8	212	21
1926	31	9	254	17
1927	27	9	314	44
1928	28	9	261	41
1929	28	9	297	41
1930	32	9	309	46
1931	29	9	236	38

① 南满洲铁道株式会社総裁室地方部残务整理委员会『満鉄附属地経営沿革全史』上巻、東京、龍渓書舎、1977 年、第 448 頁。

年度	教师数量	年级数（含本科、预科和日语专修科）	学生数（含本科、预科、日语专修科）	毕业人数（含本科和日语专修科）
1932	25	8	281	64
1933	32	9	318	63
1934	32	10	370	73
1935	33	10	407	86
1936	33	10	437	98
1937	33	11	488	

数据来源：南満洲鉄道株式会社総裁室地方部残務整理委員会『満鉄附属地経営沿革全史』上巻、東京、龍渓書舎、1977 年、第 524—525 頁。

1921 年 6 月，满铁公布了《南满洲铁道株式会社中学校规则》（社则第 7），其中包括学习的科目分为修身、日本语及汉文、英语、中国语、历史、地理、数学、博物及化学、法制及经济、实业、图画、唱歌、体操。法制及经济、实业、唱歌设为选修科。除特殊情况外，均需开设中国语科。

小学生升入中学需要经过考核和选拔。例如 1928 年 1 月，颁布的中等学校入学者选拔办法中明确规定了具体措施，规定了学业成绩都需要两学年的成绩，并规定了口头考试的具体内容及评语等，还有最后的体检具体内容等。1929—1933 年有关入学的比例具体情况，请见表 6 - 8。

表 6 - 8　　关于 1929—1933 年各中等学校入学者的调查（括号内为著者加）

学校名	年度	参加考试者	合格者	百分比（%）
鞍中（鞍山中学校）	1929	138	92	66.67
	1930	139	92	66.19
	1931	133	90	67.67
	1932	139	90	66.91
	1933	143	89	63.64

学校名	年度	参加考试者	合格者	百分比（%）
奉中 （奉天第一中学校）	1929	250	148	69.20
	1930	212	147	69.14
	1931	201	148	73.63
	1932	220	149	67.75
	1933	312	194	62.18
京中（"新京"中学校）	1933	248	100	40.32
抚中 （抚顺中学校）	1929	129	88	68.32
	1930	133	88	66.17
	1931	157	91	57.96
	1932	159	89	55.97
	1933	186	90	48.39
京商 （"新京"商业学校）	1929	182	92	50.55
	1930	157	87	55.41
	1931	123	85	69.67
	1932	137	91	66.42
	1933	259	95	36.68
奉女	1929	154	98	63.64
	1930	144	100	69.44
	1931	138	101	73.19
	1932	181	150	82.87
	1933	235	150	63.83
京女	1929	100	96	96
	1930	103	100	97.09
	1931	96	96	100
	1932	116	91	78.45
	1933	167	95	56.89
安女 （安东高等女学校）	1929	134	94	70.15
	1930	125	92	73.06
	1931	146	96	76.80
	1932	143	91	76.47
	1933	180	95	59.38

学校名	年度	参加考试者	合格者	百分比
抚女 （抚顺高等女学校）	1929	131	98	82.61
	1930	125	100	84.62
	1931	147	99	76.74
	1932	142	100	79.84
	1933	191	100	61.73

数据来源：南満洲鉄道株式会社総裁室地方部残務整理委員会『満鉄附属地経営沿革全史』上巻、東京、龍渓書舎、1977年、第459—462頁。

1931年，日本修改了《中学校令》。同年4月，《南满州铁道株式会社中学校规则》也随之修改，满铁颁布了新的《南满州铁道株式会社中学校规则》，新规则阐发的中学校教育宗旨是："中学校是在小学校的基础上，实施更高程度的道德教育及国民教育，并培养生活中有用的普通智能及体育训练，在此过程中要注意以下事项：一、依据教育敕语精神，在教育全过程中进行道德教育，引导学生实践躬行，特别注意国民道德之培养，体会我建国本义和国体尊严，明晓忠孝大义，坚定信念。二、养成独立自主精神及爱好勤劳之习惯，涵养讲合作重责任的观念。三、注意国际道德培养，注重协作融和精神。四、开发智力，注重培养对社会生活切实有用的智能。五、强健身体磨炼精神，养成阔达之风气。"①

到1937年，满铁附属地内有针对中日两国的学校18所，共有18个年级9432人。具体情况见表6-9。

满铁附属地内的中等教育在课程上，设置了中国语作为必修科，但是满铁内部对比还是有很大争议的。满铁附属地，"从一年级开始每个年级都至少设置一个学时的中国语，开设中国语只是培养日常的应用会话。由于学生经常入学、退学，流动性很高，其中国语水平也参差不齐，经常是学过4年中国语的学生和初学者在同班学习，虽然这只是个

①　满铁地方部学务课：《南满洲铁道株式会社学事关系规程》，1933年，第22页。转引自谢忠宇《满铁附属地学校教育研究》，博士学位论文，东北师范大学，2009年。

体的经历，但多少可以折射出当时中国语科的开设状况"①。

表 6 - 9 1937 年 11 月中等学校现状

学校名称	设立年月	年级数量	职员数	学生总数
鞍山中学校	1923.1	10	30	439
奉天第一中学校	1919.2	20	48	972
奉天第二中学校	1936.1	8	23	417
"新京"中学校	1933.4	17	41	879
安东中学校	1925.1	10	27	423
抚顺中学校	1923.1	13	33	481
南满中学堂	1917.3	11	33	362
鞍山高等女学校	1934.3	9	22	452
奉天浪速高等女学校	1920.2	15	34	750
奉天朝日高等女学校	1925.2	15	28	770
"新京"敷岛高等女学校	1923.1	15	33	784
奉天锦之丘高等女学校	1926.1	8	19	383
安东高等女学校	1923.1	11	28	522
抚顺高等女学校	1922.2	14	25	563
公主岭农业学校	1936.2	2	9	87
抚顺工业学校	1936.2	12	60	179
辽阳商业学校	1936.2	4	16	166
"新京"商业学校	1920.3	14	39	677

数据来源：南满洲铁道株式会社总裁室地方部残务整理委员会『满铁附属地经营沿革全史』上卷、東京、龍溪書舍、1977 年、第 464—465 頁。

满铁附属地内还有专门的女子中学校教育，1920 年 2 月，满铁成立了奉天浪速高等女学校，有关毕业情况统计表见 6.10。1921 年 4 月

———————

① 谢忠宇：《满铁附属地学校教育研究》，博士学位论文，东北师范大学，2009 年。

满铁发布《南满洲铁道株式会社高等女学校规则》，满铁附属地内女子学校的特点之一就是退学率较高，一方面是由于中国国内政治运动高涨，收回教育权的运动取得了阶段性成功；另一方面也是日本家长认为中国东北的政局不稳，部分学生回到日本本土就读。此外满铁还开办了一些商业学校，补充教育体系的不足。九一八事变后，日本彻底控制中国东北，为了同日本百万移民计划相适应，在中国东北设立了中等农业教育机关，典型代表是1923年4月设立的熊岳城农业学校和公主岭农业学校。此外，日本人在满铁附属地内还设立了专门针对中国人的实业教育机构，例如营口实业学堂、辽阳商业学校、抚顺矿山学校等。日本统治者根据统治的需要，设置了具体的课程设置，预科阶段日本语的课时设置最多，为中国语的三倍，在1—4学年中，日语的课时数基本上同中国语的课时数相同。由此可见，日本统治者在课程设置上，其目的是更加强化日本的殖民统治。

表6-10　　　　满铁附属地内高等女学校学生毕业情况统计

年度	毕业人数	升入上级学校	就职者	其他（从事实业、结婚等）
1925	107	26		81
1926	94	12	3	79
1927	157	36	12	109
1928	237	59	10	168
1929	234	56	14	164
1930	219	37	9	183
1931	278	55	22	201
1932	279	74	14	191
1933	301	80	24	197
1934	305	73	35	197
1935	358	84	38	236

　　数据来源：南满洲铁道株式会社総裁室地方部残务整理委员会『满铁附属地经营沿革全史』上卷、東京、龍渓書舍、1977年、第450—451頁。

三 高等教育

满铁经营的专门的教育机构，有医学、工业、教师培养三种类型。1911 年 8 月 18 日日本以敕令《开设南满医学堂之敕令之件》公布正式设置南满医学堂①，这份文件中设置南满医学堂之初衷是教授日本与中国学生医药卫生之知识，此后还制定了学堂规则、职制、堂长职务、学生入学检定、教员资格等规章制度。当年的"10 月 12 日开课，当时有本科学生日本人 20 人，预科学生中国人 18 人，学生全部寄宿。11 月 12 日举行开学典礼，是日定为医学堂创校纪念日"②。

满铁设立医学堂的初衷是符合满铁总裁后藤新平关于如何经营好殖民地的设想的，后藤在《日本殖民地政策一斑》中曾经这样评价南满医学堂的设立，他认为："医学堂创办非常成功，不仅对奉天一隅，对日中两国融合乃至文明的输入都起到了极大的推动作用。日本在台湾创办了医学校，是对台统治的有益补充。'满洲'同台湾一样，创办医学校可以使中国人更好地理解日本文明。"③ 后藤新平深信，他创设医学校及医院，对中国人施以"文明的恩泽"，会使"满洲"的统治更加稳定。

1912 年 9 月 6 日，满铁公布了重新修订的《南满医学堂规则》。在医学堂规则中，规定"医学堂以传授医学与研究其奥秘为目的""医学堂设医学科（本科），学制 4 年；药学科，学制 3 年；研究科，由研究生选定研究科目，学制 1 年；预科，招收中国学生，以学习日语、汉文、数学、物理、化学、动物学为主，学制 2 年。1912 年 1 月接纳奉天、吉林等省的官费生（几名至十几名）。1917 年 4 月起，预科附设于南满中学堂"④ 在南满医学堂规则上设置了具体的课程，"第一学年主要课程有伦理、中国语、德语、物理学、化学、生理学、医药化学、体操；第二学年主要有伦理中国语、德语、解剖学、生理学、医科学、病

---

① 南満州鉄道株式会社ノ設置スル南満医学堂ニ関スル件ヲ定ム，2018 年 9 月 1 日，國立公文書館，https：//www. digital. archives. go. jp/DAS/meta/listPhoto？ KEYWORD ＝ &LANG ＝ default&BID ＝ F0000000000000006285&ID ＝ M0000000000001748178&TYPE ＝ &NO ＝ 。

② 卢鸿德主编：《日本侵略东北教育史》，辽宁人民出版社 1995 年版，第 583 页。

③ 後藤新平『日本植民政策一斑』、東京、拓殖新報社、1923 年、第 116—117 頁。

④ 卢鸿德主编：《日本侵略东北教育史》，辽宁人民出版社 1995 年版，第 583 页。

理学、妇科学、体操；第三学年主要有伦理、中国语、德语、病理学、细菌学、内科学、外科学、儿科学、眼科学、妇产科学、体操；第四学年主要有伦理、中国语、德语、病理学、卫生学、内科学、外科学、妇产科学、精神病学、法医学、齿科学、体操等"①。到了1914年，日本文部省承认南满医学堂为符合《医师法》的学校，毕业生享受不经考试即可开业的特殊待遇。1915年6月1日改奉天医院为医学堂附属医院。同年，医院设护士养成所。

医学堂的行政隶属上，是划归满铁地方部的卫生课管理，1918年改由地方部管理。南满医学堂设"学堂长、教授、助教授、助手、技术员、舍监、学监、干事、事务员等职。另设稽查1人，由东三省提学司使选定中方官员充任"，第一任学堂长河野健次，继任为医学博士山田基（1914年11月后）、医学博士稻叶逸好（1920年8月后）。②

1922年医学堂改为满洲医科大学，南满医学堂作为大学的组成部分继续保留，1927年停止招生，直到1928年5月第14届，即最后一届学生毕业后撤销。分医科基础和医院两部分。"医科基础分9个科，医院有病床700张。全院有日本教授、副教授及讲师43人，中国副教授47人，另有附属医院实习员39人，医院护士中国人21人，日本人9人，日本职员23人、药局技师5人。"③ 到1937年11月末，"满洲医科大学"共有14个年级，教职员124人，学生数共有780人（见表6-11、表6-12）。

表6-11　　　　　　　　南满医学堂学级数、学生数

年度	年级数			学生数				毕业人数		
	本科	预科	合计	日本人	中国人	合计	预科	日本人	中国人	合计
1911	1	1	2	20	0	20	7			
1912	1	1	2	35	0	35	27			

①　南满洲铁道株式会社总裁室地方部残务整理委员会『满铁附属地经营沿革全史』上卷、东京、龙溪书舍、1977年、第537—538页。

②　卢鸿德主编：《日本侵略东北教育史》，辽宁人民出版社1995年版，第584页。

③　沈阳市和平区人民政府地方志编纂办公室编：《和平区志》，沈阳出版社1989年版，第337页。

年度	年级数			学生数				毕业人数		
	本科	预科	合计	日本人	中国人	合计	预科	日本人	中国人	合计
1913	2	2	4	53	5	58	54			
1914	3	2	5	74	17	91	57			
1915	4	2	6	91	37	128	55	11		11
1916	4	2	6	104	56	160	61	12		12
1917	4	2	6	111	71	182	55	17	4	21
1918	4	2	6	101	71	172	53	24	11	35
1919	4	2	6	98	67	165	44	24	14	38
1920	4	2	6	92	66	158	31	25	15	40
1921	4	2	6	101	66	167	37	18	13	31
1922	4	2	6	121	83	204	33	21	12	33
1923	4	1	5	127	97	224	13	16	16	32
1924	4	0	4	106	94	200	0	22	12	33
1925	3	0	3	81	72	153	0	23	10	33
1926	3	0	3	57	58	115	0	30	11	43
1927	2	0	2	27	46	73	0	25	18	43
1928	1	0	1	2	27	29	0	11	25	36

数据来源：南满洲铁道株式会社総裁室地方部残務整理委員会『满鉄附属地経営沿革全史』上卷、東京、龍渓書舍、1977 年、第 539 頁。

表 6 – 12　　　　**"满洲医科大学"学生、年级数量等情况表**

年度	学级数量	学生数			毕业人数		
		日本人	中国人	合计	日本人	中国人	合计
1922	3	58	20	78			
1923	5	107	10	117			
1924	6	177	40	217			
1925	10	210	51	261			
1926	11	250	118	368			
1927	13	307	149	456			

年度	学级数量	学生数			毕业人数		
		日本人	中国人	合计	日本人	中国人	合计
1928	15	364	187	551	25	14	39
1929	15	384	218	602	32	26	58
1930	13	415	225	640	40	15	55
1931	14	428	172	600	44	16	60
1932	14	434	145	579	56	42	98
1933	14	445	167	612	75	30	105
1934	14	436	181	617	50	29	79
1935	14	440	194	634	65	16	81
1936	15	482	203	685	59	26	85
1937	17	460	320	780			

数据来源：南满洲铁道株式会社総裁室地方部残务整理委员会『满铁附属地経营沿革全史』上卷、東京、龍渓書舎、1977年、第552—553頁。

四　教育附属机构

满铁除了兴建诸多学校之外，还创设了很多图书馆，追溯满铁图书馆创立，要从1906年满铁成立之初成立的满铁调查部图书室算起。满铁调查部是对我国东北地区的政治经济历史等情况进行详细调查，并且为日本提供相关的情报工作的机构。此后成立大连图书馆，到1910年在瓦房店外等7个地方增设阅览场地，成为简易的图书馆。

大连图书馆是满铁附属地图书情报方面的典型代表，1911年8月开始兴建图书馆，图书馆的工程共分为三期，"第三期是建筑面积116.23平方米的六层楼房新书库。1926年9月开始建，1928年12月完工"[1]。1910年9月，制定了图书阅览室规程，作为图书馆规程的最初形态。1921年3月以社则第14号的形式废止了图书阅览室规程，制定了图书馆简易规程，1925年12月对图书馆简易规程进行了部分

---

① 中国人民政治协商会议辽宁省大连市委员会文史资料研究委员会编：《大连文史资料》第1辑，内部资料，1984年，第12页。

修订，规定了具体的借还书时间等。在满铁附属地沿线，1923 年设立哈尔滨图书馆，1926 年 11 月，"废止了大连图书馆规则、奉天图书馆规则以及图书馆简易规则，满铁发布了《满铁图书馆规程》"①，明确了满铁图书馆的目的是搜集国内外图书，为满铁会社业务上的参考与满足群众的借阅。

满铁共建立了 30 多所图书馆，这些图书馆活跃了民众尤其是知识阶层的图书参考，但更为重要的是"提供了足资参考决策的'开发满蒙'的各类专业资料、信息，成为名副其实的侵略我国的'政治经济参谋本部'"②。满铁将图书馆分为两大类，其中一类是参考图书馆，这类图书馆主要是指大型的图书馆，例如大连、沈阳、哈尔滨的图书馆等；另一类则是简易图书馆。参考图书馆会积极购买图书，此外还通过各种手段从国内外购买相关资料。例如，"1922 年 6 月，从哈尔滨所在的俄国后黑龙（江——原文漏掉此字）军管图书馆接收了 3 万册有关研究东北、蒙古、西伯利亚地方的俄文图书资料"，此外还有"1923 年 2 月，重点采购东北地区的地方志、地图、图绘、稿册以及政治、经济、地质资源、风土人情等有关资料（包括政府、学会出版的不公开发售的调查资料），仅搜集我国省、府、县志（包括 1940 年前后与奉天图书馆交换的），就有 2300 余部"③。对这些图书的收集与采购，一方面发挥了图书馆应有的功能，即对学术书籍的保存；另一方面，由于收藏购买的图书很具有针对性，即对中国东北地理的详细调查的书籍，所以这也是从文化上进一步了解东北、统治东北的一种手段。大量搜集图书，以大连图书馆为例，"1920 年 3 月末，藏书仅仅 49952 册"，到 1937 年 3 月末统计，"满铁大连图书馆藏书总数达212876 册，总共购入杂志 289 种，寄增 363 种，总数达 652 种，报纸

---

① 南满洲铁道株式会社总裁室地方部残务整理委员会『满铁附属地经营沿革全史』上卷、東京、龍溪書舍、1977 年、第 750 页。
② 转引自宋恩荣、余子侠主编《日本侵华教育全史》第一卷，人民教育出版社 2005 年版，第 453 页。
③ 中国人民政治协商会议辽宁省大连市委员会文史资料研究委员会编：《大连文史资料》第 1 辑，内部资料，1984 年，第 14—17 页。

累计购入 40 种，寄增 17 种，总数达到 57 种"①。

根据满铁大连图书馆特定的参考馆性质，"在借阅制度上除公开的一般性质的借阅外，内部开辟有'满蒙''殖民''交通'三个特别参考研究室。只准许经过所在单位和图书馆审核批准，持有特别阅览证的各类日本专业人员查阅和借出所需图书、资料"②。

1920 年 5 月 25 日，由日本图书馆协会和满铁共同举办的第十五次日本全国图书馆大会在大连召开，此次会议 20 天，他们把它吹捧为"东方大会"，"可见日本侵略者是将其控制下的满铁图书馆事业纳入了所谓的'大东亚共荣圈'的侵略计划之内了"③。1937 年 6 月 3—10 日，日本第三十一次全国图书馆大会，又一次在大连开幕，不断扩大对外影响力。图书馆承载的功能是借阅和藏书，也有为公众普及教育的职责，在满铁附属地内设立的图书馆以及与之相关的简易图书室，对当地民众或者说是部分阶层的人，起到了知识的供应作用，也丰富了满铁附属地内居民的业余文化生活，但是更为主要的是，图书馆（见表 6 - 13）所收藏和购买的书籍，大部分只是针对日本人开放，也是付诸实践日本的殖民政策的重要手段之一。

表 6 - 13　　　　　　　　　　图书馆运营一览表

图书馆名	开设年月	藏书册数	阅览人数	1936 年经费（日元）
大连图书馆	1918.1	27024	25103	82048
奉天图书馆	1910.11	88121	34940	53473
大连日本桥图书馆	1915.9	10749	24200	8422
大连伏见台图书馆	1913.6	5306	45005	5572

① 南满洲铁道株式会社総裁室地方部残务整理委员会『满铁附属地经営沿革全史』上卷、東京、龍渓書舍、1977年、第760頁。
② 中国人民政治协商会议辽宁省大连市委员会文史资料研究委员会编：《大连文史资料》第 1 辑，内部资料，1984 年，第 18 页。
③ 中国人民政治协商会议辽宁省大连市委员会文史资料研究委员会编：《大连文史资料》第 1 辑，内部资料，1984 年，第 19 页。

续表

图书馆名	开设年月	藏书册数	阅览人数	1936 年经费（日元）
大连近江町图书馆	1915.12		23917	2070
大连埠头图书馆	1919.9	8246	42201	5770
大连南沙河口图书馆	1914.2		11962	3927
大连沙河口图书馆	1914.7	14980	12733	6914
瓦房店图书馆	1910.11	10977	26109	4689
大石桥图书馆	1910.11	10738	42530	7224
营口图书馆	1917.4	8085	24600	5241
鞍山图书馆	1919.4	18750	63607	14387
辽阳图书馆	1910.11	12274	35499	6213
苏家屯图书馆	1934.11		12226	2418
奉天八幡图书馆	1927.7	13046	42863	10163
铁岭图书馆	1911.1	12553	30550	5268
开原图书馆	1912.11	11576	31771	4677
四平街图书馆	1916.10	11086	38927	6180
公主岭图书馆	1910.11	10027	20629	5775
"新京"图书馆	1910.11	45097	75948	23392
本溪湖图书馆	1912.1	8527	27159	4983
安东图书馆	1911.1	17850	41513	9715
附属图书馆	1915.7	30760	59194	13739

数据来源：南满洲鉄道株式会社総裁室地方部残務整理委員会『満鉄附属地経営沿革全史』上巻、東京、龍渓書舎、1977 年、第 779—780 頁。

日本统治者在对中国东北进行殖民统治时，教育政策作为日本殖民当局的一个重要组成部分，其主旨是"围绕其殖民政策向中国人进行奴化教育，即在政治上为维护其殖民统治培养爪牙；在经济上为其'开发满蒙'掠夺我国资源培养附庸；在思想上企图消弭中国人的民族意识，以逐渐达到同化的目的"①。教育的本质应该是提升国民素养、普及文化的功用，但是日本统治者对中国居民施行教育，一开始即具有明确政治目的。1941年3月，关东州厅内务部编印的《关东州的教育》一书写道"自日俄战争后日本开始统治以来，作为政治工作的第一步棋，首先全力以赴地致力于教育机构的设置"。② 从这一点上就可以明确看出，日本所标榜的教育，其实就是为了更好配合日本的政治上的严密的统治、经济上的残虐掠夺。强化教育的同时，也是为了更好地从精神上麻醉中国人的民族反抗意识，"这一对中国居民进行教育的根本宗旨、方针，在其40年殖民统治的不同时期，始终如一，只是随着军国主义势力的扩张，其实施形式、程度而有所不同罢了"③。

---

① 刘振生：《近代东北人留学日本史》，民族出版社2015年版，第70页。
② 齐红深主编：《东北地方教育史》，辽宁大学出版社1991年版，第253页。
③ 齐红深主编：《东北地方教育史》，辽宁大学出版社1991年版，第253页。

第七章

满铁附属地的卫生设施

第一节　概说

对于满铁会社当局来说，关于满铁附属地卫生设施的经营问题是满铁会社正式成立前的重要工作内容。1906 年（明治三十九年）8 月，日本递信、财政、外交三大臣联名发布命令书中的第五条规定："南满洲铁路以及附属地用地内，必须配有土木、教育、卫生等设施。"① 依据此条规定，1907 年 4 月南满洲铁道株式会社开业，到 1937 年 10 月治外法权和行政权"撤回"30 年间，满铁对于附属地的经营可谓不遗余力。在公共设施以及其他地方的经营方面投入费用达 2 亿日元，其中日本政府出资 1 亿日元，其余部分主要来自日本皇室、贵族、官僚的股份出资。在日本政府投入高额费用的经营下，满铁附属地在公共设施等建设上也取得了显著的成效。

日俄战争结束后，对于开发当局的满铁会社来说，满洲地区最迫切需要解决的便是各方面的卫生设施问题。1907 年 4 月，满铁建立伊

① 西澤泰彦『海を渡った日本人建築家』、東京、彰国社、1996 年、第 3 頁。

始，便在地方部设置卫生科，该科也一直是满铁卫生设施的中心机构。[1] 满铁致力解决附属地内的卫生行政诊疗、医生教育、各卫生研究机构的经营、学校卫生以及铁道、工厂、矿藏的工作卫生设施等问题。满蒙地区最初的卫生设施并不完备，一般民众的卫生意识较弱，尤其是大量底层劳动者的不断流动，恶劣的生活环境和简陋的生活习惯等因素也加剧了各种传染疾病的肆虐，与日本国内较为完备的卫生设施相比，"满洲"卫生设施的建设可谓困难重重，同时社会生活形式的变化和人口的激增，也加剧了附属地内卫生问题的复杂化和多样化。但到 1926 年满铁附属地的卫生设施建设已经取得了显著的成效，并得到国联保健委员会认可。

一　卫生机关的变迁

满铁建立之初，将各地区的卫生事务统一归拢到卫生科。1907 年 10 月满铁设立卫生科之后，继承了过去由居留民会处理附属地的卫生事务。1908 年 3 月伴随着地方部的地方科的缩小，卫生行政被并入地方科，但之后由于重设地方部，卫生科又得以恢复。1915 年 9 月，以大连、旅顺实施市政与设置民政署为契机，将原来由关东州内的卫生事务移交到卫生科、卫生科主管医院以及州外附属地的卫生行政。1918 年 5 月，学校的医务、保健、防疫的事务从学务科移交至学校卫生事务，并且基于关东都督府地方行政审查委员会的决议，向石桥、奉天、长春、安东、抚顺派遣常驻卫生技术员，同时将分散在各地的细菌监察室合并成统一的细菌监察室。1920 年 2 月，在卫生科内又新设工作现场卫生系，负责铁道、工厂以及采矿相关的卫生事务。1923 年 2 月，又设置家庭女卫生员、学校女卫生员。1926 年 5 月又在抚顺等地设置在职煤矿医生，1929 年 4 月，实行专职学校医生制度，1935 年 3 月，确立医学体检

---

[1]　满铁会编『南満州鉄道株式会社第三次十年史』、東京、龍渓書舎、1976 年、第 2211 頁。

制度，在营口、奉天、四平街、"新京"、安东、抚顺六地私立保健所，配备保健医（后改称"卫生技术员"）、专职校医、体检医生、工作现场医生、巡回女卫生员（后改称"家庭女卫生员"）。将过去的卫生检查所改为卫生实验室以及细菌监察室。1936 年，在奉天、"新京"两地的保健所内配备保健咨询医生和社会女卫生员，并且在保健所附设健康咨询所。①

作为诊疗机关的，除了在满铁沿线各地配置医院以及公共医院外，还包括南满疗养院（大连）、女性医院（奉天、鞍山）、别府满铁馆、特殊疾病隔离所（奉天等地共六所）等特殊设施，同时还设有"满洲"医科大学（奉天）、卫生研究所（大连）等研究机关。② 1935 年为纪念伪满洲国实行帝制，在伪满洲国内设立 10 所纪念医院，并且成立由地方事务所长为委员长的附属地卫生委员会作为咨询机关。1936 年 8 月，以伪满洲国民政部大臣为委员长的"满洲"卫生委员会成立，该委员会目的在于协助"满洲"地区各卫生机关、审议"满洲"地区的各种卫生问题、联络日满两国的卫生行政等。该委员会成立的同时，保健卫生调查委员会、日满防疫联合委员会随之废止。

二　保健所

满铁在各地附属地设置卫生科作为总括机关管理各地的卫生事务机构，除此之外，还相应地在营口、鞍山、奉天、四平街、"新京"、安东、抚顺七地设置保健所与卫生科相互配合。③ 附属地的卫生行政由各地方事务所与抚顺煤矿管辖，最初附属地内卫生警察关于卫生技术的事务，皆是以保健所为中心进行展开的。④

---

① 参见满铁会编『南满洲铁道株式会社第三次十年史』、东京、龙溪书舍、1976 年、第 2213 页。

② 南满洲铁道株式会社庶务部调查课编『南满洲铁道株式会社第二次十年史』、大连、南满州铁道株式会社、1928 年、第 1239 页。

③ 参见满铁会编『南满洲铁道株式会社第三次十年史』、东京、龙溪书舍、1976 年、第 2215 页。

④ 满铁会编『南满洲铁道株式会社第四次十年史』、东京、龙溪书舍、1986 年、第 440 页。

保健所的相关事务：指导清扫市容街道；上下水道和井水的卫生；住宅卫生、预防结核病和花柳病、沙眼、传染病；卫生学性检查；其他一般保健卫生工作。

校医的相关事务：学校设备的卫生；提高学生儿童、教师健康；幼儿园儿童、学生的健康检查；学生儿童、幼儿园儿童的营养护理；预防学校传染病传播；宣传保健卫生知识；指导学校女卫生员；其他一般学校卫生工作。

工作现场医生的相关事务；铁道、工厂以及采矿的工作环境和工作条件；伤病调查；灾害防治；伤病的医学性审查；其他工作现场的保健卫生工作。

体检医生的相关事务：新入满铁社员的体检；社员的健康检查；健康谈话；调查影响社员健康问题的原因；其他社员的保健卫生工作。

咨询医生的相关事务：居民健康咨询和健康检查；指导居民的保育工作；指导军民的疗养护理工作；紧急处理社员及其家人中的伤病者病情；孕妇及新生儿的治疗；婴儿的哺育工作；其他一般工作。[1]

三　卫生警察

1906年10月开始，满铁开始在铁路附属地沿线设警务署，率先设置的有大石桥、奉天、公主岭警务署。同年12月，日本制定了《警务署制条例》，规定警务署长在民政长官的指挥监督下，在其管辖区域履行司法、行政警察职务。此后，铁路沿线附属地普遍设置了警务署或警务支署，执行警务、保安、警备、刑事、卫生等警署事务。在满铁附属地之外，另有外务省系统的领事馆警察。由于二者系统不同，经常发生相互掣肘的现象。1908年1月，为加强附属地沿线警务署与领事馆警察署之间的联系，日本政府对满铁附属地警察机构进行了全面改革，命令驻南满各地领事兼任关东都督府事务长官，都督府警察官兼任领事馆警

---

① 参见满铁会编『南満洲鉄道株式会社第三次十年史』、東京、龍渓書舎、1976年、第2215—2216頁。

察。1917 年 7 月，日本在改革关东都督府官制时，新设警务部，以宪兵队长担任都督府警务总长，从而实行了警宪合一。[①]

附属地的卫生警察事务由关东局警察署管辖，在开设医院的基础上，又附设接收治疗法定传染病患者的传染病楼。1906 年，根据《娼妓健康检查实施规定》，各医院设立妇科病楼。卫生警察的职责主要包括：对各医院、保健所的医师以及药剂师进行各种医学事务委托嘱咐，并协助地方事务所医务机关进行防疫注射、传染病隔离、接种疫苗、检查等医务工作。[②]

第二节　保健卫生

一　一般设施

以满铁以附属地为中心实施的医务从一般的公共卫生到个人的保健，种类颇为广泛且复杂多样。在具体的施行过程中，以保健所、各地方事务所及作为抚顺煤矿总务科的卫生机关的卫生队或消防队为主协助卫生警察行动。

（一）检查事项

检查事项主要包括细菌、饮食、消毒、病原携带者以及上下水道等方面的检查。[③]

细菌检查。其中预防传染病是细菌学性检查最重要的内容。满铁在沿线主要地区的警察署与医院内设置细菌检查室，1918 年又将五所细菌检查室合并入保健所。

饮食检查。各医院应警察署的委托嘱咐，对市面上出售的饮食以及餐具进行检查管制，卫生技术员、卫生研究所也逐渐参与到检查管制

---

① 参见赵焕林《满铁附属地盘踞东北 30 年成"国中之国"》（中），《中国档案报》2014 年 3 月 24 日。

② 南满洲鉄道株式会社庶務部調查課編『南満洲鉄道株式会社第二次十年史』、大連、南満州鉄道株式会社、1928 年、第 1226 頁。

③ 満鉄会編『南満洲鉄道株式会社第四次十年史』、東京、龍渓書舎、1986 年、第 441 頁。

中，保健医与警察同行巡视检查。

清洁、消毒方法。清洁方法主要包括定期与临时两种类型，1917 年 3 月关东都督府发布命令规定每年春秋两季定期进行清洁，为预防传染病、水火灾害后的临时清洁卫生。1909 年满铁制定《传染病消毒经验》，对传染病患者家庭进行消毒处理，对夏季游泳、野菜以及不洁净地区实行消毒处理。

驱除苍蝇及野狗。关于苍蝇的处理，主要通过频繁清扫居民区的粪便垃圾，并且喷洒驱除细菌液作为防治苍蝇，对市场、饭店中鱼的内脏实行严格回收处理。并且通过电影、手册进行卫生宣传，积极改善厕所、垃圾箱的构造。关于野狗的处理，对关东州内外疑似狂犬病患者进行治疗，每年春秋两季进行定期清洁工作，并且在必要时期进行临时驱除野狗工作。对于饲养犬以公费注射防疫疫苗。

病原携带者检查。1920 年以后，细菌检查所对于病原携带者及其家人进行强制检查，对患有传染病者进行隔离处理。

上水道检查。关于上水道的检查，最初由中央试验所每月检查一次，后由卫生试验所派遣委员每月检查两次。公共用水区由满铁医院进行检查，每年分雨水期与解冻期两次。1934 年后，"新京"、奉天、安东保健所、四平街、抚顺、鞍山各地的保健所陆续整修完备，并配备药剂师，附属地的水质检查问题，逐渐由保健所负责。[①]

（二）清扫工作

关于清扫工作不单单是为了市容街道的整洁美化，对于预防传染病和一般保健卫生工作也有着重要影响。卫生科当局根据各地的卫生情况，投入大量经费和人力，努力改善工作效率。[②] 清扫工作主要分为污物处理与清扫路面两大类。

1. 污物处理

关于污物处理主要分为垃圾处理、粪便处理、污水处理三种。由于

---

① 参见南満洲鉄道株式会社庶務部調査課編『南満洲鉄道株式会社第二次十年史』、大連、南満州鉄道株式会社、1928 年、第 1230 頁。

② 南満洲鉄道編『南満洲鉄道株式会社十年史』、大連、満洲日々新聞社、1919 年、第805 頁。

"满洲"地区冬季时间较长，地下的污物到冬季出现长时间的冻结，马车较多，以及污物处理厂距附属地较远等原因，导致附属地的污物处理环境与日本国内有较大差异，"满洲"地区的污物处理难度较大。具体的清扫工作除了满铁直接管理的两三家之外，其余的通过外包手段进行清扫工作，并且为承包者提供车马、自行车等，但必须受满铁社员指挥监督。

垃圾处理。关于垃圾量，对奉天附属地的调查显示，1929 年 11 月下旬，一户一天产生垃圾量为 7.79 千克，每人每天平均 1.46 千克。1935 年，5 月下旬一户一天产生垃圾量为 7.85 千克，每人每天平均1.58 千克。由于"满洲"地区使用粗制燃料较多，制造出的垃圾主要为不可燃性垃圾。垃圾主要通过自然通风焚烧处理，由于多为不可燃性垃圾，必须通过在野外持续的焚烧方式处理。最初使用车马作为处理垃圾作业的运输手段，后来由于自行车的普及且处理垃圾效率更高，因此在垃圾处理中运用自行车的比重逐渐上升，并且在市内街道上广泛设置垃圾箱。

粪便处理。关于粪便的处理，多是在附属地郊外进行暴晒后做成肥料，但由于东北地区冬季酷寒，对于粪便的暴晒处理方式也不断进行改进。关于粪便的收集、运输和清扫，通过调查研究各地的处理情况，将最高效率的掏粪式厕所应用于社员家庭中，同时在排水设施中广泛使用电热器防止普通水管由于天气寒冷而冻坏。

污水处理。附属地的卫生科承担着污水处理的卫生职责。地方事务所卫生员关于污水处理的改善情况应向地方事务所所长进行报告。(1)卫生员的配置是否恰当。(2)清扫人员、运送车马以及污物处理是否恰当。(3)污物收集及运输情况。(4)公共用水、私设下水道、公共厕所、垃圾以及粪便场的状况。(5)垃圾堆的清扫与个人厕所的粪便搜集。(6)属于民众清扫义务的实际履行情况（见表 7-1 至表7-3）。[①]

---

① 南満洲鉄道株式会社総裁室地方部残務整理委員会『満鉄附属地経営沿革全史』、東京、龍渓書舎、1977 年、第 802—803 頁。

表7-1 污物清扫情况（区域表）1936年作业情况

区域	垃圾				粪便			
	运输车	箱数	搬出量（千克）	人力	运输车	厕所数量	搬出量（升）	人力
瓦房店	2	625	940230	809	3	650	973200	1436
大石桥	8	457	3604300	1444	6	1048	1855920	1805
营口	5	1332	2611860	1061	12	1283	2951464	6916
鞍山	17	2782	11594400	10024	15	5992	11676000	9598
辽阳	3	1154	2992320	1451	8	1666	3806640	2896
奉天	8	7401	60571000	39018	7	16321	21398000	56196
铁岭	4	984	2441340	1460	4	964	1815710	1460
开原	12	1920	8063300	2965	14	2658	7680400	4362
四平街	33	1191	10060230	7620	41	2673	6339500	4279
公主岭	11	2234	4996800	4950	10	2557	3829500	4745
"新京"	19	4416	46107100	31724	10	9798	19408300	36009
本溪湖	8	712	4616000	5153	6	1040	2663680	4099
安东	45	3604	16935775	16206	35	11561	19718958	37025
抚顺	45	3458	21644800	23725	43	9286	18837750	20094
总计	220	32270	197179455	147610	214	67497	122955022	190920

表7-2 污物清扫情况（年度表）

年度	垃圾				粪便			
	运输车	箱数	搬出量（千克）	人力	运输车	厕所数量	搬出量（升）	人力
1928	*	*	91243725	84435	*	*	77097960	149658
1929	*	*	101245116	80967	*	*	77371296	115900
1930	159	18897	111236958	93980	177	41128	85602157	132796
1931	107	19434	112377781	80554	111	37895	82788547	117334
1932	121	36722	128617213	83489	121	39657	80682534	118763
1933	124	23014	156344327	99484	110	50980	88774243	128891

续表

年度	垃圾				粪便			
	运输车	箱数	搬出量（千克）	人力	运输车	厕所数量	搬出量（升）	人力
1934	116	24941	181780098	120569	103	48866	98619441	133142
1935	164	27302	209856497	143315	190	62832	108347351	154219
1936	220	32280	197169445	147606	214	67497	122955023	170920
1937	225	32721	124475382	92818	213	67490	86122798	92397

表7-3 垃圾的分类

年度	可燃性垃圾		不可燃性垃圾	
	所占容量比重（%）	所占重量比重（%）	所占容量比重（%）	所占重量比重（%）
1927 年（奉天）	41.6	23.9	58.4	76.1
1931 年（奉天）	42.6	7.3	70	92.7

注：以奉天附属地为例。

数据来源：参见南满洲鉄道株式会社総裁室地方部残務整理委員会『満鉄附属地経営沿革全史』、東京、龍渓書舎、1977 年、第 802 頁。

2. 路面清扫

路面清扫工作主要分为道路清扫和路面洒水两部分。道路清扫作业原本由工事科主管，后来由于市民保健卫生与市容街道美化，逐渐转移至卫生科管理，1930 年率先在奉天附属地卫生科实行道路清扫工作，1934 年后"新京"、奉天、四平街、开原等清扫工作统一由卫生队主管。[1]

污染路面的主要原因有：马车在客运和货运上的普遍使用产生的马粪，以及附属地外道路泥泞，造成来往车辙上附带大量泥土。九一八事变后，"新京"、奉天获得了迅猛的发展，需要的建筑材料猛增，

---

[1] 参见南满洲鉄道株式会社庶務部調査課編《南満洲鉄道株式会社第二次十年史》、大連、南満洲鉄道株式会社、1928 年、第 1230 頁。

相应运输车马也大量增加。在警察官署的协同配合下，在附属地内为运输车马开辟了专门的交通道路，并且设立专门的蓄水池为冲洗车轮提供用水。1935 年后，逐步鼓励使用橡胶车轮，从而避免车轮上附带大量泥土。

关于马粪的处理。1931 年后对"新京"、奉天等地的马车进行试验，在马的尾部安置马粪收集器，但由于器具的不完备以及马夫的卫生观念落后，试验结果并不理想。之后奉天对此装置进行了改进，并且对购买装置者进行经济补助，到 1937 年奉天全市在客马车、货马车上都已经采用了马粪收集器装置，并且收集成果也大为提高。

洒水作业。关于路面的洒水作业大部分时间由满铁会社直接经营，从 4 月中旬到 11 月中旬 7 个月左右的时间皆为洒水期。为了提高洒水的效率，洒水设备也在不断改进，除"新京"、奉天、抚顺、安东、鞍山利用自行车洒水方式外，其他的满铁附属地主要使用马车洒水方法。

（三）各预防疾病事项

1. 结核病预防

根据"满洲"医科大学的调查，在满日本人的结核患病情况，关东局管辖内每年日本人结核死亡率达到 4.22‰，远高于日本国内 1.96‰ 的结核病死亡率。面对这种情况，1920 年 10 月，满铁会社与关东厅联合组成了"满洲"结核病预防会，积极普及关于结核病的预防知识，同时展开对患者的消毒、治疗工作。1932 年，在大连郊外成立结核病疗养所。从 1937 年开始，又先后在大连、奉天、"新京"、抚顺、哈尔滨等地新设结核病疗养所。对结核病展开大力防治工作。

2. 健康谈话

1935 年 11 月起，先后在"新京"、奉天两地的保健所内设置健康谈话部，配备一名谈话医生、两名会社女卫生员。两地健康谈话部的工作重点略有不同，奉天健康谈话部主要为婴幼儿提供健康咨询以及保育指导，"新京"健康谈话部的工作对象主要为成年人。具体的工作内容包括：（1）健康谈话。一般诊疗工作（开药以及连续治疗等）、身体检查、一般保健卫生谈话、运动相关医疗谈话。（2）对患者进行家庭访察，提供看护治疗指导。（3）对婴幼儿的保育指导。（4）进行必要的紧急处理。

3. 花柳病预防

卖淫业是满铁附属地内的罪恶行当。向海外派遣娼妓是当时日本的一项政策，在所有营业中捷足先登的必然包括艺伎、陪酒女一类，满铁附属地内也较为常见。这也被列入附属地杂捐收入之首。至1917年3月末，在附属地内日本女性20125人中，有艺伎314人，陪酒女622人，料理店女招待241人。菊文饭店、沈阳馆等都是当时著名的日本妓院。①

根据1906年《关东厅民政署第二号》规定，对于娼妓进行特别检查和治疗。1927年6月，保健调查会设置临时花柳病预防委员会，并制定《艺娼妓健康诊断施行规则》。除此之外，受各附属地警察署的委托，各满铁医院的医师对全部艺娼妓进行检查，将患病者收入满铁会社医院进行治疗。各医院都设有女性病房作为花柳病治疗机关，奉天、鞍山、"新京"、抚顺等地还先后设立了公费经营的女性医院。

4. 电影和演讲宣传

通过电影和演讲宣传试图提高附属地内居民的卫生意识，各种宣传手册、印刷物上都向居民普及卫生知识。自1923年起，每年初夏在满铁沿线召开卫生演讲电影会、展览会等，展出各种卫生相关资料。同时拨出一万日元的经费，在奉天、长春、安东三地举办大规模的卫生展览会。累计超过两万人参观了展览会，夜间的卫生电影会也有超过五千人次的观影量。通过电影和演讲宣传的方式对于卫生意识的普及和宣传取得了一定成果。

5. 对于"满洲"地区的风土卫生研究

由于"满洲"地区日本人数量激增，1933—1934年，满铁斥资六万余元对"满洲"风土卫生情况进行研究，通过深入了解"满洲"的气候风土条件，从而确立在该区域居民的衣食住等相关问题。研究内容主要

---

① 赵焕林：《满铁附属地盘踞东北30年成"国中之国"》（下），《中国档案报》2014年3月24日。

包括食物研究与住宅研究两方面。食物研究包括消化吸收状况、食品储藏和加工（"满洲"医科大学营养部负责）、食品分析（卫生试验所化学部负责）。住宅研究包括适应地区气候风土的简易住宅以及附属设备事务构造研究（"满洲"医科大学与卫生研究所联合负责）、净水研究以及简易净水法的研究（卫生研究所卫生科负责）。

二 临时设施

（一）巡回诊疗

"九一八事变前的'满洲'偏远地区，整个社会还处于蒙昧原始的状态，卫生条件相当落后、气候风土条件恶劣等造成'满洲'地区瘟疫恶疾等时常暴发。并且'满洲'偏远地区仅有少数中医以及萨满医，治疗水平严重落后。"[①] 在此情况下，1923 年卫生科与"满洲"医科大学组织巡回诊疗团，对各地的疫情展开治疗，同时对相关的卫生情况进行详细的调查，试图在全满范围内提高医疗水平、控制疫情的传播。[②]

1. 东蒙巡回诊疗团

东蒙与"满洲"在地理位置上紧密相连，因此在卫生问题上也有着密切的关系。1923 年，"满洲"医科大学受卫生科的委托组成以医科大学教授为团长，药剂员、学员为团员的东蒙巡回诊疗团，每年对东蒙地区展开巡回诊疗行动。1932 年以后，随着满铁沿线的医疗设施、帝政纪念医院的开设，以及边远地区治疗机关的整备，"满洲"地区的医疗水平得到了较大程度的提高，东蒙巡回诊疗团的任务基本完成（见表 7 - 4）。

2. 吉林近县巡游施疗团

1926 年，吉林东洋医院受卫生科的委托，对邻近县边远地区展开巡回诊疗行动。其成员主要有吉林东洋医院的医师与职员（见表 7 - 5）。

---

① 南满洲铁道株式会社总裁室地方部残务整理委员会『满铁附属地经营沿革全史』、东京、龍溪书舍、1977 年、第 814 頁。

② 参见南满洲铁道株式会社庶务部调查课编『南满洲铁道株式会社第二次十年史』、大连、南满洲铁道株式会社、1928 年、第 1224 頁。

表7-4   **东蒙巡回诊疗团一览表**

年次	1923年7月	1924年6月	1925年7月	1926年7月	1927年7月	1929年7月	1930年5月	1931年7月
回数	第一回	第二回	第三回	第四回	第五回	第六回	第七回	第八回
派遣员	医师5人 技术员1人 学生6人	医师6人 技术员1人 药剂师1人 学生6人	医师3人 技术员1人 学生5人	医师6人 技术员1人 药剂师1人 学生8人	医师5人 技术员1人 学生8人	医师4人 药剂师1人 技术员1人 学生6人 卫生研究所事务员3人	医师5人 技术员1人 学生7人	医师4人 技术员1人 学生8人
施疗地	马头庙、开鲁、爱根庙、黄花庙、阿尔科沁王府、通辽等	洮南、洮安、瓦房、葛根庙、那金河、山海庙、三江口、八面城等	绥东、瓦房、余粮堡、通辽、钱家店、大林、门达、郑家屯等	洮南、白城子、泰来、江桥、齐齐哈尔等	郑家屯、达尔汉王府、鲁北东扎、开鲁、通辽等	拆木城、瓦房店、大孤山、安东等地	彰武、新民屯、青沟子、通辽	梁家屯、余粮堡、通辽等地
诊疗数	419	3219	1710	2457	839	988	1083	1057

注：为期30天左右。

表7-5   **吉林近县巡游施疗团一览表**

年次	1926年7月	1928年2月	1929年1月	1930年2月	1931年2月
回数	第一回	第二回	第三回	第四回	第五回
派遣员	医师1人 药剂师1人 事务员3人	医师61人 药剂师1人 事务员2人	医师人 药剂师1人 事务员1人	医师6人 药剂师1人 事务员2人	医师6人 药剂师1人 事务员2人
施疗地	江蜜峰、双岔河、蒿集口、拉法站、窝瓜站、敦化、磐石等地	大三家子、大水河、蓝旗屯、老爷岭、北九站、额赫穆等地	舒兰、乌拉街、蛟河、敦化等地	蛟河、双河镇、烟筒山、磐石、朝阳镇、海龙、敦化等地	磐石、烟筒山、双河镇、海龙、朝阳镇、黄旗屯等地
诊疗人数	573	998	1189	1090	916

注：为期30天左右。

数据来源：南满洲铁道株式会社总裁室地方部残务整理委员会『満鉄附属地経営沿革全史』、東京、龍渓書舍、1977年、第815頁。

（二）灾害救护

1923 年 9 月 1 日，日本关东地区发生 7.9 级强烈地震，造成 10 万多人死亡，4 万多人失踪。远在"满洲"地区的满铁会社迅速将一支由会社医院 14 名医师、2 名药剂师、26 名看护妇、7 名事务员，共计 49 人的救护班派往东京，9 月中旬展开救护治疗工作。

1932 年 6 月开始，黑龙江迎来持续强降雨，暴雨导致松花江增水显著。同年 8 月 7 日，哈尔滨傅家甸的堤防出现溃口，10 日埠头区的堤防同样出现溃堤，污水与雨水横流导致哈尔滨全市浸泡在污水当中。8 月 1 日，傅家甸首先发现一例霍乱患者，到 8 月 8 日以后，由于暴雨水灾导致灾民的流向难以控制，以及霍乱患者的尸体遗弃等原因，霍乱病情很快在哈尔滨市蔓延开来。在此情况下，满铁会社与伪满洲国当局联合展开对霍乱病情的防治工作。8 月 20 日，由 7 名医师、5 名助手、5 名看护妇、6 名事务员，共计 23 名成员组成的防疫救疗班被派往哈尔滨。21 日，防疫班三班、救护班二班在街头搭起帐篷展开街头治疗工作。在关东军与红十字会的救护班联合援助下，灾区的下水道系统得到抢修，排水作业恢复正常，难民陆续回到各自家中，霍乱也逐渐得到了控制。在此期间，关于霍乱的防疫工作，联合防疫委员会统制患者户口调查、注射预防疫苗、收容患者、巡回诊疗等工作，满铁会社救护班作为委员积极参与了委员会的灾情计划立案等工作。在不到一个月的时间里，满铁会社救护班总计为 20674 人注射预防疫苗，救治 6599 名患者等，为在哈尔滨地区的日本居民战胜水灾提供了有力支援。

1931 年 9 月，九一八事变爆发，长春、哈尔滨两地的医院病房内战争伤员大量增加，其他各地的医院不同程度地受到冲击。各地医院相继组织救护班积极配合关东军的军事行动，动员全满医院到"满洲"边远地区巡回诊疗，展开所谓的"医疗报国"行动。

第三节　防疫

关东州内的海港疫情检查、陆上防疫等属于警察官署负责的事务范围，但铁道附属地的设施主要由满铁会社负责，各地的会社医院除了附设传染病楼之外，为了防止霍乱、鼠疫等特殊传染病，在"新京"、公主岭、四平街、奉天、安东、大石桥、营口等地特设七所特殊传染病患者以及携带者的隔离所。在鼠疫疫情分散地带，满铁会社与伪满洲国共同设置了长久的防疫设施。此外，各保健所附设相关的细菌检查室，保健医生与受警察官署医务委托的各地方事务所的卫生事务执行机关以及警察官署紧密联系，逐渐承担起了患者的接受治疗、污染场所的消毒清洁、服用预防药物相关知识普及、病原携带者的搜寻检查、种牛痘以及预防疫苗注射、夏季蚊蝇驱除、野菜消毒等防疫工作的处理。患者（除霍乱、鼠疫患者）的治疗以及防疫工作所需的经费基本由公费承担，1935 年费用支出约 43 万。另外，通过铁路车厢导致病毒的传播范围扩大，在这种情况下，1935 年，满铁会社在与铁道部商讨后，决定对铁路列车车厢进行大规模消毒作业。①

一 一般疫情防疫

（一）法定传染病

所谓"一般防疫"，指的是对鼠疫、霍乱等传染性极强的法定传染病的防疫。② 一般传染病的流行因年度与地方的差异有所不同，从传染病患者数来看，到 1913 年，每年有 500 人左右传染病病患，到 1914 年患者数量达到 1000 人以上，到 1924 年已经突破 2000 人，之后每年患者数量维持在 2500 人左右。伴随着伪满洲国的建立，"满洲"地区迎来新的移民高峰，相应的传染病患者的数量也大幅增加，到 1935 年患者已经突破4000 人。③

（二）相关统计

关于法定传染病的相关统计（见表 7 - 6、表 7 - 7、表 7 - 8）。

① 参见南满洲铁道株式会社总裁室地方部残务整理委员会『满铁附属地经营沿革全史』、東京、龍溪書舍、1977 年、第 820 頁。

② 参见南满洲铁道『南满洲铁道株式会社第三次十年史』、東京、龍溪書舍、1976 年、第 1324 頁。

③ 南满洲铁道株式会社庶务部调查课编『南满洲铁道株式会社第二次十年史』、大连、南满洲铁道株式会社、1928 年、第 1232 頁。

表7-6 1936年法定传染病患者现状（一）

		霍乱	痢疾	伤寒	副伤寒	天花	斑疹伤寒	猩红热	白喉	鼠疫	流行性脑膜炎	回归热病	合计
瓦房店	患者	—	43	5	4	—	1	12	5	—	1	—	71
	死亡	—	6	—	2	—	—	—	1	—	—	—	9
大石桥	患者	—	54	7	2	1	3	6	4	—	—	—	77
	死亡	—	1	2	—	—	—	—	—	—	—	—	3
营口	患者	—	14	2	1	1	1	7	1	—	—	—	27
	死亡	—	1	—	—	—	—	—	—	—	—	—	1
鞍山	患者	—	284	42	19	6	5	61	10	—	1	13	441
	死亡	—	22	3	2	—	—	1	—	—	1	—	29
辽阳	患者	—	56	16	10	5	6	5	3	—	1	2	104
	死亡	—	—	3	—	2	—	1	—	—	—	—	6
奉天	患者	—	430	129	44	47	40	133	32	—	11	2	868
	死亡	—	31	18	2	5	1	6	—	—	5	—	73
铁岭	患者	—	35	7	3	—	—	3	—	—	—	—	48
	死亡	—	4	4	—	—	—	—	—	—	—	—	8
开原	患者	—	38	16	18	14	1	6	5	—	—	—	98
	死亡	—	5	2	—	2	—	—	1	—	—	—	10
四平街	患者	—	83	50	19	5	—	12	3	—	—	—	172
	死亡	—	5	4	2	1	—	1	—	—	—	—	13
公主岭	患者	—	49	30	3	3	2	20	1	—	—	—	108
	死亡	—	4	2	—	—	—	2	—	—	—	—	8
新京	患者	—	163	63	6	62	4	64	43	—	6	2	413
	死亡	—	2	15	1	5	—	1	2	—	2	—	28
本溪湖	患者	—	76	17	5	—	6	16	4	—	1	—	125
	死亡	—	4	1	—	—	—	1	—	—	—	—	6
安东	患者	—	113	44	18	13	23	22	18	—	4	2	257
	死亡	—	10	3	—	2	3	3	2	—	3	—	26

		霍乱	痢疾	伤寒	副伤寒	天花	斑疹伤寒	猩红热	白喉	鼠疫	流行性脑膜炎	回归热病	合计
抚顺	患者	—	238	88	25	93	96	42	17	—	6	38	643
	死亡	—	22	8	1	9	7	2	—	—	6	3	58

注："—"为资料暂缺。

数据来源：参见南满洲铁道株式会社総裁室地方部残务整理委员会『満鉄附属地経営沿革全史』、東京、龍渓書舎、1977 年、第 821 頁。

表 7-7　　　　　　　　　**1936 年法定传染病患者现状（二）**

		霍乱	痢疾	伤寒	副伤寒	天花	斑疹伤寒	猩红热
患者	内地人	1558	473	155	179	106	388	133
	朝鲜人	24	13	12	11	7	4	6
	伪满洲国人	58	30	10	60	74	14	5
	外国人	—	—	—	—	1	3	2
	合计	1640	516	177	250	188	409	146
死亡	内地人	102	57	9	9	1	13	10
	朝鲜人	3	2	1	2	—	—	1
	伪满洲国人	12	6		14	7	5	—
	外国人	—	—	—	—	—	—	—
	合计	117	65	10	25	8	18	11

注："—"为资料暂缺。

数据来源：参见南满洲铁道株式会社総裁室地方部残务整理委员会『満鉄附属地経営沿革全史』、東京、龍渓書舎、1977 年、第 821 頁。

表 7-8　　　　　　　　　**历年法定传染病患者数量**

		霍乱	痢疾	伤寒	副伤寒	天花	斑疹伤寒	猩红热	白喉	鼠疫	流行性脑膜炎	回归热病	合计
1907 年	患者	26	28	96	—	19	—	—	—	—	—	—	169
	死亡	17	7	17	—	6	—	—	—	—	—	—	47

续表

		霍乱	痢疾	伤寒	副伤寒	天花	斑疹伤寒	猩红热	白喉	鼠疫	流行性脑膜炎	回归热病	合计
1908年	患者	—	23	123	—	2	—	—	—	—	—	—	148
	死亡	—	3	18	—	1	—	—	—	—	—	—	22
1909年	患者	25	85	126	—	2	—	3	—	—	—	—	241
	死亡	16	11	27	—	1	—	—	—	—	—	—	55
1910年	患者	4	59	204	—	26	1	19	10	158	—	—	481
	死亡	3	6	26	—	3	—	3	2	158	—	—	201
1911年	患者	3	88	173	46	32	1	29	11	—	—	—	383
	死亡	—	19	16	3	4	—	4	—	—	—	—	46
1912年	患者	3	137	189	50	27	—	124	19	—	—	—	549
	死亡	—	16	20	2	3	—	21	4	—	—	—	66
1913年	患者	—	197	447	93	15	5	117	14	—	—	—	888
	死亡	—	23	42	1	3	—	9	2	—	—	—	80
1914年	患者	—	245	734	90	10	49	140	34	—	—	—	1302
	死亡	—	39	100	3	2	7	12	8	—	—	—	171
1915年	患者	—	174	356	135	15	92	241	41	—	—	—	1054
	死亡	—	15	57	7	4	15	38	7	—	—	—	143
1916年	患者	—	284	432	106	44	75	124	35	—	—	—	1100
	死亡	—	32	57	7	8	10	4	4	—	—	—	122
1917年	患者	—	518	532	143	116	67	225	40	—	—	—	1641
	死亡	—	79	56	9	17	3	24	5	—	—	—	193
1918年	患者	—	440	591	118	92	206	103	74	—	3	—	1627
	死亡	—	52	100	10	23	17	3	11	—	1	—	217
1919年	患者	720	460	661	62	80	225	82	61	—	1	—	2352
	死亡	420	78	122	5	9	36	7	8	—	—	—	685
1920年	患者	14	481	866	147	83	59	86	30	—	4	—	1770
	死亡	4	75	153	11	12	6	21	11	—	2	—	295
1921年	患者	—	499	484	94	209	55	171	52	7	2	88	1661
	死亡	—	51	64	5	33	6	41	16	7	1	4	228

		霍乱	痢疾	伤寒	副伤寒	天花	斑疹伤寒	猩红热	白喉	鼠疫	流行性脑膜炎	回归热病	合计
1922年	患者	—	478	298	92	123	19	144	90	—	4	—	1248
	死亡	—	50	35	2	16	4	12	16	—	2	—	137
1923年	患者	—	741	510	80	59	28	187	180	—	5	2	1792
	死亡	—	76	52	6	7	2	7	14	—	3	—	167
1924年	患者	—	916	641	117	350	13	404	98	—	21	11	2571
	死亡	—	118	84	5	34	1	43	9	—	11	2	307
1925年	患者	2	773	617	109	306	13	579	110	—	11	3	2523
	死亡	1	105	71	4	43	2	84	14	—	3	—	327
1926年	患者	28	1191	808	170	206	8	374	113	—	17	—	2915
	死亡	13	168	79	5	29	—	41	14	—	12	—	361
1927年	患者	—	1194	627	258	182	5	293	96	—	7	—	2662
	死亡	—	152	66	12	16	—	17	6	—	5	—	274
1928年	患者	—	1089	484	296	136	73	427	123	—	11	—	2639
	死亡	—	113	57	15	17	7	33	7	—	1	—	250
1929年	患者	3	1357	412	166	59	71	310	137	—	17	—	2532
	死亡	1	170	61	5	4	4	40	10	—	4	—	299
1930年	患者	—	1148	477	258	13	32	395	270	—	17	5	2615
	死亡	—	135	53	14	1	2	22	24	—	7	—	258
1931年	患者	—	921	218	88	67	51	331	130	—	29	4	1839
	死亡	—	100	27	2	13	2	35	24	—	16	—	219
1932年	患者	72	1193	284	128	280	31	788	164	—	28	10	2978
	死亡	46	144	37	7	58	—	83	28	—	18	—	421
1933年	患者	—	1666	500	171	644	109	498	148	—	33	8	3777
	死亡	—	134	68	6	80	1	62	23	—	19	—	393
1934年	患者	—	1600	589	151	218	60	634	193	1	50	2	3498
	死亡	—	126	68	—	18	1	53	18	1	36	—	321

		霍乱	痢疾	伤寒	副伤寒	天花	斑疹伤寒	猩红热	白喉	鼠疫	流行性脑膜炎	回归热病	合计
1935 年	患者	—	2254	466	179	231	112	765	200	—	46	2	4255
	死亡	—	183	75	6	27	3	83	15	—	21	1	414
1936 年	患者	—	1640	516	177	250	188	409	146	—	31	59	3416
	死亡	—	117	65	10	26	8	18	11	—	17	3	275
1937 年	患者	2	1834	517	123	140	188	249	130	—	9	13	3205
	死亡	1	159	75	5	16	13	9	13	—	5	—	296

以下对"满洲"地区的主要传染病的相关情况进行略述。[①]

1. 痢疾

该疾病的发生多呈现分散性与流行性的特点。1920 年之前，该疾病大体上占所有法定传染病的二至三成比重（伤寒为首要法定传染疾病）。1921 年以后，痢疾成为首要法定传染疾病。到 1926 年，痢疾已经占到所有法定传染病的四至五成。作为预防对策，1930 年开始，广泛分发免疫预防痢疾的药片，仅 1936 年一年就向 85000 多人次发放了预防药片。通过这种方式，痢疾患病的死亡率也大幅下降。

2. 伤寒

该疾病与痢疾类似，也是一种呈分散性与流行性的多发传染病。1920 年之前，伤寒为首要的法定传染病，并且占据所有法定传染病的半数以上。到 1921 年，伤寒患病率下降，逐渐被痢疾超越。1931 年以后，由于政府严格要求居民服用预防伤寒药片，加之一般防疫措施的有力执行，痢疾的患病率进一步下降至第三位（前两位为痢疾和猩红热）。1936 年，一年间累计分发 40000 人份的预防伤寒药片，患者的死亡率约为 12%。

3. 副伤寒

1907 年该病被归入法定传染病的范围，并未将其与伤寒进行区分。

---

① 参见满鉄会编『南満洲鉄道株式会社第三次十年史』、東京、龍渓書舎、1976 年、第 2240 頁。南満洲鉄道株式会社総裁室地方部残務整理委員会『満鉄附属地経営沿革全史』、東京、龍渓書舎、1977 年、第 826 頁。

副伤寒的患病占所有法定传染病的5%左右（与白喉的患病率持平，排在所有法定传染病的第五位）。1927年，抚顺地区A型副伤寒传染病流行，1928年以及1930年，发现大量副伤寒病患者，1931年通过严格要求居民服用预防副伤寒药片方法后，该病扩大传染趋势得到控制。1926年以后，该病的患者死亡率稳定在4%左右。

4. 猩红热

该病最先发现于1909年的大连满铁附属地外的大石桥、辽阳等地，最初只有一两例患者。之后该病传染人数迅猛增长，尤其是夏冬两季在各地表现得尤为猖獗。1915年后，猩红热患病者数量占所有法定传染病的一成左右（排在第三位）。到1924年，已经涨到两成左右，同时上升到第二位。学龄儿童以下的婴幼儿感染猩红热的死亡率较高。1927年开始，满铁会社尝试通过注射疫苗的方式降低猩红热病的感染率。1931年后，每半年集中一次对各小学强制进行注射疫苗，通过这种方式学龄儿童的患病率得到显著地降低。从1926年到1935年，猩红热病患者的死亡率基本维持在9.7%左右，到1936年，死亡率已经降到了4.4%，在控制猩红热病死亡率上取得了显著的效果。

5. 白喉

该病多分散于各地，并未大规模暴发过白喉传染病。1923年，在鞍山、抚顺等地小规模发生了白喉传染以来，各地的白喉患者的数量逐渐增加，1935年出现200名白喉患者，1936年减少至151名患者。1926年到1935年10年间，白喉病的死亡率基本维持在10.7%左右。

6. 斑疹伤寒

该病最初于1909年在辽阳地区发现首例患者。之后各地陆续出现斑疹伤寒患者，其中抚顺出现的患者稍多。1928年，来自山东在大连充当苦力的1000余名群众、鞍山附属地外大孤山采矿场以及抚顺煤矿的华工间出现大量斑疹伤寒患者。所幸由于预防治疗得当，并未出现患者大规模死亡的现象。斑疹伤寒病通过风就可以传播，会出现大规模的感染，但在此过程中，由于日本人的住宿条件相对较好，并且与华人有一定的距离，日本斑疹伤寒病感染概率较低。1932年3月，保健卫生调查委员会对"满洲"斑疹伤寒病情进行审议，并未将此作为法定传染病对待。1933 年后，保健卫生调查委员会才将"满洲"地区的斑疹伤寒列入法定传染病的名单中。

7. 天花

该病暴发的时间比较频繁，传播范围也比较广泛，其中来自大连，从事苦力工作的群体受此影响最为严重。到 1926 年，天花占所有法定传染病的一成左右。1927 年开始，由于卫生知识的广泛宣传以及种痘措施执行得比较彻底等原因，天花病的感染率大大降低。但到了 1933 年，春秋两季天花病接连暴发，天花感染人数又大幅增加，占到所有法定传染病的两成左右。该阶段天花病暴发，与"满洲"地区气候风土变化较大以及该时期外来移民大量增加等因素密切相关，之后天花的感染率又呈现下降趋势。关于天花的种痘，主要分为春秋两季定期种痘与临时种痘两种。1913年，关东都督府要求每年一次定期种痘，1927 年开始改为每年春秋两季种痘。1926—1935 年，天花病患者的死亡率基本维持在 12.9% 左右。

8. 流行性脑膜炎

根据 1918 年《关东都督府令第二十四号》规定，该病被列入法定传染病名单。流行性脑膜炎在日本国内，尤其是大阪地区表现得尤为猖獗，附属地地区虽然患病者较少，但 1926—1925 年 10 年间，流行性脑膜炎患者死亡率高达 55%。

9. 回归热

该病主要发生在夏季，并且散见于中国人群当中。1913 年 6 月《关东都督府令第十六号》，回归热病适用于传染病预防规则，但之前回归热患者数量并未明确记录。九成以上的该病患者是抚顺煤矿的苦力，并且来自山东的在东北充当苦力的劳动力是回归热病传播的重要原因。

10. 疟疾

该病并非法定传染病。到 1922 年，疟疾患者不到 200 人，但此后逐渐增加，1925 年达到 2000 人，1927 年已经突破 3000 人。患者大部分出现在抚顺地区，多为煤炭工人，并且实际疟疾的患病人数可能远远大于统计数字。在此病情肆虐情况下，满铁会社为了控制疟疾病情继续扩大，积极采取措施。主要集中对容易滋生蚊虫的下水道、厕所等地进行严格清扫，并利用石油、石灰进行消毒。1926 年开始，派遣医师常驻在抚顺煤矿地区，以便对疟疾的防治工作进行及时有效的指导。1931 年，有严格要求健康群众服用奎宁剂对疟疾进行预防。对于病原携带者（多数为煤矿苦力人员）严格要求服药防止病情暴发。到 1932 年，疟疾病患者的数量显著下降，1934 年已经减为 500 人左右，1935 年更是降至 247 人。

二 特殊疫情防疫

满铁会社认为，过去在"满洲"地区鼠疫、霍乱等具有极强传染性的疾病频发，与当时缺失隔离所等设备有密切关系。① 因此，在 1921 年，满铁会社策划在满铁沿线主要地带设立永久的隔离所方案，但由于预算的关系，该方案并未能最终执行。也有一些满铁会社之外的实业家希望在奉天、长春、安东、营口等地建立苦力收容所，向满铁会社寻求资金支持。满铁会社承诺为奉天、长春两地的收容所提供一定的资金及土地进行支持，但为安东、营口两地的收容所仅仅提供土地支持。1922 年四地的收容所建设基本竣工，该年年底，满铁会社又以 175000 日元的价格收购了这四所收容所。之后在 1928 年将四平街守备队的房屋以及大石桥的"满洲"仓库社宅充当常设的特殊传染病隔离所。公主岭地区将一部分住宅改修成鼠疫隔离所。②

近代东北历史上，鼠疫多次流行，病情猖獗。20 世纪大规模的鼠疫流行共有三次。1928 年，内蒙古地区暴发鼠疫病情，之前以通辽为中心的区域是鼠疫流行的重灾区，但在 1933 年，屡次在农安地区发现鼠疫病情，前后患者总数超过 1200 人，病型以肺鼠疫为主，夹杂一些败血型鼠疫。③ 在此背景下，伪满洲国、关东军、关东厅、大使馆联合组织成立防疫联合委员会，负责联络各地共同承担防疫食物，相互合作达到彻底消灭疫情的目的。1933 年 12 月，防疫联合委员会改名为日满防疫联合委员会，负责联络统制各地的一般防疫事项。1936 年又改成"满

---

① 满铁会编『南满洲铁道株式会社第三次十年史』、东京、龙溪书舍、1976 年、第 2241 页。

② 南满洲铁道株式会社庶务部调查课编『南满洲铁道株式会社第二次十年史』、大连、南满洲铁道株式会社、1928 年、第 1234 页。

③ 满铁铁路总局：《康德二年度鼠疫防疫概况》，辽宁档案馆藏，1933 年，资料号：2937 号。

洲"卫生委员会，负责联络统制事项。[1] 有中国学者认为，第三次鼠疫
（1946—1948 年）的大规模流行与日本的细菌战有着密切的关系。[2]

为了控制鼠疫病情的蔓延，除了过去常规的临时防疫外，还在偶发
鼠疫的地区派遣巡回诊疗员，对鼠疫的相关危害与防治进行普及和宣
传。并且在鼠疫大肆流行时，进行大规模注射预防鼠疫疫苗。对于鼠疫
暴发迅速采取隔离、治疗，交通拦截等措施。1934 年，伪满洲国与满铁
会社共同制订了建立防疫设施计划，1936 年计划基本完成。通过以上措
施，1934 年鼠疫患者的数量下降到 898 人，1936 年下降到 172 人，在控
制鼠疫方面起到了显著效果。1937 年，满铁与伪满在各地隔离所基础上
建立了较为完备的鼠疫防疫体系。（见表 7 - 9）

表 7 - 9　　　　　　　**鼠疫防疫体系（1937 年 11 月开始）**

"满洲"卫生委员会										
满铁						伪满洲国				
通辽调查所						哈拉海调查所				
赤峰隔离所	通辽隔离所	郑家屯隔离所	太平川隔离所	洮南隔离所	白城子隔离所	陶赖昭隔离所	窑门隔离所	大赉隔离所	前郭旗隔离所	哈拉海隔离所 农安隔离所

（一）霍乱防疫[3]

1. 明治时代（1868—1912 年）

"满洲"地区最早记录的霍乱疫情是 1907 年夏季在大连、旅顺、辽
阳、安东等地发现的，1909 年 8 月，营口、大石桥、辽阳、安东等地也

---

① 解学诗：《"新京"鼠疫谋略》，载解学诗、［日］松村高夫等著《战争与恶疫——日本对华细菌战》，人民出版社 2014 年版，第 51 页。

② 中国学者解学诗、郭洪茂等认为东北鼠疫的流行与日本对华细菌战的研制密不可分。参见解学诗《"新京"鼠疫谋略》、郭洪茂《东北第三次鼠疫大流行》，载解学诗、［日］松村高夫等《战争与恶疫——日本对华细菌战》，人民出版社 2014 年版。

③ 南满洲铁道株式会社总裁室地方部残务整理委员会『满铁附属地经营沿革全史』、東京、龍溪书舍、1977 年、第 832 页。

出现少量霍乱患者，两年间的霍乱患者总计 51 人。1910 年，大连、金州、营口、大石桥、辽阳出现少数霍乱患者，1911 年霍乱患者数量稍有增加，达到 143 人。关东州外，并未发现霍乱患者，1912 年，在大连湾停泊的船舱中发现 5 名霍乱病患者。

2. 大正时代（1912—1916 年）

1916 年，驶入大连湾的船舱中发现 2 名霍乱患者，1919 年，霍乱病侵袭中国上海、天津等地，从上海驶入大连的船舶中发现霍乱病患者，同时营口也发现霍乱患者，霍乱病情很可能在全满蔓延开来。在此情况下，关东厅与满铁会社承担起了霍乱防治工作，海务局要求来自上海方面的乘船者必须接受严格的粪便检查。关东厅又同中国方面达成协议，对入港船舶进行严格检疫，向广大群众宣传普及霍乱的相关知识。同年8 月，在奉天设置临时防疫检查本部，统一开展防疫检查工作。满铁会社在奉天、长春建立大型隔离所，除在满铁医院附设霍乱患者诊疗所外，还对于容易传播染疾病的列车进行大规模消毒。在防疫措施具体的实施过程中，最大的问题在于警察以及检疫医生的严重不足。其中防疫医生 70 名，从日本国内招聘警察约 100 名，募集防疫检测员数十名。大部分患者缺乏卫生意识，中国患病者数量远高于日本人。据统计，中日患病者数量合计超过 13000 人，最终死亡数量突破 6300 人。防疫过程中，产生的费用基本由满铁会社承担，总计约 73 万日元。

1920 年年初开始，中国台湾、厦门以及日本国内暴发大规模霍乱疫情，满铁会社与关东厅迅速达成协议，对来自霍乱区的船舶进行严格的检查消毒。同时禁止中国人在营口乘车，对于徒步者进行严格的监视，防止霍乱病毒侵入附属地。

1922 年 7 月，上海霍乱疫情严峻，满铁与关东厅严格警戒来自上海地区的船舶。7 月 22 日，在天津赴大连湾的汽车上发现 1 名霍乱患者，8 月 22 日，营口地区中国人聚居地发现 17 名霍乱患者。之后，大连也发现 4 名患者与 1 名病原携带者。

1925 年 8 月，由于上海霍乱疫情愈演愈烈，满铁会社一方面在营口设置患者收容所、健康隔离所，对各附属地的居民以及来"满洲"的汽车乘客注射预防霍乱疫苗；另一方面，在营口地区的中国警员也积极采取检疫海港、注射预防疫苗等方式控制疫情的扩大。1925 年，附属地的霍乱疫情得到了很好的控制，在附属地内发现 2 名患者，附属地外发现3 名患者，大连仅发现 1 名霍乱病原携带者。

1926 年 6 月，上海、天津、青岛等地相继暴发大规模的霍乱疫情。满铁会社和关东厅从 7 月开始展开第一期的防疫工作：在营口、安东、奉天分发预防注意宣传手册，此外也积极实施蚊蝇驱除、检疫、注射预防疫苗等措施，并且与中国官署方面展开共同防疫。8 月 6 日，哈尔滨傅家甸中国人聚居地发现 6 名霍乱患者，满铁会社展开第二期的防疫工作：在哈尔滨配备 1 名医师，兼有情报收集以及联络满铁东线的任务。长春配备 5 名医师、9 名防疫工作人员，从事列车检疫、细菌检查、注射预防疫苗等工作。另外成立由 4 名医师和 8 名看护妇组成的注射班，在地方事务所与警察官署的配合下对多数居民注射预防疫苗。之后，在营口和安东又发现霍乱患者。8 月 30 日，在关东厅内设立临时防疫部，配置相应的监察委员协助满铁会社的防疫工作。满铁两期防疫工作的费用超过 10 万日元，取得了较为显著的成效，关东州内与满铁附属地内的霍乱患者总数为 60 人，而全满洲霍乱患者超过 1000 人。

3. 昭和时代（1927—1937 年）

1927 年 6 月，霍乱疫情率先在上海暴发，之后波及天津、营口等地。9 月在营口发现 5 名霍乱患者，大连发现 4 名患者，其中 3 名是在天津驶入大连湾的船舱中发现的。1928 年 6 月，营口中国人聚居村受到霍乱侵袭，很快蔓延至大连，10 月中旬疫情被控制。其中大连发现 4 名患者，营口发现 25 名患者。1929 年，在营口中国人聚居村发现数十名患者，附属地发现 3 名患者。关东厅对于来自上海、天津的人群进行严格的检疫。

满铁会社的防疫对策大体上可以分为三期。第一期为伪满洲国内未发现霍乱患者时期，第二期为营口、大连之外发生霍乱疫情时期，第三期为霍乱疫情向满铁沿线蔓延，应情势的变化制订防疫计划。第一期为中国工人、交通业者、现场从业人员注射预防疫苗。第二期，满铁与关东厅合作在防疫的重要地区增设防疫医生以及防疫工作人员，对满铁沿线旅客列车进行消毒，并提供防疫用品。第三期，因为大连、金州、普兰店、王家岭、盖平、"新京"、奉天等地出现霍乱患者，满铁会社采取强制注射预防疫苗的措施，同时派遣巡回注射预防疫苗班赶赴满铁沿线进行注射，对于饮水、蔬菜等进行严格的消毒，建设患者隔离室，对于伪满洲国的霍乱疫情提供相应的预防疫苗以及防疫用品进行援助。以上措施所需经费约96000日元，基本由满铁会社承担。由于防疫设施健全以及宣传卫生思想起到的良好效果，使霍乱病的威胁大大降低。

（二）鼠疫防疫①

1. 明治时代（1868—1912 年）

1910 年 10 月下旬，北满地区发现鼠疫患者，以该地区的苦力为媒介，鼠疫病毒很快蔓延到北满、直隶、山东等地。满铁会社与关东厅联合成立临时防疫部，之后又在奉天设立防疫部，并与清政府协商召开清日共同防疫会议，商讨防疫合作相关问题。沿线附属地以及关东州范围内，最早在孟家屯至范家屯的列车内检查出首例鼠疫患者，之后长春、公主岭、四平街、开原、奉天、抚顺、金州、大连等地陆续出现鼠疫患者。这一时期感染鼠疫病的患者多为从事苦力的下层群众，并且患者几乎全部死亡。

满铁会社管辖内的防疫设施主要包括分发预防注意手册、捕鼠行动、整备隔离所、车厢内检疫、在日本内地招聘医师及医师助手、增加消毒与捕鼠人员等。鼠疫病毒入侵后，一方面，禁止从事苦力的群众乘坐列车，对病毒潜伏期的列车进行停留检疫审查。在管辖范围以外的重要地点设置监视所，严格禁止来自附属地外的人力车和客车马等。另一方面，大连、旅顺等地，对于外地的来航船舶进行严格监视，并且对船员进行检诊。大阪商船公司、来自奉天以北途经大连返回日本国内的回国者，需递交 48 小时以内的健康证明书才可通行。除此之外，还对患者的户口进行调查，防止出现中国家庭藏匿患者或者丢弃尸体的现象，并且对发现患者尸体的群众提供 10 日元以上的赏金。

日本政府特对于"满洲"地区的鼠疫疫情提供了超过百万日元的防疫费用，并且派遣传染病研究所长、医学博士北里柴三郎赶赴"满洲"

---

① 参见南满洲铁道株式会社総裁室地方部残务整理委员会『満鉄附属地経営沿革全史』、東京、龍渓書舎、1977 年、第 831 頁。

视察防疫情况，北里在"满洲"各地多次举行防疫演讲，对疫情的控制提供了有效的经验。满铁会社关于疫情经费的支出达 85 万日元。

2. 大正时代（1912—1926 年）

1917 年 12 月，蒙古等地出现鼠疫疫情，次年 2 月，疫情已经蔓延至山西、直隶境内，京汉铁路沿线纷纷受此影响，蔓延山东济南一带，到 5 月疫情最终被控制，"满洲"地区故此未受此次疫情影响。

1920 年 8 月，"满洲"里的俄国人村出现两名鼠疫患者死亡，10 月中旬，以该地为中心陆续出现鼠疫患者，并且波及北满一带。满铁会社与关东厅紧急派遣医师赶赴哈尔滨调查疫情的实际情况，在此基础上制定相应的防疫措施。1921 年 1 月末，公主岭的临时隔离所内出现鼠疫患者死亡病例，该患者来自哈尔滨，南下充当苦力。2 月，满铁会社与关东厅协商在关东厅内成立临时防疫部，之后又在长春地区设立临时防疫所，负责奉天以北的防疫事务。因为病毒的传播主要来自北满地区，尤其是南下的苦力群体，因此在长春建立防疫所，对北满南下群体进行严格检疫。中国政府管辖范围内，也新设 9 个隔离所展开防疫工作。满铁会社为长春以南铁路沿线要地配备货车，或者租借中国人的房屋盛放防疫设施。北满地区患者死亡数实际上达到 7776 人，由于长春防疫措施得当，疫情在南满地区得到了有效的控制。这一时期，防疫经费在 66 万日元左右，关东厅约出资 53 万日元，满铁出资 13 万日元。

3. 昭和时代（1927—1937 年）

1927 年 8 月中旬开始，通辽各地出现传染病死亡患者，经检测多人为鼠疫患者。满铁会社与关东厅联合中国官军方面，在四平街、长春等地展开预防检疫工作，防止疫情进一步入侵，在此检疫过程中，推算出蒙古地区鼠疫患者约在 110 人。1928 年 8 月上旬，通辽北部出现鼠疫患者，以四平街为中心，奉天、郑家屯、长春、营口等地间形成防疫阵，防止疫情的入侵。此次疫情的流行地通辽、辽源等地总计出现死亡患者 1200 人，钱家店人口约 2500 人中出现了 620 名死者。1929 年，四洮线欧里附近发现鼠疫患者，之后很快蔓延到各地，总计出现患者 283 名。满铁会社迅速派遣防疫医师与防疫员赶赴四平街等地，防止疫情进一步蔓延。1930 年 8 月下旬开始，四洮线的开通、太平川、洮南、西方水泉，郑通线的太林以及农安县出现 23 名鼠疫患者。1931 年 10 月上旬到 12 月下旬，对四洮线、吉敦线的调查结果并未发现鼠疫疫情。1932 年，并未发现鼠疫疫情。1933 年农安方面、四洮沿线、通辽方面、热河方面又出现疫情，患者总数达到 1639 名，满铁会社与关东厅也积极展开了防疫行动。以此次防疫行动为契机，日本与伪满政府间成立了鼠疫防疫委员会，关于鼠疫的相关行动措施，均由此委员会统制，到 1933 年 12 月下旬，疫情基本被控制。

1934 年鼠疫的流行范围主要分为农安（包含乾安、长岭）和大郑线（包含博王旗、双山、开鲁）两个方面。疫情呈现出阶段性，大致在 1934 年 6 月下旬暴发，8 月中旬出现疫情的高峰，到 10 月疫情缓和，11 月后疫情基本受到控制。从以往疫情历史来看，附属地外是疫情的高发区，但 1934 年 10 月上旬，"新京"地区出现鼠疫患者，全满患者总数达到 898 人，受此影响的部落有 94 村，与去年的疫情相比，虽然该年的疫情发生时间更早且周期更长，但是患者数量仅为去年数量的一半。主要原因在于当局较早地着手调查防疫的相关工作，除此之外反复卫生宣传行动也起到了良好的效果。

1935 年共计出现 335 名鼠疫患者，分散在八县三旗三十六部落。1936 年 6 月下旬开鲁方面，7 月京白线新庙站附近的卡拉店以及奈曼旗方面，8 月建平、大赉、乾安、长岭各县和郭尔罗斯前旗等地发现少量患者。8 月 17 日，在"新京"召开鼠疫防疫会议，主张禁止新庙、木头两站间的乘车运行，限制哈拉海、白城子间各驿站的乘客数量（只有持已注射预防疫苗证书的群众才被允许乘车），对哈拉海至"新京"间的、白城子至大赉间的列车进行检疫，限制大赉、新庙、木头、前郭旗各站的货物运输。10 月后限制禁止的政策基本上取消。12 月 27 日郑家屯城内，疑似发现鼠疫病患者。关东厅立即采取措施，要求学校停课，郑家屯附近的各站停止运输货物，列车接受运输检疫。除此之外，还组织捕鼠、注射预防疫苗等行动。[1]

---

① 参见南满洲铁道株式会社庶务部调查课编『南满洲铁道株式会社第二次十年史』、大连、南满洲铁道株式会社、1928 年、第 1238 页。

第四节　现场工作卫生

一　铁道卫生

关东州及州外的铁道附属地虽未实行工厂法、矿业法，但满铁会社对于员工除采取互助福利制度外，对铁道、矿山、工厂的劳动卫生情况也进行调查研究，对于伤病员工提供相应的救济金等。1919年卫生科设置铁道卫生系，后改名现场工作卫生系，负责会社员工的保健卫生工作。[①]

随着铁路业务的迅猛发展，以往属于医疗范畴的铁路卫生业务，以铁路卫生的新科目出现。沿线附属地的卫生行政事务主要由现场工作卫生系负责，主要包括：提高员工的身体健康，改善卫生设备，对于作业场内的卫生状况以及特殊疾病进行调查研究。

（一）旅客卫生

为了改善列车内的温湿度、换气，垃圾与瓦斯的比重，车厢内的清洁状况等条件，1924年，对满铁线内的普通列车以及快速列车进行试验，将"冬季列车车厢内湿度气温测定实验成绩"以及"列车车厢内的垃圾与细菌检查成绩"分发到相关各所。1935年，对客车控制调查装置、暖气装置、换气装置、细菌数、垃圾数量等进行详细的检查。

列车车厢内以及车站的食堂等与旅客卫生关系密切的场所，是传染疾病易发区域。传染病流行时，对于这些区域进行反复的巡查，巡查内容主要包括：食品储藏是否得当；厨房的构造以及管理是否合理（厨房的方位、位置、采光、温度、通风、蚊蝇驱除等）；调制食品保管是否合理；食器管理是否得当；对用水的种类及用水是否合理进行检查。[②]

---

① 参见南满洲铁道株式会社庶务部调查课编『南满洲铁道株式会社第二次十年史』、大连、南满洲铁道株式会社、1928年、第1226頁。

② 参见南满洲铁道株式会社庶务部调查课编『南满洲铁道株式会社第二次十年史』、大连、南满洲铁道株式会社、1928年、第1227頁。

（二）作业卫生

对于工作人员的保健以及工作效率来说，进行作业场所的采光、换气、垃圾、温湿度等条件是保证工作人员健康及工作效率的重要因素。1925 年，满铁会社对与客车车库的垃圾、细菌等状况进行检查，并将"夏季铁路工作室的垃圾和细菌检查成绩"分发到各有关单位。1934年，通过对各列车的震动、噪声、空气状态等进行比较调查，测定乘务员的精神、身体疲劳程度。

为乘务员建立的指定住宿场所包括大连、甘井子、瓦房店、大石桥、营口、苏家屯、奉天、铁岭、四平街、"新京"、桥头、鸡冠山、大官屯、安东十四处，大多是在以往建筑的基础上改建而成。①

（三）特殊疾病

铁路工作人员的特殊疾病，尤其是属于机车乘务以及运转系统的工作人员在录用前往往需接受听力、视力方面的严密检查，避免出现该方面障碍或疾病。因为从事机车乘务以及机车运转相关工作人员，在工作中视觉、听觉等方面可能会受到持久的损害。每年组织铁路工作人员进行健康体检，对出现视力障碍、色盲、色弱的患者进行治疗。每年，从事机车运转系统的工作人员出现眼角膜损伤的案例不在少数。满铁会社委托"新京"医院对患者病情进行统计调查和研究，并将调查研究结果刊行。

除了对铁路工作人员的特殊疾病进行防治外，满铁会社还从灾害防治的角度对铁路、工厂、矿山的工作人员进行调查，调查结果如表 7 – 10 所示。

对以上调查的若干考察如下。

第一，从场所与灾害出现数量来看，铁路工厂出现的灾害数量最多，采矿所及煤炭工厂次之，铁道部最少。能够看出，各工作场所的营业状况性质、工作的忙闲程度、作业条件等有着很大的不同，并且除铁道部以外，各场所的灾害数量呈现出逐年减少的趋势。

---

① 参见南满洲铁道株式会社総裁室地方部残务整理委员会『满铁附属地経営沿革全史』、東京、龍渓書舍、1977 年、第 838 頁。

表 7 - 10 　　　　　　　　灾害发生的比例及总数调查表

部门		年度	日本人			"满洲"中国人		
			总人员	灾害数	比例（%）	总人员	灾害数	比例（%）
铁道工厂		1926	1092	471	43.1	1339	504	37.6
		1927	1009	479	47.5	1191	564	47.4
		1928	984	573	58.2	1238	755	61.0
		1930	1106	354	32.0	709	370	52.2
		1931	1003	287	28.6	751	255	34.0
		1932	946	211	22.3	668	239	35.8
		1933	1023	224	21.9	791	248	31.4
		小计	7163	2599	36.3	6687	2935	43.9
铁道部		1930	9185	1041	11.3	5038	506	10.0
		1931	9040	1001	11.1	4906	446	9.1
		1932	9024	1071	11.9	4747	465	9.8
		1933	9510	1135	11.9	5078	492	9.7
		小计	36759	4248	11.6	19769	1909	9.7
抚顺煤矿	工厂	1926	1492	239	16.0	1773	384	21.7
		1927	1217	214	17.6	1469	448	30.5
		1928	1222	111	9.1	1423	263	18.5
		1930	1409	149	10.6	1324	102	7.7
		1931	948	76	8.0	987	74	7.5
		1932	1050	79	7.5	851	63	7.4
		1933	1068	83	7.8	866	88	10.2
		小计	8406	951	11.3	8693	1422	16.4
	采矿所	1926	1192	496	41.6	2507	909	36.3
		1927	1167	482	41.3	2112	701	33.2
		1928	1216	367	30.2	1987	543	27.3
		1930	1363	233	17.1	1834	196	10.7
		1931	1359	173	12.7	1545	118	7.6
		1932	1333	168	12.6	1286	153	11.9
		1933	1366	159	11.6	1333	157	11.8
		小计	8996	2078	23.1	12604	2777	22.0

　　数据来源：南满洲铁道株式会社総裁室地方部残务整理委员会『满铁附属地経营沿革全史』、東京、龍渓書舎、1977 年、第 838 頁。

第二，7月、8月和11月、12月是灾害频发期，3月、4月、5月灾害出现数量次之。铁道部和煤炭采矿所在冬季出现高峰，铁道工厂和煤炭工厂在夏季出现的灾害最多。除了由于各场所工作繁忙程度不同之外，在生理学上气候对于人体工作的影响也是造成灾害频发的重要因素。从早上7时开始，灾害发生数量逐渐增加，到9时、10时、11时达到最高，正午灾害数量下降，午后再次上升，下午2时、3时极易出现灾害。可以看出，灾害的发生与作业强度以及身心的疲劳程度密切相关，下午5时到早上7时，灾害的出现频率较低。

第三，治疗日数的长短与劳动力的损失程度直接相关，也能够推测出灾害的程度以及工作的危险性。灾害和年龄、工作年数有着密切的关系，年轻者心智不够健全、不节制，在工作时间段还未能熟悉工作事务的情况下，容易造成灾害发生。

（四）一般患病情况

铁路工作人员因为经常从事夜勤以及在非自然的劳动环境中工作，容易出现患病现象。因此，对铁路工作人员进行保健和预防疾病工作显得尤为必要。1922—1926年，满铁每年对铁路工作人员的患病状况进行详细调查，并将每年的调查报告以及"互助社员特别是铁路员工的肺结核统计观察""关于铁路劳动者的肺结核的考察"等资料进行公开发表。

互助社员特别是铁路员工的肺结核统计观察概要。其一，互助社员的伤病救济金与抚慰金的领受者占到所有员工的21.3%，而其中65.2%即占总社员13.9%的群众，患有结核病，并且大部分为肺结核患者。其二，在结核病患者退职死亡的员工中，退职患者死亡比重最高达到2.23%，煤矿为1.47%，铁道为1.32%，工厂结核病退职死亡率最低，为0.98%。其三，铁路现场工作人员中各部门肺结核发生率情况也有一定的差别。其中列车区为肺结核高发区，为2.25%，其次是通信区的1.51%，车站为1.16%。从工作业务来看，电信方面发生率最高，为4.29%，车站方面2.51%，列车售票员方面2.27%，列车服务员方面2.17%，列车员方面1.99%等。一般来说，工作卫生环境较差，刚刚接触工作内容的年轻工作人员容易感染肺结核。其四，冬季的1月到3月为肺结核病的高发时期，相应地，4月到9月，肺结核感染的可能性较低。其五，1923年、1924年两年间满铁铁路工作人员的肺结核病平均死亡率约4.2%，远高于日本国内的2.1%。1927年，满铁会社编纂发布《关于铁路劳动者的患病考察》，通过对日本人从事铁路员工工作的最初调查，目的在于阐明铁路作业状态，并且确立更加合理的铁路员工工作条件。

（五）急救设施

急救设施的目的在于及时展开对旅客以及铁路工作人员的灾害预防与对症治疗工作，1922年后由卫生科集中负责。卫生科编纂刊行《急救法大意》分发到相关部门，并且每年举行一次关于一般急救措施的演说，增强相关人员的急救意识。1928年，卫生科制定《铁路救护规定》，统一展开急救材料的输送行动，但列车发生事故时，由各医院、车站、各区的工作人员组成救护，对事故进行必要的急救、抢修。

二　矿山卫生

关东州以及满铁附属地并不适用日本国内的《矿业法》。在抚顺、烟台两煤矿自发修整卫生设施的基础上，满铁会社又在两地设置了医院、办事处等协助相关卫生活动，除此之外，还建立符合"满洲"中国人生活习惯的工人宿舍。1926年，在抚顺煤矿总务科配置矿山卫生技术员，主要负责内容包括：一般矿山卫生事务、雇用工人前的身体检查、定期健康检查、工人间互相扶助的医学检查等。1922年保健所建立，矿山卫生技术员改称现场工作医生，并且供职于附属保健所。[①]

（一）身体检查及健康诊断

1928年开始，矿山企业在雇用工人前要求进行必要的身体检查，1935年开始进行定期健康诊断。严格执行身体检查和定期健康诊断的目

---

① 参见南满洲铁道株式会社庶务部调查课编『南满洲铁道株式会社第二次十年史』、大连、南满洲铁道株式会社、1928年、第1227—1228页。

的除了增强工人身体素质、提高工作效率、防止事故发生、普及卫生思想外，更重要的目的在于降低工人伤病尤其是结核疾病的出现，同时也有助于增加熟练工人。①

1930 年对于三年间抚顺煤矿内结核病患者数量进行调查，试图找出遏制结核病的对策。患者的数量以及病名相关检查如表 7 – 11、表 7 – 12 所示。

表 7 – 11　　　　　　　　　　抚顺煤矿结核病患者实际数量

所在地	1927 年	1928 年	1929 年	合计
大山	32	22	29	83
古城子	13	8	16	37
东岗	2	5	12	19
东乡	11	12	14	37
杨柏堡	12	4	×	16
老虎台	13	23	11	47
万达屋	13	×	4	17
龙凤	6	5	12	23
烟台	×	2	2	4
新屯	×	1	11	12
塔连	1	2	4	7
其他	6	5	3	14
合计	109	89	118	316

表 7 – 12　　　　　　　　　　抚顺煤矿结合患者病名数量

病名	1927 年	1928 年	1929 年	合计
肺结核	64	51	50	165

---

① 参见南满洲铁道『南满洲铁道株式会社第三次十年史』、東京、龍溪書舍、1976 年、第 1323 頁。

病名	1927 年	1928 年	1929 年	合计
肺尖炎	1	7	31	39
肺浸润	×	3	3	6
疑似肺结核	12	4	1	17
肺空洞	2	×	1	3
咳血	3	4	×	7
肠结合	2	2	3	7
喉头结合	1	×	×	1
骨关节结核	3	6	5	14
肋膜炎	20	12	12	44
结核性脑膜炎	1	×	5	6
结核性淋巴炎	×	1	7	8
合计	109	90	118	317

数据来源：参见南満洲鉄道株式会社総裁室地方部残務整理委員会『満鉄附属地経営沿革全史』、東京、龍渓書舎、1977 年、第 847 頁。

1934 年基本完成对工人营养指数的相关研究，通过对多数工人身体及机能进行测试，确定出相关用人标准，为采用工人前的身体检查提供相关数据支持。

（二）作业卫生

满铁会社卫生科多次展开作业卫生环境及劳动条件的卫生学研究。1933 年，露天作业中起着重要作用的挖掘机操作员的患病率相当高。卫生科对操作挖掘机的工作环境以及与挖掘机类似的工作中震动、噪声、温湿度、灰尘等因素进行调查。1935 年，又对抚顺煤矿内外的作业环境进行详细调查。[1]

1935 年 9 月对抚顺煤矿内外工作场所展开的卫生调查，总结出以下

----

[1]　参见南満洲鉄道『南満洲鉄道株式会社第三次十年史』、東京、龍渓書舎、1976 年、第 2233 頁。

特点。一是抚顺煤矿矿内与矿外作业卫生环境相比较，矿内的工作条件更为恶劣。矿内有臭气、高温高湿、气温变化显著、灰尘较多、作业照明显著不足，矿内的空气状态极不稳定，并且矿内的工作人员接受的日光照射也极为有限。从卫生学的角度来看，矿内的工作环境比矿外条件差得多。二是古城子采矿场是抚顺地区灰尘最多的煤矿。三是烟台采矿所矿内的水质呈现酸性，灰尘量也较大。

（三）特殊疾病与工人互助

由于矿内的工作环境较为恶劣，相应地在矿内工作也容易引发特殊疾病。1923 年、1924 年连续两年对矿内工作人员的肠胃进行检查发现，在矿内污浊的水中作业与矿内工人高发十二指肠虫病患者有着密切关系，并在此基础上为患者病情提供相应的治疗资料。

抚顺煤矿制定了关于煤矿工人扶助救济的规定，对工人的公私伤病提供一定的金钱和物质帮助。为了保证该规定执行公平且合理，专门委托在岗的现场工作医师对此进行医学性的审查。1935 年，关于伤病医疗金支出的审查有 292 件，关于伤病救济金补助的审查有 166 件。

三　社员保健

健康检查医生。为了提高满铁会社员工的身体素质，满铁会社编纂相应的《身体检查规定》，以此为标准对采用者进行身体检查，[①] 并且规定，入社后员工每年需接受一次身体检查。因为视力、听力、辨色力有缺陷的员工，以及慢性病患者尤其是结核、花柳病、新陈代谢、糖尿病等患者接连出现，1926 年 4 月，对《身体检查规定》进行修改，采取更为严格的入职前体检标准。然而患病者数量依然居高不下，尤其是肺结核病患者数量十分惊人。1935 年开始，卫生科在大连、奉天、"新京"、抚顺、安东五地各设置 1 名健康检查医生。过去主要由会社医院、公共医院、嘱托医生负责的身体检查及健康谈话等工作，一部分由健康检查医生负责。关于结核病、沙眼等传染性疾病的早期发现和早期治疗的方

①　南満洲鉄道『南満洲鉄道株式会社第三次十年史』、東京、龍渓書舎、1976 年、第 2237 頁。

法，健康检查医生也为会社工作人员进行了详细讲解，在改善会社员工的身体健康上，健康检查医生的工作起到了重要作用。[①]

巡回女卫生员。满铁沿线附属地有很多偏远地区，具体医院较远或者没有配置公立医院等原因，导致偏远地区群众就医困难。在此情况下，家庭卫生咨询机关从 1926 年开始设置家庭女卫生员，每月对满铁各地进行一次巡回应急诊疗。在应急处理伤病、为孕妇和婴儿提供帮助、提供婴幼儿的哺育方法、尽早发现疾病等方面，家庭女卫生员提供了重要的帮助。之后又逐渐增加巡回女卫生员的数量和巡回次数，由每月一回增加到每月三回巡回诊疗，除此之外还有临时派遣巡回。到 1937 年 11 月末，大连、大石桥、瓦房店、苏家屯、开原、本溪湖、安东、奉天、"新京"等地的医院或者保健所内配置有巡回女卫生员。

花柳病预防。九一八事变以来，"满洲"各地的花柳病情持续蔓延。对此，满铁会社一方面采取了严格的身体检查和惩罚制度；另一方面对花柳病的危害向满铁附属地群众进行普及和宣传。除此之外，1933 年开始，满铁会社还为在附属地偏远地区的满铁社员免费提供防范花柳病药膏"星秘膏"，1934 年以后又为社员分发避孕套等。为了唤起满铁社员对于花柳病的预防意识，尽早对花柳病患者进行诊查和治疗，1934 年和 1935 年，对各地会社工作人员进行梅毒血清检查。

温泉疗养。温泉疗养对于伤病患者病情的恢复有着很好的辅助作用，许多患者也要求会社提供温泉疗养服务。1922 年开始，满铁会社应广大患者的要求借用汤岗子温泉会社的用地设置汤岗子温泉疗养所，1924 年购买大分县别府市的旧别府旅店，在此基础上，对装修、温泉引水、供水等内外诸设施进行整备。1925 年基本完成，新设满铁别府疗养所。满铁会社开设的温泉疗养所，不仅仅服务工伤患者，社员及其家人、与会社相关的一般疗养者，除结核病等传染病患者外都可以享受温泉疗养服务。

---

① 参见南満洲鉄道『南満洲鉄道株式会社第三次十年史』、東京、龍渓書舎、1976 年、第 2238 頁。

第五节　学校卫生

一　卫生设施的沿革

增强入学儿童尤其是"满洲"地区日本学童的健康营养护理和身体素质，是国民教育的重要课题，也是学校卫生的重要使命。满铁会社在展开各项业务之初，各小学的卫生事务由地方部学务科负责，到1918年转交满铁卫生科统一负责。1921年2月满铁卫生科设置学校卫生系，1935年又在满铁沿线枢纽地区设置保健所，并在保健所配备相应的学校医生，具体负责学校的卫生事务。① 从1907年到1937年满铁近30年的经营历程来看，大致可以分为三个阶段。

第一阶段，满铁会社创立之初到1917年，主要集中于对学校学童的沙眼预防，展开了大量工作。第二阶段，1918年到1927年十年间，保留了大量的调查研究的相关资料。"关于学童沙眼疾病的相关调查""关于中日学童的发育情况及'满洲'特殊儿童的相关调查""关于营养状态评价标准的研究""关于小学儿童虫牙的相关调查"等内容相当丰富。第三阶段，1928年到1937年十年间是各种设施广泛兴建的时期。建立学校诊疗所并配有学校专务医生、扩充学校女卫生员、特设营养护理班级、学校供给伙食等各项措施的实施，皆是在此时期出现及展开。特别是学校专务医生以及保健所制度的制定，对于学校卫生管理来说有着标志性意义。因为学校专务医生常常在各学校间巡回诊疗，并且与学校教育者保持密切的联系，能够对学校的健康教育工作提供重要帮助。

满铁会社基于各地气候风土和生活环境的不同，制订出不同的方案保证在满日本学童的身体健康，并时常组织召开学校医生会议或者学校卫生研究会商谈改善学生健康的相关措施。特别是1921年卫生科在学校设置专任卫生技术员，1926年又派遣学校专任卫生技术员赴欧美学

---

① 参见南满洲铁道『南満洲鉄道株式会社第三次十年史』、東京、龍渓書舍、1976年、第2227頁。

习，对学校卫生实施进行调查研究，为"满洲"之后经营设施的建设提供方法经验。1928 年 9 月，满铁会社与关东厅在旅顺、大连两地联合举办满鲜学校卫生技师会议，对沿线各校进行视察，并将学校卫生实际情况向会议进行介绍。

关于学校卫生医事机关、初等学校卫生系统主要包括：（1）配置 9 名公费区学校医生，对各负责学校进行巡回诊疗。（2）设置兼管学校卫生业务的医生 37 名。（3）眼科、牙科的儿童诊疗医生供给 40 名，除此之外，还有委托巡回诊疗的医生若干名。（4）除了各学校专务医生及诊疗医生外，还相应地配置学校女卫生员 39 名，学校女供餐员及女营养员 5 名。除此之外，还在青年学校及附属地外托管学校各设置学校医生 1 名，对于中等学校以上的各学校除了设置学校医生外，还设有眼科、牙科检查医生及学校女卫生员。[①]

二　学校医生

初等学校。1908 年，满铁会社制定《满铁附属地小学章程》作为初等教育的基本规章制度。1909 年 7 月，制定《满铁附属地公共学校章程》，开始着手在满铁附属地居住的中国儿童的教育事务。在设立小学和公学的同时，为各学校配备一名学校医生保障学童的卫生健康问题，该时期的学校医生多由会社医院的医师或者公共医院的医师兼任。随着附属地各项事业的快速发展，满铁决定学校医生不再由会社医院医师或者公共医院医师兼任，而是在各学校实行学校专务医生制度。根据《公费区学校医职务章程》规定，采用学校专务医生 3 名，之后陆续增加到 10 名。满铁会社要求所有的学校医生都驻留在奉天地区，并且将满铁附属地大致分为奉天以南、奉天以北、抚顺线及安奉线三部分。1929 年开始，学校医生分别展开对各学校的巡回诊疗行动，并对学校教职员及儿童进行一般身体检查等，学校医生在对学童预防疾病、健康谈话、改善卫生条件、普及卫生知识等方面起到了重要作用。关于学校医生巡回学

---

① 参见南满洲铁道株式会社庶务部调查课编『南满洲铁道株式会社第二次十年史』、大连、南满洲铁道株式会社、1928 年、第 1229 页。

校的次数，最初为 6 周 1 回至 4 回。随着各校学童的逐年增加以及执行难度的增大，1931 年开始，逐渐增加学校医生的数量，到 1936 年学校医生的数量已经增加到 9 名，相应地学校医生巡回学校的次数也大大增加，达到 6 周 10 回左右。在设立学校专务医生制度的同时，又在各公费区配备兼职学校医生 1 名，一般由会社医院或者公共医院的医生充任，主要负责对突发疾病进行应急处置等工作。①

中等学校以上各学校。中等学校以上各学校各配有 1 名学校医生，一般由会社医院的医生兼任，根据《文部省令》和《满铁学校医职务章程》规定，对于各学校的寄宿学生每周必须进行一次巡查。1936 年，大学、预科、专门学校以下 24 所学校共计有 25 名校医。

委托小学校。九一八事变之后，北满地区日本移民增多，由各地居留民会经营的小学校陆续在满铁附属地各地建立起来。1936 年开始，各地拘留民会又将这些小学校委托满铁会社经营管理，到该年 4 月累计委托小学校 72 所。为了改善这些学校卫生保健设施的条件，满铁委托其他学校校医为这些学校学童提供医疗服务。

最初，满铁会社对于学校医生并未提供相应的报酬，1918 年开始，参考校医接诊学童数量、出校诊疗次数、调查研究次数等因素，为学校校医提供每月 10 日元的报酬，中等学校以上的学校医生每月 15 日元，每学期期末统一支付。1920 年起一律增加到每月 20 日元。②

三　身体检查

根据《文部省令》规定，兼任学校医生对初等学校学童进行身体检查，1929 年开始，随着专任校医制度的建立，满铁会社制定《身体检查章程》，对学童进行特别检查，仅有眼科和牙科委托专门医生进行检查。之前根据《文部省令》展开的定期检查，对多数学童进行一年一次的常规检查，但检查往往流于形式，时常出现不精细的现象，对于虚弱学童

①　参见南满洲铁道株式会社庶务部调查课编『南满洲铁道株式会社第二次十年史』、大连、南满洲铁道株式会社、1928 年、第 1228 页。

②　参见南满洲铁道『南满洲铁道株式会社第三次十年史』、东京、龙溪书舍、1976 年、第 2228 页。

的关注度不够高。满铁新制定的章程摆脱定期检查的形式化弊端，频繁采用特殊检查、临时检查、健康谈话等方式对学童进行身体检查，在常驻学校校医的密切观察下，保障学童的健康成长。1933 年又对章程进行了部分修改，对于学童身体检查的种类和内容如下。

发育检查。每年 4 月中旬进行，对于各年级学童的身高、体重、胸围进行测量，并根据《文部省令》给出的指标进行整体评论。

一般定期检查。包括入学检查、二年级检查以及毕业前检查三阶段。对于儿童的入学能力以及入学前三个月内的身体健康状况进行详细检查。二年级进行一般检查即可。毕业前的身体检查相对烦琐，除了对学童进行全面详细的身体检查外，一般将身体检查的时间提前到第一学期中期进行，从而方便学生毕业后的就职和升学选择。

除此之外还包括特别检查、临时检查、猩红热感染检查等。根据《文部省章程》规定对中等学校以上的学生进行检查，1931 年 6 月制定《中等学校入学者将身体检查要旨》对中等学校入学者进行统一检查。委托小学校及青年学校的学童也依据《文部省令》接受检查。

关于学校儿童的身体检查费用，1919 年每名儿童为 10 钱，1920 年为 20 钱，到 1928 年对每名儿童征收 30 钱，检查费用皆计入医院收入，1928 年 4 月后对于学校儿童征收检查费用的规定被废除。①

四　学校女卫生员

1923 年 9 月初，满铁卫生科在奉天春日小学设置学校女卫生员 1 名，协助初等学校医生进行诊疗活动，并且承担校内卫生事务。学校女卫生员的设置，对于学校的卫生事务处理起到了良好的效果。1924 年 6 月，满铁会社制定《学校女卫生员工作要旨》，1925 年在营口、鞍山、辽阳、奉天、铁岭、长春、安东等地的地方事务所及抚顺煤矿总务科各配备 1 名（奉天 2 名）女卫生员，负责辖区各小学的卫生工作。1931 年满铁制定《学校女卫生员设置及其工作规定》，1934 年，随着各地小学

---

① 参见南满洲铁道『南満洲鉄道株式会社第三次十年史』、東京、龍渓書舎、1976 年、第 2228 頁。

的学员数量大量增加，相应地配备女卫生员的数量也增加到了 37 名。1936 年又设置专任女卫生员，并且取得了不错的成果，同年在各等学校以及"新京"商业学校增加专任女卫生员 7 名。①

与医院女护理员相比，学校女卫生员的工作内容有很大的不同，主要包括：对于儿童的伤病进行医疗、应急处理；预防学童感染各种疾病；学童的卫生训练工作等多方面的工作内容。满铁会社市场召开学校女卫生员会议，对学校的卫生工作进行研讨，另外文部省主办学校女护理员讲习会等活动，目的在于提高学生女卫生员与学校女护理员的基本素养，更好地为学校的卫生工作服务。1933 年，满铁又制定《学校女卫生员研究会要旨》，成立女卫生员研究机关，并且在满铁附属地各地区设立分会，每学期进行一次集会，商讨学校卫生的相关调查研究情况。②

五　学校诊疗

关爱保护身体病弱学童身心健康与通过体育运动促进学生健康成长是学校卫生工作上最重要的内容。满铁会社将沙眼列为学童最易感染的疾病，并对该病进行大力预防和控制。1910 年之后，对于沙眼的预防和治疗费用一律由学校公费承担，1918 年 9 月又制定《关于学校内沙眼预防方法》，卫生科专设一名眼科医生，对满铁沿线各小学进行巡回治疗。另外给学童的家人发放优惠治疗券，对于学龄前的儿童进行沙眼病预防检查，对于偏远地方患者治疗过程的车费给予优惠或报销等措施，目的是降低沙眼疾病对学童的伤害。但结果显示，学童中沙眼病患者数量依然居高不下。除了沙眼病外，学童中虫齿患者比例也非常高，情况非常严重（见表 7 - 13）。

为了彻底控制沙眼、虫齿等疾病对学童的侵害，满铁会社决定在各学校设置专门的治疗机关。1927 年，大连议员、牙科医生玉村对满铁沿线各小学学童口腔状况及牙齿患病状况进行调查。1928 年 7 月，满铁会

---

① 参见南满洲铁道株式会社庶务部调查课编『南满洲铁道株式会社第二次十年史』、大连、南满洲铁道株式会社、1928 年、第 1228 頁。

② 参见南满洲铁道『南满洲铁道株式会社第三次十年史』、東京、龍渓書舍、1976 年、第 2229 頁。

社在此调查结果基础上，制定《会社附属地小学在籍儿童眼科及牙科诊疗规定》，在鞍山等地小学设立 5 所眼科诊疗所，并委托专任医生进行诊疗。关于诊疗经费，眼科包括用品费、消耗品费、暗室设备费、诊疗费等合计 900 日元，牙科约 1500 日元，合计约 2400 日元。通过以上措施，对沙眼、虫齿病情的控制起到了良好的效果，因此满铁会社在更多的小学设置眼科诊疗所，到 1936 年，达到 20 所诊疗所，并有 6 所诊疗委托学校。沿线小城市医院未设有专门的眼科、牙科，对于没有诊疗所设备的学校，通过巡回诊疗方式控制该地沙眼、虫齿病情的扩散。1933 年满铁会社制定《眼科巡回诊疗实施要旨》，规定每年最低进行 4 回以上的巡回诊疗，委托沿线 7 名眼科专任医生作为巡回诊疗医生对沿线各地进行巡回诊疗。1936 年，受诊学校为 18 所，总经费平均每年 1400 日元。

1934 年 5 月制定《牙科巡回诊疗要旨》规定对各小学进行每年一次的巡回诊疗，目的在于预防和治疗学童的虫齿。根据各学校学童数量多少，在 1 所学校的治疗时间为 3 日到 30 日不等，平均向每名患者学童征收 50 钱以内的诊疗费用。诊疗医生共计 3 名，分别为鞍山、安东医院的牙科医生及"满洲"医科大学牙科医生。1936 年，受诊校 18 所，所需经费约为 2400 日元。

表 7-13　　　　　　　　沙眼及虫齿学童患者比例　　　　　　　（单位:%）

		1929 年	1930 年	1931 年	1932 年	1933 年	1934 年
沙眼	男	15.3	11.6	9.7	11.0	8.7	7.1
	女	18.0	13.8	10.2	12.1	10.6	8.2
虫齿	男	83.1	83.0	82.0	86.5	84.1	84.8
	女	83.8	84.2	78.8	87.0	81.6	85.9

数据来源：南满洲铁道株式会社総裁室地方部残务整理委员会『满铁附属地経営沿革全史』、東京、龍渓書舎、1977 年、第 870 頁。

关于改善学童保健状态的实施计划。满铁沿线附属地的学童，在身体发育方面身材偏瘦长或者体型异常且虚弱儿童不在少数，在精神方面，注意力涣散、惰性较强、独立性较差的学童大量存在，这类学童在教育上有必要特殊对待。1931 年 1 月，满铁在地方部设立学童保健调查委员会，为体育卫生工作的进行提供相关的教育指导，并制订出改善在满学童身体状况的实施计划。实施计划主要包括体育、卫生、教育指导三方面的事项。①

六　特殊班级

与预防结核病问题类似，虚弱儿童的保健问题是国民保健工作上的重大问题。学龄儿童患有结核病极易导致死亡，并且成年结核病患者多数由于幼年时期受到感染所致。大多数虚弱儿童为结核病患者或者易引发结核病的体质，因此对虚弱儿童展开保健行动十分紧急和必要。学校教育方针总体上是以健康学童为标准，学科学习、体育训练对于身体虚弱的学童来说显得较为吃力，这种情况下，容易使身体虚弱的学童感受到压迫感，在身心上都易造成伤害。1929 年，满铁会社设立学校专任医生制度，试图改善虚弱学童体质。通过研究发现，体型异常的学童多是由于冬季长期在室内卧床的陋习所致，对此采取的措施包括：奖励学童户外运动，控制室内温度标准，普及换气方法，奖励服用鱼肝油，制定人工太阳能灯照射标准，奖励指导学童体育运动等措施。通过以上措施，在改善虚弱学童体质方面取得了良好成绩。1932 年，根据《改善学童保健状态实施计划》规定，将奉天千代田小学三、四年级编成特殊班级，并为满铁沿线设立特殊班级的学校提供奖励，最终有 21 所学校设有特殊班级，收纳特殊学童 546 名。

九一八事变后，“满洲”地区儿童数量大增，加之经费短缺等问题导致学校教室数量严重不足，特殊班级的数量逐渐减少。到 1936 年仅剩下 9 所学校开设特殊班级，仅能容纳 292 名学童。在此情况下，满铁会社制定《小学特殊班级规程》，除奉天千代田小学外，又在其他 7 所小学内增设特殊班级。该制度的特色在于：（1）不受普通学童人数变化

---

① 参见南满洲铁道『南満洲鉄道株式会社第三次十年史』、東京、龍渓書舍、1976 年、第 2230 頁。

的影响，特殊班级人数始终限定在 25 人以下。（2）教学上采用户外生活、开放教学等模式。（3）原则上特殊班级由学校提供伙食。

建立特殊班级所需经费主要包括：教室特别设备品费 140 日元，休养室设备品费 220 日元，户外教室设备费 70 日元，野炊用具费用 50 日元，游戏及园艺用品费 100 日元，合计 580 日元。特殊班级所需的普通经费 200 日元以及卫生用品费计入一般学校费用。

学校供给伙食工作也是学校卫生上的重要问题。身体虚弱学童对于食物比较挑剔，因此时常陷入营养不良的恶性循环中，造成身体多发疾病。因此，为学生提供营养合理的伙食是相当重要的工作。1932 年满铁会社对经营小学率先实行奖励营养护理班级的措施，1936 年，在增设营养护理班级的同时，尝试着引导高等女校的毕业生进入"满洲"医科大学从事学校营养师工作，工作地点主要在奉天城内的 4 所小学中。学校供给伙食的标准为每餐 10 钱，伙食相关用品费为每学校 200 日元。通过以上措施，在改善虚弱学童身心素质上取得了良好的成效。

七 主要疾病预防工作

预防结核病。关于结核病的预防工作，在以往研究成果的基础上，采取设置营养护理班级、学校持续供给伙食等措施。1934 年，卫生科对满铁沿线小学、中等学校、专门学校的 21500 名学生进行检查，搜寻结核病患者。1935 年后，又采用 X 线检查、血液检查等方式及早发现结核病患者。每年所需经费 3500 日元。

预防猩红热。该病是"满洲"地区极易引发的传染疾病，并且幼儿感染死亡率极高。1909 年年初，大连、辽阳、营口三地相继出现 5 名猩红热病患者，之后患者大量增加，到 1916 年，猩红热患者已经达到 209 人，死亡人数达到 35 人。该时期的防疫措施较为单一和简陋。到 1925 年，猩红热患者达到 579 人，患者死亡率高达 21%，并且患者多为婴幼儿。满铁会社根据《文部省令》展开学校传染病预防工作，特别是对猩红热病的预防消毒工作，并对潜在猩红热发病的学校采取停课检查等措施。1926 年，关东厅与满铁共同组成"满洲"保健调查会并设立临时猩红热病预防调查委员会，并委托大连疗养病院、满铁卫生研究所、大连医院、"满洲"医科大学等医院的委员进行调查研究，从1927年开始，对满铁沿线的小学生进行身体检查，并注射相关的预防疫苗。1931年8月，根据《关于猩红热预防疫苗注射规定》，对于满铁会社经营的小学，每年对学童进行一次预防猩红热疫苗注射。

近视。在"满洲"地区的日本人学童中，近视学童比例相当高，并且满铁会社经营的小学中近视患病率呈现逐年增高的趋势。近视学童的显著增加，与学童学习过程中的采光状况、姿势规范程度、课本文字大小及色彩情况、遗传等因素有着密切关系。该问题引起了教育者及保护者的高度重视，尤其是1928年7月设置小学眼科及牙科诊疗所，共同预防沙眼、虫齿、猩红热等疾病。1929年又找来诊疗医生会议，组织成立预防近视调查委员会，进行相关调查（见表7-14）。

表7-14　　　　　　　　**学童近视患病率比较表**　　　　（单位:%）

		1929年	1930年	1931年	1932年	1933年	1934年	1935年
小学	男	29.5	26.2	19.8	22.5	20.2	20.7	22.85
	女	33.5	30.7	25.8	28.8	25.1	20.3	26.67
中学	男	49.8	47.7	48.5	49.0	45.5	49.8	46.20
	女	45.7	46.5	49.0	47.3	48.5	47.4	42.20

　　数据来源：南满洲铁道株式会社総裁室地方部残務整理委员会『満鉄附属地経営沿革全史』、東京、龍渓書舎、1977年、第882頁。

第六节　诊疗与卫生研究所

一　医院的变迁

满铁会社建立前，大连地区主要将关东都督府所管的大连医院以及奉天、公主岭居留民会建立的医院作为一般居民的诊疗场所。另外，将大连、瓦房店、大石桥、辽阳、奉天、铁岭、公主岭、草河口、安东县、千金寨等地的医务室作为野战铁道管理部属员的诊疗机关。满铁会社建立后，继承了野战铁道提理部所属医务室，在大连设置本部，并在千金寨设置分院，其他八地作为出诊所。当时正值军务繁忙时期，招聘医生以及为诊疗机关配置医生的工作进展困难。[①]

（一）创设时期

1907年6月，为了便于安奉线轨道线路工作人员的诊疗工作，在石桥子与鸡冠山设置看护人派出所。10月，满铁继承了关东都督府所管的大连医院和拘留民会经营的奉天、公主岭两地的医院，并将奉天、公主岭两医院合并，将千金寨归入抚顺煤矿管理之下。11月，又在长春附属地新设出诊所，将石桥子与鸡冠山的两看护人派出所改称大连医院派出所。但该时期，诊疗机关大多停留在草创的阶段，设备条件极不完善，满铁社员患者入院时常需要委托陆军医院进行诊疗。

1908年，大石桥、公主岭、铁岭、奉天、瓦房店、长春等地出诊所改称分院，另外又新设昌图出诊所。1909年，医院诊疗对象的范围由满铁社员扩大到一般患者，又开设大连近江町派出所、公主岭分院四平街派出所、瓦房店分院熊岳城派出所、桥头出诊所、昌图出诊所、开原派出所、大连寺儿沟派出所等。之后，又新设一系列诊疗所。1912年着手修改医院章程，将各分院及出诊所改称医院，依然由大连医院管理。

（二）整备时期

1914年5月，满铁会社在地方部设置卫生科负责管理地方医院的各项事务。

1912年，外务省与满铁会社对"满洲"地区的医院进行扶持，通过购买土地，新建医院建筑，无偿借贷医疗器械、提供补助金等措施，建立起由满铁会社直接经营的东洋医院。1915年1月，随着《公共医院章程》的制定，废除桥头、鸡冠山两医院，以及近江町、寺儿沟、熊岳城、昌图、草河口、凤凰城各地的派出所，建立必要的公共医院。将规模比较小的医院、派出所，改编进附近医院的分院。

1915年6月，将奉天医院作为南满医学堂的附属医院，1917年随着鞍山钢铁厂的建立，又在立山开设诊疗所（鞍山医院的前身）。1919年

---

① 参见南满洲铁道株式会社庶务部調查課编『南満洲鉄道株式会社第二次十年史』、大連、南満洲鉄道株式会社、1928年、第1239頁。

4 月，将大连医院瓦房店分院、铁岭医院开原分院、公主岭医院四平街分院改成独立的医院。7 月，新设抚顺煤矿医院、鞍山钢铁厂医院由地方卫生科管理，并改称抚顺医院、鞍山医院。

1923 年 1 月，营口医院大石桥分院独立，改称大石桥医院，1924 年 3 月，在大连中国人街新设大连医院分院同寿医院，并采取低费用的标准接诊中国患者。9 月将抚顺煤矿所属的老虎台、大山、东乡各出诊所改为抚顺医院出诊所。1926 年 4 月，南满医学堂升格为大学，南满医学堂附属奉天医院改为"满洲"医科大学附属医院。1927 年，长春医院城内医院患者逐渐减少并最终关闭。

（三）完备时期

这一时期医院相关活动主要包括：完成大连医院、"满洲"医科大学、哈尔滨医院、南满洲保养院等的建设，以及伪满帝政纪念医院的完成。随着"满洲"社会情势的发展以及满铁会社业务的不断拓展，过去一般医疗机关得到扩充，并实施新的规章制度。由于在满日本人患结核病的概率较高，开始考虑在"满洲"地区建立结核病疗养院，1926 年满铁社员结成满铁社员会并提出议题"为治疗结核病社员在'满洲'内建立疗养所"。受此影响，1928 年，卫生科提出在"满洲"内建立疗养所的议案，经过一系列商讨后，最终通过议案。1932 年，"满洲"结核病疗养所最终建立完成。

1932 年开始，又新设苏家屯、齐齐哈尔等医院。到 1937 年 11 月，满铁会社经营的医院达到 27 所，医生 208 人，看护妇以及助产妇 525 人，还有其他医院工作人员 775 人，共计 1508 人。与满铁会社建立之初的医疗条件相比，已经取得明显的改善。

二　特殊诊疗设施

满铁会社经营的诊疗设施主要包括：为预防消灭花柳病传播，设置收容治疗艺娼妓的女性医院；建立结核病治疗机关、南满洲保养院、公共医院制度等；为边境居民提供文化扶植和抚恤，并开设免费诊疗所；为偏远地区的私营医生提供物质原子和药物材料的辅助等政策。

公共医生。1914年12月制定《满铁会社公共医生制度》，满铁沿线附属地内的小县城有必要设置诊疗机构，或者对居住在附属地外的满铁社员及其家人提供相应的医疗服务。配置公共医生的制度逐渐在熊岳城、海城、昌邑、鸡冠山、桥头、法库门、郑家屯等地展开。到1936年，将公共医生制度扩展到11地，接诊患者达73560人，入院患者1548人，共计75108人。

奉天女性医院。附属地沿线医院为接收和治疗特殊行业女性患者，1930年在奉天设立奉天女性医院，并且采取公费经营的模式。1935年开始，对于在"满洲"地区的中国艺人进行身体检查，并在该地区建立中国人专用的病房。从病床数来看，日本人病床79床，中国人病床50床，合计129床。到1937年，奉天女性医院的医务人员，院长以下医师3名，看护妇和助产妇以及其他医务人员13名。到1935年，累计接待病人27108人。

内蒙古诊疗所。蒋介石政权全盛时期，极力阻止满铁会社诊疗机关向附属地外扩展，这是满铁会社扩展医务范畴上最大的障碍。满铁会社采取向内蒙古地区派遣医师的措施，试图借此逐步入侵中国内蒙古地区。1929年，满铁会社计划在林西、开鲁、图什业图等地开设诊疗所，但在具体的实施过程中遭到中国政府的强烈反对，最终仅在林西、山城两镇开设诊疗所。

建设事务所诊疗所。满铁会社在积极参与伪满政权建立的过程中，将大量的建设工作人员派往"满洲"边远地区，这些地区医疗条件较为简陋，难以保障建设工作人员的医疗需求。在此情况下，铁路建设局计划设置专门的诊疗所，委托卫生科配备医生及看护妇，经费由铁路建设局承担。1933年5月，卫生科向图们派遣2名医生，向北安派遣医生、助手各1名，向锦县派遣医生1名。

别府满铁馆。为了给因职务原因导致伤病的满铁社员及其家人提供温泉疗养设施，1924年9月，满铁会社决定在大分县别府市设置温泉疗养所。在温泉疗养所的泉水及导入等环节上费时颇多，到1925年3月，温泉疗养所建设基本完工，建设总经费约3万日元。1925年5月，温泉疗养院正式开业，同年8月起，接待对象扩大到"满洲"相关人员。

1936 年 4 月温泉疗养院将业务扩展到娱乐室、食堂、办公室、浴池等领域，并改称别府满铁馆。

医药补助。对于满铁附属地沿线，特别是边远地区的诊所进行医药补助。关东厅与满铁会社试图通过医药补助的方式达成"日满亲善""满蒙开发"的侵略野心。为吉林东洋医院提供一定的补助金，为哈尔滨傅家甸地区中日共同经营的人寿医院提供建设贷款和经费补助，为通辽地区的诊所提供药品补助等。

三　卫生研究所

为了进一步扑灭"满洲"地区传染疾病和提高殖民地卫生水平，1918 年关东厅地方行政审查委员会委员鹤见三三提出设置卫生研究机关的提案。经过反复的商讨协调，到 1925 年 8 月，卫生研究所工程才正式动工，同年 12 月，基础工程和 13 栋建筑基本完工。9 月，从东京聘请两名研究人员负责研究所具体事务，11 月，制定《卫生研究所规程》，开设细菌、血清、痘苗三科。1927 年又增设病理、化学、卫生三科，同年 11 月卫生研究所正式开始运营。随着伪满政权的建立，卫生研究所的业务范围得到迅速拓展。1934 年新设注射室、采血室、第二马棚，增设动物实验舍。1935 年，增建预防药片制造室和血清储藏室，1936 年又新建鼠疫病情研究室和鼠疫预防液制造室。[①]

建立卫生研究所的目的在于，集中对满蒙地区保健卫生上的问题进行研究探讨，并将研究结果实际应用到民众的保健卫生治疗上。伪满政权建立后，医药制品需求大大增加，需要各种相关的医药实验数据、调查研究结果作为支撑。卫生研究所在组织上，主要分为细菌、病理、化学、卫生、血清、疫苗六科，主要集中在纯粹研究，委托实验，制造血清疫苗、痘苗等，普及卫生知识等活动上。[②]

[①]　参见南满洲铁道株式会社庶务部调查课编《南满洲铁道株式会社第二次十年史》、大连、南满洲铁道株式会社、1928 年、第 1240 页。

[②]　参见满铁会编『南満洲鉄道株式会社第三次十年史』、東京、龍渓書舍、1976 年、第 2263 頁。

调查研究部门。卫生研究所的调查研究事项主要包括传染病、营养问题、生活环境卫生三个方面，尤其着重对"满洲"地区鼠疫、伤寒、猩红热等传染性疾病的调查研究；住宅卫生，"满洲"的水质调查及污水的处理方法，城市的煤烟问题，满洲人和蒙古族人的食物资源，日本人、满洲人和蒙古族人的饮食习惯、营养摄取状况，在满日本人的患病体质研究等问题。

制药部门。传染病的预防及治疗药剂的制造同样是卫生研究所设立的重要目的。到1936年，卫生研究所关于各种传染病的预防、治疗、诊断的制药种类已经达到54种，并且各种药剂的需求量呈逐年增加的趋势。

卫生试验部门。卫生试验部门对外宣称卫生试验的目的在于改善个人及公共卫生状况。主要包括对公共卫生上的饮物、饮水、食器、化妆品、药品等进行卫生试验检查；对买卖过程中的药品、食品、温度计等进行检查；对满铁会社社员集体进行定期血清检查，1921年后定期对中小学校学童进行蛔虫检查。除各种医学性试验外，还接受官商界委托进行试验。1934年，关东厅设置卫生试验室，卫生试验部门受到关东厅的委托试验数量明显减少。

卫生知识普及。卫生研究所创建以来，一直致力于普及普通民众的卫生思想。主要通过通俗演说、新闻杂志通稿、展览会等方式进行宣传。通过这些宣传方式引导居民关注个人卫生及公共卫生问题。1935年4月开始刊行《卫生研究所汇报》，对卫生研究所的最新研究、研究制品、国内外最新知识进行报道和介绍。

卫生研究所自创建以来，累计耗费资金58万日元，多数情况下属于亏损经营（见表7-15）。

表7-15　　　　　　　　　年度收支一览表　　　　　　（单位：日元）

	收入					支出
	制品贩卖	试验费用	关东厅补助金	杂项	小计	
1926年	31712	—	30000	605	62317	134229
1927年	29237	4066	30000	496	63799	173173
1928年	34868	3576	30000	314	68758	190985

续表

	收入					支出
	制品贩卖	试验费用	关东厅补助金	杂项	小计	
1929 年	44194	2037	30000	603	76834	193148
1930 年	43575	3354	20000	8433	75362	174560
1931 年	61000	2946	17100	12138	93184	172824
1932 年	170055	8737	13300	1742	193834	191763
1933 年	104626	13616	13300	388	131930	211195
1934 年	131775	6321	—	2677	140773	209487
1935 年	156741	10568	—	3866	171175	231517
1936 年	175490	9094	—	706	185290	258514

注：①该表支出项不含折旧费、手续补贴费。②关东厅补助费到 1933 年被废止。③1927 年到 1931 年间受官厅委托进行的试验不详。

数据来源：参见南满洲铁道株式会社総裁室地方部残务整理委员会『满铁附属地经营沿革全史』、東京、龍渓書舎、1977 年、第 927 頁。

第八章

满铁附属地的宗教政策

日本对华侵略尤其是对满铁附属地的控制，文化政策是其中重要一环，在文化政策中，宗教政策作为文化侵略的一个重要步骤，在日本侵略及统治的过程中发挥着独特的作用。"日军所到之处，必有神道教和佛教僧侣紧随其后"①，分析日本统治者在中国东北尤其是满铁附属地内的宗教政策，可以更加明晰地梳理日本对满铁附属地实施的宗教政策外衣下的侵略本质。

第一节　思想控制

众所周知，思想是人们对客观事物的认知，社会存在决定社会意识。思想的形成或者是思想体系的形成，由个人或者集体所处的环境、外在的压力、自身的认识等不同层面构成。然而通过外界渠道获取的信息是构筑思想体系形成的重要途径，日本统治者就充分利用了这种外在的信息渠道。日本在经营中国东北时，不断强化思想教育与控制。"在日伪统治下，由于统治者实行的是'唯我独尊'政策，它需要对社会进行全方位控制，它绝不允许不同的思想存在，以免对其专制统治利益构成威胁，所以，在日伪统治下，思想是有罪的，除非你的思想与他保持

---

① 王向远：《日本对中国的文化侵略：学者文化人的侵华战争》，昆仑出版社 2015 年版，第 349 页。

一致"①，这是日本强化统治的重要一环，也是为保证日本统治政策和殖民政策执行的重要步骤。

日本在中国东北的思想控制，一方面随着日本侵略扩张范围的扩大，加大教育控制的范围；另一方面也会通过日本控制范围内的一些社会组织而实现。例如在九一八事变之前，由日本法西斯分子拼凑起来的右翼组织满洲青年联盟和大雄峰会，其成员大部分是满铁社员，在协助日本关东军发动九一八事变、武装占领东北过程中起到重要作用，在日本对所控制地区人民的思想统治上也起到了重要作用。伪满洲国成立后，石原莞尔认为日本要维持在伪满洲国的长久统治"就需要建立独裁的政治体制"，按照这个构想，1932 年 4 月，山口重次、太田藤造等人在伪满统治下成立了"满洲协和党"，"协和党的成立适应了关东军对东北人民的思想控制和收买人心的需要"。后"协和党在 1932 年 7 月改组为协和会，协和会是一个官制的思想教化团体，主要配合关东军的'讨伐'战，对东北人民实行思想和政治上的控制"②。

伪满协和会成立后，主张在伪满洲国实行所谓的"王道政治"并建设所谓的"王道乐土"。协和会"为以民族协和的名义更有效地实行思想统治，协和会成立时把一些伪满洲国的汉奸拉了进去"，协和会在伪满统治下的各省设省本部、在各市县旗设市县旗本部，领导协和会的工作。据统计，"从协和会成立到 1943 年，伪满洲国共建立市县旗级本部195 个"。日本统治者为了方便对中国东北地区进行思想控制，除了有效利用协和会之外，还在协和会之下成立了"许多直属团体和外围团体。直属团体有协和义勇奉公队总监部、协和青少年团统监部、科学技术联合会部会、开拓部会等。外围团体有国防妇人会，军人后援会、满洲空务协会，满洲赤十字社等"组织。③

日本统治者通过多种途径宣传、宣扬统治的合法性和正当性，日本在明治维新之后，通过殖产兴业，不断增强国力，又通过富国强兵不断对外征伐，尤其是在中日甲午战争之后，日本的大陆政策的构想正在逐

---

① 张玉成：《汪伪时期日伪奴化教育研究》，山东人民出版社 2007 年版，第 180 页。
② 史桂芳：《"东亚联盟论"研究》，首都师范大学出版社 2001 年版，第 92 页。
③ 史桂芳：《"东亚联盟论"研究》，首都师范大学出版社 2001 年版，第 92—93 页。

渐变成事实。与对外侵略同步进行的还有宗教界的对外宣传，"很快认识到了宗教文化在对外传播、扩张过程中的重要作用，也意识到了与西方国家相比，日本在这方面的落后状态，'伸展国权'遂成为包括宗教在内的社会团体的呼声。于是有人提出要优先考虑在中国大陆、中国台湾及朝鲜等地开展日本宗教的传教活动。日本宗教界也积极配合，与军事侵略相表里，迅速开始了海外开教、布教活动"。①

从军布教成为日本宗教界人士的一项重要活动。"近代以来的从军布教活动是从 1894 年中日战争开始的。"② 日俄战争宣战之日开始，日本政府发布了《从军布教使条例》，条例第四条规定：（1）向军人和随军人员进行传经说法；（2）对死者举行追悼佛事；（3）对伤员进行抚慰；（4）除上述规定外，总部特殊命令事项或所属司令官及有关部队委托事项必须执行。第六条规定：讲经说教必须依照宗义，进行精神安慰，鼓励义勇思想。第七条规定：在从军布教使中设置监督管理职位。第十条规定：随军教使必须记日记，从任命之日起直至复归日止，每周向总部提交日记进行汇报，如有重要事情，应单独提出，另行报告。③从这个条例中可以明确看出从军布教使的活动除了正常的宗教活动之外，还承担着日本政府赋予的其他任务。这也说明从军布教使其实也是日本政府从思想控制驻地军民的一种有效方式和手段。

中日甲午战争爆发后，日本佛教本愿寺向朝鲜与中国台湾派遣 13 名从军布教使，1904 年 1 月 15 日日俄战争之前，设置了布教的临时机构，向中国东北地区派遣了 105 名从军布教使。1904 年年末，净土宗镇西派向营口旧市街派遣布教人员。日俄战争时期，日本宗教开始传入中国东北地区，利用《朴茨茅斯条约》获得中国东北南部的控制权，日本开始大规模有计划地向中国移民。日本民众到达中国之后，精神信仰上的短暂空虚，极可能形成不稳定的因素。在此种情况之下，日本政府积

---

① 李娜：《满铁对中国东北的文化侵略》，社会科学文献出版社 2015 年版，第 202 页。

② 野世英水『近代真宗本願寺派の　従軍布教活動』、『印度学佛教学研究』第 63 卷第 1 号、2014 年 12 月、第 527 页。

③ 本願寺史料研究所編『本願寺史』第 3 卷、1969 年、第 483—485 页。转引自野世英水『近代真宗本願寺派の　従軍布教活動』、『印度学佛教学研究』第 63 卷第 1 号、2014 年 12 月。

极利用宗教的力量来遏制这种不稳定因素的形成。所以随着日本移民的发展需要，也是为了更好地实现现地统治，日本开始加强了宗教的传播和宣传，力图从思想上控制和强化在中国东北地区的统治。

南满洲铁道株式会社成立之后，开始有意识地加强对东北地区的宗教输入与思想控制。最初日本向中国东北传布的是以佛教和神道教为主，之后逐渐加入了基督教和天主教等宗教形式。

1922 年 5 月 8 日日本政府以敕令 262 号形式公布了《关于关东州及南满铁道附属地的神社庙宇及寺院事情之件》①，10 月公布了《关东州及南满铁道附属地神社规则》②（关东厅令第 78 号），这是两份关于满铁附属地内神社、寺庙与宗教的指导性文件，文件中规定，满铁附属地内的神社、寺庙与宗教权利都归警察署长管理。

日本殖民统治者在中国东北的统治体系之中，有效利用宗教团体的思想控制作用，定期对东北全境"宗教团体进行全面系统的调查或典型局部抽查"，据统计"从 1937 年、1944 年满洲情报所编制的《宗教调查报告》《满洲的宗教》等报告书可见，调查几乎涉及东北所有教派团体及它们的规模、性质、习惯、布教场所（寺院）、政治倾向，并提出具体的处置办法"③。其实这些都是日本加强在中国东北殖民统治的重要一环。

第二节　神社

一　满铁附属地内设立的神社

满铁附属地及其附近的神社（见表 8 - 1）最早可以追溯到 1905 年在安东军政署设立的安东神社。日俄战争之后，日本宫内省掌典佐伯有

---

① 『関東州及南満洲鉄道附属地ニ於ケル神社廟宇及寺院等ニ関スル件ヲ定ム』亞洲歷史資料中心，https://www.jacar.archives.go.jp/aj/meta/MetSearch.cgi。
② 『満洲移民関係資料集成』第 34 巻、不二出版社、1992 年、第 240—241 頁。
③ 李娜：《满铁对中国东北的文化侵略》，社会科学文献出版社 2015 年版，第 204 页。

义①在日本的《全国神职会会报》卷头发表了《海外新设神社》一文。"同年10月3日，安东大神宫（安东神社前身）以惊人的速度落成，虽然与佐伯有义的请求不一定有直接关系。"② 安东大神宫的原址在当时的安东县五番通七丁目（今丹东锦江山公园内），起初是安东县军政署的神宫遥拜所，后移址于掘割北通（今丹东市十经路）。安东神社里供奉着"在日俄战争中战死或病死的12位将校、1079名士兵的骨灰"③。1910年8月，日军组选成立安东神社建设委员会，11月3日举行了神社的镇座仪式，由此安东神社创立。这是日本人在中国东北建设的最早的也是规模最大的神社之一。

到了1909年，在辽阳、抚顺、公主岭等地纷纷建立神社，又在瓦房店、大石桥、海城、本溪湖也建立起来。据《满铁附属地经营全史》介绍，为了纪念日本大正天皇登基大典，在中国东北各地建立了很多神社，神社的建造并非按照统一标准，只是具备了神社的外形和职能罢了。然而因为满铁附属地内神社管辖区内的居民较少，维持神社运营比较困难，沈阳、辽阳、丹东等地神社的设施相当完备，但所设置的也不过是小规模的神殿和拜殿。大正十一年（1922年）满铁对这些设施设定了一定的标准，渐次改善设施，以维持神社的尊严。根据《满铁附属地经营全史》中的统计可以得知，在附属地内的32所神社中，供奉的主要是天照皇大神，掺杂大国主命（日本所谓神代时"出云"的主神）作为开拓增产的神受到尊崇，因而在许多殖民地被供奉，故在附属地也有10个以上是仿此例供奉的。此外，也有供奉明治天皇和事代主神（大国主命之子）的。"至1935年10月末，满铁附属地的佛教寺院、布教所达94个，布教使为145人；神道教会、布教所达51个，布教使为134人；基督教教会、布教所34个，布教使达46人之多。"④ 在中国东

---

① 佐伯有义（1867—1945年），日本富山县人，神道学者。

② 陈小法：《日本侵华战争的精神毒瘤："在华神社"真相》，浙江工商大学出版社2015年版，第96页。

③ 陈小法：《日本侵华战争的精神毒瘤："在华神社"真相》，浙江工商大学出版社2015年版，第96页。

④ 南满洲铁道株式会社総裁室地方部残务整理委员会『满铁附属地经营沿革全史』上卷、東京、龍渓書舍、1977年、第790頁。

北修建了许多供奉日本崇拜神灵的日本神社。据 1945 年统计，日本在中国东北地区共建日本神社 295 所。

神社的建造与运营，绝非日本殖民者所言，单纯为了服务民众的思想和信仰，神社本身具有强烈的宗教色彩，"宗教作为日本对华文化侵略的重要一翼，发挥了独有的作用"①，然而日本政府为了掩盖神社所具有的独特作用，在神社的建造和祭祀规定上并无太多的统一规定。各神社是参照日本国内成例，考虑中国东北的具体情况而适当执行的。根据《满铁经营全史》上卷的介绍，可以得知，神社中神职的称呼并不是统一的，但是在 1923 年肯定了神职的资格，即"在神社侍奉神明、掌管祭祀、从事庶务，一般是配置一人以上的神职为原则。但在神社管区内因居民少而不能配置专任的神职时，也可由他社神职兼任"。"1920 年 6 月，在关东局内设置了满洲神职会，神职会以谋求会员间研究上的联系及与日本内地神职会取得联系，以期发展此道为目的，每年召开探讨会、国体讲演会，并从事其他各种事业。"②

满铁附属地内居住的日本人，大部分是与满铁事业经营有关系的，设立在满铁附属地内的神社的具体事务，是由满铁在此地设置的分支机构或者是事务所管理的，所以"满铁会社与神社有其极为密切的关系"，"附属地内的神社经费，各地都是一样，是依靠神社管区内居民的缴纳和满铁的捐助来维持的。此外，满铁对神社的创修、迁移，都无条件地提供用地，并捐赠一部分建设费"。③

例如安东神社设立在市中心后需要移转到镇江山上，需要费用 10 万日元，满铁负担了其中的 2 万日元。公主岭神社为了改建神殿及新建拜殿，满铁支付 4200 日元，建造辽阳神社时满铁支付 200 日元，瓦房店神社竣工之际，满铁支付工程费用 2100 日元中的 1000 日元。大石桥神

---

① 李娜：《满铁对中国东北的文化侵略》，社会科学文献出版社 2015 年版，第 209 页。

② 译文参考解学诗主编《满铁档案资料汇编》第十三卷，社会科学文献出版社 2011 年版，第 435—437 页。具体内容参见南满洲铁道株式会社总裁室地方部残务整理委员会『满铁附属地经营沿革全史』上卷、東京、龍溪書舍、1977 年、第 781—783 页。

③ 译文参考解学诗主编《满铁档案资料汇编》第十三卷，社会科学文献出版社 2011 年版，第 435—437 页。具体内容参见南满洲铁道株式会社总裁室地方部残务整理委员会『满铁附属地经营沿革全史』上卷、東京、龍溪書舍、1977 年、第 781—783 页。

社创建时工程费用 3000 日元，其中满铁支付了 1500 日元，鸡冠山神社、四平街神社、郭家屯神社等满铁都支付了相应的费用。[1]

满铁会还在对特定区域的神社支付"神馔币帛料"，神馔币帛料按惯例是在新年祭、新尝祭、春秋例祭（春秋各一次）时支付。根据记载，"奉天、安东、抚顺、长春 4 座神社的神馔币帛料是新年祭和新尝祭各 10 日元，春秋例祭 20 日元；瓦房店神社、大石桥神社、营口神社、鞍山神社、辽阳神社、铁岭神社、开原神社、四平街神社、公主岭神社、本溪湖神社的标准是新年祭和新尝祭各 8 日元，春秋例祭 15 日元；此外的海城神社、熊岳城神社、昌图神社、郭家店神社、范家屯神社、桥头神社、连山关神社和鸡冠山神社的标准是新年祭和新尝祭各 5 日元，春秋例祭 10 日元。后由于满铁在 1937 年将附属地管理权移交给满洲国政府，自 1938 年起由日本驻（伪）满洲国大使馆支付神馔币帛料"[2]。

二　长春神社的设立及活动

日本占领中国东北之后，神社作为日本侵略思想的一个重要承载体，一方面安抚了来东北的日本人，另一方面在极力弱化中国人的反日运动。在这一点上长春设立的日本神社具有典型意义。长春的日本神社设计与建设规划始于 1912 年，地址安排在满铁附属地范围内。"1912 年 7 月，明治天皇病逝，筹建事宜就随着日本的'国丧'而搁置了。这样，一停就停到了 1915 年，长春的日本人再次申请获准修建，在这一年的 10 月开工，1916 年 11 月完工。"[3] 后来在 1929 年进行过一次翻修，地址坐落在现长春火车站南 500 米处，人民大街西侧。[4] 长春神社"分为正殿、偏

---

① 转引自津田良树等『旧满洲国の「满铁附属地神社」跡地调查からみた神社の样相』、『人类文化研究のための非文字资料の体系化』、2007 年 3 月、第 213 页。

② 津田良树等『旧满洲国の「满铁附属地神社」跡地调查からみた神社の样相』、『人类文化研究のための非文字资料の体系化』、2007 年 3 月、第 214 页。

③ 于泾：《长春史话》，长春出版社 2001 年版，第 247 页。

④ 长春解放后"新京"神社由市政府机关托儿所接管，1954 年改为长春市机关第二保育院。1956 年改为市人民政府机关第二幼儿园至今。1955 年省委迁到长春，在此建省委机关幼儿园。旧址由市、省幼儿园各占一半，拜殿位于长春市政府机关第二幼儿园内，配殿位于省政府机关第一幼儿园内——此处参考杨宇编著《长春近代建筑图鉴 1932—1945》，吉林文史出版社 2011 年版，第 34 页。

殿，建筑面积各为 500 多平方米和 976 平方米，占地面积各为 1 万平方米，日本式样，砖石结构，正殿、偏殿房盖原为紫铜，新中国成立后正殿改为铁皮盖，偏殿改为青瓦盖"①。1932 年 12 月更名为"新京神社"。

修建在长春的神社"原来并没有真正的院墙，大门也很矮小"，一直到 1935 年"新京神社"修建了院墙，还立起了一座用花岗岩筑成的"鸟居"②，但没有门扉，只是神社的标志。从表 8-1 中可以看出"新京"神社供奉的是天照皇大神、大国主命、明治天皇，宣扬和鼓吹军国主义的用意十分明显。

长春神社建成之后，经常举行祭祀活动，最为典型的是新年祭、新尝祭和春秋例祭，春秋例祭一般都是春季为 5 月 15 日，秋季为 9 月 15 日。在这两个日子里，"神社内外都很热闹，不但有祭祀活动，还有'神舆'上街巡行，还举行'相扑'（日本式的摔跤）、射箭、拔河、枪术、剑术等各种体育比赛，也有歌舞戏曲等娱乐活动"③。长春神社的建立，对于侨居在长春的日本人来说，是一种精神寄托，对此日本人也是十分虔诚地信仰。据说当有轨电车经过神社门前时，司乘人员会说"现在马上要通过新京（长春）神社"，"不分国籍不分人种，所有人都要脱帽起立鞠躬致敬"④。

1937 年日本全面侵华战争开始后，在满铁附属地内的神社更加成为"日本人祈祷战胜，宣扬'圣战'和鼓吹日本人甘心充当炮灰的场所"，多数中国人对日本神社并不怎么了解，所以有些神秘感；也有的人有一种恐怖感，觉得好像帝国主义残暴的政策，就是从那里生出来的。⑤

虽然神社只是面向日本人，但是日本侵略者却将中国人的传统信仰固化，并强行改变中国人的信仰，"日本在东北强行推行'惟神之道'的教育，强迫溥仪接奉天照大神并在日本当局规定的时间内带头

---

① 吕钦文主编：《长春，伪满洲国那些事》，吉林出版集团有限责任公司 2015 年版，第 148 页。

② 于泾：《长春史话》，长春出版社 2001 年版，第 247 页。

③ 于泾：《长春史话》，长春出版社 2001 年版，第 250 页。

④ 转引自津田良树等『旧满洲国の「满铁附属地神社」跡地調査からみた神社の様相』、『人類文化研究のための非文字資料の体系化』、2007 年 3 月、第 217 頁。

⑤ 参见于泾《长春史话》，长春出版社 2001 年版，第 247 页。

参拜"，日本统治者还"强行规定东北人民定期祭拜天照大神及神社。规定过往行人经过神社或忠灵塔时，必须脱帽鞠躬致敬，否则轻则受罚挨打，重则被判刑"[①]。其目的就是强化日本的殖民统治，强行统一思想意识。

三　其他神社

奉天神社位于原满铁附属地琴平町 17 号（今沈阳市和平区北四马路 24 号八一剧场附近）。奉天神社建成后，便被认为是满铁附属地各神社中规模最大的。奉天神社的主祭神为天照大神、明治天皇。奉天神社的建设开始于 1915 年（大正四年）10 月 25 日，以大正天皇即位典礼为建立契机。施工始于 1916 年夏，后 1922 年决定修建拜殿、社务所、宿舍等工程，1923 年完工。奉天神社修建完成后，举行了各种祭祀活动。"当年占地面积 25000 平方米，建筑面积 850 平方米""解放初这里为孤儿小学、民德小学、民益小学、东北办事处等所用。现在仅存的这座庙堂在 1982 年由辽宁省公安厅为解决老干部离休活动场所重新修复并使用至今"[②]。

抚顺神社伴随着抚顺煤矿的发展而设立。最初是于 1909 年在抚顺千金寨山麓的樱之丘附近开工建造，1918 年由于木制的社殿腐朽重新修整扩建，1926 年由于神社附近街路发现可供露天开采的煤矿而迁移到西公园的丘陵地带。抚顺神社的祭神为天照皇大神、大国主命、金山比古命、金山比卖命。

铁岭神社修建于 1915 年，位于铁岭公园的中央方位，建筑是木质结构，门朝西开，铁岭神社鸟居门前有台阶 5 级，神社周围是浓浓密密的大树，"神社南边荷花池边（今农行位置）建有'忠灵塔'，在今日龙首山……还建有'忠魂碑'，用以表彰那些在日俄战争中和在侵华战争中死去的日军官兵"[③]。

---

① 李娜：《满铁对中国东北的文化侵略》，社会科学文献出版社 2015 年版，第 221 页。
② 赵玉民编著：《沈阳史迹图说：增订本》，辽宁美术出版社 2006 年版，第 72 页。
③ 原载《铁岭日报》2011 年 8 月 6 日第 7 版，转引自江厚《铁岭古城遗痕》，铁岭市银州区档案局，2013 年，第 98 页。

开原神社，1915 年 9 月 4 日设立，1916 年受到满铁资助在"附属地第 7 区 9 号地社殿竣工"，祭神为天照大神与大国主神。1926 年伴随街道设计的变更，神社移转，新建神社位于神明街 1 番地的日本人居住区附近，即今开原市市政府院内（遗址已无存），新建神社"本殿 3.6 坪（1 坪等于 1 日亩的三十分之一，合 3.3057 平方米——著者注）、拜殿 18 坪、币殿 13 坪"①，神社坐北朝南，建筑规模较大，占地 300 多平方米。大殿三层，红砖高脊，薄铁瓦顶。

营口神社，据《满铁附属地经营沿革全史》上卷介绍，神社于 1919 年 9 月设立，另外一说设立于 1920 年 10 月。设立在日本新市街（今站前区永胜里以东，道岔子以西，站前区园林里以北至辽河岸附近一带）旭町内，营口神社的"建设资金是以市民的捐助、满铁的捐助、利息和卖地所得中的 5000 元组成的，共计为 15160 元"，"支出用在本殿、拜殿、牌坊、洗手处等（神庙事务所、祭祀用器库改为以后建造）"。②

神道是日本固有的宗教形式。崇信神道"被日本当局视为最重要的民族精神支柱"③，日本在对中国东北侵略殖民的过程中，神道在思想控制方面就发挥了重要作用。除上面介绍的神社外，还有四平街神社、公主岭神社、西安神社（原奉天省西安县仙城村）等，日本在中国东北传教的教派神道有很多派别，其中主要包括神道本局及黑住、天理、金光、神习、产灵等。1908 年 7 月，日本教派神道在大连南山脚下设事务所，作为其在满洲传教的本部。1910 年"又在旅顺设立金光教会，随后在东北各地开设金光教会"，此后"为发展教务，加强对中国人的传教力度，1916 年松川成三（金光教宣教使）开始在大连办班培训中国人传教士"。④日本政府为了更加深入控制满铁附属地区域内的宗教发展，1920 年日本政府成立了满洲神职会，其宗旨"是组织会员的研究，与日

---

① 津田良樹等『旧（伪）满洲国の「满铁附属地神社」跡地調査からみた神社の様相』、『人類文化研究のための非文字資料の体系化』、2007 年 3 月、第 224 頁。

② 沈殿忠主编：《日本侨民在中国》（下册），辽宁人民出版社 1993 年版，第 1388 页。

③ 顾明义、张德良等：《日本侵占旅大四十年史》，辽宁人民出版社 1991 年版，第 524 页。

④ 王晓峰：《伪满时期日本对东北的宗教侵略研究》，社会科学文献出版社 2015 年版，第 33 页。

本神职人员互通信息，以期神道之发展，同时还举办其他事业"①。

九一八事变之后，日本神道在满铁附属地内的传播日益同日本的殖民政策相结合，"愈来愈公开地为侵略战争服务"，举办的主要活动主要有"国威宣扬祈愿大会""皇军安泰祈愿大会"，到处组织神职人员进行战场吊唁慰问。② 这些都是日本侵略者利用神道加强思想控制的具体措施。

表 8－1　　　　　　　　　满铁附属地内神社一览表

神社名称	神社所在地	祭祀的神	设立时间	当时所在地（著者加）
瓦房店神社	瓦房店	天照皇大神　大国主命	1912.6	东区旭村二
熊岳城神社	熊岳城	天照皇大神　大国主命　明治天皇	1915.8	熊岳城
盖平神社	盖平	天照皇大神	1935.8	盖平附属地
大石桥神社	大石桥	天照皇大神　大国主命	1914/1913.10	龙盘山西南山腹
海城神社	海城	明治天皇	1914.7	海城街
营口神社	营口	天照皇大神　昭宪皇太后	1919.9	新市街旭町三···
鞍山神社	鞍山	天照皇大神　明治天皇	1924.6	镇守山
千山神社	千山	天照皇大神　大国主命	1908.9	千山附属地
辽阳神社	辽阳	天照皇大神　丰受大神　神武天皇　应神天皇	1909	船头公园内
烟台神社	奉天	天照皇大神　大国主命	1917.5	奉天烟台守备队北方
奉天神社	奉天	天照皇大神　明治天皇	1915.10	奉天市大和区琴平町
苏家屯神社	苏家屯	天照皇大神　明治天皇	1924.6	苏家屯
铁岭神社	铁岭	天照皇大神　大国主命　明治天皇	1915.11	铁岭街花园町二丁目
新台子神社	新台子	天照皇大神	1922	新台子

---

① 顾明义、张德良等：《日本侵占旅大四十年史》，辽宁人民出版社1991年版，第523页。
② 沈殿忠主编：《日本侨民在中国》（下册），辽宁人民出版社1993年版，第1391页。

神社名称	神社所在地	祭祀的神	设立时间	当时所在地（著者加）
开原神社	开原	天照皇大神　大国主命 明治天皇	1915.8	神明街
昌图神社	昌图	天照皇大神	1915.1	昌图大街
四平街神社	四平街	天照皇大神　大国主命 明治天皇	1918.7	西区利幸町一丁目
公主岭神社	公主岭	天照皇大神	1909.5	花园町
郭家店神社	郭家店	天照皇大神	1920.5	一条街三丁目
"新京"神社	"新京"	天照皇大神　大国主命 明治天皇	1915.10	敷岛区平安町
范家屯神社	范家屯	天照皇大神	1915.10	范家屯
本溪湖神社	本溪湖	天照皇大神　明治天皇 大国主命	1913.3	本溪湖
桥头神社	桥头	天照皇大神	1915.4	桥头
连山关神社	连山关	天照皇大神　明治天皇	1920.8	连山关
安东神社	安东	天照皇大神	1905.11	镇江山
鸡冠山神社	鸡冠山	天照皇大神	1915.11	鸡冠山北町
凤凰城神社	凤凰城	天照皇大神	1919.10	铁道附属地
刘家河神社	刘家河	天照皇大神	1916.11	铁道附属地
草河口神社	草河口	天照皇大神	1914.8	附属地
通远堡神社	通远堡	天照皇大神	1919.3	附属地
抚顺神社	抚顺	天照皇大神　大国主命 金山比古命　金山比卖命	1909.2	永安台西公园内
惠比须神社	抚顺	事代主之尊	1919.6	抚顺

数据来源：南满洲鉄道株式会社総裁室地方部残务整理委员会『满鉄附属地经营沿革全史』上卷、東京、龍渓書舍、1977 年、第 785—787 頁。

第三节　佛教与基督教

一　满铁附属地内的佛教

佛教教义积善而轮回的思想本质上是反战的。纵观佛教的传播以及演变历程可以看到，因为佛教原因发生的宗教战争并不存在。中世纪时的十字军东征是两种宗教体系的对立，佛教的佛经之中也没有所谓的"圣战"或"义战"的概念。佛教东传日本时间较长，且为各阶层所信奉，此间经历同神道之间的习合和峻别的过程，后来逐渐演化成了"日本的佛教"。

日本佛教的最大特点之一"是它与日本固有的神道教的结合；与神道的结合，也就意味着认同天皇制国家的观念"①。"日本当局始终沉湎于对中国侵略的迷梦之中，为了适应对外扩张的需要，日本政府有意识地强化和规范宗教的社会功能。从明治时代的中日甲午战争，到昭和时代的全面侵华战争，历次侵略战争中，日本政府都将包括佛教在内的各种宗教纳入侵略战争体系"②，日本佛教因此而失去了本原，同日本政府的对外侵略政策结合，成为侵略体系中思想动员的重要一环。"在近世日本军国主义的统治之下，日本佛教也不能不为军国主义服务。"③ 日本佛教宗派日莲宗法华系在家居士田中智学，1914 年就提出"王佛冥合"的思想，即主张将日本的王道与佛教统一起来。

"佛教在日本有深厚的基础，在近代仿效欧美基督宗教来华布道传教。1876 年净土真宗东本愿寺在上海虹口建立'真宗东派本愿寺上海别院'，揭开了日本佛教在中国开教、扩教的序幕。"④ 前文已经有述，日本佛教进入中国是在中日甲午战争之时，当时派遣随军布教使，在战争

---

① 王向远：《日本对中国的文化侵略：学者文化人的侵华战争》，昆仑出版社 2015 年版，第 358 页。

② 李娜：《满铁对中国东北的文化侵略》，社会科学文献出版社 2015 年版，第 204—205 页。

③ 顾明义、张德良等：《日本侵占旅大四十年史》，辽宁人民出版社 1991 年版，第 524 页。

④ 季国良：《近代外国人在华建筑遗存的遗产化研究》，东南大学出版社 2016 年版，第 35 页。

时他们的主要工作是"埋葬因战争、疾病死去的人，送还遗骨，对士兵进行布教、讲法，慰问战场伤病者，参加战斗，赠予南无阿弥陀佛号、佛家经典等，供应用品和货物，向当地人宣传告抚，报告活动状况，准备和开设分支机构、宣教基地的设置，翻译、与失去亲人的家人进行书信往来等"①。

据《黑龙江省志》记载，日本佛教在东北地区建立寺庙，最早始于1901年日本佛教真言宗僧侣押野庆净，在黑龙江哈尔滨建本派本愿寺。② 净土宗镇西派向中国东北派出布教使是在1904年年末，从营口旧市街的布教开始，到1905年，临济宗的从军布教活动是从在安东县驻屯部队设立战死者的祠堂、派遣布教使的活动开始的。到日俄战争时期，日本开始"以大连、辽阳、奉天、铁岭等满铁附属地沿线各城市传教所为基地，发展宗教事业。此后，日本各宗教组织纷纷入驻满铁铁路沿线城市及附属地"③。例如，根据《日莲宗名簿》记载，"1907年日莲宗在旅顺设立日清寺，到1914年时，已经有大连教会所（大连寺）、奉天莲华寺、安东日莲宗布教所等"④。1904年，日俄战争爆发后，"日本真宗本愿寺派率先派出一批随军布教使前来旅大，在日军各师团及其他军事部门中'服役'"⑤。

据《佛教年鉴》1936年版记载，到1935年，日本在中国东北地区设立日莲宗寺院及布教场所总计26处，主要分布在旅顺、瓦房店、营口、大石桥、辽阳、本溪湖、铁岭、开原、公主岭、四平街、安东，而大连有6处、奉天有2处、鞍山、"新京"各有3处。根据平间寿本对中国东北考察的记录可知，1922年在大连沙河口设立大法寺，1907年在旅顺设立日清寺，1910年在沈阳设立莲花寺，1919年在抚顺设立永

① 野世英水『近代真宗本願寺派の 従軍布教活動』、『印度学仏教学研究』第63卷第1号、2014年12月。

② 黑龙江省地方志编纂委员会：《黑龙江省志 第五十五卷 宗教志》，黑龙江省人民出版社1999年版，第21页。

③ 王晓峰：《伪满时期日本对东北的宗教侵略研究》，社会科学文献出版社2015年版，第64页。

④ 坂輪宣政『日蓮宗の戦前大陸での布教について』『現代宗教研究』第42号、第130頁。

⑤ 顾明义、张德良等：《日本侵占旅大四十年史》，辽宁人民出版社1991年版，第524页。

安台布教所，1916 年在铁岭设立妙法寺，1922 年在四平街设立日莲宗布教所，1916 年在长春设立经王寺，1915 年在哈尔滨设立本溪湖布教所，1911 年在安东设立法华寺等。[①]

迟延玲在其硕士论文《满铁附属地对中国东北的影响》一文中，认为"至'九·一八'事变前，包括净土真宗大谷派、净土真宗本愿寺派、曹洞宗、日莲宗、古义真言宗、天台宗、临济宗、新义真宗智山派、日本山妙法寺派等十几个日本佛教派别共在满铁附属地城市建立了 67 个宗教机构，其中大连一地就设了 11 个佛教机构"，[②] 日本的佛教作为日本军国主义思想体系的重要一环，在对中国东北进行思想宣传和安抚方面发挥了重要的作用。

日本在中国东北"以'佛教'推行'王道'"政策，主要是指在 1937 年全面侵华战争爆发之前，日本控制的中国东北地区由于民族较多，宗教信仰也比较复杂，"佛教、道教、基督教等，还有众多的民间信仰组织，且群众基础深厚，尤其是少数民族的宗教信仰极强，如伊斯兰教、藏传佛教等"[③]。日本殖民统治者认为："日本拥有消化培养神、儒、佛教的长久历史，而满洲诸教虽各有特色，但其根本则含着相通的内容，而日本精神是融合同化满洲诸教思想的重要因素，而在满洲诸教思想中，儒佛两大思想较深，因此，宗教思想的培养应以'佛教'之力为妥当。"[④] 在这种情况下，佛教就成了日本在中国东北进行思想控制的有力武器之一。1933 年 2 月，在长春成立了"满洲大同佛教会"，虽然该佛教会宣扬以布化日本佛教为宗旨，但是"满洲大同佛教会"其实"并不是佛教宗派团体，而是以亲日汉奸为头目，由佛教信徒及善男信女组成的社会团体"。此后 5 月，又在长春成立了所谓的"世界大同佛教会"，并且由张景惠任会长，"请来日本净土宗、真言宗等派和尚宣讲

---

①　坂輪宣政『日蓮宗の戦前大陸での布教について』『現代宗教研究』第 42 号、第 130—131 頁。

②　迟延玲：《满铁附属地对中国东北的影响》，硕士学位论文，吉林大学，2008 年。

③　王晓峰：《伪满时期日本对中国东北的宗教侵略研究》，社会科学文献出版社 2015 年版。转引自傅波主编《2007 辽东抗战研究》，辽宁民族出版社 2008 年版，第 478 页。

④　民生部社会调查司编：《宗教调查资料》第二辑，转引自傅波主编《2007 辽东抗战研究》，辽宁民族出版社 2008 年版，第 478 页。

日本佛教精神，受到日伪当局的器重"①。

1931 年九一八事变爆发后，日本彻底控制了中国东北，日伪当局不仅仅在军事与政治上对东北进行全面掌控，在宗教方面亦以佛教为主，积极推动日僧来华，建立寺院并培育佛教组织。1934 年日伪在长春成立了"满洲国佛教护法会"，由后来任伪满洲国治安部警务司计科的植田任会长。植田表示："只有成立一个'满洲国'的佛教独立机构，才能把握人心，才有利于日满亲善。"② 一语道破日本利用佛教达成政治目的的宗旨。中国东北的日本佛教界，在九一八事变之后，尤其是日本在东北扶植成立伪满洲国之后，日本佛教界纷纷表示支持日本在中国东北的行动，"同时成立亚洲司、兴亚部等机构，大量派遣布教使赶赴中国东北，日系佛教在东北地区的传教活动急速发展，传教的内容和对象随之变化，开始以中国人为主要对象"③，大肆宣扬日本的殖民政策，为巩固日本的殖民统治造声势，构筑统治基础。

日本全面侵华之后，日本佛教界也积极配合日本的侵略行动，开始将不能够适应日本侵略扩张的内容删去，"在日本法西斯主义统治下，日系佛教的传教，宣扬为'大日本天皇圣战'服务的不伦不类的'佛经''教典'，布教活动达到了疯狂的程度"④。

二　满铁附属地内的基督教

基督教作为外来宗教，在日本的发展可算颇多曲折，但是在日本侵华的过程之中，基督教也发挥着为日本军国主义服务的职能，"1933 年，由日本陆军少将日匹信亮⑤创立于沈阳的满洲基督教会，接管控制美英

---

① 薛子奇、刘淑梅、李延龄：《近代日本"满蒙政策"演变史》，吉林人民出版社 2001 年版，第 342 页。

② 抚顺市政协文化和文史资料委员会编：《抚顺民国往事》，辽宁人民出版社 2014 年版，第 114 页。

③ 王晓峰：《伪满时期日本对东北的宗教侵略研究》，社会科学文献出版社 2015 年版，第 44 页。

④ 王晓峰：《伪满时期日本对东北的宗教侵略研究》，社会科学文献出版社 2015 年版，第 46 页。

⑤ 日匹信亮（1858—1940 年），旧日本陆军少将，富士见町教会会员。1933 年 5 月同富士见町第三代牧师三吉务来中国东北传教。

教会教产，培养汉奸教徒，对中国进行文化侵略"①。

基督教最早传入中国东北是在 19 世纪末期，"1896 年丹麦外劳德牧师来旅顺建立了旅顺基督教路德会，以后丹麦信义会、美国浸信会等教会系统相继进入旅大，并创办大连基督教青年会。日本系统的基督教在日俄战争期间传入旅大地区"②。在日俄战争期间，日本的基督教青年会同日本佛教在东北行动一致，随军转战各地，慰问部队。后在 1913 年建大连组合教会，1936 年以后又建立圣教会和基约美教会。1936 年 12 月伪满在沈阳成立了满洲基督教联合会，在东北各地包括大连的中国人基督教各派大多参加了这个联合会。到 1945 年，在大连的日本教会有 12 处，教牧人员 14 人，信徒 2298 人。③

宗教的产生是伴随着人类在与自然界的结合过程中逐渐产生的，从原始宗教到现代社会的多种宗教并存，其存在的价值和意义是毋庸置疑的。宗教的特性原本在于其纯粹性与独立性，然而宗教依附于政治的情况亦屡见不鲜，其内涵的性质也就发生了变化。"日本宗教是以日本军国主义侵略国策为其重点开展宗教活动的"④，1938 年 8 月，日本在国内举办"宗教团体对华布教协议会"，会上发布以下命令："布教工作应抓住一切机会，充分理解政府对华的意图，满洲事变之机遇，中国东北将是日本帝国必进之路……凡布教者赴进中国，必须向文部省提交申请书，经宗教局推荐，委派到当地军队特务部，听从指挥。"⑤

满铁附属地在法理上存续期间，日本殖民者广泛利用宗教加以控制和统治。日本伴随着明治维新的成功，神道教也上升为"国家神道，成为明治政府教导百姓忠贞爱国、誓死效忠天皇的工具"，在日本对外侵

---

① 季国良：《近代外国人在华建筑遗存的遗产化研究》，东南大学出版社 2016 年版，第 35 页。

② 程维荣：《旅大租借地史》，上海社会科学院出版社 2012 年版，第 235 页。

③ 程维荣：《旅大租借地史》，上海社会科学院出版社 2012 年版，第 235 页。

④ 李娜：《满铁对中国东北的文化侵略》，社会科学文献出版社 2015 年版，第 211 页。

⑤ 孟国祥：《南京文化的劫难 1937—1945》，南京出版社 2007 年版，第 278 页。

略的过程中，更是"成为一种推行侵略扩张的超宗教运动"①。日俄战争之后，日本获得了俄国在中国东北的部分利权，在满铁附属地内兴建神社，其目的乃谋求宗教渗透和宗教侵略。无论是佛教、基督教还是日本固有的神道教，一旦和政治相结合，宗教内在的特性就被改变，尤其是在日本控制统治中国东北期间，佛教充当了宣传抚慰民众，并使民众承认日本统治的功用。神道教以及佛教等宗教也成为在东北日本人的精神支持，起到稳定社会统治作用的同时，也是日本加强思想控制的有效手段。

---

① 伪满皇宫博物院编：《勿忘"九·一八"：日本侵略中国东北史实》，吉林美术出版社2006年版，第140页。

第九章

满铁附属地的军警统治

第一节 铁路守备队的"暂住"权

日俄战争之后,在美国的调停下双方签订了《朴次茅斯条约》,结束了战争状态。根据《朴次茅斯条约》的规定,日本取得俄国在中国东北南部地区特权。条约第三条规定:"关东军租借地以及长春以南之南满铁路、南满洲支线,再经由中国同意后,让渡日本。"第六条规定:"不可将各自铁路用于军事战略目的。"① 此后,中日两国又于1905年12月22日签署《会议东三省事宜正约》,其第一条称:"中国政府将俄国按照日俄合约第5条及第6条允让日本国之一切概行允诺。"② 基于以上两个条约,将俄国对长春以南中东路权益悉数转让给日本,构成了日本对南满铁路行使行政权的法律基础。

1896年中国清朝政府在允准俄国修东清路时,曾签《中俄合办东省铁路公司合同章程》,其第六条规定:"凡该公司建造、经理、防护铁路所需之地,又于铁路附近开采沙土、石块、石灰等次所需之地,若系官地,由中国政府给予,不付地价;若系民地,将照时价,或一次缴清,或按年向地主纳租,由该公司自行筹款付给。凡该公司之地段,一概不

---

① 渡辺龍策『近代日中政治交渉史』、東京、雄山閣、1978年、第97頁。
② 王铁崖编:《中外旧约条汇编》第1册,生活·读书·新知三联书店1981年版,第331页。

纳地税，由该公司一手经理。"① "一手经理"通常被解释为公司对所有征用土地拥有绝对的排他性的行政权。

日本在中国东北取得排他性的行政权的同时，中、日两国在协定中还规定，日本在中国东北保有驻扎护路兵的权利，并规定："两订约国可留置守备兵，保护满洲各自之铁路线路，至守备兵人数，每一千米不过十五名之数。"② 1905 年 12 月 22 日，日本强迫清政府签订的《会议东三省事宜条约》中，清政府被迫对日本有权派驻守备兵这一特权给予承认，同时还承认了日俄条约中俄国让与日本的各种特权，同时开设辽阳等 16 个城市为商埠，在奉天、营口、安东划定租界，在鸭绿江右岸地方设置木植公司和直接经营安奉铁路等路权，等等。

通过以上两个条约的签订，使得日本在南满地区的势力逐渐增强，并且拥有驻军权之后，铁道守备队就成为常态化的存在。条约签订以后，日俄两国根据条约的规定，各自在中东、南满铁路沿线每一千米驻兵 15 名以内，以保护铁路安全为名，执行"守备防护"的职责。日本的铁道守备队是以保护南满洲铁道及附属地的安全为名组建并驻扎的，但在后来的实际发展中，日本铁道守备队不断扩充人员和编制，完全超出了保护铁路及附属地的职责，并策划了一系列事件，成为日本侵华的急先锋。

1906 年 9 月，为了守卫南满铁路沿线，日俄将参加战争的预备军人编成六个守备大队，属永驻性质。兵力分配于普兰店至长春之间，沈阳至安东之间铁路沿线各地方，专门负责铁路沿线的警卫工作，并保护铁路周边的电力设施。1909 年 4 月，南满铁路改筑工程全部完毕，日本又决定设立独立守备队。将司令部设在公主岭，守备兵由预备兵中征召。守备队分为六个大队，分驻公主岭、开原、奉天、连山、大石桥、瓦房店，其中各中队遍布南满安奉铁路各个附属地。1916 年 6 月，废除了预备役制，改为现役制。1923 年 3 月，因为军备缩小的原因，撤销了守备队的两个大队，此时的铁路守备队缩编为四个大队。1929 年 4 月 15 日，

---

① 王铁崖编：《中外旧约章汇编》第 1 册，生活·读书·新知三联书店 1981 年版，第 627 页。

② 王铁崖编：《中外旧约章汇编》第 1 册，生活·读书·新知三联书店 1981 年版，第 628 页。

日本对陆军原有编制做出了变更，南满铁路守备队又增设了两个大队，恢复了六个大队的编制，司令部仍在公主岭。军队分配于关东租借地外南满铁路沿线各要地，直接担当铁路警卫的任务。独立守备队最初接受关东都督的指挥，关东都督掌管着保护南满铁路的重任，可在必要的时候使用兵力。从1919年4月开始，守备队改由关东军司令官统辖，关东军司令官可以在保护铁路线路的紧急情况下，动用兵力。

到1931年之前，驻守在南满铁路沿线的守备队员发展到六千余人，美其名曰"维护南满铁路的安全"，实际上干了许多不可告人的勾当，严重地侵犯了中国的领土主权，对中国人民犯下了不可饶恕的罪行。九一八事变之后，日本全面占领中国东北，关东军已脱去其"护路军"的外衣，成为名副其实的成建制军队，满铁附属地的治安权转移到关东宪兵队，之后更是成立了以关东宪兵队掌控下的伪满军警统制委员会，负责整个满洲地区的治安工作，铁路守备大队的"暂住"权变成了"永驻"权。

第二节　警察机关的扩充和警员增长

日俄战争之后，日本帝国主义从沙俄手中夺得了沙俄在中国东北的特权，日本在旅大地区及满铁附属地区设立关东都督府，进行军政统治。在关东都督府统辖下，关东宪兵队的构成情况如下：

"关东宪兵队本部设在旅顺，队长为大（中）佐，下设旅顺、奉天、大连、辽阳、安东、铁岭、长春7个分队。其中大连分队下设柳树屯分遣队；奉天分队下设本西湖、抚顺、营口、大石桥分遣队；长春分队下设公主岭分遣队。其具体人数不详，推测有250人左右。关东宪兵队长除指挥宪兵队外，兼任都督府民政部警务总长，掌握旅大地区和满铁沿线附属地的一切警察大权。"[1]

---

① 中央档案馆、中国第二历史档案馆、吉林省社会科学院合编：《伪满宪警统治》，中华书局1993年版，第3页。

此时宪兵队以军事警察为主要任务，负责满铁附属地的治安工作，同时担负着镇压中国人民反抗和协助满铁掠夺中国资源的任务。

1919 年 4 月 1 日关东都督府废止后，满铁附属地的宪兵队有所增加，在奉天附属地原有基础上，增加了鞍山宪兵分队，主要用于保护刚刚成立的鞍山制铁所。在增加人员的同时，在满铁附属地上成立特高警察，相较于之前的宪兵规模，"此次增加的人数约为 50 人，使关东宪兵队的人数达到了 250（300）人左右"[1]。

随着关东都督府的废止，满铁附属地的军政统一也随之废除，此时关东宪兵队的职责虽然在法律上并无变化，但是随着特高警察的成立，宪兵队的主要任务变成了单纯地执行军事警察的任务。此外，为了从中国获取更多的侵略权益，关东宪兵队还根据日本军部的命令，有目的地从事搜集情报和协助、参与日本军部在中国的阴谋活动。奉天宪兵队分队长三谷清少佐就全程参与了暗杀张作霖的皇姑屯事件，并在铁路炸毁，暗杀成功之后，"还从事收集中国人民对事件的反映，压制对事件的不满活动和进行宣传工作"[2]。这是关东宪兵队从事思想警察的一个典型事例，也是关东宪兵队协助日本军队实施侵略计划的一个实例。

1931 年日本发动九一八事变之后，对关东宪兵队进行了调整，增加机构和人员。在关东宪兵队长二宫健市少将主持下，成立了关东宪兵队司令部，将原来的 7 个分队改编为了关东宪兵队司令部直属的奉天宪兵队和长春宪兵队，宪兵司令部设在奉天。随着日本在中国东北占领区的扩大，关东宪兵队的人员也随之得到补充。补充的人员主要是从日本和朝鲜的宪兵队中抽调而来。

改编后的关东宪兵队，组成情况大致如下[3]：

---

① 中央档案馆、中国第二历史档案馆、吉林省社会科学院合编：《伪满宪警察统治》，中华书局 1993 年版，第 4 页。

② 中央档案馆、中国第二历史档案馆、吉林省社会科学院合编：《伪满宪警察统治》，中华书局 1993 年版，第 5 页。

③ 中央档案馆、中国第二历史档案馆、吉林省社会科学院合编：《伪满宪警察统治》，中华书局 1993 年版，第 5 页。

司令官：二宫健市少将。

奉天宪兵队队长是三谷清少佐，下辖奉天、商埠地、城内、辽阳、营口、大连、旅顺、四平街、安东等分队，其中，奉天分队下辖抚顺和本溪湖两个分遣队，辽阳分队下辖鞍山分遣队。

长春宪兵队下辖长春、公主岭、吉林分队，其中长春在宽城子设置了分遣队。

各队的队长、人数均不详，但记得总共增加了500人左右。[①]

日本占领整个中国东北之后，出于维护侵略权益的考虑，对新改编的宪兵队又做了调整，在奉山、奉吉铁路沿线的主要城市中，也新设了相应的宪兵分队或分遣队，其人员来源主要有两个，一是从日本直接调拨，二是从侵华军队中划归。1932年5月，在哈尔滨新设立了哈尔滨宪兵队，并设置了三个分队。此后，随着占领地区面积的扩大，又先后在齐齐哈尔、阿城设立了分遣宪兵队。随后，出于对时局的考虑，又成立了齐齐哈尔宪兵队，下辖齐齐哈尔、昂昂溪等几个分队和分遣队。

此时，关东宪兵队的人数增加到1500人左右[②]，由于人数增加过快，导致关东宪兵队的军官人数不足，随即从关东军的其他兵种中抽调，以健全关东宪兵队的组织结构。

根据当时局势的发展和宪兵队改编之后力量的壮大，关东宪兵队的主要职责也随之产生变化，此时关东宪兵队的军事警察职能已经下降到次要位置，其承担的主要任务为："宪兵被配置在侵华日军中，搜集中国抗日武装部队的情报，逮捕、迫害抗日爱国团体和爱国人民，协助军（关东军）的侵略活动；逮捕、镇压、杀害中国共产党、国民党及其他抗日人员，破坏其组织；监禁东北政权的主要人物，并进行诱降工作；

---

① 中央档案馆、中国第二历史档案馆、吉林省社会科学院合编：《伪满宪警察统治》，中华书局1993年版，第5页。

② 中央档案馆、中国第二历史档案馆、吉林省社会科学院合编：《伪满宪警察统治》，中华书局1993年版，第6页。

指挥关东厅警察、日本领事馆警察，以及后来的伪满警察进行上述工作。"①

1933 年，由于日本军部调整部署，将间岛地区划归关东军管辖，随之，延吉宪兵队也自然划归到关东宪兵队管辖。延吉宪兵队下辖延吉、珲春、图们 3 个分队，其中延吉分队下辖龙井、汪清、明月沟分遣队。

随着日军对中国华北地区的侵略扩张，在 1934 年又新设置承德宪兵队。承德宪兵队下辖承德、古北口、赤峰、凌源、山海关分队，同时把锦州分队由奉天宪兵队划归承德分队管辖。其中，承德分队下设平泉分遣队；赤峰分队下设林西分遣队；凌源分队下设朝阳分遣队，锦州分队下设阜新、北票、大虎山分遣队。

随着宪兵队的不断增加和宪兵人数的大规模增长，1934 年关东宪兵队做了如下改编②：

司令官为东条英机中将，下设总务、警务二部，总务部长为腾江惠辅少将，警务部长为荻根丈之助大佐。总务部下设庶务、经理、第一 3 个课，医务、兽医 2 个室。庶务课设课长 1 名，为高级副官（中佐），另设 1 名尉官副官；庶务课还设有庶务系，设尉官 1 名，准尉 3 名，军士 10 名。经理课设课长 1 名，为主计佐官，下设主计尉官 1 名，主计军士 1 名。第一课设佐官课长 1 名，尉官 1 名，准尉、军士 3 名。医务室设军医尉官 1 名，军士 1 名。兽医室设尉官 1 名，军士 1 名。

警务部下设第二、第三 2 个课。第二课设佐官课长 1 名，佐（尉）官 3 名，准尉、军士 11 名。第三课设佐官课长 1 名，佐（尉）官 2 名，准尉、军士 11 名。

具体分工为庶务课负责庶务、人事；经理课负责会计、经理；第一课负责教育、企画、编制；第二课负责防谍和谍报；第三课负责思想工作、军事警察。除此之外，宪兵司令部还设有教习队。

---

① 中央档案馆、中国第二历史档案馆、吉林省社会科学院合编：《伪满宪警察统治》，中华书局 1993 年版，第 6 页。

② 中央档案馆、中国第二历史档案馆、吉林省社会科学院合编：《伪满宪警察统治》，中华书局 1993 年版，第 9 页。

根据分工的调整，各队本部和分遣队也充实了人员，加强了思想对策和防谍对策业务。特别是在奉天、"新京"、哈尔滨、大连宪兵队本部的特高课就补充了30—40名宪兵。

在此之后，为了更好地维护日本的既得侵略利益，强化关东宪兵队的职能，加之宪兵队数量增加、宪兵人数的大量增加，关东宪兵队在1935年又对宪兵队司令部做了扩充，其具体扩充情况为①：

司令官为少（中）将，下设庶务、经理、警务3课及教习队。

庶务课设课长1名，为高级副官（大、中佐），副官1名（尉官），佐（尉）官3名，准尉、军士15名。医务室设军医上尉1名，军士2名。分担庶务、编制、动员、企画、教育、人事业务。

经理课设课长1名（主计中、少佐），尉官1名，准尉、军士2名，分担会计、经理等业务。

警务课设课长1名（大、中佐），部员3名（中、少佐）。尉官4名，准尉、军士30名，分担治安肃正、思想对策、防谍对策和军事警察、宣传业务。

教习队设队长1名（佐官），尉官3名，准尉、军士13名，分担教育宪兵士兵业务。同时为警戒各队本部和分队，加强特高业务，各队又增加了一些人员。

随着日本对中国东北控制范围的扩大以及从苏联手中取得了中东铁路北段的控制权，于1936年又新设了如下宪兵队②：

海拉尔宪兵队，下辖海拉尔、满洲里2个分队，其中海拉尔分队下设三河、牙克石2个分遣队；满洲里分队下设扎赉诺尔分遣队，另外尚有1—2个分遣队，但不详。

北安宪兵队，下辖北安、孙吴、黑河三个分队，其中黑河分队下设逊克、瑷珲2个分遣队。

东安宪兵队，下辖东安、佳木斯、鸡宁、宝清、勃利分队，其中东

---

① 中央档案馆、中国第二历史档案馆、吉林省社会科学院合编：《伪满宪警统治》，中华书局1993年版，第7页。

② 中央档案馆、中国第二历史档案馆、吉林省社会科学院合编：《伪满宪警统治》，中华书局1993年版，第8页。

安分队下设虎头、饶河 2 个分遣队，勃利分队下设林口分遣队。

牡丹江宪兵队，下辖牡丹江、一面坡、穆棱、绥芬河分队，其中牡丹江分队下设掖河、杏树、宁安分遣队。

东宁宪兵队，下辖东宁、大肚子川、老黑山 3 个分队。

出于加强控制力的需要，关东宪兵队在 1937 年又在局部做出调整，表现为将佳木斯宪兵队进行改编，下辖佳木斯、汤原、宝清、富锦 4 个分队，其中佳木斯分队下设鹤岗分队；汤原分队下设依兰分遣队；宝清分队下设同江分遣队。并且出于防谍需要，针对苏联无线谍报员的活动，在"新京"组建了特设宪兵队，通称为八六部队。

"新京"特设宪兵队下辖电气第一、第二、第三 3 个中队，电气第一、第二 2 个中队负责搜查无线电台及逮捕、镇压谍报员，电气三队负责研究摄影、指纹、化学药品，供警察使用。

由于新机构的设置，在此时，关东宪兵队的人数增加 1000 余名官兵，同时宪兵教习队也加强了新宪兵的培养工作，每年培养新宪兵的人数大约为 400 名。[1]

此后，随着日本发动全面侵华战争和太平战争，又对关东宪兵队有所调整，从整体上看，都是在增加宪兵队个数和宪兵队总人数，到 1945 年 7 月，日本即将战败时，关东宪兵队的总人数已经达到 3200 人[2]，在此虽然宪兵人数有所减少，但由于增加了特别警备队，在事实上总人数还是在不断地增加之中，直到日本战败投降为止。

日本关东宪兵队随着日本在中国势力范围的扩大，在组织结构上不断细化和健全，在人数上不断增加，从最初的大约 250 人发展到大约 3200 人，司令官为中（少）将的庞大机构，成为日本侵略者镇压中国东北地区人民反抗的主要军警力量，为日本掠夺中国东北资源"保驾护航"（见表 9-1）。

---

① 中央档案馆、中国第二历史档案馆、吉林省社会科学院合编：《伪满宪警统治》，中华书局 1993 年版，第 8 页。

② 中央档案馆、中国第二历史档案馆、吉林省社会科学院合编：《伪满宪警统治》，中华书局 1993 年版，第 11 页。

表9-1　　　　　　　历任关东宪兵队司令官名单及在职时间

	阶级	姓名	在职时间
第一任	少将	二宫健市	1931年9月—1932年8月
第二任	中将	桥本虎之助	1932年8月—1933年3月
第三任	中将	田代皖一郎	1933年3月—1934年3月
第四任	中将	岩佐禄郎	1934年3月—1935年12月
第五任	中将	东条英机	1935年12月—1937年3月
第六任	中将	藤江惠辅	1937年3月—1937年8月
第七任	中将	田中静壹	1937年8月—1938年8月
第八任	中将	城仓义卫	1938年8月—1940年3月
第九任	中将	竹内宽	1940年3月—1941年3月
第十任	中将	原守	1941年3月—1942年3月
第十一任	少将	加藤泊冶郎	1942年3月—1943年1月
第十二任	少将	大野广一	1943年1月—1943年8月
第十三任	中将	三浦三郎	1943年8月—1944年10月
第十四任	中将	大本繁	1944年10月—1945年8月

数据来源：中央档案馆、中国第二历史档案馆、吉林省社会科学院合编：《伪满宪警统治》，中华书局1993年版，第21页。

第三节　对中国内政与正常执法的干涉

满铁附属地作为日本侵略中国东北乃至侵略整个中国的前沿基地，时常通过武力的方式干涉中国内政，或者通过制造中国内乱、向地方土匪提供保护等方式，来扰乱中国东北的正常社会治安。

最初表现在对中国革命党人的两面态度上，从最初企图操纵革命党人以干涉中国革命到协助清政府镇压和围剿革命党人。1911年11月，满铁在寺内正毅和后藤新平的授意下，派出谷村正友与革命党人王国柱等联系，企图通过支持革命党的活动来换取革命党成功之后日本在中国东北的特权。"王国柱在10月30日由长春来，有满铁社员藤乡秀树及谷村正友伴随，谷村不直接见王，由藤乡向他报告，再送交中村总裁，由中村电告寺内伯爵，同时附言除后藤男爵外不要给任何人看到。谷村、藤乡二人受到中村的严命，不许向我官宪泄露一切。"[1] 具体在行动上表现为1911年12月28日，在铁岭县"有日本武官数十名协同匪党首领孙某迫令（河防营）投降等语。当晚即有日人多名协助匪党在四门、衙署等处，遍放炸弹，并纵火燃烧。经该县警长赵宗贵率众抵死抗拒，亲见日兵放火。且日人在铁道界内容匿匪党四五百名，潜谋已非一日。二十九日晚一时被该匪等占据衙署"。"铁岭四门现均有日兵把守，城内衙署局所皆是日本兵"，日军不准华军入城，而"匪徒携枪械往来日站，日本并不干涉并加保护"，甚至"我警兵被日兵擒去三名"[2]。满铁的这一行为此后受到日本当局的反对，企图通过操纵革命党干涉中国内政，最终取得在中国东北更大特权的计划以失败告终。

这一计划之所以失败，是因为当时日本西园寺公望内阁的对中政策是维护中国东北的现状，即保持现有的在中国东北大的既得利益。因此，满铁开始协助清政府驱逐和镇压革命党人。并以"保护侨民安全"为借口，出兵占领南满铁路沿线的开原、营口、辽阳等地，迫使革命军撤离。1912年1月，孙中山就任临时大总统之后不久，任命蓝天蔚率军进入东三省，日本却以维持秩序为借口，通过武装暴力威胁迫使革命军从中国东北撤出。在1913年9月2日在本溪湖有第三革命党20余人举事，袭击警察和监狱，甚至攻入县公署。当地的中国警官及县署官员争相逃命，可是由于日本官宪由附属地出动镇压，使革命党被迫退出。[3]

干涉中国内政的例子还有很多，在此后发生的一系列事件，如：二次"满蒙独立运动"、"郭松龄"事件、皇姑屯事件，都是在日本军队的策划和推动下完成的，日本最终发动了九一八事变，将整个东北变成了日本的殖民地，建立了傀儡政权伪满洲国，实施军事殖民统治。

---

① 日本外务省档案胶卷：P5，PVM1，P5267\5268。昭和44年（1926年）11月15日奉天发5101（暗）电，第408号，落合总领事发内田外务大臣。

② 辽宁省档案馆编：《奉系军阀档案史料汇编》1，江苏古籍出版社2010年版，第627—629页。

③ 南满洲铁道株式会社总裁室地方部残务整理委员会『满铁附属地经营沿革全史』下卷、東京、龍溪書舍、1977年、第63、64頁。

在九一八事变前，日本关东军在中国东北的所属部队有独立守备队和派遣师团共 1 万余人，事变之后，日本不断向中国东北增兵以支援关东军。伪满洲国成立后，日本增兵规模更加明显。"日本第八师团、第十师团、第六师团、第十四师团、骑兵集团（含骑兵第一、第四两个旅团）、第七师团所属的第十四混成旅团等又接连侵入中国东北各地。1932 年年底，独立守备队由一扩为三，即由一个独立守备大队的 6 个大队，扩编为 3 个独立守备大队共 18 个大队""1934 年末独立守备大队又翻了一番，据称由 3 个独立守备队的 18 个大队，扩编为 6 个守备大队的 36 个大队，这是众所周知的讨伐部队"。①

日本在中国东北军事力量的增强同关东宪兵队相配合，再加上伪满警察，东北人民生活在日本高压的军警统治下。具体分工为日本关东军和独立大队负责军事行动，而关东宪兵队则负责军事警察和"防谍与思想对策"的双重任务。对中国东北正常执法的干涉大都是由关东宪兵队实施的。

关于关东宪兵队的活动，据曾任关东宪兵队部员的齐藤美夫的笔供回忆，"我在任关东宪兵队司令部部员期间（1934 年 12 月至 1937 年 10 月 31 日），当时伪满的形势是这样的：自'九·一八'事变以来，关东军为巩固伪满洲国这一日本帝国主义侵略中国的基地，首先要保障其境内的安定，故率领伪满军警及各机关进行了治安工作。当时，活动在东北的各抗日游击队约有 10 万人，其中抗联和抗日游击队近 4 万人。前者在中国共产党的领导下进行着英勇的抗日斗争；后者有的与国民党有联系，有的独立进行抗日斗争。1935 年游击队的主要活动是袭击铁路，比上年增加了 41 次，同时各游击队又以"抗日治安"为目的，经常袭击城市，使关东军和伪满军政机关遭受了严重打击。另外，由于人民憎恨日本帝国主义，开展了支援游击队的活动，使游击与人民结成了不可分割的联系。"②

此时关东宪兵队的主要任务确定为军事警察和防谍思想对策两个主

---

① 解学诗：《伪满洲国史新编》，人民出版社 2015 年版，第 167 页。
② 中央档案馆、中国第二历史档案馆、吉林省社会科学院合编：《伪满宪警察统治》，中华书局 1993 年版，第 52 页。

要方面。为此，在 1935 年 8 月成立了警务联络委员会，1936 年 4 月又将该会称为警务统制委员会。其主要活动是集中一切日伪警察力量，统一搜捕、镇压中国共产党和其他系统的抗日爱国人士。统制委员会实行全面覆盖，关东宪兵队司令官、宪兵队长、分队长、分遣队长，分别担任各级警务统制委员会的委员长。各级统制委员会则囊括了所辖地区的日本宪兵、伪满宪兵、日本警察、伪满警察、铁路警护队、伪法院、伪检察院等所有伪警权力机关，即建立起包含全部中国东北范围内的关东宪兵网，使军警统治网更加严密，使生活在中国东北地区的人民时刻处于监督之下。

关东宪兵队不仅将统治网扩展到一切日伪警察，而且将任意杀戮中国人民的"严重处分"权也扩展给了一切日本警察机构。在治外法权刚刚撤销不久的 1938 年，关于"严重处分"这一特权，日本关东宪兵队发出了如下通知①：

关东宪兵队司令部警务部长的通知（1938 年 1 月 31 日，关宪警第 65 号），关于申报严重处分的制定标准问题，曾于去年 12 月 21 日以关宪警第 428 号发出通知，但由于未能彻底贯彻执行，切望在今后申报时，能根据下列要求，就犯罪事实等进行周密的调查研究。特此奉命通知。

一　关于对国内形势的认识

不言而喻，行使严重处分权的宗旨是基于满洲建国初期特殊的治安形势，特别作为权宜性的政策而赋予的。然而，其后"满洲国"的各项设施已逐步改进，治安也趋于正常，同以往相比，其面目大有焕然一新之势。尤其当治外法权已经撤销的今日，如果对于内外客观形势的认识仍然一成不变；墨守成规，不经审判机关的依法审理便行使严重处分权，这似乎有加以考虑的必要。

---

① 　中央档案馆、中国第二历史档案馆、吉林省社会科学院合编：《伪满宪警察统治》，中华书局 1993 年版，第 198—201 页。

即便是愚昧无知的匪贼也会有近亲好友，如果错误地行使严重处分权，不仅会使他们受到没有必要的威胁，甚至其子孙也将产生反感和报复情绪，并对所谓建国大计的建设王道乐土的诚意有所怀疑，进而必然将对国内外各方面带来极为不良的影响。同时，也将妨碍正在趋于健全的满洲故宫审判机关工作的开展。总之，这种做法绝非促进"满洲国"健康发展之道。宪兵应高瞻远瞩，从大局出发，正确地认识和掌握目前形势，必须注意减少工作失误，关于此点望勿误解，彻底贯彻执行。

二　关于查明犯罪事实问题

已认定为匪徒的犯罪行为，将其作为个人的罪行而申报给予严重处分的情况也是存在的。

在审计中，当然有必要听取匪情等可供治安肃正参考的资料。但是，在根据本人的犯罪事实给予相应的处分时，必须详细听取本人作为其个人的犯罪事实，这是十分重要的。例如于某某年某某月与匪首等某某名袭击了某某，该人进行〇〇〇〇。

也就是说，在匪团的罪行中，本人有可能是共犯，也有可能是胁从或罪行轻微，影响不大。而且，其罪行如果作为个人罪行听取和调查时，极其轻微，没有申请严重处分的必要，这种情况并不罕见。因此，在审讯中尤其应留意此点。同时，对手基层宪兵队提出的报告也应予以充分审查和研究后再进行申报。

三　关于酌情处理问题

不认真查明现状，一味地纠缠以往的罪行而申报严重的处分的情况也是存在的。

例如，认为本人在进入冬季以前，即去年7月、8月以前没有连续性的犯罪行为；或悔改前非，为谋生而进入城市或农村。对于他们，即或以往的罪行严重，也应斟酌情况，不立案移交。因为这样做有可能产生促使其向其他匪团归顺投降的副作用，望能予以注意。

四　犯罪当时我方警备能力和犯罪动机

关于通匪或从事其他共匪的宣传、交通和办事员等工作者，似乎没有充分考虑到当时的我方警备能力。

采取上述行为，在很多情况下，是由于当时日满军警的警备力薄弱，为了保住自己的性命不得已而采取迎合的态度。尤其是有一定资产或有正当职业者的通匪行为，其中一部分是出于他们民族特有的盲目利欲。对此，不能按日本人的标准或以洁癖的要求去加以解释，应予以慎重考虑，改变以往治安不良时期的做法与认识，望能予以注意。

五　关于身份问题的考虑

目前存在不考虑其身份，只拘泥于其罪行而申报严重处分情况。

例如，保甲牌长及其他有相当地位和身份者，虽然不能说是全部，但一般在当地颇有威望，如果同其他人一律行使严重处分权，则在村民中必将产生一定的反响。为此，对于此类人今后望能作为案件向上移交。

六　关于禁止受理满警移交的案件

将来，希望绝对不能受理由满警移交的案件。据说过去，在满警移交来的案件中，由于对犯罪内容未能充分调查研究，反而使宪兵遭到了责难和中伤，深感遗憾。为此，将来绝对不予受理。即或由本队实施处分，也应由干部严加监督，给予特殊指导，丝毫不许对外泄露。

七　其他

在立案移交时，也应深入研究有关司法的实际业务，如果认为证据不充分，犯罪不成立时，莫不如将其释放，以后再监视其行动。诸如此类，宪兵在执行司法业务时，切勿问鼎之轻重，望予以注意。

总之，基于满洲建国的宗旨和治外法权撤销后的形势，原则上应将严重处分限制在万不得已的情况下和最小的限度之内，而且，采取措施也应慎重合理。

（此件发至各宪兵队长，包括独立分队长）

从这份通知中可以看出，日本关东宪兵队认为通过之前实行的"严重处分"权，使得伪满洲国的治安已经取得了"实效"，在此时应该注意方法，避免激化已取得的"成果"。从这一份看似正常的通知中，可想而知，此前日本宪兵队对正常执法权的粗暴干涉和对中国东北人民反抗的暴力镇压。"如果对于内外客观形势的认识仍然一成不变；墨守成规刚发生时的陈规旧律，不经审判机关的依法审理便行使严重处分权，这似乎有加以考虑的必要"，这句尤其说明此前的劣迹斑斑，这也表明通过严重处分权，随意枪杀中国人民的事件时有发生。日本帝国主义者认为，通过普通审判是缓慢而温和的审判，对于中国共产党及有关人员"必须按军队的意图，特别是要服从军队的利益而加以断然的处理"[①]，因此，严重处分权就成为日本宪兵队等暴力机关破坏正常司法、随意处置关押人员的"护身符"。

第四节　枪杀中国人事件频发

日本宪兵队在拥有严重处分权等特权的掩护下，在中国东北随意杀害中国人事件频繁发生。在战后审判资料中也得以证实，日本宪兵队战俘人员供述的杀害中国人的事件众多，只是规模大小不一而已。

自满铁附属地形成以来，中国东北人民的反抗就从未间断。日本发动九一八事变之后，中国人民的反抗开始向有组织的方向发展。东北抗日义勇军、中国共产党领导的抗日游击队和东北人民革命军等抗日武装先后涌现。

---

① 1936 年 7 月 8 日关参一发第 1595 号命令附件：《共产党关系者要纲的说明》。

针对此种形势，日本殖民者采取大规模"讨伐"的方式，意图实现其所宣扬的"王道乐土"。从 1933 年 6 月起，关东军开始全力"围剿"东北人民的抗日武装力量。1935 年 9 月又开始推行"治安肃正"运动，由关东军"统一指导"，具体由"日满军警一体"实施。

在此次"治安肃正"运动中，"日伪军警共作战 600 余次，抗日武装遗弃尸体 4646 具，同时还逮捕 3545 人，其中包括所谓政治匪 50 人，思想匪 261 人，通匪者 227 人，影响治安者 2209 人"[①]，随后又推行"冬季肃正"，截至 1936 年 3 月，日伪军警在行动中打死、打伤、俘虏和诱捕抗日人员 12425 人，再加上日伪宪兵逮捕者，达到 30000 余人。[②]其中包含大量的抗日爱国者和普通群众。

日本侵略者在大规模围剿抗日武装力量的同时，也存在大规模屠杀无辜群众的事件。比较典型的事件有，1935 年 5 月末，关东军第三十八联队在吉林省舒兰县境内的老黑沟制造了屠杀 107 名群众的大惨案[③]；1937 年 7 月 15 日，为了报复之前日军遭到抗日武装袭击的"损失"，日军在柳河县大荒沟白家堡子附近对老百姓进行了大规模屠杀。"将白家堡子村围得水泄不通，把全村居民不论男女老幼，连吃奶孩子都在内，一个不漏地，不问青红皂白，每十数人分成一组，用铁丝和绳子绑在一起。此时正是早晨，天空还下着濛濛细雨，被绑上的男女老幼一串一串地被赶到大荒沟警察署东南山根底下，密集在一处，然后用机关枪扫射，展开残忍无比的集体大屠杀。枪声一响，人们东挣西撞，挤成一团，弹丸比雨点还密地打到人们的身上，就是铁铸的也会被穿得稀烂。""屠杀之后，鬼子叫警察抓民夫挖了九个大坑，将尸体掩埋掉了。埋后，警察署白署长和民夫在警察署说，他们在掩埋尸体时，经过清点，共杀了 386 名群众。白家堡子被鬼子一把无情大火，烧得瓦片无存。"[④] 这只

<hr>

① 关东军参谋部《关于昭和十年度秋季治安肃正工作概要》，《日本帝国主义侵华档案资料选编》，第四卷，"东北大讨伐"，1991 年版，第 11—16 页。

② 1936 年 5 月 19 日伪中央警务统制委员会《第一回中央委员会议事要录》，中警委第 103 号。

③ 解学诗：《伪满洲国史新编》，人民出版社 2015 年版，第 205 页。

④ 1951 年 9 月 25 日赵玮检举书，并参考 1955 年 4 月 19 日木村正二揭发材料。此 2 件载《日本帝国主义侵华档案资料选编》，第八卷，"东北历次大惨案"，1991 年版，第 52—54 页。

是比较大规模事件中的两个例子，日本军队在"治安肃正"等行动中杀害中国人民的事件不胜枚举。

除了日本军队在大扫荡、"治安肃正"等行动中杀害中国人民之外，日本宪兵队在完成军事警察和防谍思想对策的职责时，杀害中国人的事件也屡见不鲜，特别是在推行"严重处分"权时期，这一情况就更加严重。

吉房虎雄在战后的庭审中供认："在临江地区，我命令部下下谷久一曹长把那里的和平居民毫无理由地抓到宪兵队来，加以种种刑讯，把手、脚都钉在木板上，鲜血直流，可是还灌凉水，人就这样死去了，然后把尸体埋在宪兵队旁边南温池西边的大坑里。我听说中国人把这个坑叫作'万人坑'或'杀人坑'。（哭）在集安地区，我曾率领日永军曹以下7名，到麻线沟村一带挨户搜查，在一间房子里，有位年纪很大的主人，见我们进去时很吃惊，想逃跑，日永军曹马上用刺刀把他刺杀了，把尸体扔在旁边。我当时嘉奖了日永军曹说'干得好！'，另外，我还抓捕了一个在田地里干活的和平居民，带到日本宪兵队来刑讯拷问，然后把他带到麻线沟村小河边，并把他的家属找来，就在的家属面前，为了试刀，让守备队里剑术比较好的下级士官将他斩杀。他的家属们看到这种情况哭了，把他的头和身体抱回去了。""在这个侵略战争中，我以特务工作负责人的身份，用非常野蛮的手段，屠杀了许许多多的和平居民，抓捕、刑讯了很多人，抢夺了很多物资财富。当时我想依靠捕杀中国人民的事迹来升官发财，这也就是我犯下的重大罪行的原因。"[1]

在渡边长太夫的口供中同样有这样的描述："1935年4月至1937年10月，前后两任奉天宪兵队长三浦三郎和加藤泊治郎，为了呼应东边道地区的讨伐，在奉天市内都加紧了对中国抗日武装人员的搜查和逮捕。结果，奉天宪兵本队、城内宪兵分遣队、皇姑屯宪兵分遣队等，总共逮捕杀害了近200名中国抗日武装人员。在此期间，我任奉天商埠地宪兵分队司法系伍长，参与了这一罪恶的活动。""在1936年5月下旬至

---

① 中央档案馆、中国第二历史档案馆、吉林省社会科学院合编：《伪满宪警统治》，中华书局1993年版，第202页。

1936年10月的5个月中，我受分队长兼商埠地地区警务统制委员长渡边辉雄的命令，担任斩杀小组长，以奉天市青叶町南端浑河铁桥上游2000米处的沙滩和皇姑屯郊外为杀人现场，指挥宪兵和日本警察，先后8次杀害了51名中国抗日武装人员，其中有8名是我亲手杀害的。被杀的51人中，其中有8名是根据密探报告，由我指挥宪兵在奉天北市场、工业区、皇姑屯等地逮捕的，其他有10名是伪警察在奉天南市场、附属地及各分驻所管内逮捕的，另外33名是由铁路警护段警察在奉山、奉吉铁路的车站和列车等处逮捕的，这些人被捕后被关押在商埠地宪兵分队。"[1]

在小林喜一的口供中有如下记载："我在1935年1月来到中国，直到1937年2月任热河省赤峰宪兵分队长，在此期间所犯的罪行有：以赤峰宪兵分队长的身份，将22名中国人以违反日本和伪满的治安维持法为名杀害。记得是在1935年8月，宪兵逮捕了4名中国人，同时警察又送来1名。我命令部下铃木曹长、渡边军曹等4人，用军刀将这5人砍杀在赤峰北方1000米处的小河边。同年10月铃木曹长根据密告在赤峰南5000米的小林中，逮捕了1名反满抗日的中国人，11月宪兵又逮捕了1名，日军讨伐队又转来了2名，对这4名中国爱国者，我命令部下铃木曹长、米本军曹、下本军曹3人，用刀砍死于北方小河旁。1936年6月，宪兵和警察根据密探报告，逮捕了3名中国人，7月宪兵又在赤峰附近的村庄逮捕了3名，警察送来了1名，对这7名中国爱国者，我均以违犯伪满治安维持法的罪名，命令部下将其砍杀。后9月宪兵和乌丹城警察在乌丹城东方的村庄中逮捕了4名中国人，我以违犯治安维持法的罪名，命令部下将其中3名杀害，1名送满铁医院做解剖试验。1936年10月，宪兵配合铁路防护队又逮捕了2名中国抗日爱国者，我均按前述罪名命令部下用手枪打死。"[2]

通过上述三人的口供可知，在此期间，日本宪兵随意杀害中国人的

---

[1] 中央档案馆、中国第二历史档案馆、吉林省社会科学院合编：《伪满宪警统治》，中华书局1993年版，第205—206页。

[2] 中央档案馆、中国第二历史档案馆、吉林省社会科学院合编：《伪满宪警统治》，中华书局1993年版，第206—207页。

事件随时随地都在发生，虽然名义上都是以违反治安维持法等名义杀害，但实际上都是在严刑拷打之后随意杀害的，更有甚者还将"罪犯"送到满铁医院做解剖试验，其残忍程度让人不寒而栗。

在严重处分权开始实施后，随意杀害中国人的事件就更加有恃无恐，也不需要冠以违反治安维持法这一形式上的名称了。在齐藤美夫的口供中有如下对话，"问：你把1936年4月至1937年7月，在你参与策划下，伪中央警务统制委员会在我国东北各地抓捕、残杀我国人民的情况讲一讲""答：在此期间，中央警务统制委员会的策划领导下，共抓捕了中国抗日人员及平民38577人，其中杀害了大约5500人，送交伪司法机关10499余人""问：根据昭和十二年十二月七日中央警务统制委员会《思想对策月报》第186号记载，这期间日伪宪警在中央警务统制委员会的指导下，共抓了38577人，和你刚才说的相符，杀害了4366人，和你供的有出入，送司法机关的有10489人，和你供的也有出入，你认为哪个数字正确？""答：刚才宣读的档案记载是正确的。"[①]

在长岛玉次郎的笔供中，提到了他参与金柳地区的具体对中国抗日武装的16次具体罪行、安奉地区的2次罪行以及在吉林、通化、间岛三地联合作战的罪行和热河地区作战的罪行，其中在金柳地区的罪行中有如下记载："1937年5月至6月，山城镇警务统制委员会先后两次在山城镇停车场北山，屠杀了中共柳河县委组织部长郭喜明、游击队长车东青、陈仲山，工作人员崔洋焕、杨玉林、杨景阳，红军第五团副官处长侯德青等18人，以及34名抗日农民。我当时是山城镇宪兵队分队军曹、工作班班长，上述被害者都是我根据山城镇宪兵分队长的命令，指挥1名宪兵补、2名翻译，从1936年7月至1937年3月，由伪满军警协助，在柳河县五道沟、孤山子、三源浦诱降和逮捕的。我的活动为集体屠杀提供了条件。"[②]"经会议谋议决定，对东北抗日义勇军司令长官老长青、

---

① 中央档案馆、中国第二历史档案馆、吉林省社会科学院合编：《伪满宪警统治》，中华书局1993年版，第145页。

② 中央档案馆、中国第二历史档案馆、吉林省社会科学院合编：《伪满宪警统治》，中华书局1993年版，第164页。

赵明思等 70 人；红军后方队长四海山等 24 人；第五团副官侯德青等 22 人；中国抗日农民 54 人及中共柳河县委书记冯剑英，组织部长郭喜明，柳河游击队长车东青、陈仲山，工作员杨玉林、杨景阳、崔洋焕、张德福处分如下：将东北抗日义勇军司令长官老长青、赵明思等 70 人，红军后方队长四海山等 24 人，共计 94 人移交山城镇独立守备队第五大队屠杀；将中共柳河县委组织部长郭喜明，柳河游击队长车东青、陈仲山，工作员杨玉林、杨景阳、崔洋焕，红军第五团副官侯德青等 18 人，游击干部、战士、抗日农民 34 人，在山城镇由警务统制委员会屠杀。"①

在"严重处分"权这一特殊权利下，日本宪兵队主持下的警务统制委员会置伪满治安维持法于不顾，随意处置和杀害中共抗日武装力量和平民，集中屠杀也时有发生，更有甚者将中国人送去满铁医院进行人体解剖试验，视中国人民的生命为草芥，使中国人生活在水深火热的白色恐怖之下，让人警醒。

---

① 中央档案馆、中国第二历史档案馆、吉林省社会科学院合编：《伪满宪警统治》，中华书局 1993 年版，第 169—170 页。

第十章

满铁附属地治外法权的"撤废"与
行政权的归并统一

1932年1月，板垣征四郎回东京，就九一八事变后策划在中国东北制作一个傀儡政权的设想，向政府及军部述职。鉴于其殊大"功勋"，裕仁天皇破例接见了他。与此同时，外务省、陆军省、海军省共同炮制的《中国问题处理方针纲要》，计划将东北从中国"本土"（指关内）分离，成立一个"国家"，此"国家"的行政权必受日本控制。日本势力参与其具体执政，关东军握主导权力。纲要的目的，是杜绝中国政府对该地区的一切主张。①

在一大群汉奸的配合下，1932年3月1日，伪满洲国成立，溥仪于9日在"就职典礼"上宣布就职"执政"。同年9月15日，日驻"满"大使武藤信义与伪满洲国国务院总理郑孝胥在长春签订《日满议定书》，规定：确认日本在中国东北的一切权力和利益，确认在"共同防卫"理由下关东军对"满洲"的实际统治。其《附约》具体确定：伪满洲国的防卫、治安全部"委托"日本负责；铁路、水路和空路，由日本管理；关东军所需物资由伪满洲国供应；关东军任命该国官吏；日本可开采所有矿产资源。最主要的是，双方此后正式缔结条约和密约，均以"议定"为条约基础。

议定书的基本精神要点在于：日本必控制伪满洲国一切主权；议定各

---

① 参见小林龍夫编『現代史資料』第7卷、『満州事変』、みすず書房、2004年、第343—344頁。

项必成为此后条约的基本约定。对于附属地来说，第二点是至关重要的。在伪满洲国成立之前，附属地可类比于国中之"国"，关东厅关东军执行其行政权。在满铁会社建立之初，1192 千米的铁路沿线两侧，一般约 20 米至 400 米宽幅为附属地。但伪满洲国建成之后，最宽处达 426.72 米。长春的附属地总面积 614 万坪，奉天达 1172 万坪，鞍山达 1840 万坪，抚顺达 6839 万坪（1 坪约 3.3 平方米）。占地面积由 1908 年的 182 平方千米扩展至 1936 年的 524 平方千米。附属地早已不是铁路专用的土地，社会性的各项用途渗透其内。日本在此巨大空间建厂开矿，修筑港湾，施工铺路，设医院，办学校，随之还兴起了众多规模不等的城市。在此过程中，附属地包括中国人、日本人、朝鲜人和俄国人在内的总人口，从 1907 年的 2.6 万余人，增至 1926 年的 31 万余人，1931 年的 36 万余人。这就是说，这个国中之"国"每天都在从事不同社会活动。事无巨细凡要取得成就则必须在行政权力的允许和保护之下展开。

然而，伪满洲国成立了，这意味着整个伪满洲国迟早都会成为日本控制的附属地，随之产生的法律问题是：存在于伪满洲国辖内的附属地不可能还拥有一套独立的行政系统，将附属地的行政管理权力由附属地向"满洲"全境扩展（绝不是日本所称归还）是日本侵略中国预计中的国家利益，是日本侵略者所视巨大的"胜利"。故而，附属地与伪满洲国既然不可能同时拥有各自行政权力，必须统一归并，其实质是附属地行政对"满洲"全境行政的接管，而形式则貌似满铁对附属地行政权的放弃，将其向伪满洲国移让；同理知，依据一系列不平等条约，日本在中国所获"治外法权"等特权，随伪满洲国成立已没有再在这块区域继续存在的理由。日本必须宣布在伪满洲国这一特殊区域已无须再拥有"治外法权"，因为众所周知，政府通过内阁、外务省、军部的意志所授予关东军和满铁、伪满洲国的行政权力，其规格本身大大高于"治外法权"这一特权等级之下。在日本控制下的伪满洲国已非治外区域，在计划或侵略谋略中"满洲"必归并日本，"治外法权"已呈现向"国家主权"升格的趋势中，日本正在用新的条约、新的行政权力来提升附属地的行政权力。

第一节 行政权

1905 年 9 月 5 日，《朴次茅斯条约》的签订，结束了日俄战争。其第三条规定：关东军租借地以及长春以南之南满铁路、南满洲支线，再经由中国同意后，让渡日本。第六条规定：不可将各自铁路用于军事战略目的。[①] 1905 年 12 月 22 日，中日两国签署《中日会议东三省事宜正约》，其第一条称："中国政府将俄国按照日俄合约第 5 条及第 6 条允让日本国之一切概行允诺。"[②] 这两个条约，将俄国对长春以南中东路权益悉数转让给日本，构成了日本对南满铁路行使行政权的法律基础。1896 年中国清朝再允准俄国修东清路时，曾签《中俄合办东省铁路公司合同章程》，其第六条规定："凡该公司建造、经理、防护铁路所需之地，又于铁路附近开采沙土、石块、石灰等次所需之地，若系官地，由中国政府给予，不付地价；若系民地，将照时价，或一次缴清，或按年向地主纳租，由该公司自行筹款付给。凡该公司之地段，一概不纳地税，由该公司一手经理。"[③] "一手经理"通常被解释为公司对所有征用土地拥有绝对的排他性的行政权。

在近现代国家三权分立的构成中，行政权力是由宪法和具体各类法律规定赋予认可的执法权和公共事务管理权，它的实施以国家的强制力为最高保障。权力作用对象必须服从行政权管理，所有国家机关均负有提供有效协助配合的职责。相对于立法权和审判权，行政权力永远保持发动、运行和渗透社会各部细节的功能，行政权主体享有特定的优先权和受益权。因此，可以说，握有行政行使权，其权力主体便拥有了"国家"的部分属性。

---

① 渡邊龍策『近代日中政治交涉史』、雄山阁、1978 年、第 97 页。

② 王铁崖编：《中外旧约章汇编》第 1 册，生活·读书·新知三联书店 1981 年版，第 331 页。

③ 王铁崖编：《中外旧约章汇编》第 1 册，生活·读书·新知三联书店 1981 年版，第 627 页。

由此，有关附属地在法律上的性质，就有领土说、专营居留地说、准租借地说或准居留地说等种种说法，但"外国行政地域"说，为大多数人们所接受。其理由是：就其本身各自论，"南满洲铁道株式会社"是一个带有私营性质的会社，其经营铁道两侧的附属地，也理当不过是在会社经营必要时征用的私属财产而已。但在全球范围内考察，美国对巴拿马运河的经营自 1914 年起，就取得了绝对的、排他性的行政权力，这成为日本建立南满铁路会社侵占中国主权的参照。满铁投入资产为 2亿日元，其中一半为政府投入，是实物投资的方式；另一半是政府出面担保发行外债，日本国内共募集得到 2400 万日元，其余皆从海外获得。① 日本政府出头创立满铁，意在使其成为担当国家使命的国策会社。这种情况与美国对巴拿马运河的独占性开凿和经营十分相似，故而称其为"在'支那'的新行政地域"实不过分，即前文国中之"国"比拟之含义。在日俄战争中日本军队强征的土地，依《朴次茅斯条约》从俄国转让的土地，日本军队在日俄战争之后征用的土地，满铁会社征用的土地，建筑征用的土地和强行租借的土地，满铁和关东军将这些土地作为"自己的土地"来经营利用，行政权力和行政主体可分为中央机关、地方机关、扶助机关和某些地方的自治团体。机构庞大复杂，等级分明，层层管辖且依经营需要而几经变迁。具体情况不及一一细说。以军事武力为后盾，从满铁成立之后，附属地不断扩张，远远超出铁路经营的事业，二十余年间，日本对满铁附属地这块"外国行政地域"的经营，取得了"成功"。中国东北的物资源源不断输入日本，日本实业发展取得丰厚利润，附属地内的矿业和重工业成为日本发动对外侵略战争的基地。同时，关东军驻扎，一直保持着"北进""南进"的战略态势。在侵略者看来，满铁附属地域可谓"国家使命的担当者"②。

满铁及其伞下实业的营业业绩，可以有力地证实这一"使命感"。从 1907 年至 1909 年，东北大豆输往日本，年输出量分别为 1084 千担、

---

① 金子文夫『近代日本における对满州投资の研究』、東京、近藤出版社、1991 年、第54 頁。

② 南满洲铁道株式会社総裁室地方部残務整理委員会『满铁附属地经营沿革全史』上卷、東京、龍溪書舎、1977 年、第 32 頁。

2089 千担、2534 千担（1 担约百斤）。① 1914 年"满洲"输往日本的大豆、豆粕总额达 4.57 亿日元。② 1907 至 1914 年，满铁利润总额达约 3.6 亿日元，而其伞后企业（船舶、港口、矿山、电力、煤气等）总收益达约 3.7 亿日元。行政权对日本在"满洲"摄取侵略利益的保护性作用，毕现无疑。③

第二节　伪满洲国治外法权的"撤废"和行政权归并

"治外法权的'撤废'与附属地行政权的'移让'，对'满洲国'来说，实乃建国之第二大业，而对于我帝国来说，则是划分大陆国策之新纪元。"④ 在日本方面视将行政权"移让"给伪满洲国具有如此重大意义，是值得仔细考察和分析的。

伪满洲国建立之后，日本的意图是在国际舆论上将其宣传成是一个"国民"自愿自发成立的独立国家。于是，在法理上就出现了一个无法回避的困难：自《南京条约》签订以来，列强在中国拥有领事裁判权和片面最惠国待遇等特权，这些特权的地理范畴自然包括中国东北地区在内。日本阴谋策划成立伪满洲国后，第一步是强行将东北地区与中国"本土"相割离，使之成为日本控制下的一个"国家"，第二步则是要将其正式并入日本版图，使日本成为一个幅员数倍扩大的国家，将中国台湾岛和澎湖列岛、日本列岛、朝鲜半岛和中国东北归并成一个跨海大国，即所谓"东亚大雄邦"。在这样的目标预设下，中国东北如果还处

---

① 金子文夫『近代日本における対満州投資の研究』、東京、近藤出版社、1991 年、第 4 頁。

② 金子文夫『近代日本における対満州投資の研究』、東京、近藤出版社、1991 年、第 43 頁。

③ 金子文夫『近代日本における対満州投資の研究』、東京、近藤出版社、1991 年、第 104 頁。

④ 南満洲鉄道株式会社総裁室地方部残務整理委員会『満鉄附属地経営沿革全史』上巻、東京、龍渓書舎、1977 年、第 1311 頁。

于不平等条约的威慑中，对于贪婪成性的侵略者来说，过去曾额手庆幸的侵略权益，在新形势下却成了如芒在背、坐卧不安的心患：有如前文，其一，伪满洲国已非治外区域，治外法权说法已不适用该地区；其二，仍然保有附属地行政权，势必造成伪满洲国与附属地的双重行政状态，这会大大有损于行政管理有效性；其三，计划中的伪满洲国如仍保持满铁附属地行政权，会造成"合并"时的法理障碍。故而，"移让"附属地行政权已属必然。因为唯如此，才会避免"东亚大雄邦"合并时出现合并一方在另一方竟然还拥有"治外法权"这种令人忍俊不禁的局面。

明治维新以后，日本模仿西方列强的做法，大肆推进"条约外交"，在朝鲜、中国台湾、中国东北获利无数，其殖民地面积和附属国面积，在九一八事变以后，已数倍于日本本土面积。条约对于中国等被侵害国家的痛苦，与日本获取侵略权益时的窃喜，其程度是相等的。但是，如果伪满洲国也要受此前中国与其他列强所签条约的束缚，那内心早已将自己设定为主人的日本，则只有在痛苦中煎熬，却不可能再享受得益者的窃喜了。所以必须将不平等条约从伪满洲国排挤出去。

然而问题是：从李根调查团的报告来看，调查团不仅没有承认伪满洲国的合法性，而且仍主张主权归属中国。对此，日本以退出国联的极端方式加以抗议。1933 年 3 月 27 日，日本代表在国联大会上发言，批评调查团对九一八事件当时及后续事件属主观臆断，"（国际联盟调查团——笔者）认为日本军队的行动并非属于发动自卫权，还轻视中国方面恶化该事件前后之紧张事态，不认为中国方面负有全部责任，无视伪满洲国成立之真相。（中略）帝国政府相信与联盟继续合作已无余地，根据联盟章程第一条第三项，帝国通告从国际联盟退出"①。这种孤立主义的做法，等于宣告决心以国际联盟诸国为对手，日本要在中国东北实施排他性"经营"的政策。独断独行的日本，自以为只需自我的一个表态，复杂的外交和法律事务以及谈判，就可以

---

① 外务省编『日本外交年并表主要文书』、原书房、1969 年、第 289 页。

完全无视了。正是这种孤傲且不讲公理的行为，日后将日本推向不归之路。

1937 年 7 月 7 日以后，中日之间的冲突向全面战争状态突进。此时日本在伪满洲国的绝对排他统治，已逾 6 年。战争向中国"本土"的纵深地带蔓延，等于伪满洲国的"保障"就又加强了几分。6 年的"建设"，伪满洲国已初具规模。是年 11 月 30 日，日本宣布在伪满洲国"撤废"治外法权宣告结束。在日本看来："满铁作为国策会社创立以来所担负的特殊使命，自来便有'满蒙'的经济开发，强化我之国防第一线的基础，确保日本民族生存之安固基础。（中略）'满洲国'建国以来官民一致真诚努力，使新生国家在政治经济方面都完成了惊异的发展。日满两国以其一德一心结成紧密关系，附属地可在'满洲国'之完全独立中得以发扬。"①

附属地的作用要在全"满洲"得到发扬，意即到七七事变之后，日本已有把握将满洲全境变成满铁附属地。这是日本经营"满蒙"政策以来梦寐以求的目标。故而，撤废治外法权，其意义在于可以昭示伪满洲国是一个独立"国家"，可以展示日本对这个"国家"的绝对排除外力的控制权，可以为满铁附属地的行政管辖弥漫至"满洲"全境制造法律前提。已经以霸道蛮横孤立于世界的日本，认为只要由自己宣布这一"撤废"决定，便可收获理想中的效果。至于与治外法权相并行的片面最惠国待遇问题，完全可以随着治外法权的"撤废"以及未来两个独立"国家"自愿合并而自行消失。治外法权"撤废"后，行政权便可在"移让"或"回归"的名目下，遍布"满洲"全境。简单地说，就是用数百平方千米的附属地，换来百数万平方千米的伪满洲国。

1935 年 8 月 9 日，日本政府通过内阁会议决定：向国际社会宣布，决定撤废满铁附属地的治外法权，并将附属地行政权"交还"给伪满洲国政府。其决议文的主要内容是：为确保在伪满洲国全领域居住的日本

---

① 南満洲鉄道株式会社総裁室地方部残務整理委員会『満鉄附属地経営沿革全史』上巻、東京、龍渓書舎、1977 年、第 1311 頁。

国民的安全，考虑以渐进性的方式撤废治外法权；满铁附属地自然仍归属日本保有，而帝国在该区域行使的行政权，将随治外法权的渐进"撤废"，乃作同步性的调整及移让。①

其进一步的理由是：基于帝国对伪满洲国的"国策"基调，以及1933年3月发布的日本退出国联的诏书和1932年9月签署的"日满议定书"，伪满洲国是与帝国密不可分的独立"国家"。期待随其政治财经不断充实健全发展，与帝国实现一体成为东亚之雄邦，以至于贡献于帝国之国策。迄止目下，帝国在伪满洲国享有条约上的治外法权，这也是伪满洲国成立之前帝国对"满"发展的主要条件。但随着日本对"满"国策的推进，其重要性已经逐渐消退，为伪满洲国的健全发展，日"满"两国民的融洽和"我"国民的全面发展，日"满"两国善邻不可分之关系，故考虑在条件允可下撤废治外法权。英美等国在中国东北享有的权利利益，随治外法权的撤废，满铁附属地的行政权将同步调整为撤废。伪满洲国制度及设施的整备、充实，帝国国民将在伪满洲国全领域安居生活。为圆滑地实现帝国国策，强化充实日"满"两国不可分关系，特此考虑并致力于其强化充实。②

归纳起来，日本政府"撤废"治外法权的考虑：（1）"日满议定书"和日本宣布退出关联等政策行为的后续；（2）此前享有的治外法权的重要性随伪满洲国的建立，正在失去意义；（3）这项决定不意味附属地不再属于日本；（4）既然治外法权撤去，那行政权必然要作相应的调整和移让；（5）此举的最终目标是要建立一个"东亚大雄邦"。

实际上可以认为，如果日本不撤废治外法权以及不对行政权作相应归并，那么等于在建设跨海国家的路途上自设障碍。故而，日本方面某些人认为此举实乃仅次于"满洲"建国的大事业，这是不过分的。在日本的政策设计中，治外法权撤废和附属地行政权在归并过程中将伪满洲国的行政权完全置于日本政府的掌控之下，是其企图将"满蒙"纳入其

①　南満洲鉄道株式会社総裁室地方部残務整理委員会『満鉄附属地経営沿革全史』上巻、東京、龍渓書舎、1977年、第1319頁。

②　南満洲鉄道株式会社総裁室地方部残務整理委員会『満鉄附属地経営沿革全史』上巻、東京、龍渓書舎、1977年、第1320—1321頁。

版图的关键一步。

第三节　"撤废归并"实施的步骤及纲要

为了推进治外法权撤废和行政权的调整归并，在日本政府公布阁议前后，准备工作一步步部署实施。日"满"双方分别成立了准备委员会，1935年2月，在"满洲"成立了当地委员会，由关东军参谋长任委员长，负责监察伪满洲国方面的准备事项，并将推进情况随时向日本政府报告。其最重要的工作，是研究基本纲要。

这个委员会的委员长由板垣征四郎担任。委员有关东军高级参谋永津比佐重、关东局顾问植本寿雄、驻"满"大使馆参事官守屋和郎、关东局司政部长武部六藏、伪满洲国总务厅次长大达茂雄。干事长永津比佐重，干事有关东军参谋花谷正、大使馆书记官山本熊一和大鹰正一、关东局警务课长御影池辰雄、关东局行政课长三浦直彦、伪满洲国外交部政务司长神吉正一、伪满洲国总务厅参事官田村仙定。关东军高级参谋永津比佐重在委员会下设的课税分科委员会、产业分科委员会、教育分科委员会、地方行政分科委员会担任首席委员。板垣—永津—关东军参谋—各实务事务的负责人—驻满大使馆相关官员，形成了该委员会自上而下的管理链条。

以外务省官僚为主，在东京成立的治外法权撤废准备委员会，由外务次官重光葵任委员长，由外务省条约局长、东亚局长、通商局长、司法省民事局长和刑事局长，以及十数名外务省课长和陆军省课长们担任委员。该委员会主要负责审议由当地委员会递送的工作纲要。

一旦治外法权"撤废"，行政权的转移是十分烦琐的事务。原本在附属地处理行政事务的职员及设施由伪满洲国出面接管。1936年7月在"满洲"成立职员设施接转委员会。大使馆、关东局、伪满洲国、满铁的庶务课长、警务课长、书记长、财务课长、会计科长、薪水科长、地方课长组成该委员会，专门负责具体的接转事务。

满铁内部分别成立对策委员会和行政权转让准备委员会，对委员会专门负责提出初案，供上层委员会审议通过；而行政权转让委员会事务关系重大且具体烦琐、由满铁地方部长宫泽惟重担任委员长，庶务课长、地方课长、卫生课长、工事课长、事务所长、工商产业课长、人事主任、调查主任、土地建筑主任、学务主任、防疫主任、卫生主任等担任委员。显然易见，从人事构成上看，该委员会是具体操作推进部门。故而，该委员会下设庶务班、人事班、经理班、设备班、卫生班和教育班，从事具体事务。

随着行政权移让的时限越来越迫近，1938 年 4 月 20 日，在"满洲"各地成立了地方准备会。该准备会要根据满铁和伪满洲国的准备委员会的指示，在各地方为移让作具体的交接事务。因为是地方准备会，所以尽量利用各地公署和参事官，县级官僚和县衙各事务所担当者。事务所设在县公署或县事务所，从事各方关系协调。举例来说，"新京"市公署、长春县公署、怀德县公署、四平街地方事务所、昌图县公署、开原地方事务所、铁岭地方事务所、奉天地方事务所、抚顺地方事务所、辽阳地方事务所、鞍山地方事务所、营口县公署、盖平县公署、瓦房店地方事务所、本溪湖地方事务所、奉天市公署、凤凰城县公署、安东县公署等。各地均设有各地的准备会。

由此可见，由日本官僚担任制定原则和指导工作，而由伪满洲国地方官僚担任具体办事核实事务，附属地治外法权"撤废"和行政权向"满洲"全境布及的事务，已经完成了推行系统的机构和人事布置。

回过头来阐述当地委员会如何安排治外法权"撤废"和行政权归并的程序。首先，日本决定在 1935 年 4 月制定治外法权"撤废"纲要和附属地行政权调整纲要。接着于当年 9 月以后，决定警察权、课税权、产业行政权、教育行政权、邮政权、领事裁判权、满铁附属地"行政权"等诸事项撤废、调整、移让归并的原则，并讨论具体执行的细节。这些事项由各地方上报后，委员会进行汇总，形成文件，上报东京，接受审议。从事后看，各地上报的计划基本获得批准，并无重大修正。从地方到中央的报告，都注意到了逐步推动，按部就班地在细致的观察中逐一执行。

各类纲要的发布时间分别为，1935 年 4 月 16 日《满铁附属地行政权撤废纲要》；4月27日《治外法权撤废纲要》；7月8日《警察权调整纲要》《邮政权调整纲要》《设施及职员接转纲要》；9月5日《教育行政处理纲要》和《课税处理纲要》；10月18日《日本人课税处理纲要》《附属地内外课税纲要》；11月4日《领事裁判权撤废纲要》；11月9日《满铁附属地地方行政处理纲要》；11月18日《日本人地方税课税处理纲要》；11月30日《关税行政权处理纲要》《在"满"朝鲜人教育行政处理纲要》《兵事行政处理纲要》《神社行政处理纲要》《宗教行政处理纲要》；12月3日《金融行政处理纲要》；1936年4月17日《日本人教育行政处理纲要》《在"满"日本人子女教育经营纲要》《行政督察权撤废及移让纲要》《领事裁判权撤废纲要》《职员接转纲要》《附属地地方行政处理要领》，设定市、街、村文件；6月15日《满铁附属地课税权移让纲要》、关于实业及金融处理文件。

从这些纲要和文件可知，治外法权的撤废、附属地行政权的调整和移让，原则精神在各方面均得到了体现。兹将重要纲要列举如下。

《治外法权撤废纲要》（全文）

一、撤废日本在"满洲国"之外法权之趣旨，在于促进"满洲国"健全之发展，乃依据日本方面的好意之自发行为，而非依"满洲国"方面之要求。

二、顺应撤废"满洲国"治外法权，可使在其全领域内日本国民之居住往来营业更为安益。最高目的是可使其享受在本国时国民待遇，乃恰当之举措。

三、治外法权撤废各事项将依渐进主义之原则，首先对其行政部分（行政法规之不能适用之权力）进行调整，尔后向其司法的部分（领事裁判权）之撤废推进。

四、治外法权之行政部分的调整，大体按照以下程序并适应"满洲国"之准备工作，迅速着手实行。a. 有关产业的行政法规及课税之承认（日本国民从事产业，须遵守"满洲国"之一般行政法规及向"满洲国"缴纳租税）；b. 警察权（司法警察权除外）承认日本国民服从"满洲国"一般警察权。

五、领事裁判权（包括司法警察权在内）之撤废宜适应"满洲国"之准备工作，在行政权部分调整后实行之。

六、"满洲国"方面治外法权撤废准备阶段，宜以日本国民在"满洲国"可享日本政府保护为目标。应以下述标准进行准备：主要产业法令及税制（迄止康德二年）、司法制度（迄止康德四年）、警察制度（迄止康德三年）。

七、随治外法权之撤废，日本方面处理之要点，乃设施及职员全部由"满洲国"方面所接收。日本方面此后须按前项之趣旨不得随意扩大设施及职员。

八、"满洲国"宜特别考虑因治外法权撤废日本国民生活会发生的显著变化。

九、南满洲铁道株式会社行政权宜与治外法权行政部分之调整进行平行调整。

十、根据日"满"议定书，日本军队的驻兵权相关各项不受治外法权撤废任何影响。尤其是这类事项应与治外法权撤废平行调整。①

《南满洲铁道附属地行政权调整撤废纲要》（全文）

一、附属地行政权之调整撤废，仍依据日"满"紧密不可分关系，促进"满洲国"之健全发展，且弘扬皇道精神于四海而宣布。顺应治外法权之撤废，撤废保有之权益，仍根据日本方面的好意之自发行为，而非"满洲国"方面之要求。

二、附属地行政权之调整撤废，乃致力于对附属地文化产业之进展不加妨害，同时期望不对居留民之生活、营业负担造成急剧变化，适应现状之稳健妥当之方策。

三、附属地行政权宜与治外法权之行政权部分之调整相并行。调整撤废完了之时期，即领事裁判权撤废之同时。附属地行政权调整撤废与治外法权之行政的部分之调整，俟双方准备就绪时随之切

---

① 南満洲鉄道株式会社総裁室地方部残務整理委員会『満鉄附属地経営沿革全史』上卷、東京、龍渓書舎、1977年、第1326—1327頁。

离撤废。其切离之困难宜加特别之考虑。

四、随附属地行政权调整撤废，日本方面处理之要点，根据设施职员之现状，由"满洲国"方面接受。依据这一原则，日本方面不得对其任意扩大。

五、作为日本政府的国策，随附属地行政权之调整撤废，确立方针，经内阁会议决定，于适当时期发表声明。以深得国民理解为要。

以上声明表明：附属地权益乃"我"帝国以国运相赌所得。三十年来，艰难拮据经营，深刻认识此乃"满洲"开发之根源。鉴于伪满洲国之所事态益加以顺应，乃本纲要之第一趣旨，并对附属地行政权加以调整撤废。①

《南满洲铁道株式会社附属地地方行政处理纲要》（全文）

一、关于日本国政府对满铁株式会社委任的各种地方行政（在'满'日本人子弟教育除外）之行政权移让一括处理之。

二、除满铁经营相关之地方教育设施中日本人教育设施和满铁会社事业经营之必要设施，一般由"满洲国"方面接受之，其种目另行确定。

三、前二项事业移让或接管时期，以附属地行政权全部移让为目标，最迟迄止领事裁判权撤废。

四、满铁公费区课税以前项时期为期全部废止。

五、移让同时，满铁会社处理要务乃设施及职员的过渡接受。a. 设施职员原则上由"满洲国"全部接受；b. 设施及职员之接管，其预算作成之必要事项，于接管预定年度之前一年6月为期，完成协定。c. 接管设施之核价另行规定之；d. 接管职员之待遇，宜权衡考虑现在待遇及"满洲国"官吏待遇，由"满洲国"方面与日本

---

① 南満洲鉄道株式会社総裁室地方部残務整理委員会『満鉄附属地経営沿革全史』上卷、東京、龍渓書舎、1977年、第1327—1328頁。

方面协商决定；e. 满铁职员之其他待遇，如现存之共济制度福利制度，尽量在尽管之时确立之。

备考：职员接管之际，关于退职补助等，尽量以优遇之法考虑。①

这三份纲要，是治外法权撤废和行政权调整归并的纲领性文件。原本是由右手交给左手的转接，日本和满铁方面强调的是出于自己方的好意而非伪满洲国方面的要求。纲要显示考虑有细致性，全在于强调权力仍属日本，同时保障日本在"满"人员的各类权力。作为接受"好意"和接揽庞杂事务的伪满洲国，在纲要中完全看不到有何主观意图和主张，只是被动地充当了日本政府搭建的舞台上一个木偶般的配角。

第四节　缔结条约

自日本政府宣布撤废在伪满洲国治外法权和附属地行政权归并伪满洲国行政权后，政府下辖各政厅即提出众多相关方案，其中特别令人瞩目的是，提出让伪满洲国方面承认课税及产业相关的法令必须适应在"满"日本人的要求。1936 年 6 月 10 日，日"满"之间就该问题达成签约，该条约由当年 7 月 1 日起实施。

《关于居住"满洲国"之日本国臣民在"满洲国"课税等日本国"满洲国"间条约》（全文）

大日本帝国政府根据 1933 年 7 月 15 日签订之日本国"满洲国"议定书之趣旨，促进"满洲国"之健全发展，且承运巩固现在之日"满"两国间紧密不可分之关系，为此决定渐进性撤废日本国

---

① 南満洲鉄道株式会社総裁室地方部残務整理委員会『満鉄附属地経営沿革全史』上巻、東京、龍渓書舎、1977 年、第 1328 頁。

在"满洲国"拥有的治外法权，以及对南满洲铁道附属地行政权调整乃至移让。

"满洲帝国"政府对应以上日本国政府之决定，并且承认确保增进"满洲国"领域内的融和发展之必要。

两国政府认为，日本国在"满洲国"拥有治外法权及南满洲铁道附属地行政权，日本国臣民享有居住及各种权利利益，并就"满洲国"之课税及产业相关法令，协定如下。

第1条　日本国臣民在"满洲国"领域内享有自由居住往来和可以从事农业、工商业以及其他公私各种业务、职务，且有关土地之一切权利。日本国臣民在"满洲国"领域内享有一切权利，其利益享受之与"满洲国"国民相比，不接受不利之待遇。

第2条　日本国臣民在"满洲国"领域内，服从本条约附属协定之规定，服从该国之课税和产业相关行政法令。在南"满洲"铁道附属地，日本国政府认为，"满洲国"法令应服从本条约附属协定之规定。在本条的适用范围内，日本国臣民在任何场合不接受与"满洲国"臣民相比之不利待遇。

第3条　前两条规定适用于任何法人，适用于日本人法人。

第4条　本条约之规定基于日"满"两国间之特别设定，不涉及日本国臣民或法人特定之权利、特权、特典及免责。

第5条　本条约自昭和十一年七月一日即"康德"三年七月一日起实施。

第6条　本条约正文有日本文及汉文，日本文文本与汉语文本间发生解释差异，依日本文文本决定之。

"满洲帝国"驻扎大日本帝国全权大使　植田谦吉

"满洲帝国"外交部大臣　张燕卿①

---

① 南满洲铁道株式会社総裁室地方部残務整理委员会『满鉄附属地経営沿革全史』上卷、東京、龍渓書舎、1977年、第1334頁。

与该条约同时签署的附属协定，对条约各项作了更为具体翔实的补充说明。第一条，就日本人在"满洲"取得商租权和土地权规定必要措施给予保证；第二条，就日本国民依条约第二款规定，由日驻"满"大使与伪满洲国外交部长协商日本人的法律适用范围；第三条，就日本人的法律适用及执行的司法手续作出规定；第四条，就行政警察权的撤废、移让事件范围作了规定；第五条，由日驻"满"大使与"满"外交部长协商规定附属地行政设施和职员的接管事宜之手续；第六条，日本国民若对法律适用不服抗诉之措施之规定；第七条，《附约》全文应由双方官方公布；第八条，协定与条约同时生效。可见，所谓附属协议，都是对有虞之事作了精心防守。

当日下午 2 点 50 分，日驻"满"大使植田和大使馆参事官，还有关东军参谋长板垣、副参谋长今村、关东局总长武部、关东军宪兵司令东条、满铁副总裁大村等 30 余名日驻"满"使馆、关东军、关东局和满铁首脑人物，前往"满洲国外交部"（兴亚街）庆贺。伪外交部长张燕卿和伪总理张景惠等候在大门口恭迎。两伙人会合后，进入条约及《附约》的签署式会场。植田和张燕卿互换条约文本，点检后各自在文本上签字，郑重火印封缄。

张燕卿首先发表感谢致辞。大意是：治外法权撤废和满铁附属地行政权的调整乃至移让已圆满完成，这对伪满洲国关系重大，也为建国当初改善充实制度建设提供了前提。日本国国民在"满洲"居住营业，双方已经缔结协约。植田大使和本人亦已签名，值得庆贺。并对日本国方面的协力深表感谢。今后在得到日本国各有关方面充分协力之下，将忠实地履行本条约。也对各位莅临表示感谢。[①]

张燕卿的这份致谢辞，充分满足了日本方面日"满"一心一德的政策预设。随后，导演一方和配角一方举杯共贺"五族共和"，下午 3 点 40 分，在"满洲"官员恭敬目光的目送下，日本一行退出会场。

双方随即发表声明，向包括国际社会在内的舆论界说明签约趣旨。

---

① 南满洲铁道株式会社総裁室地方部残务整理委员会『満铁附属地経営沿革全史』上卷、東京、龍渓書舎、1977 年、第 1334 頁。

张强调了与日本签的是日本国国民在"满洲"居住及课税条约，是乃日"满"议定书精神的体现。日本撤废治外法权和对附属地行政权进行调整乃至移让，是对日"满"不可分之紧密关系做出了第一次处置。共融共荣王道乐土，日"满"一体不可分，为东亚安定作贡献，云云。植田的声明，则强调了日本撤废治外法权和对附属地行政权作出调整，真意在于日"满"不可分关系之下，促进独立国家健全之发展。在伪满洲国之日本臣民因此而可获融合发展。这是划时代的第一步。日本国臣民享有在"满"居住、营业之权利，也适应于课税和营业法规之规定。条约对日本国臣民在"满"生活状况可能发生的急剧变化有充分考虑，望在"满"商务机关以纹丝不乱之协调精神，以国策为怀，显示大国国民的胸襟，立脚于官民一致之大乐精神，完成此辉煌的历史鸿业。① 从两人的声明可知，实现日"满"一体再向"东亚大雄邦"跃进，这种算计已昭然纸面。

1937年11月5日，日"满"之间再签条约。撤废在伪满洲国"治外法权"及南满洲铁道附属地行政权移让之日本国与伪满洲国间条约，全文如下：

> 根据大日本帝国于昭和十一年六月十日即"康德"三年六月十日签订的日本国臣民在"满洲国"居住及课税等日本国"满洲国"间条约之趣旨，且该条约实施的成绩与"满洲国"法令及诸制度之整备状况，日本国现决定完全撤废在"满洲国"之治外法权，并全部移让南满洲铁道附属地行政权。对应以上日本国政府之决定，"满洲帝国"政府依从建国之本旨，对在"满洲国"居住之日本国臣民之安居发展，为确保增进之必要，给予一切保障。
>
> 两国政府为规律两国间关系，对日本国现有之"满洲国"治外法权撤废及南满洲铁道附属地行政权之移让，协定如下。

---

① 南满洲铁道株式会社総裁室地方部残务整理委员会『满铁附属地经营沿革全史』上卷、東京、龍渓書舎、1977年、第1335—1336頁。

第1条 依从本条约及附属协定之规定，日本国政府现决定撤废在"满洲国"拥有之治外法权。

第2条 依从本条约及附属协定之规定，日本国政府移让在南满洲铁道附属地之行政权。

第3条 依从本条约及附属协定之规定，日本国臣民在"满洲国"领域内服从该国之法令。前项规定之适用范围，日本国臣民在任何场合均不接受相比"满洲国"国民之不利益待遇。第二项适用于法人之规定，均适用于日本国法人。

第4条 依据日本国法令成立的会社及其他法人，在本条约实施的"满洲国"领域内可拥有本店或事务所。本条约实施同时，承认依"满洲国"法令成立的同类会社或其他法人或特殊类似之法人。"满洲国"政府承认，依日本国法令成立之会社或其他法人，在"满洲国"领域内可拥有支店或事务所。

第5条 本条约之规定，不影响日"满"两"国"间基于特别约定特点之日本国臣民法人之权利、特权、特典及免除。

第6条 本条约自昭和十二年十二月一日即"康德"四年十二月一日起实施。

第7条 本条约正文有日本文和汉文，日本文文本与汉文文本间若有解释差异，依日本文文本决定之。

有鉴以上条项，下列人名受本国政府正当任命签署本条约。

昭和十二年十一月五日即"康德"四年十一月五日作成本条约。

大日本帝国驻"满洲国"特命全权大使　植田谦吉

"满洲帝国"国务总理大臣　张景惠①

随着签署的附属协定，对相关事宜作了更详尽的规定。

---

① 南満洲鉄道株式会社総裁室地方部残務整理委员会『満鉄附属地経営沿革全史』上卷、東京、龍渓書舍、1977 年、第 1337—1338 頁。

第一条 裁判管辖规定：两"国"政府保障日本国臣民身体及财产安全；在条约实施当时未判决之诉讼案件或非法案件仍旧依旧例处理；在条约实施前日本国臣民之犯罪按日本国有关法律处分；"满洲国"应将犯人及证据引渡日本国政府；条约实施当时正在审核之中刑事事件依"满洲国"法令处置，案件证据由"满洲国"相当官宪接管；"满洲国"政府承认条约实施前依日本国法令认定的债务名义效力。

第二条 关于附属地行政，日本国政府向"满洲国"政府移让附属地课税、警察、通信及其他行政权；"满洲国"政府承诺按移让后致力于行政权文化、产业发展采取措施；课税和租税由两国相关方面协商决定，"满洲国"政府征收课赋。

第三条 关于警察行政，日本国臣民服从"满洲国"警察及其他行政管理；条约实施当时日本官宪处理中的警察或其他文件原则上由"满洲国"官宪接管。

第四条 规定"满洲国"政府承认日本国臣民依日本国法令在"满洲国"领域所建神社等设施。

第五条 关于设施及职员的接管，随法令执行，"满洲国"政府原封不动全部接管日本国臣民将日本国法令在"满洲"领域内的日本方面土地、建筑物、附属设施及职员。①

从附属协议的内容上看，日本方面关心的是日本人在"满"权益必须得到伪满洲国方面的确凿保障承诺。因为这关系到下一步，即一旦建立跨海国家，那么要发生的便是伪满洲国的行政权向日本国方面移让，伪满洲国法律就要被日本国法律所取代。伪满洲国上下官宪必须从条约实施起，就开始接收这一训令。

张景惠和植田谦吉就治外法权撤废和附属地行政权移让，作了相互谅解声明。双方确保，日本国政府授给日本国臣民的各类证书（证明

---

① 南満洲鉄道株式会社総裁室地方部残務整理委員会『満鉄附属地経営沿革全史』上卷、東京、龍渓書舎、1977 年、第 1341—1342 頁。

证、许可证、产权证等），伪满洲国方面予以全部认定；类似邮信等业务伪满洲国方面予以全盘承认、接收；两国间货币兑换价格由双方专门部门签订业务协定决定，等等。张景惠特别表示，伪满洲国政府将以公正和谐的态度保护在"满"外国人之正当权利；而植田则表示希望日"满"两国国民体会"大业"之精神，融合相助，一心一德，以彰显"侠义"风采。

至此，有关"治外法权"撤废和附属地行政权移让的所有法律事项已全部完成。具体的移让事务，很快在"满洲"全境各地频频展开，具体业务的交接事务，不再赘述。

第五节　闹剧落幕

在伪满洲国建立之前，日本凭借与中国清朝签署的条约，取得了在中国的不平等特权。这种特权包括"治外法权"和片面最惠国待遇，以及租界权和驻兵权。其中的治外法权包括领事裁判权和其在条约允许范围内的行政管理权。在前文中所举条约多处可见日本政府一直强调日本在伪满洲国享有"治外法权"，是日本政府援引英、美、法，特别是俄国与中国清朝所缔条约规定，认为旧条约既然适用中国全境，自然也适用于伪满洲国。《日满议定书》的前言部分，写明"中华民国现有国际约定适用于'满洲国'"①。《日满议定书》签署于 1932 年 9 月 15 日，数年后伪满洲国已初具规模。这个被日本宣传为根据"满洲"当地居民的意愿而建立的"国家"，是一个完全独立的国家。但这个"完全独立""国家"的法律司法是不独立的，而不独立的原因就是这个"国家"实际的操纵者即日本在其内拥有"治外法权"。日本拥有的这种治外法权包括在满铁附属地内外拥有日本国政府继承俄国和清朝政府间不平等条约所授权的包括行政权在内的治外法权，以及日本在包括"满洲"在内

---

① 南満洲鉄道株式会社総裁室地方部残務整理委員会『満鉄附属地経営沿革全史』上巻、東京、龍渓書舎、1977 年、第 1993 頁。

的中国全境所拥有的法权。

从 1906 年到 1931 年九一八事变之后，日本的侵略锋芒已经开始指向华北和中国全部领土。作为国策，消化朝鲜和"满蒙"，尽早建设一个跨海的东亚大帝国，必然要将已经到手的附属国归拢合并。日本的这种战略计划早已为全世界人士所看透。这时，日本在满铁附属地仍拥有"治外法权"，就成为实现这个计划的大障碍。为扫除这个障碍，就必须让伪满洲国成为一个真正的"独立国家"。

最后对全过程进行归纳。准备工作包括在东京外务省成立准备委员会，在"满洲"各地成立准备委员会，在"满洲"各地成立各段准备委员会，制定原则方法。说服或命令伪满洲国方面成立准备组织，并以各地的下属县衙官宪机构直接用作处理撤废治外法权和行政权接管的机构。1935 年 8 月 9 日，日本内阁通过撤废决议时，在"满洲"各地和日"满"双方各级机构其实已经完成了许多具体准备事务。1936 年 6 月 10 日，日"满"双方签署的有关日本人在"满"居住及课税条约，1937 年 11 月 5 日，日"满"双方签署的附属地行政权移让和治外法权撤废条约，以及随这个条约签署的附加协议，以政令名义发布的谅解声明，还有条约当事人发表的谈话等，表明所有一切准备工作已经就绪。按日本方面的表态，1937 年 11 月 30 日，日本撤废在"满洲"的"治外法权"和将附属地行政权交由伪满洲国方面接收，在法律意义上已经完成，而具体的实施交接，也已大部分完成。

有几点需要特别指出：一是伪满洲国不成为一个独立"国家"，日后日本就不能在法律上将其吞并。为此，"治外法权"是必须适时撤废的，日本的目的，是在日"满"关系紧密不可分和"一心一德"的宣称中，将伪满洲国最后吞并。二是从 1935 年起，日本正式开始撤废准备，这个动作上承阴谋发动九一八事变和悻悻从"国联"退出，下接发动全面侵华战争，是一系列侵略计划的关键一步。三是在日本方面宣布撤废治外法权，并称全出自"好意"，在国际上可以消除或弱化正义舆论对其侵略行径的斥责，对日本国内则可安抚普通民众对其不断扩张的疑虑，对伪满洲国则可以逼迫其就范并让其积极配合。四是在所有条约、《附约》和谅解文本上，处处可看到日本政府对日本在"满"国民利益的关照和对其因撤废"治外法权"而产生的不安的安抚，也处处可见伪满洲国政府信誓旦旦的承诺保护保障之声。这可以使更多的日本人来到"满洲"探险，也可以使"满洲"当地民众及社会，还有各级官宪适应日本的法律体系。因为这其实也是建设"大国家"的一个预备步骤。

在 1919 年的巴黎和会上，中国代表就撤废护路军（守备队）问题，提出："中国虽于 1915 年 12 月 22 日与日本新议，允俄国将日俄战争前所有租界权力铁路特权，移之日本，然上述之另条，关于铁路卫队者，中国不特未许，且二十一条内深表不愿'满洲'日俄军队以及铁路卫队从速退去之意。而日本政府则愿俟俄国肯撤退铁路卫队时，或中俄两国议定他种合宜办法时，亦举行相类之办法。然铁路卫队，竟未撤退。自俄国政府变法（十月革命），东清铁路及哈尔滨长春铁路之俄国卫队，皆已尽易中国军队，而南满安奉两路之日本卫队如故。"① 继而在华盛顿会议期间，中国代表复又提出日本撤退铁路守备队之议。"中国屡经声明，愿保护南满铁路，并请日本撤军。""日本留置护路军于南满铁路所属区域，不但不能改良情势，反使形势更为不安。因外国军队侵入中国关内，即使人民素爱和平，然终不免时常激起其怨愤。但日本代表不顾中国的反对，日本仍然拒绝撤退驻军。"② 中国代表的理由是：俄国既已撤军，日本也当撤军，由中国军队治安护路，但日本代表拒绝态度冷漠生硬，对中国方面的要求置之不理。这说明：第一次世界大战结束之时，根本未到日本表示"好意"撤废移让之时。

"治外法权"撤废和根据地行政权移让之后，满铁将行政管理负担也同时转让出去，从此可以专务铁路运输业务经营，其效果是：在撤废和移让之前的 1934 年，满铁的利润总额为 1264 万余日元，而其后利润总额在 1937 年达到 7392 万余日元，1939 年更达到 7784 万余日元。③ 故而，满铁虽然附带有特殊使命，但仍然是一个营利法人，而并

---

① 吉林省社会科学院满铁资料馆藏《附属地》2，图书编号：360019。
② 吉林省社会科学院满铁资料馆藏《附属地》2，图书编号：360019。
③ 吉林省社会科学院满铁资料馆藏《南满洲铁道株式会社第 32—38 回营业报告书》，档案号 20161、20165、20167。

不能忍受无限牺牲。[①] 满铁所言"牺牲",是指一个会社法人却担当着附属地行政管理责任达 30 年左右。从上述数字可知,摆脱行政权管辖"分外之责任"之后,满铁的利润呈现倍增的势头。由此可知,"治外法权"撤废和附属地行政权移让,带给满铁和日本国家的利益亦是巨大的。

　　从 1935 年起,日本实际已开始了撤废在"满洲"的"治外法权"的种种准备工作。至 1937 年 12 月,"治外法权"撤废和行政权"移让"这出闹剧终算宣告结束。

---

　　① 南満洲鉄道株式会社総裁室地方部残務整理委員会『満鉄附属地経営沿革全史』上卷、東京、龍渓書舎、1977 年、第 1313 頁。

满铁附属地经营主要相关事项年表

○1896 年（明治二十九年）

9 月　俄国与清国缔结关于东清铁路建设及经营合同，俄国获得该铁路铺设权。

○1898 年（明治三十一年）

3 月　俄国与清国缔结辽东半岛租借条约。

7 月　俄国与清国缔结东清铁路南满洲支线建设及经营合同。

○1899 年（明治三十二年）

1 月　横滨正金银行牛庄支店（1934 年改称营口支店）开设（为在满日人经营金融机构之开端）。

9 月　公布帝国会社在外国铺设铁路法案。

○1904 年（明治三十七年）

2 月　日俄开战。

5 月　设立安东县军政署（1906 年 10 月废止）。

设立凤凰城军政署（1905 年 6 月废止）。

6 月　组成野战铁道提理部。

7 月　设立盖平军政署（1906 年 2 月废止）。

设立营口军政署（1906 年 12 月废止）。

8 月　设立海城军政署（1906 年 2 月废止）。

9 月　设立辽阳军政署（1906 年 8 月废止）。

在营口设置中央气象台第七临时观测所。

营口军政署开办营口瀛华实学院（满人教育机构之开端）。

11 月　设立烟台军政署（1906 年 2 月废止）。

12 月　　安东军政署在安东设立日新学堂（满人教育机构）。

○1905 年（明治三十八年）

3 月　　设立奉天军政署（1906 年 8 月废止）。

设立铁岭军政署（1906 年 8 月废止）。

5 月　　在奉天设置中央气象台第八临时观测所。

6 月　　营口军政署设立营口商业学校（满人教育机构）。

7 月　　开设营口商业学校日本人夜校部（满洲最初的日本人教育机构）。

9 月　　日俄媾和条约在朴茨茅斯签订。

10 月　　开设营口商业学校清国人夜校部；安东日新学堂开设附属寻常高等小学（相当于现在的初中），是为最初的日本人小学。

制定在四平街火车站日俄两军满洲撤兵手续及铁道线路移让顺序议定书。

伴随日俄恢复和平，满洲军总司令官下设关东总督府，原关东州民政署及其他在满军政署归入关东总督府管辖。

11 月　　大仓财阀开始采掘本溪煤矿。

12 月　　安奉线（军用窄轨轻便铁路）开通。

设立营口水道电气株式会社。

开设昌图军政署（1906 年 7 月废止）。

开设开原军政署（1906 年 1 月废止）。

《中日会议东三省事宜正约》（日本称《满洲善后条约》）及附属协定在北京缔结。

○1906 年（明治三十九年）

2 月　　开设瓦房店军政署（1906 年 8 月废止）。

4 月　　安奉线普通货客运输开始。

5 月　　设置安东县领事馆（日本外务省第 5 号告示）。

营口军政署开设营口小学（1923 年 10 月 1 日转为满铁直接经营）。

6 月　　设立奉天总领事馆。

明治天皇第 142 号敕令，公布设立南满洲铁道株式会社。

7 月 制定奉天居留民会规则（奉天总领事馆第 5 号令），15 日开始施行。

开设营口正隆银行（日中合办），是为在满日本人经营普通银行之始。

辽阳基督教青年会设立日本人小学（1907 年 2 月移交居留民会管理，同年 10 月归属满铁）。

8 月 交付关于南满洲铁道株式会社设立事务的《三大臣命令书》（「逓信・大蔵・外务三大臣命令書」）。

公布关于在职官吏成为南满洲铁道株式会社职员的法令（敕令第 209 号）。

制定辽阳居留民会规则（奉天总领事馆第 7 号令）。

9 月 关东总督府移至旅顺，改组为关东都督府，由军政转为民政。

在满铁附属地设置警务署及警务支署（关东都督府第 22 号令）。

奉天、营口的临时观测所改称测候所。

10 月 安东居留民会设小学管理（1917 年 3 月 31 日由满铁直接经营，安东大和寻常小学）。

在四平街、范家屯设置公主岭警务署办事处。

设置公主岭警务署昌图办事处。

任命后藤新平为满铁总裁（1908 年 7 月退任）。

在大石桥、奉天及公主岭设立警务署。在辽阳及铁岭设立奉天警务支署。

设立公主岭警务署开原办事处。

中村是公出任满铁副总裁（1907 年 4 月退任；同年 5 月，任特约副总裁事务管理；1908 年 5 月任副总裁；1908 年 12 月任总裁；1913 年 12 月退任）。

国沢新兵卫任满铁技术理事（1908 年 12 月任副总裁，1913 年 12 月退任；1914 年 7 月任副总裁；1917 年 7 月任理事长，1919 年 4 月退任）。

清野长太郎任理事（1910 年 11 月连任，1913 年 12 月退任）。

久保田胜美任理事（1910 年 11 月连任，1913 年 12 月退任）。

犬塚信太郎任理事（1910 年 11 月连任，1914 年 7 月退任）。

田中清次郎任理事（1910 年 11 月连任，1914 年 1 月退任）。

野野村金五郎任理事（1910 年 11 月连任，1914 年 3 月退任）。

在牛庄、辽阳、奉天、铁岭及安东设立中央金库事务所。

11 月　26 日在东京召开满铁创立大会；27 日宣布南满洲铁道株式会
社正式成立，总部设在东京。

12 月　设立大石桥警务署瓦房店办事处。

确定满铁本社及大连支社的事务分工。大连支社的警察及其
他行政事务由久保田政周理事负责。

在海城、盖平及熊岳城设立大石桥警务署办事处。

满铁机构设立登记完毕。

久保田政周任理事（1910 年 12 月连任，1911 年 9 月退任）。

设立大石桥警务署营口办事处。

设立奉天警务署安东办事处。

设立公主岭警务署郭家店办事处。

制定奉天商业会议所规则（奉天总领事馆第 12 号令）。

○1907 年（明治四十年）

1 月　公布满铁附属地居留民会规则（关东都督府第 6 号令）。

安东港开港。

大谷派僧侣布教师在抚顺千金寨设立日本人小学（同年 11 月
撤校，由满铁新设）。

设立哈尔滨总领事馆。

发布第 22 号敕令，满铁本社改设大连，支社改设东京。

设立吉林领事馆。

陆军大臣送达《南满洲铁道引渡实施要领》（陆军省送达满
发第 680 号）。

4 月　满铁开始运营。

满铁接手野战铁道提理部所属的大连病院（1909 年 3 月改称

满铁大连医院。至 1929 年 3 月末，大连医院从满铁分离，同年 4 月，创设日本财团法人大连医院）。

接手野战铁道提理部所属的诊疗机构，开设大连病院奉天事务所（1912 年 8 月改称奉天医院，在城内设置分院。1915 年改称南满医学堂附属医院。1922 年 5 月随学堂升格改称满洲医科大学附属医院。1929 年改称满洲医科大学医院）。

在瓦房店、大石桥及安东设立医院。

设立辽阳满铁社员俱乐部。

设立辽阳医院。

设立公主岭医院。

制定会社各业务分担规章（第 1 号通告）。设置地方部，内辖总务课、卫生课。调查部下设图书系（大连图书馆前身）。

第一次职务制定。

设立铁岭及抚顺医院。

5 月	制定营口新市街官有土地及建筑物出租规则（奉天总领事馆第 2 号令）。
	制定社员及家属就诊手续（第 24 号通告）。
6 月	在俄国首都签订关于日俄铁路接续业务的暂行条约。
7 月	冈松参太郎任理事（1911 年 7 月连任，同年 9 月退任）。
8 月	设立满铁会社调办所（1919 年 11 月改组，称满铁消费组合）。
9 月	制定护士培训讲习科规则。

发布清洁法实施通知（地卫第 423 号）。

制定会社办事处规则（社则第 13 号）。

制定附属地居住规约（社则第 12 号）。

制定公费及手续费规则（社则第 15 号）。

制定会社办事处委员会规则（社则第 14 号）。

制定公费年收支预算方式。

在瓦房店、大石桥居留民会下设小学（10 月转由满铁直接经营）。

确认外国人在关东州外的私有财产权（关民庶第 1459 号）。

10 月　废止附属地居留民会。

在瓦房店、大石桥、辽阳、奉天、铁岭、公主岭及"新京"七地设立办事处。

在瓦房店、大石桥、辽阳、奉天、公主岭等公费课税区设立委员会，后改称为咨询委员会（社告第 20 号）。

瓦房店、大石桥及辽阳的居留民会小学移交满铁会社经营。

居留民会经营的奉天、公主岭病院移交满铁经营。

实行附属地内小学生免费乘车（通学乘车券规定，社告第 18 号）。

公学堂通学儿童自 1908 年 6 月 1 日开始实行。

制定医院药价及诸项收费规则（地卫第 537 号；1908 年 10 月 14 日通告第 237 号修改）。

设立营口、苏家屯满铁社员俱乐部。

11 月　设立长春（新京）医院。

奉天警务署辽阳支署改称辽阳警务署（1908 年 5 月再度成为奉天警务署支署，进而同年 9 月复又独立成为本署）。

设立奉天警务署抚顺支署。

设立长春（新京）领事馆。

制定安东商业会议所规则（奉天总领事馆第 20 号令）。

设立抚顺小学。

设立公主岭小学。

12 月　苏家屯以东会社附属地的土木、教育、卫生及土地、建筑一应事务由抚顺煤矿总务课长管理（社则第 19 号）。

在抚顺公费课税区设立委员会（社告第 36 号）。

公布营口居留民团法施行案（奉天总领事馆特第 1 号令）。

制定抚顺煤矿医院规章。

公布安东居留民团法施行案（奉天总领事馆第 1 号令）。

制定大连区公费课税征收细则；对大连满铁附属地内居住的满铁本社社员按户数分摊征收（社告第 39 号）。

设立四平街火葬场。

○**1908 年（明治四十一年）**

1 月　　　制定安东领事馆道路管理规则（馆令第 1 号）。

满铁实施方关东都督指令大连附属地内道路下水工事（指令第 32 号）。

设立"新京"消防队、大石桥消防组。

设立公主岭满铁社员俱乐部。

2 月　　　制定会社附属地小学规则（社则第 21 号）。

3 月　　　开设长春市场。

设立昌图满铁社员俱乐部。

4 月　　　在铁岭、昌图及"新京"公费课税区设立委员会（社告第 54 号）。

在安东县公费课税区设立委员会（社告第 48 号）。

设立奉天寻常高等小学。

开设瓦房店苗圃。

在大石桥、安东设立满铁社员俱乐部。奉天总领事和该地区汉满官吏间订立熊岳城前海捕鱼协定（但未实施）。

5 月　　　在长春、昌图设立小学。

设立营口警务署。辽阳警务署大石桥支署划归营口警务署管辖。

设立长春（新京）警务署。原公主岭警务署改称长春警务署公主岭支署。

设立安东警务署，取消原奉天警务署安东办事处。

向各小学下发敕语誊本并附《训谕》（《训谕》第 1 号）。

制定居留民会和经营方分担铁岭公共事业协定书。

满铁全线开通宽轨列车。

6 月　　　放宽附属地住房建筑限制。

开设辽阳火葬场。

7 月　　　制定附属地消防队规章，自 8 月 1 日起施行（社则第 3 号）。

设立辽阳消防队、公主岭消防队。

会社属下小学——瓦房店寻常小学，大石桥、辽阳、奉天、昌图、公主岭、长春及抚顺各寻常高等小学等按《在外指定学校职员退任金及遗族扶助金法》第 1 条执行。

修改满铁属下在外指定学校职员的职务、职责及薪水（关东都督府第 43 号令）。

9 月　设立铁岭领事馆。

制定消防队员职责规章（地庶第 1550 号）。

制定附属地公共墓地使用规则（社则第 5 号）。

制定附属地火葬场使用规则（社则第 6 号）。

开设大石桥、铁岭及新台子墓地。

开设大石桥、铁岭火葬场。

设立铁岭警务署，取消原奉天警务署铁岭支署。

制定满铁咨询委员会规则（社则第 14 号）。

设立奉天及抚顺消防队，设立瓦房店消防组。

11 月　在熊岳城附属地设立瓦房店小学分校（社告第 27 号）。1914 年 4 月升格为小学。

营口、奉天测候所改称关东都督府观测所支所（1919 年 4 月改称关东厅观测所；1934 年 12 月改称关东观测所）。

发布通告：支那官宪向附属地支那国人居住民课税件（地庶第 1648 号）。

制定会社图书管理规定。

开设公主岭墓地。

12 月　第二次修改职制。

在瓦房店、大石桥、辽阳、奉天、铁岭、公主岭及"新京"设置会计系，同时取消会社办事处。

施行会计系管辖区域及事务管理法。

安东县事务所规章付诸施行，相关附属地事项由该事务所所管（1911 年 10 月废止）。

○1909 年（明治四十二年）

1 月　设立哈尔滨桃山寻常高等小学。

2 月　设立大连伏见町满铁社员俱乐部。

在抚顺杨柏堡、老虎台设置民间自助消防。

制定抚顺煤矿消防队规章（地第 428 号通告）。同年 5 月制定千金寨消防队规程。1910 年 1 月制定沙河口消防队规章。

3 月　制定会社医院规章。

瓦房店、大石桥、辽阳、奉天、铁岭、公主岭及长春各会计系批准墓地及火葬场使用费（地第 562 号）。

瓦房店开设墓地、火葬场。

关于安奉线会社附属地设施并公费手续费征收事务委以安东县事务所管理（社则第 11 号）。

设定会社附属地土地房屋租金标准（地第 610 号）。

架设营口、辽阳、奉天、铁岭、长春（新京）及安东的满铁方面电信局和上述各地区的支那电报局之间的联络线。

制定附属地幼儿运动场规章（地第 673 号）。

4 月　海城附属地相关事务移交大石桥会计系管理，同时取消公费征收。

设立奉天幼儿运动场（满铁最早的幼儿园）。

制定附属地小学教务研究会章程（通告地第 137 号）。

设立大连伏见台造园苗圃。

5 月　设立满铁奉天公所。

昌图的附属地事务由铁岭会计系所管。

6 月　设立盖平公学堂（社告第 7 号）。

附属地公学堂规则暂定。

设立铁岭满铁社员俱乐部。

7 月　设立抚顺杨柏堡满铁社员俱乐部。

设立独立守备队，负责南满洲铁道线路守备和地方警备。守备司令部设在公主岭，所属部队驻扎各地。

8 月　安奉铁道改建备忘录作成。

9 月　制定大连医院护工（女）规则（通知地第 1461 号）。

订立满洲五案件相关协约及间岛相关协约。

设置辽阳幼儿运动场。

10 月　在安奉县草河口设置奉天寻常高等小学分校（社告第 28 号）。

开设奉天墓地。

11 月　设立抚顺幼儿运动场。

设立开原医院。

设立四平街医院。

12 月　设立本溪湖医院。

设立奉天警务署本溪湖支署。

设立安东警务署鸡冠山支署（1914 年 4 月废止）

○1910 年（明治四十三年）

1 月　沙河口工厂用地适用会社附属地公费课税区相关诸规则，其事务由厂长负责管理。

2 月　设立沙河口医院。

3 月　创立奉天同文商业学校（改此前机构自即日起定为创立，1913 年开始资金援助）。

制定铁岭居留民会规则（馆令第 2 号）。

制定附属地实业补习学校规则（社则第 19 号）。

设立满铁大连瓦斯作业所（满洲煤炭干馏实业之始）。

制定安奉沿线夜警卫生组合相关规章（通知地第 2972 号）。

4 月　在开原、四平街公费课税区设立委员会（社告第 93 号）。

在海城设大石桥小学分校（1914 年 4 月升格为小学）；在四平街设公主岭小学分校（1914 年 4 月升格为小学）；在桥头设奉天寻常高等小学分校（1912 年 4 月升格为小学）；在鸡冠山（临时校舍设在凤凰城）设奉天寻常高等小学分校（1912 年 4 月升格为小学）。

在瓦房店、大石桥、辽阳、奉天、昌图、公主岭、"新京"、抚顺等地各小学及熊岳城、草河口各分校、盖平公学堂附设实业补习学校（1936 年 3 月末废止）。

设立公主岭商议会。

因营口支线新市街延长线地区以及旧营口铁道附属地行政事务不由当地分会社负责，故协定唯教育相关事项委托居留民团管理。

设立长春头道沟商务会。

开设奉天火葬场。

5月　开设熊岳城墓地火葬场。

6月　在本溪湖设立奉天寻常高等小学分校（1912年4月升格为小学）。

在安东县五番通（今五经路）设置安奉沿线学龄儿童寄宿舍。

在四平街分校附设实业补习学校。

在本溪湖设会计系。

9月　制定图书阅览室规章（社则第5号）。

规定水道费用根据普通供水和铁道供水的供水量分担费用。

决定海城、盖平、牛家屯、双庙子等附属地内警备卫生组合规约等。

开设辽阳墓地。

10月　设立瓦房店、大石桥幼儿运动场。

设立安东消防队和本溪湖、鸡冠山消防组。

11月　辽阳、奉天、长春各小学开放图书阅览室。

瓦房店、大石桥、公主岭各小学开放图书阅览室。

12月　设立桥头消防组。

○1911年（明治四十四年）

1月　安东县事务所开放图书阅览室（社告第64号）。

铁岭满铁社员俱乐部开放图书阅览室（社告第70号）。

4月　设置公主岭幼儿运动场。

5月　设立长春（新京）幼儿运动场。

在大连伏见台及抚顺开设工业实习生（工业学校入学预备生）寄宿舍。

设立南满洲工业学校（社告第95号），同时，即日组织工业实习生开始入学预备教育。

6月　设立南满医学堂（日支同校）（社告第12号）。

在本溪湖、桥头设立实业补习学校（社告第23号）（1936年3月末废止）。

设立吉林日本小学校（1915年4月受会社委托更名为长春小

学分校；1920 年 4 月成为寻常高等小学）。

8 月　沙河口工厂（满铁铁道工厂）开工。

日本第 230 号敕令公布依据专门学校令设立南满医学堂。

9 月　任命沼田政二郎为理事（1914 年 1 月退任）。

10 月　设立大连沙河口满铁社员俱乐部。

规定安东居留民团租借地区按附属地同等管理。

11 月　安奉线宽轨铁道开通。

设立开原分校。12 月 1 日开始授课。1914 年 4 月升格称开原小学。

开设安东火葬场。

设置安东会计系。

12 月　制定附属地水道供水规则（社则第 15 号）。

批准公主岭特产品市场规则（地第 2595 号）。

○1912 年（明治四十五年）

1 月　本溪湖图书阅览室开放（1913 年 3 月归入满铁社员俱乐部）。

开设"新京"火葬场。

开设本溪湖火葬场。

设立抚顺东乡坑满铁社员俱乐部。

2 月　制定南满洲工业学校校规（社则第 19 号）。

4 月　设立开原实业补习学校（社告第 4 号）（1936 年 3 月末废止）。

设立烟台、鸡冠山满铁社员俱乐部。

设立辽阳棉花农业试验场（1934 年 4 月改称农业试验场辽阳棉花试验地）。

在辽阳、奉天、铁岭、大屯、本溪湖及安东设置苗圃。

6 月　开设铁岭日语学堂。

7 月　开设鸡冠山实业补习学校（社告第 37 号）（1936 年 3 月末废止）。

开设铁岭小学。8 月 21 日开始授课。

○1912 年（大正元年）

8 月　设置铁岭幼儿运动场（社告第 43 号）。

9 月　　设立铁岭实业补习学校（社告第 47 号）（1936 年 3 月末废止）。

制定南满医学堂规则（社则第 9 号）。

10 月　　制定附属地水道供水规则施行细则（地第 2221 号）。

11 月　　在瓦房店、辽阳、铁岭、公主岭施行水道供水规则（社告第 53 号）。

设立"新京"公学校（社告第 59 号）。

开放开原图书阅览室。

在熊岳城公费课税区设置咨询委员会。

制定附属地实业补习学校规则（社则第 14 号）。

12 月　　设立满洲医科大学医院城内分院。

○1913 年（大正二年）

1 月　　开设营口医院。

设立沙河口实业补习学校（社告第 70 号）（1936 年 3 月末废止）。

2 月　　公布关于《在关东州内设立重要物产交易市场件》（第 6 号敕令）。1915 年修改为适用于满铁附属地。

3 月　　开设桥头墓地。

设立瓦房店公学校（社告第 85 号）。

4 月　　在长春（新京）、安东施行水道供水规则（社告第 78 号）。

在本溪湖（社告第 76 号）、长春（新京）分别设立日语学堂（社告第 81 号）。

设立辽阳日语学校（1919 年开始资金援助）。

设立本溪湖幼儿园。

设立海城实业补习学校（社告第 3 号）（1936 年 3 月末废止）。

在大连设立满铁教员讲习所。

在公主岭设立农业试验场。

在熊岳城设立该农业试验场分场。

开设盖平墓地。

开设昌图墓地，开设简易火葬场。

开设大石桥苗圃。

5 月　　设立安东幼儿园。

　　　　开设本溪湖墓地。

6 月　　开设大连伏见台图书馆。

7 月　　设立安东日满恳亲学堂（1913 年 7 月开始资金援助）。

9 月　　开设海城墓地和火葬场。

　　　　开设奉天屠宰场。

10 月　在奉天实业补习学校附设苏家屯分校（1914 年 12 月 1 日正式成为实业补习学校，1936 年 3 月末废止）。

　　　　设立营口西营口分院。

　　　　"新京"实业补习学校附设范家屯分校（1936 年 3 月末废止）。

　　　　设立四平街普通学校（1929 年 8 月开始资金援助）。

　　　　设立"新京"满铁社员俱乐部。

11 月　设立吉林同文商业学校（1913 年 12 月开始资金援助）。

12 月　设立抚顺新屯民间自助消防队。

　　　　任命野村龙太郎为总裁（1914 年 7 月退任；1919 年 4 月任社长，1921 年 5 月辞任）。

　　　　任命伊藤大八为副总裁（1914 年 7 月退任）。

　　　　任命川上俊彦为理事（1917 年 12 月连任，1920 年 10 月退任）。

　　　　任命佃一豫为理事（1917 年 12 月退任）。

○1914 年（大正三年）

1 月　　在烟台、抚顺东乡设立民间自助消防队。

3 月　　任命藤田虎力为理事（1917 年 12 月退任）。

　　　　任命改野耕三为理事（1918 年 3 月连任，1919 年 6 月退任）。

　　　　任命桦山资英为理事（1918 年 3 月连任，1919 年 6 月退任）。

4 月　　设立熊岳城公学校、开原公学校（社告第 106 号）。

　　　　在本溪湖、鸡冠山施行水道供水规则（社告第 103 号）。

　　　　废止公主岭警务署开原事务所，设立铁岭警务署开原支署。

　　　　设立开原幼儿园。

　　　　鸡冠山实业补习学校附设凤凰城分校（同年 12 月正式称补习学校，1936 年 3 月末废止）。

废止会社开原办事处，设开原会计系。

开设盖平简易火葬场。

5 月　　设立营口实业补习学校（1936 年 3 月末废止）。

公主岭实业补习学校附设郭家店分校（同年 12 月正式称补习学校，1936 年 3 月末废止）。

第三次职制修改。

6 月　　设立四平街公学校（社告第 17 号）。

7 月　　设立大连沙河口幼儿园。

任命中村雄次郎为总裁（1917 年 7 月退任）。

设立大连沙河口图书馆。

9 月　　设立抚顺老虎台满铁社员俱乐部。

10 月　　设立公主岭公会所。

11 月　　设立连山关寻常高等小学。

设立桥头满铁社员俱乐部。

12 月　　设立双庙子实业补习学校（1936 年 3 月末废止）。

○1915 年（大正四年）

1 月　　开设公主岭屠宰场。

设立奉天满铁社员俱乐部。

2 月　　在奉天施行水道供水规则。

4 月　　设立连山关实业补习学校（1936 年 3 月末废止）。

5 月　　《关于南满洲及东部内蒙古之条约》在北京签订。

7 月　　设立抚顺图书馆。

开设郭家店墓地。

8 月　　设立大连埠头实业补习学校。

9 月　　设立大连日本桥图书馆。

10 月　　开设连山关墓地。

11 月　　废会计系，设地方事务所（瓦房店、大石桥、辽阳、奉天、铁岭、公主岭、本溪湖、安东、"新京"等）。

12 月　　设立大连近江町图书馆。

设立开原交易所信托株式会社（1934 年 3 月解散）。

○**1916 年（大正五年）**

2 月　公布关东都督府交易所规则（府令第 1 号）。

　　　公布施行开原交易所规程（府令第 2 号），15 日开所（1934年 3 月废止）。

3 月　公布长春（新京）交易所规程（府令第 8 号），同年 4 月开所。

　　　设立长春（新京）交易所信托株式会社。

4 月　设立公主岭公学校（社告第 1 号）。

　　　公布护士规则（府令第 16 号），自 5 月起开始施行。

　　　开设双庙子墓地、简易火葬场。

　　　设立开原消防队。

　　　开设开原苗圃。

5 月　设立海城东语学舍（1916 年 5 月开始资金援助）。

　　　设立四平街消防队。

　　　开设凤凰城简易火葬场。

6 月　设立铁岭消防组。

8 月　废止公主岭警务署四平街事务所，设立长春警务署四平街支署。

10 月　设立四平街图书馆。

11 月　开设桥头、连山关简易火葬场。

　　　设立连山关满铁社员俱乐部。

12 月　设立大石桥公会所。

○**1917 年（大正六年）**

1 月　开原施行水道供水规则（社告第 83 号）。

　　　设立郭家店消防组。

2 月　任命龙居赖三为理事，1921 年 2 月退任。

　　　设立安东满商公立国民小学（1925 年开始资金援助）。

3 月　设立南满中学堂，同年 4 月开学（社告第 121 号）。

　　　设立连山关民间自助消防。

4 月　施行清洁法规则（府令第 4 号）。

设立营口图书馆。

开设范家屯火葬场。

设立郑家屯农业试验场。

5 月　　设立铁岭普通学校（1919 年 4 月开始资金援助）。

设立鞍山医院。

6 月　　设立安东实业补习学校（1936 年 3 月末废止）。

9 月　　任命川村铆次郎为理事（1920 年 2 月退任）。

任命久保要藏为理事（1921 年 9 月连任，1923 年 3 月退任）。

10 月　　东洋拓殖株式会社在奉天、大连设立支店。

开设范家屯墓地。

11 月　　奉天敷岛寻常小学归属满铁直营。

附设奉天敷岛幼儿园。

开设瓦房店屠宰场。

12 月　　实行列车乘警制，主要列车由警官担任乘警。

开设安东七道沟朝鲜人旧墓地（1922 年 4 月开设本地人墓地；1932 年 1 月开设朝鲜人新墓地；1934 年 11 月开设中兴村朝鲜人墓地）。

○1918 年（大正七年）

1 月　　第四次职制修改。

设立大连图书馆。

2 月　　设立四平街寻常高等小学郑家屯分校（1935 年 4 月升格称寻常高等小学）。

4 月　　设立四平街地方事务所。

设立抚顺公会所。

5 月　　设立南满洲工业学校职业教育部（1936 年改称南满洲工业专门学校附设工业实务学校）。

设立辽阳警务署鞍山支署。

6 月　　设立抚顺东公园寻常小学永安分校（1920 年 6 月升格称寻常小学）。

9 月　　在郑家屯分校附设郑家屯实业补习学校。

10 月　设立营口幼儿园（1923 年开始资金援助）。

11 月　设立烟台幼儿园（1925 年开始资金援助）。

12 月　设立日支合办满蒙毛织株式会社（1920 年 4 月开始营业）。

设立鞍山消防队。

○1919 年（大正八年）

1 月　设立海城消防组。

2 月　设立奉天第一中学，4 月开学（社告第 107 号）。

开设辽阳屠宰场。

设立范家屯消防组。

3 月　设立鞍山富士寻常高等小学。

4 月　任命中西清一为满铁副社长（1921 年 5 月退任）。

设立鞍山图书馆。

开设四平街、抚顺苗圃。

5 月　任命松本丞治为理事（1921 年 5 月任副社长；1922 年 3 月退任）。

任命片山义胜为理事（1921 年 12 月退任）。

6 月　大阪—奉天间（经由朝鲜）直通电信开通。

设立鸭绿江制纸株式会社。

设立四平街幼儿园。

设立大连实业补习学校。

任命岛安次郎为理事（1922 年 10 月被任命为社长事务代理，同月被免。1923 年退任）。

任命中川健藏为理事（1923 年 6 月退任）。

7 月　第五次职制修改。

开设南坟墓地。

8 月　公布四平街交易所规程（厅令第 38 号）（10 月开所，1934 年 3 月废止）。

公布公主岭交易所规程（厅令第 38 号）（11 月开所，1934 年 3 月废止）。

设立鞍山实业补习学校（1936 年 3 月末废止）。

成立公主岭交易所信托株式会社（1934 年 3 月废止）。

9 月　成立四平街交易所信托株式会社（1934 年 3 月废止）。

设立大连埠头图书馆。

10 月　公布铁岭交易所规程，11 月开所（1934 年 3 月废止）。

设立熊岳城消防组。

设立千山满铁社员俱乐部。

11 月　设立奉天公学校（社告第 96 号）。

设立铁岭交易所信托株式会社（1924 年 11 月解散）。

开设公主岭火葬场。

设立抚顺龙凤坑满铁社员俱乐部。

12 月　公布奉天、辽阳、营口交易所规程（厅令第 65 号）。

○1920 年（大正九年）

1 月　第六次职制修改。

设立奉天普通学校（1928 年 7 月开始资金援助）。

设立奉天交易所及奉天交易所信托株式会社（1936 年 1 月解散）。

设立松树民间自助消防。

2 月　任命杉浦俭一为理事（1922 年 3 月退任）。

开设鞍山火葬场。

3 月　设立长春（新京）商业学校（社告第 208 号）。

设立鞍山幼儿园。

4 月　设立奉天浪速高等女校（社告第 206 号）。

设立大石桥寻常高等小学盖平分校（1937 年 4 月升格为寻常小学）。

设立松树公学校（社告第 2 号）。

设立抚顺公学校（社告第 1 号）。

开设鞍山苗圃。

6 月　设立抚顺永安幼儿园。

8 月　辽阳交易所开始营业（1924 年 10 月废止）。

设立辽阳交易所信托株式会社（1924 年 11 月解散）。

设立抚顺新屯满铁社员俱乐部。

9 月　设立营口交易所信托株式会社（1924 年 11 月解散）。

设立哈尔滨普通学校（1927 年开始资金援助）。

10 月　在帝国全版图内施行国势调查；在附属地管内施行临时户口调查。

奉天交易所开始营业（1936 年 1 月废止）。

营口交易所开始营业（1924 年 10 月废止）。

设立草河口民间自助消防。

南满洲铁道苏家屯至奉天间双轨工事完成开通。

11 月　设立鞍山满铁社员俱乐部。

○1921 年（大正十年）

2 月　设立抚顺万达屋社员俱乐部。

4 月　开设公主岭苗圃。

5 月　设立抚顺大山坑满铁社员俱乐部。

任命早川千吉郎为满铁社长（1922 年 10 月病逝）。

设立抚顺大山、古城子民间自助消防。

6 月　修改关东厅官制，废民政部，新设内务局及警务局；同时在管内设置警务署及各支署（敕令第 247 号）。

警务署改称警察署，警务支署改称警察支署。

7 月　设立大连北公园、大连日出町、海城幼儿园。

任命松冈洋右为理事（1925 年 7 月连任，1926 年 3 月退任，1927 年 7 月任满铁副社长，1929 年 8 月退任，1935 年 8 月任满铁总裁）。

在熊岳城、盖平、桥头、鸡冠山设立幼儿园。

设立安东大正普通学校（1927 年 6 月开始资金援助）。

设立抚顺普通学校（1927 年 6 月开始资金援助）。

8 月　在大连日出町、谭家屯设立满铁社员俱乐部。

10 月　开设南坎简易火葬场。

11 月　华盛顿会议召开，会议讨论了与支那相关的《九国公约》、关税条约、治外法权撤废、租借地返还以及"二十一条"等其他重要问题。

南满洲铁道奉天至铁岭间开通双轨。

12 月　设立安东昭和普通学校（1935 年 12 月开始资金援助）。

任命大藏公望为理事（1925 年 12 月连任，1927 年 9 月退任；1929 年 10 月任理事，1931 年 7 月退任）。

任命赤羽克己为理事（1925 年 12 月退任）。

设立抚顺搭连民间自助消防。

○**1922 年（大正十一年）**

1 月　桥头施行水道供水规则（社告第 164 号）。

2 月　设立抚顺高等女校（社告第 201 号）。

设立南满洲工业专门学校（社告第 204 号）。

南满洲工业学校附设职业教育部更名为南满洲工业专门学校，附设职业教育部。

设立大连睦满铁社员俱乐部。

4 月　南满医学堂升格为满洲医科大学（敕令第 162 号）。

设立开原原种圃。

5 月　发布第 262 号敕令《关于关东州及南满洲铁道附属地神社、庙宇及寺院等之件》。

设立大连伏见台幼儿园（同月开始资金援助）。

开设鞍山本地人墓地。

6 月　设立鞍山公学校（同月开始资金援助）。

7 月　施行《关于关东州及南满洲铁道附属地银行之件》（敕令第 207 号）。

设立奉天弥生寻常小学。

9 月　设立"新京"普通学校（1927 年 6 月开始资金援助）。

任命森俊六郎为理事（1926 年 9 月连任，1927 年 9 月退任）。

10 月　任命川村竹治为满铁社长（1924 年 6 月退任）。

公布《关东州及南满洲铁道附属地寺院、教会、庙宇及其他布教所规则》（厅令第 79 号），自翌年（1923 年）开始施行。

11 月　设立大连回春街满铁社员俱乐部。

设立新台子民间自助消防。

12 月　设立大连近江町满铁社员俱乐部。

○1923 年（大正十二年）

1 月　苏家屯施行水道供水规则（社告第 207 号）。

设立安东朝日寻常高等小学。

设立鞍山、抚顺中学（社告第 215 号）。

在苏家屯设立奉天春日寻常高等小学分校（1932 年 3 月升格为高等小学）。

设立"新京"室町寻常高等小学范家屯分校（1935 年 4 月成为寻常小学）。

设立鸡冠山寻常高等小学凤凰城分校（1936 年 4 月成为寻常小学）。

2 月　设立安东济生学校（1930 年 4 月开始资金援助）。

3 月　设立关东州劳动保护会支部——长春（新京）劳动保护会。

任命安藤又三郎为理事（1927 年 3 月退任）。

4 月　长春（新京）敷岛、安东高等女校开校（社告第 215 号）（1923 年 1 月设立）。

设立开原满铁社员俱乐部。

第七次职制修改。

设立地方事务所（大石桥、奉天、安东、长春）地方区（瓦房店、大石桥、辽阳、奉天、铁岭、开原、四平街、公主岭、本溪湖、安东、长春）。

5 月　设立哈尔滨图书馆（1937 年 4 月移交哈尔滨铁路局管理）。

设立鞍山地方事务所及地方区。

6 月　鞍山施行水道供水规则（社告第 32 号）。

任命入江海平为理事（1927 年 6 月退任）。

任命梅野实为理事（1927 年 6 月退任）。

7 月　创立奉天纺纱厂，是为棉纺织工厂之最初。

开设鸡冠山简易火葬场。

10 月　根据鞍山式还原焙烧法着手建设选矿工厂，以用于通过处理贫矿提高铁矿原料供给。

设立南满洲纳骨祠保存会。

设立大石桥地方事务所营口地方区。

设立安东幼儿园分园。

开设凤凰城墓地。

开设草河口简易火葬场。

11 月 发布《振兴国民精神诏书》。

根据《振兴国民精神诏书》旨意组织教化团体联盟。

公布关东州及南满洲铁道附属地人口动态调查规则（训令第82 号），翌年（1924 年）1 月开始按此规则正式施行每月人口动态调查。

设立大连南沙河口图书馆。

12 月 开设营口本地人墓地（1928 年 9 月开设朝鲜人墓地）。

开设松树、熊岳城屠宰场。

设立营口消防队。

○1924 年（大正十三年）

3 月 设立大连南沙河口满铁社员俱乐部。

设立开原普通学校（1927 年 6 月开始资金援助）。

设立大连医院分院——同寿医院。

开设凤凰城烟草农业试验场。

4 月 设立吉林幼儿园（1937 年 4 月开始资金援助）。

设立盖平、双庙子满铁社员俱乐部。

设立公主岭种羊场。

5 月 成立社团法人奉天赛马俱乐部。

6 月 大连市原军用地内公共设施物属满铁，需服从设施方关东厅指令（关东厅指令第 1064 号）。

任命安广伴一郎为满铁社长（1927 年 7 月退任）。

7 月 郑洮线开始运营。

8 月 设立四平街满铁社员俱乐部。

9 月 设立满洲棉花栽培协会。

设立大连南沙河口幼儿园（同月开始资金援助）。

设立大连南山麓幼儿园（同月开始资金援助）。

设立大连惠比须町满铁社员俱乐部。

10 月　奉天对新义州、平壤间及安东对平壤、镇南浦间的长距离通话联络开通（1925 年 11 月延长至京城）。

株式会社安东交易所移交关东局所管。

营口交易所废止。

开设鸡冠山墓地。

设立吉林东洋医院。

11 月　大石桥附属地施行会社水道供水规则（社告第 157 号）。

任命大平驹槌为满铁副社长（1927 年 7 月退任，1929 年 8 月出任满铁副总裁，1931 年 6 月退任）。

设立抚顺永安台满铁社员俱乐部。

开设苏家屯火葬场。

开设"新京"墓地。

○1925 年（大正十四年）

1 月　设立安东中学（社告第 211 号）。

2 月　开设奉天葬斋场。

3 月　鞍山、抚顺、开原及四平街各警察支署升格为警察署。

4 月　熊岳城、四平街及连山关附属地施行水道供水规则（社告第82 号）。

设立吉林满铁社员俱乐部。

设立大连星浦幼儿园（同月开始资金援助）。

在奉天设立教育专门学校。

满洲医科大学学部开始授课。

实施学校军事训练。

设立大屯原种圃。

设立铁岭、抚顺、郑家屯种猪场。

地方区改称地方事务所（瓦房店、大石桥、营口、鞍山、辽阳、奉天、铁岭、开原、四平街、公主岭、本溪湖、安东、长春）。

5 月　　设立大连东公园町满铁社员俱乐部。

6 月　　关东军、关东厅、满铁会社各机构召开马政协会，制订马匹改良方针计划及实行方法。

8 月　　设立范家屯满铁社员俱乐部。

　　　　设立郭家店满铁社员俱乐部。

9 月　　设立奉天弥生幼儿园。

10 月　　施行第一回简易国势调查。

　　　　设立哈尔滨满铁社员俱乐部。

　　　　设立瓦房店市民俱乐部。

　　　　设立奉天兽疫研究所。

11 月　　苏家屯—抚顺间双轨工事完成开通。

　　　　创立金福铁路公司。

　　　　设立"新京"西广场寻常小学。

12 月　　任命冈虎太郎为理事（1929 年 12 月退任）。

○1926 年（大正十五・昭和元年）

1 月　　设立卫生研究所。

　　　　开设鞍山葬斋场。

　　　　开设本溪湖屠宰场

4 月　　设立安东双叶幼儿园（1928 年 4 月开始资金援助）。

　　　　设立营口苗圃。

6 月　　成立南满洲电气株式会社。

　　　　株式会社大仓租在奉天铺设电气铁道。

　　　　盖平、海城施行水道供水规则（社告第 14 号）

7 月　　设立公会所营口座（1936 年 3 月废止）。

8 月　　开设安东公会所。

10 月　　开设营口火葬场。

12 月　　下关经由朝鲜至奉天间直通电信线路开通。

○1927 年（昭和二年）

1 月　　设立大连北公园儿童馆。

3 月　　设立奉天千代田寻常高等小学。

4 月	受中国关内金融危机影响，一部分在满银行发生挤兑风潮，遂从 25 日起执行未来三周支付暂缓令（敕令第 96 号、第 97 号、第 98 号）。
	设立昌图公学校（1930 年开始资金援助）。
	任命藤根寿吉为理事（1931 年 4 月退任）。
5 月	设立抚顺东岗民间自助消防。
7 月	设立奉天八幡町图书馆。
	任命山本条太郎为满铁社长（1929 年 8 月退任）。
	任命神鞭常孝为理事（1931 年 7 月退任）。
	任命斋藤良卫为理事（1930 年 7 月退任）。
	实施废警察支署只称警察署等关东厅官制修改（敕令第 198 号）。
	设立附属地青年训练所（1935 年 5 月改称青年学校）。
8 月	在大连设立满洲输入组合联合会。
9 月	设立抚顺永安台幼儿园。
	任命田边敏行为理事（1929 年 10 月退任）。
	任命小日山直登为理事（1930 年 5 月退任）。
10 月	满铁会社接受金福铁路公司委托开始该铁道列车运转营业。
11 月	设立熊岳城市民俱乐部。
12 月	设立抚顺万达屋民间自助消防。
	设立抚顺东冈满铁社员俱乐部。

○**1928 年（昭和三年）**

2 月	在奉天开设小谷育儿之家。
	设立新台子满铁社员俱乐部。
3 月	设立营口普通学校（1929 年 4 月开始资金援助）。
	设立大连樱花台幼儿园（1928 年 3 月开始资金援助）。
4 月	设立熊岳城农业实习所。
	设立营口商业实习所。
5 月	在郭家店、昌图及范家屯附属地实施水道供水规则（社告第 23 号）。
	公布关东州及南满洲铁道附属地金融组合令（敕令第 89 号），

自 10 月 1 日开始施行（1934 年敕令第 395 号及 1935 年敕令第 314 号修改）。

设立凤凰城普通学校（1930 年 4 月开始资金援助）。

6 月　双庙子附属地实施水道供水规则（社告第 21 号）。

炸死张作霖。

大连、旅顺及其他关东厅管内各地与京城其他朝鲜方主要地区之间的长距离通话联络开通。

开设大连市中央批发交易市场。

7 月　设立辽阳商业实习所（1937 年 3 月末废止）。

8 月　设立公主岭农业实习所（1936 年 3 月末废止）。

开设抚顺永安台本地人墓地（1929 年 11 月开设龙凤满洲人墓地）。

9 月　公布关东州及南满洲铁道附属地金融组合令施行规则（厅令第 44 号），自 10 月 1 日起施行（1931 年厅令第 4 号、1933 年厅令第 16 号及第 25 号、1936 年局令第 6 号等修改）。

10 月　设立抚顺新屯寻常小学。

开设抚顺屠宰场。

11 月　在奉天设立城市组合。

○1929 年（昭和四年）

1 月　鞍山铣钢流水作业计划获得政府许可。

3 月　设立抚顺工业实习所（社告第 151 号）　（1936 年 3 月末废止）。

4 月　为培训农业移民开发满洲农业，设立大连农业株式会社。

设立哈尔滨实业补习学校。

设立鞍山普通学校（1931 年 4 月开始资金援助）。

设立安东新兴普通学校（1932 年 6 月开始资金援助）。

开设鞍山屠宰场。

设立郑家屯产业所。

5 月　设立大连圣德幼儿园（当月开始资金援助）。

6 月　召集安东制材业经营者，设立社团法人安东木材商组合。

7 月	株式会社昭和制钢所（资本金 1 亿元）成立手续完成。
8 月	设立林家台普通学校（1936 年 4 月开始资金援助）。
	任命仙台贡为满铁总裁（1931 年 6 月退任）。
9 月	在大连设立满洲金融组合联合会。
10 月	设立海城市民俱乐部。
12 月	公布施行关东州及南满洲铁道附属地资源调查规则（厅令第 47 号）。

○**1930 年（昭和五年）**

1 月	金输出解禁。
4 月	设立奉天妇人医院。
	设立苏家屯幼儿园（1933 年开始资金援助）。
	开设瓦房店种鸡场。
	抚顺东公园、老虎台、万达屋、新屯、龙凤、千金儿童馆。
6 月	第八次职制修改。
7 月	设立奉天加茂寻常小学。
	任命伍堂卓雄为理事（1934 年 7 月退任）。
	任命十河信二为理事（1934 年 7 月退任）。
	任命大森吉五郎为理事（1932 年 7 月退任）。
	任命村上义一为理事（1934 年 7 月退任）。
8 月	设立新城子民间自助消防。
	任命木村锐市为理事（1932 年 7 月退任）。
10 月	实施第二回国势调查。
11 月	设立哈尔滨医院。

○**1931 年（昭和六年）**

4 月	实施满洲火柴专卖制度。
6 月	任命内田康哉为满铁总裁（1932 年 7 月退任）。
	任命江口定条为满铁副总裁（1932 年 4 月退任）。
	中村事件。
7 月	万宝山事件。
	任命山西恒郎为理事（1935 年 7 月退任）。

　　　　任命竹中政一为理事（1935 年 7 月退任）。

　　　　任命首藤正寿为理事（1935 年 7 月退任）。

8 月　　组织满洲果实输出贩卖组合。

　　　　第九次职制修改。

9 月　　九一八事变。

　　　　《满州事变に関する政府第一次声明》。

　　　　日本、朝鲜、满洲间邮便旅客航空运输联络完成。

11 月　　全满妇人团体联合会组成。

　　　　设立抚顺昭和幼儿园（1933 年开始资金援助）。

12 月　　国际联盟组成满洲事变调查委员会（李顿任委员长，1932 年
　　　　2 月到朝鲜、日本、中国进行关于满洲的实地调查，同年 9
　　　　月完成报告书提交国际联盟事务局）。

　　　　金输出再禁止。

　　　　设立满洲社会事业协会。

○1932 年（昭和七年）

1 月　　全满各主要城市的木材商组合组成满洲木材同业组合联合会。

3 月　　发表《满洲国建国宣言》。

　　　　伪满洲国政府向日本以外 16 个国家或地区政府发出建立正式
　　　　外交关系的要求。

　　　　关东局与满洲事变发生当时的东北电信管理处达成地方性协
　　　　定，开始受理日文电报。

　　　　设立大石桥东成学校（1933 年 4 月开始资金援助）。

4 月　　伪满洲国国都定为长春，称"新京"（"国务院"布告第一号、
　　　　第二号）。

　　　　任命八田嘉明为满铁副总裁（1935 年 9 月退任）。

　　　　伪满洲国政府以溥仪执政之名，宣布为谋求伪满洲国建国精
　　　　神的振兴与施政畅达而设立伪满洲国协和会。执政溥仪为名
　　　　誉总裁。

　　　　设立本溪湖公会所。

5 月　　作为日本天皇大典纪念事业之一，在大连小平岛设立结核疗

养院（南满保养院）。

6 月　　发布满洲中央银行条令。

7 月　　接收伪满洲国邮政权。

设立哈尔滨普通学校分校（1927 年开始资金援助）。

任命林博太郎为满铁总裁（1935 年 8 月 5 日退任）。

8 月　　为使中国关内、朝鲜及台湾等教育相关者了解满蒙真相，南满洲教育会举办满蒙情况实地讲习会。

9 月　　日本政府正式承认伪满洲国。日本关东军司令官兼特命全权大使武藤信义与伪满洲国政府在"新京"签订《日满议定书》。

10 月　　任命河本大作为理事（1936 年 10 月退任）。

任命大渊三树为理事（1936 年 10 月退任）。

任命山崎元干为理事（1936 年 10 月退任）。

11 月　　成立满洲航空株式会社，开设新义州至奉天间航空邮便线路。

设立抚顺东七条寻常高等小学。

开设苏家屯墓地。

12 月　　第十次职制修改。

设立苏家屯医院。

○1933 年（昭和八年）

1 月　　公布伪满洲国铁道法。

满铁接受伪满洲国铁道经营委托。

设立奉天居留民会免费旅馆。

满洲航空株式会社开设大连至奉天间航空邮便线路（11 月延长至"新京"）。大连至满洲里间干线及各支线定期航班开通。

2 月　　设立本溪湖普通学校（1933 年 4 月开始资金援助）。

3 月　　满铁会社为经营受伪满洲国委托之铁路在奉天设铁路总局。

27 日宣布退出国际联盟。

4 月　　在"新京"设立驻满海军部。

开设"新京"中学（同年 2 月设立，社告第 111 号）。

铁路总局召开全满铁道会议。

公布伪满洲国《"国都"建设计划法》（4月19日教令第24号）。

就日本退出国际联盟向伪满洲国发布振兴民心布告。

东洋协会满洲支部在奉天设立商业学校。

公布南满洲铁道附属地取缔鸦片规则（厅令第14号）。

设立教育研究所。

6月　伪满洲国将中东铁路改称为北满铁路。

在奉天设专卖支局，在"新京"及安东设立各支局事务所。

满铁会社将制铁业让渡给昭和制钢所。

组成爱国妇人会满洲本部。

7月　大连铁道事务所管内设立铁路爱护村。

8月　满铁会社召开满鲜运输联络会议。

设立郑家屯满铁社员俱乐部。

9月　根据3月签订的条约第一号《关于在满日满合办会社协定》，创立半官半民性质的满洲电信电话株式会社，同时将关东州及南满洲铁道附属地的电气通信事业移交其管理，1日开始运营。

日满官民棉花座谈会在奉天满铁社员俱乐部举行。

在五龙背召开满鲜联络会议。

设立抚顺千金寨满铁社员俱乐部。

日本内阁会议决定制定关东州及满铁附属地外国汇兑管理令。

在关东州及满铁附属地公布施行汇兑管理令。

发布关东州及南满洲铁道附属地外国汇兑管理令（敕令第241号），同时公布关东州及南满洲铁道附属地外国汇兑规则与施行细则（厅令第44号、第45号）。

10月　原牛庄帝国领事馆改称营口帝国领事馆。

设立苏家屯普通学校（1934年11月开始资金援助）。

11月　公布关东州及南满洲铁道附属地不动产融资损失补偿规则（厅令第53号）。

满铁凤凰城农业试验场之商租权达成草签。

满洲电信电话株式会社在"新京"设置百千米放送设施，当月开始放送。

开设苏家屯葬斋场。

设立奉天南部满铁社员俱乐部。

开设"新京"白菊会馆。

12 月　设立四平街观测所。

设立奉天北市场普通学校（1936 年开始资金援助）。

○1934 年（昭和九年）

1 月　设立鞍山大宫、奉天平安寻常小学。

伪满洲国"国务总理"郑孝胥就实施帝政及推戴执政为皇帝件发表声明。

2 月　设立公主岭普通学校（1934 年 4 月开始资金援助）。

在"新京"召开通商司事联络会议。

召开满铁社线、"满洲国"线、北鲜管理局线三线直通联络规定制定会议。

"新京"至东京间无线电信开通。

决定伪满洲国新帝国年号为"康德"。

3 月　宣布伪满洲国帝政，发布机构组成法。

设立鞍山高等女校（社告第 236 号）。

决定开原、四平街、公主岭三交易所当月关闭。

设立"新京"医院分院。

设立本溪湖工业实习所。

4 月　本溪湖工业实习所开所（社告第 237 号）。

6 月　为庆祝伪满洲国宣布帝政，秩父宫代表日本天皇于 6 日到达"新京"，13 日离开"新京"，18 日到东京复命。

伪满洲国政府为整顿币制公布施行货币法，将货币铸造权与发行权收归政府，成立满洲中央银行。

伪满洲国公布旧货币整理法，7 月开始施行。

7 月　任命郡山智为理事。

任命佐佐木谦一郎为理事。

任命宇佐美宽尔为理事。

9 月　发布安东海关纺织品监管令。

南满洲铁道大连至"新京"间双轨工事完成开通。

10 月　关东厅、满铁会社及各地志愿者设立满洲结核预防协会。

11 月　超速列车"亚洲"开始运行。

开设满铁辽阳棉花试验场。

日满间签订熊岳城前海捕鱼协定（自 1935 年渔期起）。

设立苏家屯图书馆。

12 月　为伪满洲国政府治外法权撤废，向各省通令资料收集手段。

设立"新京"白菊寻常高等小学。

公布施行关东局官制（敕令第 348 号），设立关东局，为管理关东洲内行政事务拓务大臣权限移交内阁总理大臣。此前驻满大使同时兼关东军司令官、关东长官即所谓三位一体，此官制公布后成为两位一体。任命南次郎为驻满全权大使、长冈隆一郎为关东局总长、大庭鉴次郎为关东洲厅长官。废止原关东厅。

在中央设立直属内阁总理大臣的对满事务局（敕令第 347 号）。

确保在满洲的日本人的土地商租权。

满铁会社在"新京"设立职业介绍所，附设简易旅馆及简易食堂。

○1935 年（昭和十年）

1 月　伪满洲国宫内府正式发表伪满洲国皇帝访日消息。

设立奉天高千穗、"新京"八岛寻常小学。

在"新京"召开日本全满领事会议。

决定北铁让渡细目条项协定案大纲。

2 月　关于"日本在伪满洲国的帝国治外法权问题"，在东京设立了以外务省为中心的治外法权撤废干事会。

设立奉天朝日高等女校（社告第 395 号）。

设立伪满洲国治外法权撤废准备委员会，在外务次官官邸举行第一回委员会会议。

成立伪满洲国治外法权撤废准备现地委员会，确定委员。

伪满洲国治外法权撤废现地委员干事长确定。外务省干事会商议伪满洲国治外法权撤废事宜的日方方针。

伪满洲国方面伪满洲国"治外法权"撤废第一回准备委员会举行。

3 月　　北铁让渡协定方案成文。

满铁公布北满铁道的满铁委托经营合同。

在"新京"设立治外法权撤废现地委员会。

4 月　　伪满洲国皇帝溥仪从"新京"出发访日，4 月 27 日回到"新京"。

伪满洲国治外法权撤废第二回委员会在外务省召开，关于在1943 年之前彻底完成治外法权"撤废"达成一致意见。

公布关东洲及南满洲铁道附属地度量衡管理规则，自 5 月 15日开始施行，原关东洲度量衡管理规则废止（局令第 28 号）。

第二回治外法权"撤废"现地委员会会议在关东军司令部举行，通过必须与附属地行政权并进施行撤废的现地大纲，上报中央。

公布关东洲及南满洲铁道附属地电气事业令（敕令第 85 号）。

在外务省举行伪满洲国治外法权"撤废"第三回干事会。

在中国关内实施青年学校制度。

5 月　　合并此前的实业补习学校和青年训练所，实施青年学校制度。

溥仪在宫中举行日本天皇宣昭纪念仪式（宣昭纪念日）。

公布施行关东洲及南满洲铁道附属地输入或运入出版物管理规则（局令第 39 号）。

"外务省伪满洲国""治外法权""撤废"第三回委员会决定：稳步"撤废"伪满洲国治外法权。

设立抚顺民间自助消防。

6 月　　满铁会社制定福祉委员规程，在"新京"、奉天、安东相继施行。

设立辽阳普通学校（1935 年 6 月开始资金援助）。

设立哈尔滨花园寻常小学。

7 月　　决定伪满洲国治外法权"撤废"大纲。

决定满铁附属地外 31 所小学（居留民会经营）自下一年度起委托满铁经营。

组建奉天联合防护团。

任命佐藤应次郎为理事。

任命石本宪治为理事（1936 年 10 月去世）。

8 月　　内阁会议发布关于治外法权"撤废"及附属地行政权的调整乃至移让的国策大纲。

治外法权"撤废"准备委员会干事会在关东军司令部举行。

根据中央原则制定现地大纲。

京滨线变更轨距。

9 月　　大连—哈尔滨直通时刻表变更。

伪满洲国货币实行金本位制。

第四回治外法权"撤废"现地委员会召开，确定产业教育两行政权处理要项方案，附设分科委员会。

新设满铁附属地行政权调整对策委员会，

召开治外法权"撤废"现地委员会干事会，确定干事会审议。

任命大村卓一为满铁副总裁。

自 26 日起三日间以奉天为中心附近计 11 县实施防空大演习。

10 月　　施行第二次简易国势调查。

治外法权"撤废"现地委员会召开。

创设安东市场株式会社。

设立"新京"千早町满铁社员俱乐部。

11 月　　伪满洲国治外法权"撤废"中央现地联席会议经过报告会在"新京"举行。

治外法权"撤废"现地委员会召开。

大藏省决定强化管理满铁附属地汇兑业务。

设立大连芙蓉町满铁社员俱乐部。

批准伪满洲国第一次治外法权"撤废"现地具体方案，决定自翌年 7 月 1 日开始施行。

12 月　设立奉天高等小学。

修改关东洲及南满洲铁道附属地外国汇兑管理规则（局令第 64 号）。

安东制材业六工场设立鸭绿江制裁联合株式会社。

批准关于伪满洲国治外法权"撤废"的现地中央第二次会议现地方案。

1936 年（昭和十一年）

1 月　决定满铁附属地设施移让方针。

设立"新京"锦丘高等女校。

废止奉天交易所。

设立"新京"樱木寻常小学。

设立奉天第二中学。

设立"新京"三笠寻常小学。

安奉沿线常设警官（约 500 名）之外，从关东洲及其他地方动员的约 500 名警官组成讨伐队，截至 2 月 13 日分三期扫荡沿线匪贼。

2 月　设立伪满洲国"治外法权""撤废"实施委员会。

3 月　关东局、关东军、伪满洲国政府及满铁间结成满洲调查机构联合会。决定满铁附属地行政权移让调整方针。

4 月　受托附属地小学经营（社告第 136 号）。

治外法权"撤废"现地委员会决定附属地行政权处理要项。

就伪满洲国"治外法权""撤废"条约方案向枢密院提请咨询。

5 月　设立奉天敷岛寻常小学大东分校（1937 年 4 月改称奉天城东寻常小学）。

公布关于关东局、关东州及南满洲铁道附属地对德汇兑统制的局令。

奉天制麻株式会社被满洲制麻株式会社合并。

6 月	缔结关于在伪满洲国"撤废"治外法权的日满条约。

6 月　缔结关于在伪满洲国"撤废"治外法权的日满条约。

公布南满洲铁道附属地各消费税令，自 7 月 1 日起实行。

向与伪满洲国"财政部"、部分"治外法权""撤废"相关的日本方面金融业者发布注意事项指示。

9 月　第十一次职制修改。

在满铁设置地方行政调整移让准备委员会。

10 月　任命阪谷希一为理事。

任命中西敏宪为理事。

全满第一的奉天北飞机场宣布 12 月 3 日开始使用。

11 月　设立泉头寻常高等小学。

通过满洲兴业银行设立要纲（日满合办资本金 3000 万日元）。

决定将哈尔滨农业试验场移至顾乡屯，投入百万元设施。

任命武部治右卫门为理事。

决定将朝鲜银行在满各支行及满洲银行、正隆银行合并为满洲兴业银行。业务交接为翌年 1 月 1 日。

12 月　意大利驻日大使沃里奇向伪满洲国驻日全权大使谢介石提出在奉天开设意大利领事馆。伪满洲国政府于 12 月 1 日允准。

公布满洲兴业银行法。

满洲兴业银行登记完成。

设立安东医院分院。

1937 年（昭和十二年）

1 月　设立奉天葵寻常小学。

设立"新京"顺天寻常小学。

对应中国关内外国汇兑管理法的强化，关东局发布局令，在关东洲及满铁附属地实施同样宗旨，有效期至同年 7 月 31 日。

顺应支持日元对外价格的大藏省令，关东局强化实施汇兑管理法，伪满洲国也与之协力，发布财政部第 5 号令，限制外国汇兑银行的海外支付，自 27 日起施行。

在实行伪满洲国专卖法同时，关东局宣布制定满铁附属地内火柴管制规则。

3 月　　公布伪满洲国帝位继承法。

　　　　设立鞍山妇人医院。

　　　　公布伪满洲国邮政汇兑、储蓄、转账等法规。

　　　　发布满铁附属地印花税令法案。

　　　　附属地地方委员会联合会在奉天召开（最后一次会议）。

4 月　　设立公主岭农业学校。

　　　　设立抚顺工业学校。

　　　　设立辽阳商业学校。

5 月　　公布伪满洲国重要商业统制法。

　　　　宣布自 7 月 1 日起开始实施伪满洲国行政机构改革。

　　　　关于伪满洲国治外法权撤废及附属地行政权移让的协商完成。

　　　　取消哈尔滨特别市，移交省公署管辖。

6 月　　伪满洲国棉花栽培由新设农业组合以国营方式实行一元化
　　　　统制。

　　　　公布伪满洲国"民法"。

　　　　满铁决定以 500 万日元资本金设立满洲不动产株式会社，作
　　　　为附属地内土地、建筑的管理经营机构。

7 月　　"支那"事变爆发。

　　　　确立开放奉天铁西工业区方针，决定依据新制让渡所有权。

　　　　关东洲及附属地钱庄以下的金融机构适用于根据局令第 62 号
　　　　制定的银行法统一管理。

　　　　伪满洲国国都"新京"建设纪念典礼在"新京"举行。

　　　　日满两国政府共同宣布设立资本金为四亿五千万日元（伪满
　　　　洲国与日满民间各占一半份额）的重工业会社。

11 月　　日本与伪满洲国间关于伪满洲国"治外法权""撤废"及南满
　　　　洲铁道附属地行政权移让在北京签约。22 日两国主管官厅间就
　　　　附属地行政权移让达成一致的谅解事宜举行签约式。自此至月
　　　　末数日，召开关于地方行政诸设施移让的各级会议（地方事务
　　　　所长及学校校长会议、地方行政有功者表彰会、地方部解散仪
　　　　式等）。

　　　　　　根据 11 月 9 日满殖第 942 号公布的条约第 15 号，在自同年
　　　　　　12 月 1 日起必须实施的南满洲铁道附属地行政权移让的同
　　　　　　时，系该会社所有之行政诸设施在条约实施之前应交付伪满
　　　　　　洲国政府及应于同年 12 月 1 日设立的学校组合与同联合会。

12 月　　　在伪满洲国施行"治外法权""撤废"，同时实施伪满洲国地
　　　　　　方行政新机构。

　　　　　　设立地方部残务整理委员会，整理满铁地方部事务。

　　　　　　指令根据满殖第 930 号取消 1906 年（明治三十九年）8 月 1
　　　　　　日命令书中第五条及第六条。

参考文献

一　中文类

阿桂等奉敕撰《钦定盛京通志》（一），卷十六，天章七，《四库全书》（第501册），史部，台北：台湾商务印书馆1986年版。

鞍山市人民政府地方志办公室：《鞍山市志》综合卷，沈阳出版社1990年版。

北平故宫博物院编印：《清光绪朝中日交涉史料》（卷六九之七十，卅一至卅三年）。

步平、郭蕴深、张宗海等编：《东北国际约章汇释（1689—1919年）》，黑龙江人民出版社1987年版。

陈小法：《日本侵华战争的精神毒瘤："在华神社"真相》，浙江工商大学出版社2015年版。

程维荣：《近代东北铁路附属地》，上海社会科学院出版社2008年版。

程维荣：《旅大租借地史》，上海社会科学院出版社2012年版。

范立君：《近代东北移民与社会变迁（1860~1931）》，博士学位论文，浙江大学，2005年。

抚顺市地方志办公室：《抚顺市志》第一卷，辽宁人民出版社1993年版。

抚顺市都邑计划，抚顺市城市建设档案馆，编号 C-1-2-62（2403-1）。

抚顺市政协文化和文史资料委员会编：《抚顺民国往事》，辽宁人民出版社2014年版。

付丽颖：《"伪满洲国"初期的对外贸易》，《外国问题研究》2011年第4期。

复旦大学历史系中国近代史教研组：《中国近代对外关系史资料选辑

（1840—1949）》上卷第二分册，上海人民出版社 1977 年版。

高洋：《近现代营口城市产业结构变迁问题研究——以 1861 年至 1945
　　年期间为例》，《昆明学院学报》2015 年第 5 期。

顾明义、张德良等：《日本侵占旅大四十年史》，辽宁人民出版社
　　1991 年。

顾万春等：《长春城市建设》，长春出版社 1997 年版。

关定保等修、于云峰等纂：《安东县志》，卷六，人事志，商业，民国二
　　十年（1931 年）。

关捷主编：《近代中日关系丛书之三：日本对华侵略与殖民统治（上
　　册）》，社会科学文献出版社 2006 年版。

郭富纯主编：《旅顺日俄监狱实录》，吉林人民出版社 2003 年版。

郭铁桩、关捷、韩俊英：《日本殖民统治大连四十年史》，社会科学文献
　　出版社 2008 年版。

何西亚：《东北视察记》，现代书局 1932 年版。

黑龙江省地方志编纂委员会：《黑龙江省志　第五十五卷　宗教志》，黑
　　龙江省人民出版社 1999 年版。

胡崑：《东北条约研究》，中华书局 1932 年版。

吉林省社会科学院满铁资料馆藏：《附属地》2，360019。

吉林省社会科学院满铁资料馆藏：《南满洲铁道株式会社第 32—38 回营
　　业报告书》，档案号 20161、20165、20167。

季国良著：《近代外国人在华建筑遗存的遗产化研究》，东南大学出版社
　　2016 年版。

江厚：《铁岭古城遗痕》，铁岭市银州区档案局 2013 年版。

江口圭一：《日本帝国主义史研究：以侵华战争为中心》，周启乾、刘锦
　　明译，世界知识出版社 2002 年版。

解学诗：《隔世遗思——评满铁调查部》，人民出版社 2003 年版。

解学诗：《满铁档案资料汇编》第十三卷《满铁附属地与九·一八事
　　变》，社会科学文献出版社 2011 年版。

解学诗：《伪满洲国史新编》，人民出版社 1995 年版。

解学诗、［日］松村高夫等：《战争与恶疫——日本对华细菌战》，人民

出版社 2014 年版。

金颖：《近代东北地区水田农业发展史研究》，中国社会科学出版社 2007
年版。

旧中华民国交通铁道部编：《交通史路政编》，第 17 册，交通铁道部交
通史编纂委员会，1935 年。

李济棠编著：《中东铁路——沙俄侵华的工具》，黑龙江人民出版社 1979
年版。

李娜：《满铁对中国东北的文化侵略》，社会科学文献出版社 2015 年版。

李述笑：《哈尔滨历史编年（1896—1949）》，内部发行，1986 年。

辽宁省教育史志编纂委员会编：《辽宁教育史志　第一辑（总第十四
辑)》，辽宁省教育史志编纂委员会，1994 年。

刘振生：《近代东北人留学日本史》，民族出版社 2015 年版。

卢鸿德主编：《日本侵略东北教育史》，辽宁人民出版社 1995 年版。

吕钦文主编：《长春，伪满洲国那些事》，吉林出版集团有限责任公司
2015 年版。

孟国祥：《南京文化的劫难 1937—1945》，南京出版社 2007 年版。

宓汝成：《中国近代铁路史资料 1863—1911（第二册)》，中华书局 1963
年版。

齐红深编著：《日本侵华图志第 22 卷文化侵略与奴化教育》，山东画报
出版社 2015 年版。

齐红深等主编：《日本对华教育侵略：对日本侵华教育的研究与批判》，
昆仑出版社 2005 年版。

齐红深主编：《东北地方教育史》，辽宁大学出版社 1991 年版。

《清光绪朝中日交涉史料》台湾文献史料丛刊，第 69 卷，台北：大通书
局 1988 年版。

曲晓范：《近代东北城市的历史变迁》，东北师范大学出版社 2001 年版。

曲晓范：《清末民初东北城市近代化运动与区域城市变迁》，载《东北师
大学报》2001 年第 4 期。

《日本帝国主义侵华档案资料选编》，第四卷，"东北大讨伐"。

沈殿忠主编：《日本侨民在中国》（下册），辽宁人民出版社 1993 年版。

沈阳市和平区人民政府地方志编纂办公室编：《和平区志》，沈阳出版社
　　1989年版。

沈阳市人民政府地方志编纂办公室编：《沈阳市志·城建志》，沈阳出版
　　社1994年版。

施良：《东北的矿业》，东方书局1946年版。

史桂芳：《"东亚联盟论"研究》，首都师范大学出版社2001年版。

宋恩荣、余子侠主编：《日本侵华教育全史》第一卷，人民教育出版社
　　2005年版。

苏崇民：《满铁史》，中华书局1990年版。

苏崇民编：《满铁档案资料汇编》第1卷，社会科学文献出版社2011年版。

孙彦平：《长春资料选编（光绪卷)》，长春出版社。

汤重南等编：《日本帝国的兴亡》（中卷），世界知识出版社2005年版。

陶炎：《东北林业发展史》，东北林业出版社1985年版。

王公介编：《安东县志》，卷六人事，台北：成文出版社有限公司1974
　　年版。

王古鲁编：《最近日人研究中国学术之一斑》（第一册），南京日本研究
　　会，1936年。

王力：《政府情报与近代日本对华经济扩张》，中国人民大学出版社2013
　　年版。

王树枏、吴延燮、金毓黻等纂：《奉天通志》卷四十二，清高宗，文史
　　丛书编辑委员会点校出版，1983年。

王铁崖编著：《中外旧约章汇编》第1册，生活·读书·新知三联书店
　　1957年版。

王铁崖编著：《中外旧约章汇编》第2册，生活·读书·新知三联书店
　　1959年版。

王希亮：《东北沦陷区殖民教育史》，黑龙江人民出版社2008年版。

王向远：《日本对中国的文化侵略：学者文化人的侵华战争》，昆仑出版
　　社2015年版。

王晓峰：《伪满时期日本对东北的宗教侵略研究》，社会科学文献出版社
　　2015年版。

王彦成、王亮：《清季外交史料》，卷121，书目文献出版社1987年版。

王玉琨：《辽阳满铁附属地和九·一八事变》，《城建档案》2001年第6期。

伪满皇宫博物院编：《勿忘"九·一八"：日本侵略中国东北史实》，吉林美术出版社2006年版。

魏承先编：《满铁事业的暴露》，中华书局1932年版。

吴景平、陈雁：《近代中国的经济与社会》，上海古籍出版社2002年版。

武强著：《日本侵华时期殖民教育政策》，辽宁教育出版社1994年版。

谢忠宇：《满铁附属地学校教育研究》，博士学位论文，东北师范大学，2009年。

徐世昌：《纪东清铁路自治会》，载《东三省政略》，卷三，"铁路交涉篇"。

徐义：《东三省纪略》卷7《边塞纪略》，商务印书馆1915年版。

许道夫：《中国近代农业生产及贸易统计资料》，上海人民出版社1983年版。

薛子奇、刘淑梅、李延龄著：《近代日本"满蒙政策"演变史》，吉林人民出版社2001年版。

杨宇编著：《长春近代建筑图鉴1932—1945》，吉林文史出版社2011年版。

于泾：《长春的起源发展和变化》，长春城市问题讨论会材料之二。

于泾：《长春史话》，长春出版社2001年版。

于泾：《长春厅志·长春县志》，长春出版社2002年版。

于泾著：《长春史话》，长春出版社2001年版。

张宗文编：《东北地理大纲》，中华人地舆图学社1933年版。

赵焕林：《满铁附属地盘踞东北30年成"国中之国"》（下），《中国档案报》2014年3月24日。

赵焕林：《满铁附属地盘踞东北30年成"国中之国"》（中），《中国档案报》2014年3月24日。

赵玉民编著：《沈阳史迹图说：增订本》，辽宁美术出版社2006年版。

中国人民政治协商会议辽宁省大连市委员会文史资料研究委员会编：《大连文史资料》第1辑，1984年。

中央档案馆、中国第二历史档案馆、吉林省社会科学院合编：《伪满宪
　警察统治》，中华书局 1993 年版。

［俄］尼鲁斯编著：《中国东省铁路沿革史》，刘秀云编译，吉林出版集
　团股份有限公司 2017 年版。

［美］马洛泽莫夫：《俄国的远东的政策（1881—1904）》，商务印书馆
　1977 年版。

［日］大里浩秋、孙安石编著：《近现代中日留学生史研究新动态》，上
　海人民出版社 2014 年版。

［日］东亚同文会编：《对华回忆录》，胡春华译，商务印书馆 1959 年版。

［日］冈雄一郎：《"满洲"调查记》，士英译，1895 年。

［日］江口圭一：《日本帝国主义史研究：以侵华战争为中心》，周启乾、
　刘锦明译，世界知识出版社 2002 年版。

［日］井上清：《日本帝国主义的形成》，宿久高译，人民出版社 1984 年版。

［苏］B. 阿瓦林：《帝国主义在满洲》，北京对外贸易学院俄语教研室
　译，商务印书馆 1980 年版。

［苏］B. 阿瓦林：《帝国主义在满洲》，商务印书馆 1980 年版。

［苏］鲍里斯·罗曼诺夫：《俄国在满洲》，商务印书馆 1980 年版。

［日］满史会编：《满洲开发四十年史》，东北沦陷十四年史辽宁编写组
　译，内部出版，1988 年。

二　外文类

安东商工会议所：《鸭绿江の木材と满洲に於ける木材事情》，1930 年
　12 月，辽宁省档案馆，日资 11512。

安藤彦太郎『满铁 – 日本帝国主义と中国』、东京、御茶の水书房、
　1965 年。

八田晃夫『后藤新平　梦を追い求めた科学的政治家の生涯』、2008 年。

坂轮宣政『日莲宗の战前大陆での布教について』、『现代宗教研究』第
　42 号。

北冈伸一『日本陆军と大陆政策 1906 – 1918』、东京、东京大学出版会、
　1985 年。

大連実業会『大連実業会解散顛末報告書』、大連実業会残務整理所、
　1915 年。

大山梓編『山県有朋意見書』、東京、原書房、1966 年。

大石茜「満洲」における幼児教育の展開——満鉄経営幼稚園の事例か
　ら、『幼児教育史研究』2007 年第 12 号。

「帝国軍ノ用兵綱領第一項」、「日本帝国ノ国防方針第五項」, 転引自北
　岡伸一『日本陸軍と大陸政策 1906 – 1918』、東京、東京大学出版会、
　1985 年。

高嶋雅明『日露戦後期「満州」（中国東北部）における日系地場銀行
　の分析』,《広島経済大学》2007 年第 10 期。

高橋嶺泉『満鉄地方行政史』、満蒙事情調査会、1927 年。

官報、1890 年 10 月 31 日、見 http：//dl. ndl. go. jp/info：ndljp/pid/
　2945456/2。

鶴見祐輔『後藤新平』第 2 巻、後藤新平伯伝記編纂会、1937 年。

鶴見祐輔『正伝後藤新平』第 4 巻、満鉄時代、東京、藤原書店、
　2005 年。

JACAR（アジア歴史資料センター）Ref. B03050392900、各国事情関係
　雑纂/支那ノ部/長春、第三巻（1 – 6 – 1 – 26_ 1_ 21_ 003）（外務省
　外交史料館）。

加藤聖文編『満洲と相生由太郎』、東京、株式会社ゆまに書房、2001 年。

津田良樹等『旧満洲国の「満鉄附属地神社」跡地調査からみた神社の
　様相』、『人類文化研究のための非文字資料の体系化』、2007 年 3 月。

菊池道男『日本資本主義の帝国主義的発展と横浜正金銀行』、『中央学
　院大学論叢』［通号 19（2）商経］。

立命館大学編『西園寺公望伝』、東京、岩波書店、1993 年。

満田隆一監修『満洲農業研究三十年』、東京、建国印書館、1944 年。

満鉄会編『南満州鉄道株式会社第三次十年史』、東京、龍渓書舎、
　1976 年。

満鉄会編『南満州鉄道株式会社第四次十年史』、東京、龍渓書舎、
　1986 年。

『満洲移民関係資料集成』第 34 巻、不二出版社、1992 年版。

满铁地方部长春地方事务所：《地方沿革史资料》，原件收藏于辽宁省档案馆，编号为地理资料 627 号。

满铁地方部地方課、『南満洲鉄道株式會社経営教育設施要覧』、1917 年。

满铁铁路总局：《康德二年度ペスト防疫概况》、1933 年，辽宁档案馆藏，日文资料，文教类，资料号：2937 号。

南満洲鉄道編『南満洲鉄道株式会社十年史』、大連、満洲日々新聞社、1919 年。

南満洲鉄道株式会社産業部編『満洲国に於ける商工団体の法制的地位』、1937 年。

南満洲鉄道株式会社『南満洲鉄道株式会社十年史』、満州日日新聞社、1919 年。

南満洲鉄道株式会社庶務部調査課編『南満州鉄道株式会社第二次十年史』、大連、南満州鉄道株式会社、1928 年。

南満洲鉄道株式会社総裁室地方部残務整理委員会『満鉄附属地経営沿革全史』、東京、龍渓書舎、1977 年。

蒲生隆宏、浦山保寿、長岡源次兵衛『満鉄王国』、大連、大陸出版協会、1927 年。

日本外务省档案胶卷：P5，PVM1，P5267 \ 5268，昭和 44 年 11 月 15 日奉天发 5101（暗）电，第 408 号，落合总领事发内田外务大臣。

日本外務省編『日本外交年表並重要文書』、1955 年 3 月 1 日。

日本外務省編『日本外交年表並重要文書』、1969 年。

日本外務省編『日本外交文書』第 38 巻、第 1 冊、昭和 34 年。

日本外務省編『日本外交文書』第 39 巻、第 1 冊、昭和 34 年。

「日露講和条約」、国立公文書館、『公文類聚・第二十九編・明治三十八年・第七巻・外事・国際・通商」、Ref. A01200226200（アジア歴史資料センター）。

若槻礼次郎『明治大正昭和政界秘史 – 古風庵回顧録』、東京、講談社、1990 年。

山本晴彦『満州の農業試験研究史』、東京、農林統計出版社、2013 年。

水内俊雄「植民地都市大連の都市形成 1899 – 1945」、『人文地理』第 37 期、1985 年。

宿利重一『児玉源太郎』、東京、国際日本協会、1942 年。

外務省編『日本外交年表主要文書』，原书房、2007 年。

西澤泰彦『海を渡った日本人建築家』、彰国社、1996 年。

小林道彦『日本の大陸 1895 – 1914』、東京、南窓社、1996 年。

小林龍夫編『現代史資料』第 7 巻、『満州事変』、みすず書房、2004 年。

小越平陸『満洲旅行記：一名・白山黒水録』、善隣書院、1901 年。

野世英水『近代真宗本願寺派の 従軍布教活動』，『印度学佛教学研究』第 63 巻第 1 号、2014 年 12 月。

伊豆井敬治『南満州鉄道附属地にかける学校と図書館并会社公共施設の発展』、南満州鉄道株式会社、1939 年。

伊藤博邦監修、平塚篤編『伊藤博文秘録』、東京、春秋社、1929 年。

伊藤之雄『伊藤博文 – 近代日本を創った男』、東京、講談社、2009 年。

池井優『日本外交史概説 増補版』、東京、慶応通信、1982 年。

渡辺龍策『近代日中政治交渉史』、東京、雄山閣、1978 年。

後藤新平『日本植民政策一斑』、東京、拓殖新報社、1923 年。

金子文夫『近代日本における対満州投資の研究』、東京、近藤出版社、1991 年。

鉄道青年会編『後藤伯の面影』、東京、鉄道青年会本部、1929 年。

越沢明『植民地満州の都市計画』，東京、アジア経済研究所、1978 年。

越智喜市『奉天付属地都市の発展景域』、『満鉄教育研究所発行研究要報 10』、1937 年。

后　　记

　　作为国家社会科学基金抗日战争研究专项工程项目"满铁资料整理与研究"课题的子课题之一，本书从2017年6月至2019年6月历时2年持续推进，艰难完成。由于在附属地扩张过程的研究中没有收集到有联系的土地买卖地契，只能留下缺憾，权且当作有识者批评的靶子，抑或日后刺激进一步研究的楔口，暂时告一段落。

　　根据分工，本书绪论及第十章由周颂伦撰写；第一、二、三章由王鹏飞撰写；第四、七章由孟二壮撰写；第五、九章由孙雁撰写；第六、八章由刘景瑜撰写；年表部分由李小白撰写，最终由周颂伦和孙雁对全书做了审稿和最终定稿工作。

　　在本书的写作过程中，得到了吉林省社会科学院的大力支持，在此一并表示感谢。

周颂伦

2022年6月